BACH-JAHRBUCH

Im Auftrag der Neuen Bachgesellschaft
herausgegeben von
Peter Wollny

101. Jahrgang 2015

EVANGELISCHE VERLAGSANSTALT
LEIPZIG

VERÖFFENTLICHUNG DER NEUEN BACHGESELLSCHAFT
Internationale Vereinigung, Sitz Leipzig
VEREINSJAHR 2015

Die redaktionelle Arbeit wurde unterstützt
durch das Bach-Archiv Leipzig – Stiftung bürgerlichen Rechts.
Die Neue Bachgesellschaft e.V. wird gefördert durch die Stadt Leipzig, Kulturamt.

Geschäftsstelle der Neuen Bachgesellschaft: Burgstraße 1–5, 04109 Leipzig
Anschrift für Briefsendungen: PF 10 07 27, 04007 Leipzig

Anschrift des Herausgebers:
Prof. Dr. Peter Wollny, Bach-Archiv Leipzig, Thomaskirchhof 16, 04109 Leipzig
Anschrift für Briefsendungen: PF 10 13 49, 04013 Leipzig
Redaktionsschluß: 1. August 2015

Evangelische Verlagsanstalt GmbH, Leipzig, 2015
Printed in Germany · H 7982
Notensatz: Frank Litterscheid, Hehlen
Gesamtherstellung: DZA Druckerei zu Altenburg GmbH, Altenburg
ISSN 0084-7982
ISBN 978-3-374-04320-0

INHALT

Kleine Beiträge

Dokumentation

ABKÜRZUNGEN

1. Allgemein

ADB   = *Allgemeine Deutsche Biographie*, hrsg. von der Historischen Commission bei der Königlichen Akademie der Wissenschaften München, 56 Bde., Leipzig 1875–1912 (Nachdruck 1967–1971)

AfMw   = *Archiv für Musikwissenschaft*, 1918–1926, 1952 ff.

AMZ   = *Allgemeine Musikalische Zeitung*, Leipzig 1799–1848

Bach-Kolloquium Rostock   = *Das Frühwerk Johann Sebastian Bachs. Kolloquium, veranstaltet vom Institut für Musikwissenschaft der Universität Rostock 11.–13. September 1990*, hrsg. von Karl Heller und Hans-Joachim Schulze, Köln 1995

Bach-Symposium Marburg   = *Bachforschung und Bachinterpretation heute. Wissenschaftler und Praktiker im Dialog. Bericht über das Bachfest-Symposium 1978 der Philipps-Universität Marburg*, hrsg. von Reinhold Brinkmann, Kassel 1981

BC   = Hans-Joachim Schulze und Christoph Wolff, *Bach Compendium. Analytisch-bibliographisches Repertorium der Werke Johann Sebastian Bachs*, Bd. I/1–4, Leipzig 1986 bis 1989

Beißwenger   = Kirsten Beißwenger, *Johann Sebastian Bachs Notenbibliothek*, Kassel 1992 (Catalogus Musicus. 13.)

BG   = *J. S. Bachs Werke. Gesamtausgabe der Bachgesellschaft*, Leipzig 1851–1899

BJ   = *Bach-Jahrbuch*, 1904 ff.

BuxWV   = Georg Karstädt, *Thematisch-systematisches Verzeichnis der musikalischen Werke von Dietrich Buxtehude. Buxtehude-Werke-Verzeichnis (BuxWV)*, Wiesbaden 1974

BWV   = Wolfgang Schmieder, *Thematisch-systematisches Verzeichnis der musikalischen Werke von Johann Sebastian Bach. Bach-Werke-Verzeichnis*, Leipzig 1950

BWV[2]   = *Bach-Werke-Verzeichnis* (wie oben); *2. überarbeitete und erweiterte Ausgabe*, Wiesbaden 1990

BWV[2a]   = *Bach-Werke-Verzeichnis. Kleine Ausgabe nach der von Wolfgang Schmieder vorgelegten 2. Ausgabe*, hrsg. von

Alfred Dürr und Yoshitake Kobayashi unter Mitarbeit von Kirsten Beißwenger, Wiesbaden 1998

DDT   = *Denkmäler deutscher Tonkunst*, hrsg. von der Musikgeschichtlichen Kommission, Leipzig 1892–1931

Dok I–VII   = *Bach-Dokumente, herausgegeben vom Bach-Archiv Leipzig. Supplement zu Johann Sebastian Bach. Neue Ausgabe sämtlicher Werke.*
Band I: *Schriftstücke von der Hand Johann Sebastian Bachs*, vorgelegt und erläutert von Werner Neumann und Hans-Joachim Schulze, Leipzig und Kassel 1963
Band II: *Fremdschriftliche und gedruckte Dokumente zur Lebensgeschichte Johann Sebastian Bachs 1685–1750*, vorgelegt und erläutert von Werner Neumann und Hans-Joachim Schulze, Leipzig und Kassel 1969
Band III: *Dokumente zum Nachwirken Johann Sebastian Bachs 1750–1800*, vorgelegt und erläutert von Hans-Joachim Schulze, Leipzig und Kassel 1972
Band IV: Werner Neumann, *Bilddokumente zur Lebensgeschichte Johann Sebastian Bachs*, Kassel und Leipzig 1979
Band V: *Dokumente zu Leben, Werk und Nachwirken Johann Sebastian Bachs 1685–1800. Neue Dokumente. Nachträge und Berichtigungen zu Band I–III*, vorgelegt und erläutert von Hans-Joachim Schulze unter Mitarbeit von Andreas Glöckner, Kassel 2007
Band VI: *Ausgewählte Dokumente zum Nachwirken Johann Sebastian Bachs 1801–1850*, hrsg. und erläutert von Andreas Glöckner, Anselm Hartinger, Karen Lehmann, Kassel 2007
Band VII: *Johann Nikolaus Forkel. Ueber Johann Sebastian Bachs Leben, Kunst und Kunstwerke (Leipzig 1802). Editionen. Quellen. Materialien*, vorgelegt und erläutert von Christoph Wolff unter Mitarbeit von Michael Maul, Kassel 2008

Dürr Chr 2   = Alfred Dürr, *Zur Chronologie der Leipziger Vokalwerke J. S. Bachs. Zweite Auflage: Mit Anmerkungen und Nachträgen versehener Nachdruck aus Bach-Jahrbuch 1957*, Kassel 1976 (Musikwissenschaftliche Arbeiten, hrsg. von der Gesellschaft für Musikforschung. 26.)

Dürr KT   = Alfred Dürr, *Die Kantaten Johann Sebastian Bachs mit ihren Texten*, Kassel und München 1985

Dürr St	= Alfred Dürr, *Studien über die frühen Kantaten Johann Sebastian Bachs*, Leipzig 1951
Dürr St 2	= Alfred Dürr, *Studien über die frühen Kantaten Johann Sebastian Bachs. Verbesserte und erweiterte Fassung der im Jahr 1951 erschienenen Dissertation*, Wiesbaden 1977
Eitner Q	= Robert Eitner, *Biographisch-bibliographisches Quellenlexikon der Musiker und Musikgelehrten*, 10 Bde., Leipzig 1900–1904
Erler II, III	= Erler, Georg. *Die jüngere Matrikel der Universität Leipzig 1559–1809 als Personen- und Ortsregister bearbeitet und durch Nachträge aus den Promotionslisten ergänzt*, 3 Bde., Leipzig 1909 Band II: *Die Immatrikulationen vom Wintersemester 1634 bis zum Sommersemester 1709* Band III: *Die Immatrikulationen vom Wintersemester 1709 bis zum Sommersemester 1809*
Fk	= *Verzeichnis der Werke Wilhelm Friedemann Bachs*, in: Martin Falck, *Wilhelm Friedemann Bach. Sein Leben und seine Werke*, Leipzig 1913, ²1919 (Reprint Lindau/B. 1956)
Gerber ATL	= Ernst Ludwig Gerber, *Historisch-Biographisches Lexikon der Tonkünstler*, Teil 1–2, Leipzig 1790–1792
Gerber NTL	= Ernst Ludwig Gerber, *Neues historisch-biographisches Lexikon der Tonkünstler*, Teil 1–4, Leipzig 1812–1814
GraunWV	= Christoph Henzel, *Graun-Werkverzeichnis (GraunWV). Verzeichnis der Werke der Brüder Johann Gottlieb und Carl Heinrich Graun*, 2 Bde., Beeskow 2006
Hob.	= Anthony van Hoboken, *Joseph Haydn: thematisch-bibliographisches Werkverzeichnis*, 3 Bde., Mainz 1957–1978
HoWV	= Uwe Wolf, *Gottfried August Homilius (1714–1785). Thematisches Verzeichnis der musikalischen Werke (HoWV)*, Stuttgart 2014 (Gottfried August Homilius. Ausgewählte Werke, Reihe 5: Supplement, Bd. 2)
Jahrbuch SIM	= *Jahrbuch des Staatlichen Instituts für Musikforschung Preußischer Kulturbesitz Berlin*, 1969 ff.
JAMS	= *Journal of the American Musicological Society*, 1948 ff.
JLB	= Johann Ludwig Bach, Kantaten (gezählt nach BG 41, S. 275 ff.)
Kalendarium ³2008	= *Kalendarium zur Lebensgeschichte Johann Sebastian Bachs. Erweiterte Neuausgabe*, hrsg. von Andreas Glöckner, Leipzig und Stuttgart 2008 (Edition Bach-Archiv Leipzig)

Kobayashi Chr   = Yoshitake Kobayashi, *Zur Chronologie der Spätwerke Johann Sebastian Bachs. Kompositions- und Aufführungstätigkeit von 1736 bis 1750*, in: Bach-Jahrbuch 1988, S. 7–72

LBB   = *Leipziger Beiträge zur Bach-Forschung*, hrsg. vom Bach-Archiv Leipzig
                Band 1: *Bericht über die wissenschaftliche Konferenz anläßlich des 69. Bach-Fests der Neuen Bachgesellschaft, Leipzig 29.–30. März 1994. Passionsmusiken im Umfeld Johann Sebastian Bachs. Bach unter den Diktaturen 1933–1945 und 1945–1989*, hrsg. von Ulrich Leisinger, Hans-Joachim Schulze und Peter Wollny, Hildesheim 1995.
                Band 3: Evelin Odrich und Peter Wollny, *Die Briefkonzepte des Johann Elias Bach*, Hildesheim 2000; zweite, erweiterte Auflage 2005
                Band 5: *Bach in Leipzig – Band und Leipzig. Konferenzbericht Leipzig 2000*, hrsg. von Ulrich Leisinger, Hildesheim 2002
                Band 9: Ulrich Leisinger, *Johann Christoph Friedrich Bach. Briefe und Dokumente*, Leipzig und Hildesheim 2011
                Band 10: Christine Blanken, *Die Bach-Quellen in Wien und Alt-Österreich. Katalog*, 2 Teilbde., Leipzig und Hildesheim 2011
                Band 11: Andreas Glöckner, *Die ältere Notenbibliothek der Thomasschule zu Leipzig. Verzeichnis eines weitgehend verschollenen Bestands*, Leipzig und Hildesheim 2011

Mf   = *Die Musikforschung*, Kassel 1948 ff.

MfM   = *Monatshefte für Musikgeschichte*, hrsg. von der Gesellschaft für Musikforschung, redigiert von Robert Eitner, Berlin 1869–1883, Leipzig 1884–1905

MGG²   = *Die Musik in Geschichte und Gegenwart. Allgemeine Enzyklopädie der Musik. Begründet von Friedrich Blume. Zweite neubearbeitete Ausgabe*, hrsg. von Ludwig Finscher, Kassel und Stuttgart 1994–2007

NBA   = *Neue Bach-Ausgabe. Johann Sebastian Bach. Neue Ausgabe sämtlicher Werke. Herausgegeben vom Johann-Sebastian-Bach-Institut Göttingen und vom Bach-Archiv Leipzig*, Leipzig, Kassel 1954–2007

NZfM   = *Neue Zeitschrift für Musik*, 1834 ff.

RISM A/I   = *Répertoire International des Sources Musicales. Internationales Quellenlexikon der Musik*, Serie A/I: *Einzeldrucke vor 1800*, Kassel 1971 ff.

RISM A/II	= *Répertoire International des Sources Musicales. Internationales Quellenlexikon der Musik*, Serie A/II : *Musikhandschriften nach 1600* (http://opac.rism.info/)
Schulze Bach-Überlieferung	= Hans-Joachim Schulze, *Studien zur Bach-Überlieferung im 18. Jahrhundert*, Leipzig und Dresden 1984
SIMG	= *Sammelbände der Internationalen Musikgesellschaft*, Leipzig 1899–1914 (Reprint: Hildesheim und Wiesbaden, 1970/71)
Spitta I, II	= Philipp Spitta, *Johann Sebastian Bach*, 2 Bde., Leipzig 1873, 1880
TVWV	= Werner Menke, *Thematisches Verzeichnis der Vokalwerke von Georg Philipp Telemann*, 2 Bde., Frankfurt am Main 1981, 1983
TWV	= Martin Ruhnke, *Georg Philipp Telemann: Thematisch-Systematisches Verzeichnis seiner Werke*, Bd. 1–3: Instrumentalwerke, Kassel 1984–1999
Walther L	= Johann Gottfried Walther, *Musicalisches Lexicon oder Musicalische Bibliothec*, Leipzig 1732 (Reprint Kassel 1953)
Weiß	= *Katalog der Wasserzeichen in Bachs Originalhandschriften, von Wisso Weiß, unter musikwissenschaftlicher Mitarbeit von Yoshitake Kobayashi*, Bd. 1/2, Kassel und Leipzig 1985 (NBA IX/1)
Zedler	= Johann Heinrich Zedler, *Grosses vollständiges Universal Lexikon aller Wissenschaften und Künste* […], Halle und Leipzig 1732–1754 (Reprint Graz 1999)

2. Bibliotheken

A-Ee	= Eisenstadt, Fürstlich Esterhazysches Musikarchiv
A-Wn	= Wien, Österreichische Nationalbibliothek, Musiksammlung
D-B	= Staatsbibliothek zu Berlin – Preußischer Kulturbesitz, Musikabteilung mit Mendelssohn-Archiv. Als Abkürzung für die Signaturen der Bach-Handschriften (*Mus. ms. Bach P* bzw. *St*) dienen *P* und *St*
D-Bsak	= Bibliothek der Sing-Akademie zu Berlin (Depositum in D-B)
D-CEp	= Celle, Kirchenministerialbibliothek Celle im Pfarrvikarseminar
D-Dl	= Dresden, Sächsische Landesbibliothek – Staats- und Universitätsbibliothek, Musikabteilung

D-DS   = Darmstadt, Hessische Landes- und Hochschulbibliothek,
                Musikabteilung
D-F   = Frankfurt, Stadt- und Universitätsbibliothek, Musik- und
                Theaterabteilung
D-LEb   = Leipzig, Bach-Archiv
D-LEm   = Leipzig, Städtische Bibliotheken – Musikbibliothek
D-WFe   = Weißenfels, Ephoralbibliothek
D-WRha   = Hochschule für Musik Franz Liszt, Thüringisches Landes-
                musikarchiv
D-WRz   = Weimar, Herzogin Anna Amalia Bibliothek
F-Pn   = Paris, Bibliothèque Nationale
F-Sn   = Strasbourg, Bibliothèque Nationale et Universitaire
GB-Cfm   = Cambridge, Fitzwilliam Museum
GB-Lbl   = London, The British Library
GB-Ob   = Oxford, Bodleian Library
PL-Kj   = Kraków, Biblioteka Jagiellońska
S-Smf   = Stockholm, Stiftelsen Musikkulturens främjande
S-Uu   = Uppsala, Universitetsbiblioteket
US-BETu   = Bethlehem, PA, Lehigh University, Lucy Packer Linder-
                man Memorial Library
US-Bp   = Boston, Public Library, Music Department
US-PRu   = Princeton, Princeton University Library

Martin Petzoldt (1946–2015)
zum Gedenken

Mit Martin Petzoldt hat nicht nur die Neue Bachgesellschaft einen der engagiertesten Vorsitzenden ihrer Geschichte verloren, auch die Gemeinschaft der Bach-Forscher muss den Verlust eines ihrer kenntnisreichsten und weitestblickenden Vertreter beklagen. Als Absolvent der Dresdner Kreuzschule und Mitglied des Kreuzchores war er mit der Musik Johann Sebastian Bachs von Jugend an eng verbunden. Parallel zu einem erfüllten Leben als Theologe kam Petzoldt bereits kurz nach seiner Promotion als Assistent im Wissenschaftsbereich Systematische Theologie der Universität Leipzig mit der Bach-Forschung in Berührung. Seine Annäherung an dieses Forschungsgebiet unter politisch schwierigen Bedingungen hat er in einem stark autobiographisch gefärbten Vortrag geschildert, den er im Rahmen der Wissenschaftlichen Konferenz anläßlich des 69. Bach-Festes der Neuen Bachgesellschaft im März 1994 in Leipzig hielt.[1] In diesem Vortrag heißt es, das Thema Bach sei „immer stärker zu einem mich tief beschäftigenden, ja zu einem existentiellen Anliegen" geworden. Angetrieben von der „eigentümlichen Kraft und Ausstrahlung dieser Persönlichkeit und ihres Werkes" kreisten Petzoldts Veröffentlichungen seit den frühen 1980er Jahren zum einen „um eine Bestimmung der Dimensionen", in denen Bachs Leben sich vollzog, wobei er sich ausdrücklich nicht nur auf das biographische „Umfeld" und den „historischen Ort" Bachs beschränkte, sondern auch die geistige (theologische und philosophische) Komponente berücksichtigt wissen wollte; zum anderen galt seine wissenschaftliche Neugier den von Bach in Musik gesetzten Kantatendichtungen, in denen er einen Schlüssel zum Verständnis von Bachs Musik sah.

Im *Bach-Jahrbuch* war Petzoldt zwar nur gelegentlich als Autor anzutreffen, doch hat er durchweg gewichtige Beiträge geliefert, die den wissenschaftlichen Diskurs geprägt haben und bis heute beeinflussen. Sein erster in diesem Periodikum erschienener Aufsatz (BJ 1985) beschäftigte sich mit dem „Anteil der Theologie bei der Schulausbildung Johann Sebastian Bachs in Eisenach, Ohrdruf und Lüneburg" und erschloss damit ein der Musikwissenschaft nur schwer zugängliches Gebiet. Es folgten Studien zur Entstehungsgeschichte und zum theologischen Hintergrund der Kantate „Ich hatte viel Bekümmernis" BWV 21 (BJ 1993) und zu der theologischen Prüfung, der Bach

---

[1] M. Petzoldt, *Erfahrungen mit der Verwendung des Aufklärungsbegriffs in der Bach-Forschung*, LBB 1 1995, S. 221–230.

sich vor Antritt des Thomaskantorats vor dem Kurfürstlichen Konsistorium in Leipzig unterziehen mußte (BJ 1998). In seinem letzten Beitrag (BJ 2007) spürte er den Vorfahren des von ihm verehrten Friedrich Nietzsche nach und legte dar, daß Nietzsches Urgroßvater Alumne der Thomasschule und unter Bach Präfekt gewesen war.

Die in diesen Aufsätzen zu spürende Leidenschaft, der Lebenswirklichkeit einer vergangenen Epoche mit bibliographischem und historischem Sinn nachzuspüren, kennzeichnet auch Petzoldts populärere Schriften, etwa seinen wunderschönen Bildband *Johann Sebastian Bach. Ehre sei dir Gott gesungen. Bilder und Texte zu Bachs Leben als Christ und seinem Wirken für die Kirche* (1988, ²1992), seinen Reiseführer *Bachstätten aufsuchen* (1992; aktualisierte Neuausgabe unter dem Titel *Bachstätten*, 2000) oder seine kleine Monographie über die Taufzettel von Bachs Kindern im Bestand des Archivs von St. Thomae in Leipzig (*Bachs Leipziger Kinder. Dokumente von Johann Sebastian Bachs eigener Hand*, 2008).

Das Zentrum von Petzoldts nahezu vier Jahrzehnte umspannender wissenschaftlicher Beschäftigung mit dem Schaffen Johann Sebastian Bachs ist aber zweifellos sein monumentaler *Bach-Kommentar*, in dem der Autor den Versuch einer umfassenden „theologisch-musikwissenschaftlichen Kommentierung der geistlichen Vokalwerke Johann Sebastian Bachs" unternimmt. Nachdem die Bände I und II in den Jahren 2004 und 2007 erschienen waren, arbeitete Petzoldt nach seiner Emeritierung an den abschließenden Bänden III und IV, die er trotz schwindender Kräfte noch kurz vor seinem Tod im Manuskript abschließen konnte. Es bleibt zu hoffen, dass die Veröffentlichung zügig erfolgen kann. Der *Bach-Kommentar* ist das eindrucksvolle Vermächtnis eines bedeutenden Forschers.

Martin Petzoldt hat die Geschicke der Neuen Bach-Gesellschaft ein Vierteljahrhundert lang maßgeblich geprägt. Er starb nach langer schwerer Krankheit kurz vor Vollendung seines 69. Lebensjahres am 13. März 2015 in Leipzig.

Peter Wollny

Christoph Birkmanns Kantatenzyklus „GOtt-geheiligte Sabbaths-Zehnden" von 1728 und die Leipziger Kirchenmusik unter J. S. Bach in den Jahren 1724–1727

Von Christine Blanken (Leipzig)

Im Zuge der Vorbereitung einer Ausstellung über die Tastenmusiksammlung des Nürnberger Organisten Leonhard Scholz (1720–1798), dieses für die süddeutsche Bach-Überlieferung wichtigen Sammlers,[1] eröffneten sich bald neue Perspektiven auf ein altes Problem: der Frage nach den Beziehungen zwischen Bach und Nürnberger Musikern und Verlegern. Scholz war zunächst als Organisten-Substitut an St. Egidien tätig, einer Nürnberger Kirche, an der auch ein Pastor namens Christoph Birkmann wirkte. Von diesem Theologen, der von 1724 bis 1727 in Leipzig studiert hatte, ist seit langem folgende autobiographische Notiz bekannt:

> Dabey ließ ich doch die Musik nicht ganz liegen, sondern hielte mich fleißig zu dem grossen Meister, Herrn Director Bach und seinem Chor, besuchte auch im Winter die Collegia musica, und erlangte hiedurch Gelegenheit, etlichen Studiosis mit Hülfe der welschen Sprache weiter zu helfen.[2]

Dieser Satz aus einer gedruckten Leichenpredigt[3] hat so gut wie keine Beachtung gefunden. Im Kontext des autobiographisch dokumentierten Lebens

---

[1] Seit 1968 der Bach-Forschung bekannt; erstmalig beschrieben in NBA IV/5–6 Krit. Bericht (D. Kilian, 1978), S. 159 f., und NBA V/7 Krit. Bericht (A. Dürr, 1979), S. 46. Zum Sammler siehe C. Blanken, *Bach „Nürnberger Art"*. *Die Sammlung Scholz* (Ausstellungskatalog), Leipzig 2013; dies., *Orgelwerke der „Sammlung Scholz" in ihrer Beziehung zu Nürnberger Instrumenten*, in: Vom Klang der Zeit. Besetzung und Aufführungspraxis bei Johann Sebastian Bach. Festschrift Klaus Hofmann zum 65. Geburtstag, hrsg. von U. Bartels und U. Wolf, Wiesbaden 2004, S. 44–68.

[2] Dok III, Nr. 761.

[3] *Wohlverdientes Ehren=Denkmal bey dem unvermutheten Hingang zweyer nunmehr vollendeten Gerechten, nemlich des HERRN Christoph Birkmanns, treuverdienten Senioris an der St. Egydien=Kirche zu Nürnberg, wie auch verschiedener gelehrten Gesellschaften würdiges Ehrenmitgliedes, und seiner geliebtesten Ehegattin, FRAUEN Sybilla Magdalena, geb. Oehmin, welche im Martio 1771. einander in wenig Tagen zur seligen Ruhe gefolget sind, herausgegeben von M. Stephanus Schultz, Prediger bey St. Ulrich, und Director des Jüdischen Instituti. Halle, gedruckt bey Friedrich Wilhelm Hundt, o. J. [Vorwort 31. Januar 1772]; die* Schrift enthält die bearbeitete Autobiographie Birkmanns („Lebenslauf", S. 17–42), zitiert als *Ehren-Denkmal*. Weitere 1771–1773 veröffentlichte Artikel über Birkmann fußen auf dem *Ehren-Denkmal*: *Nova Acta Historico-Ecclesiastica*, Bd. 10, 80. Teil, Weimar 1771, S. 1116–1126 (bzw. der davon abhängige Artikel in *Nahrung*

und publizistischen Schaffens wird aber schnell klar, daß mit Birkmann nicht nur ein musikbegeisterter Theologiestudent nach Leipzig kam. Das einzige Exemplar eines von ihm veröffentlichten Textdrucks eines Kantatenjahrgangs läßt vielmehr den Schluß zu, daß mit Birkmann ein neuer Textdichter Bachs gefunden ist, dessen Libretti in direktem Kontakt mit Bach entstanden sein müssen. In überzeugender Weise runden weitere zeitgenössische Dokumente das Bild des jungen Musikers und Textdichters anschaulich ab, dessen Berührungspunkte mit dem Thomaskantorat und dem allgemeinen Musikleben in Bachs früher Leipziger Zeit nun vorgestellt werden sollen.

I. Zur Biographie Christoph Birkmanns

Christoph Birkmann wurde am 10. Januar 1703 in Nürnberg in bescheidenen Verhältnissen geboren und besuchte hier die Lorenzer Armenschule sowie die Lateinschule am Heilig-Geist-Hospital, die sogenannte Spitaler Schule. Auslöser für eine stark musisch geprägte Erziehung soll sein „natürliches Geschick zur Singekunst und den schönen Wissenschaften" gewesen sein. Mit Hilfe verschiedener namhafter Nürnberger Musiker sowie mehrerer Sprachlehrer bzw. Sprachlehren baute er dieses Geschick sukzessive aus und gab auch selbst, um sich ein Zubrot zu verdienen, jüngeren Schülern Sprach- und Musikunterricht. Schon in dieser Zeit schrieb er Parodietexte auf Kantaten Nürnberger Kantoren und komponierte auch.[4] Die autobiographische Beschreibung seiner Nürnberger Schulzeit sei deshalb vollständig zitiert:

Ich besuchte nicht nur gar bald die öffentliche Schule, sondern auch privat Lehrer, die der sel[ige] **Ambrosius Wirth** damals noch in die Häuser der armen Bürger

---

des Herzens für rechtschaffene Leser in allen Ständen, 2. Teil, 3. Quartal, 26. Stück, Hamburg 1773, S. 3–11). Nur zwei frühere Artikel, die vermutlich auch auf Informationen von Birkmann selbst zurückgehen, sind eigenständig: G. A. Will, *Nürnbergisches Gelehrten=Lexicon oder Beschreibung aller Nürnbergischen Gelehrten beyderlei Geschlechtes nach Ihrem Leben, Verdiensten und Schrifften* […], 1. Teil, Nürnberg und Altdorf 1755, S. 150–152; zitiert als *Nürnbergisches Gelehrten-Lexicon*; A. Würfel, *Diptycha Ecclesiæ Egydianæ das ist: Verzeichnüß und Lebensbeschreibungen der Herren Prediger, Herren Seniorum und Herren Diaconorum, welche seit der gesegneten Reformation biß hieher an der Kirche zu St. Egydien in Nürnberg gedienet, nebst einer Beschreibung der alten und neuen Kirche* […], Nürnberg 1757, S. 116 f.; vermutlich von G. A. Will verfaßt, zitiert als *Diptycha Ecclesiæ Egydianæ*.

[4] Dies erwähnt Birkmann selbst in einer undatierten abschriftlichen Fassung seiner Autobiographie (aus Georg Anton Wills Besitz, D-Nst, *Will III.88.2°*, fol. 11v). Die Autobiographie lag dem Druck im *Ehren-Denkmal* zugrunde, wurde dafür aber an etlichen Stellen gekürzt. Zu den Parodiekantaten siehe weiter unten.

sandte.[5] Als ich die ersten Buchstaben christlicher Lehre hinlänglich gefasset, und im Lesen fortkommen konnte, wurde ich, durch Vorsprache guter Leute, in die Lorenzer Armen=Schule aufgenommen, wo ich der treuen Anweisung Herrn **Hechts** und manche milde Gabe genoß, bis GOtt dem damaligen Herrn Ephoro, Herrn **Christoph Fürer**[6] ins Herz gab, aus besagter Schule einige Knaben, die ein natürliches Geschick zur Singekunst und den schönen Wissenschaften hätten, durch den Cantor **Deinl**[7] im neuen Spital aussuchen zu lassen. Nach ausgestandener Probe kam ich, nebst noch drey Knaben, in die Spitaler=Schule in die unterste Classe zu Herrn **Müller**, nach einem Jahr in die vierte, nach zwey Jahren in *Tertiam*, und nach abermaligen zwey Jahren in *Secundam*, und so mit in die Zucht des gottseligen Herrn **W. C. Deßlers**[8], dessen schöner Lehrvortrag und demüthiger Wandel mir unvergeßlich ist. Endlich kam ich *Primam* zu Herrn Rector **Hagedorn**, und nach dessen Uebergang in die Lorenzer= *Schule* wurde Herr *M*[agister] **Colmar**[9] mein Wegweiser in schönen Wissenschaften, bis ich A. 1722. nach einer öffentlichen gehaltenen lateinischen Rede: *de Petro M. Russorum Imperatore solicito de successore regni*, im Frühlings=*Examine ad lectiones publicas* befördert worden. In diesen Lesestunden hörte ich **Wülferum**, **Moerlium**, **Eschenbachium**, **Doppelmaierum** ohne Aussetzen.

Privat Unterweisung mochte [ich] Armuth halber nicht geniessen, hatte auch nicht wohl Zeit dazu, weil mir mit Informiren den Unterhalt verdienen musste.

---

[5] Im Erziehungssystem des Theologen und Pädagogen Ambrosius Wirth (1656–1723) wurden ältere Schüler zunächst als Hilfslehrer in die Häuser der Armen geschickt, später konnten diese dann die von Wirth gegründete Armenschule besuchen. Wie andernorts wirkte der Hallenser Pietismus auch hier besonders durch seinen karitativen und pädagogischen Anspruch. In Nürnberg dominierte der Pietismus aber keinesfalls das kirchliche Leben, siehe H. Weigelt, *Geschichte des Pietismus in Bayern. Anfänge – Entwicklung – Bedeutung*, Göttingen 2001 (Arbeiten zur Geschichte des Pietismus. 40.), insbesondere S. 91–98.

[6] Christoph Fürer von Haimendorf auf Wolkersdorf (1663–1732), Kaiserlicher Rat und Ratsherr in Nürnberg; auch Dichter und Übersetzer, Mitglied des Pegnesischen Blumenordens.

[7] Nicolaus Deinl (1665–1725) war nach mehreren Ämtern in seiner Vaterstadt Nürnberg seit 1694 Organist am Heilig-Geist-Spital, 1699 Collega an der Spitaler Schule und seit 1701 dort Kantor. Die meisten biographischen Angaben zu Nürnberger Musikern folgen: *Nürnberger Künstlerlexikon: Bildende Künstler, Kunsthandwerker, Gelehrte, Sammler, Kulturschaffende und Mäzene vom 12. bis zur Mitte des 20. Jahrhunderts*, 4 Bde., hrsg. von M. H. Grieb, unter Mitarbeit zahlreicher Fachgelehrter, München 2007.

[8] Wolfgang Christoph Deßler (1660–1722), 1705 Konrektor der Spitaler Schule, als Dichter von Liedern bekannt; für den Text von BWV 517 kennenswert: *GOtt=geheiligter Christen | nutzlich=ergetzende | Seelen-Lust | […] | mit lieblich in Noten gesetzten neuen Arien […]*, Nürnberg 1692, siehe F. Krautwurst, *Miszellen zur bayerischen Musikgeschichte I*, in: Neues Musikwissenschaftliches Jahrbuch 9 (2000), S. 203–210, insbesondere S. 208–210.

[9] Johann Colmar (1684–1737), Rektor der Spitaler Schule.

Mein musicalisch Talent wollte auch gern anwenden, und fortsetzen, was ich bey Herrn **Deinl** gelernt hatte.

Drezel[10], **Fischer**[11] und andere wackere Meister, die mir den Zutritt verstatteten, zeigten mir, was mir noch fehlte, und machten mir gute musicalische Bücher bekant, die ich aber ohne Kenntniß der italiänischen französischen Sprache nicht wohl nutzen konnte. **Tonelli**[12], **Plaz**[13] und **Kleemann**[14] gaben mir in genannten Sprachen die nöthige Unterweisung, worauf mich an die Composition wagte, und meine Aufsätze Herrn **Drezel** zur Prüfung unterweilen mitbrachte. Bey Herrn **Fischer** lernte ich noch mehr welsche Meister kennen und nachahmen, dadurch wurde gar zeitig in den Stand gesetzt, andere in der Musik gründlich zu unterweisen und daraus Nutzen zu ziehen.[15]

Ein klares Ziel stand ihm dabei zu Beginn seiner Ausbildung – ab 1723 in Altdorf und ab Ende 1724 in Leipzig – noch nicht vor Augen:

Nun stunde an, welche Lebensart ich einschlagen sollte. Ich hatte Lust, die schönen Wissenschaften zu studieren, aber keine Mittel. Ich hofte auf der hohen Schule ein Subsidium zu erlangen, und bezog das liebe **Altdorf** A. 1723. nach dem Pfingstfeyertagen, um das *Iubilaeum Academicum* mit begehen zu können. Ich besuchte die *Collegia publica* und *priuata*.

---

[10] Cornelius Heinrich Dretzel (1697–1775), 1712 Organist auf dem Musikchor der Frauenkirche in Nürnberg, 1719 Nachfolger Wilhelm Hieronymus Pachelbels an St. Egidien. Nach Christian Friedrich Daniel Schubart soll er ein Schüler Bachs gewesen sein, wofür es bislang allerdings an Belegen mangelt; siehe Dok III, Nr. 903 a.

[11] Zum Stadt- und Ratsmusikus Gabriel Fischer (1684–1749) siehe weiter unten.

[12] Francisco Ludovico Tonelli († 1738), seit 1720 Privatlehrer in Nürnberg, später auch in Jena. Von ihm stammt die Grammatik und Sprachlehre *Der Wohlinformierte Italiänische Scholär, Welcher, Als ein Teutscher, die Welsche Sprach in kurtzer Zeit zu erlernen sich angelegen seyn lässet*, Nürnberg 1723.

[13] Georg Philipp Platz verfaßte zwei Sprachlehren (*Sehr leichte neuerfundene Art, die Kinder das Frantzösische A, B, C. buchstabiren und die Ortographie besagter Sprache in kurtzer Zeit zu lehren*, Nürnberg [1720] und *Exercice très utile de la langue française*, Nürnberg 1721) sowie Ratgeber- und Erbauungsliteratur.

[14] Der Name Kleemann ist in Nürnberg und Altdorf gerade unter bildenden Künstlern und Musikern weit verbreitet. Wer hier gemeint sein könnte, konnte nicht ermittelt werden.

[15] *Ehren-Denkmal* (wie Fußnote 3), S. 19–21. Die Hervorhebungen sind original. Die biographischen Angaben zu den hier erwähnten Personen beschränken sich weitgehend auf den Zeitabschnitt, in welchem Birkmann mit ihnen Kontakt hatte. Für eine englische Teil-Übersetzung des *Ehren-Denkmals* sowie erste Ausführungen zum Fund der *Sabbaths-Zehnden* im Kontext der Biographie, siehe C. Blanken, *A Cantata-Text Cycle of 1728 from Nuremberg: a Preliminary Report on a Discovery relating to J. S. Bach's so-called ‚Third Annual Cantata Cycle‘*, in: Understanding Bach, Jg. 10 (2015), S. 9–30 (http://bachnetwork.co.uk/ub10/ub10-blanken.pdf).

Eine besondere Neigung zur Mathematik trieb mich zu *M.* **Kelsch**,[16] der auch ein *Musicus* war. Wir übten uns in der Composition, stellten *Collegia musica* an, und durch solchen Trieb kam in kurzen so weit, daß bey jährlicher Veränderung des *Rectoris Magnifici* zwo vollständige Musiken componirte und mit Beyfall aufführte.

Ich war immer noch nicht gewiß, ob daraus mein Hauptstudium machen, oder mich stärker an die Bücher halten sollte. Bisher hatte den *Stylum* bey Herrn Professor **Schwarzen**,[17] die Historie bey Herrn Professor **Köler**[18] getrieben, wie auch bey denen *Theologis* die griechische Sprache und Kirchengeschichte, und bey Hrn. *D.* **Baier**[19] ein *Botanicum* gehöret. Die Kosten wurden mir aber allein zu schwer, weil noch keinen Heller Stipendium erhalten, daß gegen das Ende des 1724sten Jahres mit Genehmigung meiner Lehrer beschloß, **Altdorf** mit **Leipzig** zu verwechseln.[20]

Ich gieng im Namen GOttes über **Coburg**, **Arnstadt**, **Erfurt** und **Jena** meist zu Fuß dahin, und kam wohl behalten Freytags vor Advent mit geringer Baarschaft an,[21] wurde aber bald mit denen **Mascoviis**[22] und einige Zeit hernach mit *M.* **Gaudlitz**[23] bekannt, durch deren Recommendation in vornehme Häuser kam. Als ich die heiligen Christferien selig zugebracht hatte, besuchte ich mit grossem Eifer die Lehrstunden

---

[16] Michael Kelsch (1693–1742), seit 1720 Dozent (1731 Professor), unter anderem für Mathematik an der Universität Altdorf.

[17] Christian Gottlieb Schwarz (1675–1751), 1709 Professor für Beredsamkeit und Poesie (später vereinigt mit der Professur für Geschichte) an der Universität Altdorf; Mitglied der Berliner Akademie.

[18] Johann David Kö(h)ler (1684–1755), 1711 Professor für Logik und 1714 für Geschichte an der Altdorfer Universität; 1726 Mitglied der Leopoldina in Halle.

[19] Johann Jacob Baier (1677–1735), 1704 Professor für Medizin an der Universität Altdorf; 1708 Mitglied der Leopoldina.

[20] *Ehren-Denkmal* (wie Fußnote 3), S. 20 f.

[21] Die Inskription erfolgte am 23. Dezember 1724 (Erler III, S. 197, als „Kirckmann"), wobei er als relativ mittelloser Student von den Gebühren befreit war.

[22] Gottfried Mascov(ius) (1698–1760), Rechtswissenschaftler, der ab 1716 Jura und Philosophie in Leipzig, ab 1723 in Altdorf studiert hatte. Ihn kannte Birkmann wahrscheinlich aus Altdorf, ehe dieser von 1724 bis 1729 als Privatdozent an die Universität Leipzig zurückkehrte; der ältere Bruder, Johann Jakob Mascov (1689 bis 1761), war 1717 Kollegiat am kleinen Fürstenkollegium, 1719 außerordentlicher Professor der Rechte, zugleich Ratsherr sowie ab 1723 Beisitzer beim geistlichen Konsistorium. Die meisten biographischen Angaben – hier und im folgenden – wurden zitiert nach M. Petzoldt, *Johann Sebastian Bach in theologischer Interaktion. Persönlichkeiten in seinem beruflichen Umfeld*, in: Über Leben, Kunst und Kunstwerke. Aspekte musikalischer Biographie. Johann Sebastian Bach im Zentrum. Festschrift Hans-Joachim Schulze zum 65. Geburtstag, hrsg. von C. Wolff, Leipzig 1999, S. 133–159. Zu weiteren Fragen nach den theologischen Lehrern Birkmanns konnte ich Martin Petzoldt (†) noch persönlich zu Rate ziehen.

[23] Magister Gottlieb Gaudlitz (1694–1745), 1721 Katechet an der Peterskirche, dann Subdiaconus der Nicolaikirche (ab 1731 Ämter an der Thomaskirche). Zu Bachs Auseinandersetzungen mit Gaudlitz ab 1728 siehe Dok I, Nr. 19 und Dok II, Nr. 246.

D. **Kortens**[24], *D.* **Joh.** **Schmidt**[25] und anderer, um in den schönen Wissenschaften auf den rechten Grund zu kommen, deswegen auch noch die englische Sprache lernte. Herr Professor **Hausen**[26] hätte gerne gesehen, wenn meine Zeit auf die Mathematik gewendet, und seinen Beobachtungen ordentlich beygewohnet hätte: als ich ihm aber meine schlechten Umstände entdeckte, drang er nicht weiter in mich, überredete mich aber gleichwol, daß eine *Dissertation de motu solis circa propriam axem*, unter ihm vertheidigte.

Weil bey *M.* **Birnbaum**[27] einige Zeit im Hause war, bediente mich der schönen Gelegenheit, die sich wöchentlich in Red=Uebungen und Vertheidigung vermischter Sätze darbot, da es mich denn öfters traf, daß *ex tempore* peroriren muste. Von dem an, trieb die Theologie mit Ernst, hörte **Pfeiffern**[28], **Carpzoven**[29], **Bernd**[30], **Sibern**[31] und andere berühmte Lehrer auf beeden Cathedern,[32] versuchte auch ein paarmal zu predigen, stellte aber die fernere Uebung bis auf bequemere Zeit aus, und ließ mir in

---

[24] Gottlieb Kort(t)e (1698–1731), 1726 Professor für Rechtsaltertümer. Bachs Dramma per musica „Vereinigte Zwietracht der wechselnden Saiten" BWV 207 wurde zu Kortes Promotion am 11. Dezember 1725 aufgeführt.

[25] Johann Schmid (1649–1731), 1700 außerordentlicher Professor für Theologie an der Universität Leipzig; 1723 Senior der polnischen Nation und der gesamten Universität sowie in weiteren Ämtern. J. S. Bach mußte sich im Zuge seiner Ernennung zum Thomaskantor vor Schmid und Superintendent Deyling einer theologischen Prüfung unterziehen.

[26] Christian August Hausen der Jüngere (1693–1743), seit 1726 ordentlicher Professor der Mathematik in Leipzig, im selben Jahr auch Mitglied der Königlich Preußischen Akademie der Wissenschaften in Berlin.

[27] Zu Johann Abraham Birnbaum (1702–1748) siehe unten.

[28] Johann Gottlob Pfeiffer (1667–1740), 1707 außerordentlicher Professor der morgenländischen Sprachen und des Talmuds, 1723 ordentlicher Professor der Theologie und im selben Jahr Lizentiat; 1724 Doktor der Theologie. Pfeiffer soll daneben auch komponiert haben.

[29] Johann Gottlob Carpzov (1697–1767), 1714 Lizentiat und Archidiaconus der Thomaskirche, 1719 ordentlicher Professor der hebräischen Sprache, 1724 Doktorpromotion.

[30] Adam Bernd (1676–1748), 1711 Oberkatechet an der Peterskirche; 1728 suspendiert wegen einer kontroversen theologischen Publikation. Er verfaßte eine vielbeachtete, 1738 gedruckte Autobiographie.

[31] Urban Gottfried Sieber (1669–1741), 1711 Diakon und 1714 Vesperprediger an St. Thomas, 1714 Lizentiat der Theologie; 1715 erster Lehrstuhlinhaber der Professur für Kirchengeschichte („Kirchen-Altertümer").

[32] In den *Diptycha Ecclesiæ Egydianæ* heißt es dazu noch etwas genauer: „Hier besuchte er die Vorlesungen Rüdigers, Carpzovens, Mascovs, und anderer" (S. 116). Johann Andreas Rüdiger (Ridiger; 1673–1731), Philosoph und Mediziner, wird sonst nur noch in der handschriftlichen Fassung der Autobiographie (D-Nst, *Will III.88.2°*, fol. 4v–5r) erwähnt. Durch diese Auslassung seitens des Herausgebers des *Ehren-Denkmals* (wie Fußnote 3) sollten wohl vor allem die Theologen hervorgehoben werden.

Exegesi sacra et dispositione textuum sacrorum **Hoffmans** und **Tellers**[33] Anleitung gefallen, weil beyde nach Wunsch geniessen konnte.

Dabey ließ ich doch die Musik nicht ganz liegen, sondern hielte mich [S. 23:] fleißig zu dem grossen Meister, Herrn Director **Bach** und seinem Chor, besuchte auch im Winter die *Collegia musica*,[34] und erlangte hiedurch Gelegenheit, etlichen Studiosis mit Hülfe der welschen Sprache weiter zu helfen. A. 1727. wurde zu einer Zeit nach **Wien** und **Dreßden** für junge Herrschaften als Hofmeister verlangt, unter Versicherung, daß ich am letzten Orte nach einiger Zeit mit einem Amte versorgt werden sollte. Es rieth mir aber ein treuer Landsmann, ins Vaterland zurück zu kehren, wenn in Leipzig nicht länger subsistiren könnte: welchem Rath zu folgen Trieb und Lust bekam, zumal auch meiner Mutter Wille dahin gieng. Ehe aber die Heimreise anstellte, thate nach den Pfingstferien eine kleine Reise über **Wittenberg** nach **Berlin** und **Dreßden** in Gesellschaft des Herrn von **Winkler**[35] und Herrn Jubelier **Tieferer**. **Wittenbergs** berühmte Lehrer hatte schon A. 1725. in Gesellschaft Herrn **Engelharts**[36] kennen gelernt, daher ich jetzt nach Berlin eilte, und durch Empfehlungsschreiben in die Bekanntschaft der grossen Männer **de la Croze**,[37] **de Vignoles**,[38] **Kirch**,[39]

---

[33] Romanus Teller d. J. (1703–1750), 1721 Magister der Philosophie, 1723 Baccalaureus der Theologie und Katechet an St. Petri, 1726 Sonnabendprediger an St. Thomas; später zahlreiche weitere Ämter.

[34] Eines dieser Collegia musica stand von 1723 bis 1729 unter der offiziellen Leitung von Georg Balthasar Schott (1686–1736), ehe es Bach bis zunächst 1737 übernahm.

[35] Vermutlich ist Jacob Wilhelm Winkler von Mohrenfels gemeint (*1707). Dieser studierte seit Mai 1726 in Leipzig (Erler III, S. 461); vorher hatte er wie Birkmann in Altdorf studiert, siehe E. v. Steinmeier, *Die Matrikel der Universität Altdorf (1576–1809)*, Bd. 1, Würzburg 1912, Nr. 16028); später wurde er in Nürnberg Ober-Zoll- und Waag-Amtmann. Der hier genannte Juwelier namens Tieferer wurde nicht ermittelt.

[36] Johann Philipp Engelhardt (1701–1753) aus Windsbach immatrikulierte sich am 21. April 1725 in Leipzig, von der Universität in Altdorf kommend (Erler III, S. 78). Im November 1726 wurde er bereits Adjunkt seines Vaters in Windsbach, 1733 Kaplan in Brodswinden und 1740 in Langenzenn, siehe M. Simon, *Ansbachisches Pfarrerbuch. Die evangelisch-lutherische Geistlichkeit des Fürstentums Brandenburg-Ansbach 1528–1806*, Nürnberg 1957, S. 103 (Nr. 620).

[37] Mat(h)urin Veyssière de La Croze (1661–1739), Bibliothekar des preußischen Königs und Orientalist. 1725 zugleich Professor für Philosophie am französischen Collegium in Berlin. In zeitgenössischen Urteilen wird er wiederholt als Polyhistor, Sprachgenie und einer der gelehrtesten Männer Berlins gepriesen.

[38] Alphonse des Vignoles (1649–1744), 1700 Mitglied der Societät der Wissenschaften zu Berlin, 1727 Adjunkt des erblindeten Sekretärs der Mathematischen Klasse der Akademie, 1729–1730 Vizepräsident der Akademie; seit 1703 in Diensten des preußischen Königs am königlichen Observatorium; außerdem 1712–1721 Prediger der französisch-reformierten Gemeinde in Berlin.

[39] Christfried Kirch (1694–1740), 1716 Astronom der Akademie der Wissenschaften, 1716 ordentliches Mitglied der Akademie, 1726 zugleich deren Bibliothekar.

Michaelis[40] und anderer Gelehrten kam. In Dreßden hörte den berühmten **Löscher**[41], den beliebten **Hilscher**[42], und die grossen Virtuosen der königlichen Capelle,[43] und besahe ausser den Büchersälen noch viele andere Seltenheiten jetzt ermeldten Residenzien. Zur andern Zeit habe auch **Halle** gesehen, und dortige berühmte Lehrer zum Theil besucht und gehöret, auch bey dem grossen **Gundling**[44] mich in guten Credit gesetzt. Mit Anfang des Septembers 1727. habe das liebe **Leipzig** gesegnet, und meine Rückreise über **Altenburg** und **Gera** angestellt. Ich wollte auch **Plauen** nicht vorbey gehen, weil allda gute Freunde wuste.[45]
Nach zween Tagen erreicht ich **Hof** und **Bayreuth,** und endlich den 19ten September meine Geburtsstadt in vollkommen Wohlstand. Um Michaelis begab ich mich noch einmal nach **Altdorf.**[46]

Zusammenfassend läßt sich Folgendes festhalten: An den ersten 14 Monaten an der Universität Altdorf interessiert vor allem, daß Birkmann gemeinsam mit dem Mathematiker und Organisten Michael Kelsch ein Collegium musi-

---

[40] Johann Gottlieb Michaelis (1704–1740), erster Inspektor des Königlichen Cabinets der mathematischen und physikalischen Instrumente Augusts des Starken (heute: Mathematisch-physikalischer Salon).

[41] Valentin Ernst Löscher (1673–1749), lutherisch-orthodoxer Theologe; 1709 Superintendent in Dresden. Er begründete das Consortium Theologicum Dresdense, eine Vereinigung zur Förderung des theologischen Nachwuchses.

[42] Paul Christian Hilscher (1611–1730), 1704 Pastor in Alt-Dresden; er galt theologisch wie kirchenpolitisch als Mitstreiter Löschers; er publizierte daneben auch als Historiker.

[43] Hiermit sind aus der Riege der Hofmusiker vermutlich Namen wie Jean-Baptiste Woulmyer (tätig 1709–1728), Johann Georg Pisendel (1712–1755 Konzertmeister), Francesco Maria Veracini (1717–1722 Konzertmeister), Pierre-Gabriel Buffardin (1714–1749 Flötist), Jan Dismas Zelenka (1719–1745 Kontrabassist und Komponist), Silvius Leopold Weiss (1718–1750 Lautenist) sowie die Hofkapellmeister Johann Christoph Schmidt (in Dresden 1697–1728) und Johann David Heinichen (in Dresden 1717–1729), außerdem Giovanni Alberto Ristori als Vertreter Heinichens (1725–1733) gemeint. Daß Bach es war, der Birkmann in Dresden eine Tür öffnen konnte, ist zu vermuten.

[44] Nikolaus Hieronymus Gundling (1671–1729), zunächst Professor für Philosophie an der Universität Halle, 1712 Professur für Natur- und Völkerrecht, 1719 für Ius Publicum; weitere Ämter an der Universität Halle. Gundling stammt aus dem fränkischen Kirchensittenbach bei Nürnberg.

[45] Vielleicht waren damit Gottfried Sauer und Georg Gottfried Wagner (1698–1756) gemeint. Wagner war seit dem 9. Dezember 1726 Kantor an St. Johannis in Plauen (mit Empfehlungsschreiben von J. S. Bach, vgl. Dok I, Nr. 16 und 17), Sauer (durch einen Stammbucheintrag als Freund Birkmanns belegt) dort seit 1727 Lehrer. Wagner war von 1712 bis 1719 Alumnus der Thomasschule gewesen und immatrikulierte sich 1718 an der Universität Leipzig.

[46] *Ehren-Denkmal* (wie Fußnote 3), S. 21–24.

cum organisierte und für akademische Festivitäten Kantaten komponierte. Offensichtlich hegte er aber die Hoffnung, im weltläufigen Leipzig besser seinen Lebensunterhalt verdienen zu können als in dem kleinen Städtchen Altdorf. Jedenfalls blieb er hier vom 1. Dezember 1724 bis Anfang September 1727. Seine bis dahin sehr vielfältig gepflegten Begabungen kommen konsequent weiter zum Tragen, allerdings ohne daß zunächst ein roter Faden erkennbar wäre. Er selbst schreibt, daß er sich als erstes den „Schönen Wissenschaften" zuwandte und sich als weitere Fremdsprache Englisch aneignete, zudem hörte er auch die üblichen juristischen Vorlesungen. Sein Mentor Professor Christian August Hausen d. J. hat ihn dann zu einer Laufbahn als Mathematiker gedrängt. Im Sommer 1726 schrieb er auch eine entsprechende sphärengeometrische „Dissertation",[47] bezeichnete sich hier aber selbst bereits, anders als in früheren Stammbuchblättern, als „Sanctissimae Theologiae Cultor". Die Konzentration auf die Theologie erfolgte mithin erst im Laufe der zweieinhalb Jahre in Leipzig. Zu diesem Sinneswandel dürfte maßgeblich auch der Leipziger Rhetoriker Johann Abraham Birnbaum beigetragen haben, bei dem Birkmann einige Zeit wohnte und dessen Kolleg er besuchte.

Die allgemein gehaltene Formulierung über seine Verbindungen zu Bach suggeriert, daß er – in einem weiteren, hier aber nicht präzise beschriebenen Sinn – die Figuralmusik in den Hauptkirchen instrumental bzw. vokal unterstützt hat,[48] schließt indes auch Mutmaßungen über weitere Tätigkeiten für Bach nicht aus. Daß Birkmann zumindest ein Orchesterinstrument beherrscht haben muß, wird jedenfalls durch seinen Hinweis auf die – noch im selben Satz genannten – Veranstaltungen der studentischen Collegia musica deutlich, bei denen er ebenfalls mitgewirkt hat. Daß hier das Schottsche Collegium musicum gemeint ist, das in diesen Jahren zeitweilig – etwa bei universitären Festakten – Bach zur Verfügung stand, kann nur eine Mutmaßung sein.[49] Der Kontakt zu gleichgesinnten Studenten scheint Birkmann gleich in mehrfacher Hinsicht erwähnenswert, da er hier nicht zuletzt durch das Erteilen italienischen Sprachunterrichts eine willkommene Gelegenheit fand, sich finanziell

---

[47] Über die chronologische Folge von mathematischer Disputation (*De motu solis circa proprium axem*) mit ihrem Vorwort vom 26. August 1726 und sechs aufeinanderfolgenden Libretti zum 18.–23. Sonntag nach Trinitatis desselben Jahres sowie Implikationen für die Zuschreibung des Librettos der Kreuzstabkantate BWV 56 an Birkmann als Mathematiker *und* Theologen siehe Blanken (wie Fußnote 15), S. 25–27.

[48] Nichts anderes bedeutet der von ihm gebrauchte Begriff „Chor" zu dieser Zeit.

[49] Daß bereits seit mindestens 1724 auch Bach öfters über studentische Musiker (wohl eines der bestehenden Collegia musica) verfügen konnte, legt nicht zuletzt eine Bemerkung von Ernst Ludwig Gerber über die Leipziger Studienzeit von dessen Vater Heinrich Nicolaus Gerber (1702–1775) nahe, der sich am 8. Mai 1724 in Leipzig immatrikuliert hatte; siehe Dok III, Nr. 950.

einigermaßen über Wasser zu halten. Geradezu kennzeichnend für die Beschreibung seiner Schüler- und Studentenzeit ist der wiederkehrende Hinweis auf finanziell prekäre Umstände – vor allem die Mitteilung, daß er lange Zeit auf ein Stipendium warten mußte, das dann wider Erwarten nur spärlich floß.[50] Der Tenor seines autobiographischen Rückblicks aus der Warte des gestandenen Predigers lautet, daß er sich trotz widrigster Umstände für das kirchliche Amt entschieden habe und dies das Ergebnis einer ‚Erweckung' durch pietistisch geprägte Vorbilder gewesen sei.[51] Er betont ausdrücklich, daß er eine ihm angetragene Stelle eines Hofmeisters in Dresden und Wien zugunsten der zielstrebigen Vorbereitung auf ein kirchliches Amt ausgeschlagen habe. Die lang zurückliegende Studentenzeit wirkt bisweilen etwas religiös verbrämt,[52] und die einstmals vorhandenen Motivationen scheinen nicht immer richtig wiedergegeben zu sein. Manch ein Passus wurde 1771 bei der Drucklegung auch herausgekürzt. Immerhin, als Birkmann auf seine Reisen zu sprechen kommt, ist es namentlich Dresden, wo er die Musiker hervorhebt, die ihm den Besuch der Stadt lohnend machten.

---

[50] „Da aber die versprochene Hülfe aus dem Vatterlande anfangs gar nicht erfolgen wollte, hernach aber sehr sparsam kam, sahe er sich genöthigt, Leipzig 1727 zu verlassen"; *Nürnbergisches Gelehrten-Lexicon* (wie Fußnote 3), Bd. 1, S. 150.

[51] „Inzwischen versuchte mein Erbarmer, durch eine neue Erweckung mich herum zu holen. Er verhalf mir gar unvermuthet in den Egydier Schüler=Chor, da ich den geistreichen Marperger hören konnte. Sein Vortrag rührte mich, ich schrieb seine Predigten auf, wie auch des damaligen Herrn Diac. Herdegen, nachmaligen Predigers in der Kirche zum heil. Geist" (*Ehren-Denkmal*, wie Fußnote 3, S. 31 f.). Ähnliche Passagen zu typisch pietistisch anmutenden Bekehrungs- oder Erweckungserlebnissen aus dem *Ehren-Denkmal* sollen hier außen vor bleiben. Mit Bernhard Christian Marperger (1682–1746) als August Hermann Franckes letztem Schüler hob Birkmann in der Autobiographie einen weiteren pietistisch geprägten Theologen hervor, der zeitweilig während seiner Schulzeit als Diaconus an St. Egidien gewirkt hatte, ehe er, im Amt des sächsischen Oberhofpredigers in Dresden, als Gegenspieler des dortigen Superintendenten Valentin Löscher im gesamten protestantischen Deutschland bekannt wurde. Löscher vertrat in den Auseinandersetzungen den Standpunkt der lutherischen Orthodoxie. Als Birkmann 1727 Dresden bereiste, suchte er auch Löscher auf, nennt in diesem Zusammenhang aber Marperger nicht.

[52] „Die Liebe GOttes lief mir auch auf die höhern Schulen nach, vermochte aber nicht, mein Herz zu gewinnen, ja das Fleisch behielt über den Geist vielmehr die Oberhand. Ich merkte wohl öfters, wie weit ich herunter gekommen, ich gieng der Sünde aus dem Wege, aber ich liebte sie doch heimlich, und brachte sie mit nach Hause, ja gar in das Amt, bis die Salzburger Emigranten in Nürnberg ankamen, und einige derselben mich sehr beschämten"; *Ehren-Denkmal* (wie Fußnote 3), S. 32.

Der dritte und letzte hier länger zitierte Abschnitt aus dem *Ehren-Denkmal* betrifft den Abschluß seiner Studentenzeit an der Altdorfer Universität bis hin zu seiner Ordination:

Der sel. *D.* **Zeltner**[53] diente mir nicht allein mit seinen Vorlesungen, sondern ermunterte mich auch unterweilen zu predigen, und durchsahe meine Arbeiten. A. 1728. um Reminiscere wurde mir die Stelle eines Hofmeisters bey der hochadelich **v. Pömerischen** Jugend in Herrspruck angetragen,[54] wobey ich nicht nur öfters auf dem Lande predigte, sondern auch in dem Städtlein selbst die Stelle eines Vicarii vertreten, wenn die ordentlichen Lehrer ihr Amt nicht versehen konnten.

Am 26ten Julii besagten Jahres nahm mich Herr *Prediger* **Hofmann** mit etlichen *Commilitonibus in numerum Candidatorum Rev. Ministerii,* nach ausgestandenem *Examine* in seinem Hause, auf.

A. 1731. wurde durch einen Herrn *Antistitem*[55] zu adelicher Jugend nach **Nürnberg** recommendirt. Herr Pfleger **Pömer** ließ mich ungerne weg. Da ich mich aber erbot, seine Herren Söhne mitzunehmen, und sie noch ferner zu unterweisen, so erreichte meinen Zweck, und fand in meiner Vaterstadt so gutes Zutrauen gegen mich, als sich [S. 25:] damals nicht leicht einer rühmen konnte.

Ich bekam nicht nur verschiedene Söhne aus dem Patriciat in meine ordentliche Lehrstunden, sondern brachte auch ein *Collegium oratorio practicum* von 12 *Membris* zusammen. Es blieb mir bey diesen Uebungen dennoch so viel Zeit übrig, daß keine aufgetragene Predigt abschlagen durfte.

Ehe noch das Jahr um war, erhielte am Tage Sebaldi [= 19. 8. 1732] von einem hochlöblichen Magistrat eine rechtmäßige Vocation zum heiligen Predigtamt bey der Militz, und etliche Tage hernach auch zum Zucht= und Werk= wie auch Infectionshaus. Am Tage Augustini [= 28. 8. 1732] erhielte die Ordination in **Altdorf,** und den 13ten Sonntag nach Trinitatis A. 1732. habe im Namen des HErrn, des grossen Propheten, mein Amt bey St. Salvator angetreten, und der ganzen Gemeine Beyfall erhalten.[56]

1728 trat er doch eine Hofmeisterstelle an: In Hersbruck unweit von Nürnberg wurde er „Informator" bei der Familie von Johann Friedrich Pömer von Diepoltsdorf (1674–1745), wo er vertretungsweise auch predigte. Gleich nach seiner Ordination am 8. August 1731 heiratete Birkmann am 11. November Sophia Magdalena Bickelmann – „sie steht in D. Jöchers Gelehrten=Lexicon als eine Dichterin"[57] –, die aber knapp sechs Monate später bereits starb. Birk-

---

[53] Gustav Georg Zeltner (1672–1738), seit 1706 Professor für Theologie und Orientalistik in Altdorf sowie Diaconus der dortigen Stadtkirche.

[54] „Instructor der hochadelich=pömerischen Jugend in Herspruck" heißt es in den *Diptycha Ecclesiæ Egydianæ,* S. 116.

[55] Als Antistes wurde in Nürnberg der Erste Pastor einer Gemeinde bezeichnet.

[56] *Ehren-Denkmal* (wie Fußnote 3), S. 24 f.

[57] Ebenda, S. 27. „Bürckmannin (Sophia Magdalena), eine Poetin, Christoph Bürckmanns, Predigers bey der Soldatesqve zu Nürnberg Eheliebste; verfertigte aus eigenem Triebe, und fast ohne Anweisung bereits im siebzehnden Jahre ihres Alters,

mann verheiratete sich daraufhin am 30. Juni 1733 mit der Pastorentochter Sibylla Magdalena Oehm.[58] Diese brachte zwischen 1734 und 1743 sieben Kinder zur Welt,[59] von denen lediglich die älteste Tochter Margaretha Barbara das Erwachsenenalter erreichte.[60] Gemeinsam mit seiner Tochter, der er eine umfangreiche Bildung angedeihen ließ,[61] unterstützte Birkmann später – wie viele andere Nürnberger auch[62] – das umfangreiche Unterfangen des Altdorfer Historikers Georg Andreas Will (1727–1798), Biographien Nürnberger Persönlichkeiten in einem *Gelehrten-Lexicon* zusammenzutragen. Beide Birkmanns wurden dann aufgrund ihrer vielfältigen Publikationstätigkeit Mitglieder der *Herzoglich Teutschen Gesellschaft* zu Helmstedt, 1752 der Vater und im Jahr darauf die Tochter.[63]

---

viel geistliche und schrifftmäßige Lieder, brachte ihre müßigen Stunden mit Lesung solcher Bücher zu"; C. G. Jöcher, *Allgemeines Gelehrten-Lexicon*, Bd. 1, Leipzig 1750, Sp. 1463.

[58] † 5. März 1771.

[59] Mein Dank gilt Herrn Daniel Schönwald vom Landeskirchlichen Archiv in Nürnberg, der die Taufmatrikel in den Kirchenbüchern von St. Sebald (Allgemeines Militärkirchenbuch) und St. Lorenz durchgesehen hat.

[60] *12. April 1734 (Nürnberg), †16. November 1801 (Halle). 1765 Heirat mit dem Theologen Stephan Schultz (1714–1776) in Halle.

[61] „Seine geschickte Tochter […] lies gar frühzeitig einen fähigen Kopf merken. Der Herr Vatter erweckte diese Gabe und machte mit seiner Tochter einen Versuch in der Geographie und Historie: daneben erlernte sie die Zeichnungs=Kunst, Calligraphie und Musik, sodann das Lateinische, Französische und Italiänische, wozu nach einigen Jahren das Griechische kam. […]; sie hat auch ausser verschiedenen Gedichten herausgegeben: *le tableau du vrai Chretien*, ins deutsche übersetzt, 1754. 8." (*Nürnbergisches Gelehrten-Lexicon*, Bd. 1, S. 151 f.). Birkmann selbst schreibt in der Autobiographie: „Da ich an allen diesen Kindern ein fein Talent wahrnahm, so wendete allen Fleiß auf deren christliche Erziehung, so lange sie der HErr unter meiner Aufsicht gelassen. Und da die Erstgebohrne alle überlebet, so habe, nach abgelegten Grund des Christenthums in den **Wirthischen** Anstalten, mit Hülfe tüchtiger Leute und unter göttlichen Gedeyen sie gar zeitig in den Stand gesetzt, mancherley Sprachen zu lesen. Zur Abwechselung trieb sie die Calligraphie, das Zeichnen und Mahlen, die Musik und andere schöne Wissenschaften"; *Ehren-Denkmal* (wie Fußnote 3), S. 28.

[62] R. Jürgensen, *Bibliotheca Norica. Patrizier und Gelehrtenbibliotheken in Nürnberg zwischen Mittelalter und Aufklärung*, 2 Bde., Wiesbaden 2002 (Beiträge zum Buch- und Bibliothekswesen. 43.), Teil 2, S. 1565–1568.

[63] Für ihre Leistungen als Dichterin und Übersetzerin wurde sie 1758 sogar zur „kaiserlich gekrönten Poetin" ernannt (Urkunde in D-Nst, *Will III.181*). Vgl. J. Flood, *Poets Laureate in the Holy Roman Empire: A Bio-bibliographical Handbook*, Berlin 2006, Bd. 1, S. 129.

Am Sonntag Cantate 1741 wurde Christoph Birkmann als Diaconus an St. Egidien eingeführt, und 1744 wurde er dort Feiertagsprediger. 1747 reduzierte er aus Gesundheitsgründen seine Tätigkeit an dieser Kirche und übernahm die Predigt der Sonntagsvesper. 1759 schließlich amtierte er an St. Egidien als Senior unter den dortigen Theologen. Zwischen 1745 und 1760 versah er zeitweilig noch verschiedene weitere Ämter: als Seelsorger der Gefängnisse und Frühprediger bei St. Peter, seit 1759 als Sonnabend-Vesperprediger an St. Veit.[64] Für das 1759 gestochene Porträt (siehe Abb. 4) präsentiert sich Birkmann im Ornat eines lutherischen Pastors mit seinem Motto aus 2 Kor 6,4 und läßt zudem auf seine zwei Mitgliedschaften in den Deutschen Gesellschaften zu Helmstedt und Altdorf verweisen. Im Amt des Seniors an St. Egidien verstarb Christoph Birkmann schließlich am 11. März 1771 in Nürnberg, sechs Tage nach seiner zweiten Frau Sibylla Magdalena. Der gesamte Besitz ging vermutlich vollständig auf die Tochter über.[65] Der „Mobilien=Verkauf" aus der Wohnung der Birkmanns hinter der Egidienkirche fand bereits im Juni/Juli 1771 statt.[66] Die umfangreiche, mittels gezielter Ankäufe aus Patrizier- und Gelehrtenbibliotheken zusammengetrage Bibliothek wurde dann ab dem 22. April 1772 versteigert. Ihr fast fünftausend Nummern umfassender Auktionskatalog *Bibliotheca Birckmanniana* (Nürnberg [1772]) gibt Auskunft über Birkmanns breitgefächerte Interessen.[67] Das Verzeichnis versammelt neben theologischer oder allgemein religiöser Literatur belletristische, geographische, wappenkundliche, medizinische und vielfältige mathematisch-naturwissenschaftliche Publikationen; Birkmanns ausgeprägten sprachlichen Fähigkeiten entsprechend sind darunter besonders viele fremdsprachliche. Von seinen musikalischen Neigungen zeugen indes nur wenige Einträge – Musiktheoretika von Praetorius,[68] Prinz,[69] Heinichen,[70] Matthe-

---

[64] 1759 übernahm Birkmann noch die „Versperpredigten in der St. Veits- oder Augustinerkirche und versah sie bis an seinem Tod", siehe Johann Georg Meusel, *Lexikon der vom Jahr 1750 bis 1800 verstorbenen teutschen Schriftsteller*, Bd. 1, Leipzig 1802, S. 413.

[65] Ein Testament ist laut Mitteilung des Bayerischen Staatsarchivs Nürnberg und des Stadtarchivs Nürnberg nicht vorhanden.

[66] *Nürnbergische wochentliche Frag= und Anzeige=Nachrichten*, Nr. XLVII vom 11. Juni 1771 (Ankündigung des Verkaufs am 12. Juni) und Nr. LII. vom 28. Juni 1771 (Verkauf am 3. Juli 1771).

[67] Vgl. Jürgensen, Bibliotheca Norica (wie Fußnote 62), Teil 2, S. 1673.

[68] M. Praetorius, *Syntagma musicum*, 3 Bde., Wittenberg 1614/15 und Wolfenbüttel 1618 (ob alle drei Bände vorhanden waren, ist nicht vermerkt).

[69] W. C. Printz, *Historische Beschreibung der Edelen Sing- und Kling-Kunst*, Dresden 1690.

[70] J. D. Heinichen, *Der General-Bass in der Komposition*, Dresden 1728.

son[71] und Mizler[72] sowie etliche Textdrucke zu Kantaten-Jahrgängen[73] und Liederbücher; Musikalien fehlen hingegen.[74]

II. Der Kantatenzyklus „GOtt-geheiligte Sabbaths-Zehnden" von 1728 und Bachs Aufführungskalender

Mit Abschluß seiner Zeit an der Heimatuniversität Altdorf 1727/28 dürfte Birkmanns Streben vor allem der Vorbereitung auf das Vikariat gegolten haben. Hier machte er sich jedoch schon bald auch eine bereits in Leipzig begonnene Arbeit zu Nutze: die Drucklegung eines Jahrgangs mit 71 Kantatentexten auf die Sonn- und Feiertage und die in Franken mit Figuralmusik begangenen Marien-, Heiligen- und Aposteltage sowie mit einem vollständigen Libretto zu einer umfangreichen Passionsmusik an Karfreitag.[75] Dieser Zyklus wurde im Herbst 1728 veröffentlicht als:

GOtt-geheiligte | Sabbaths-| Zehnden/ | bestehend | aus | Geistlichen Cantaten | auf alle | Hohe Fest- Sonn- | und | Feyer-Täge | der | Herspruckischen Kirch-Gemeinde | zu Gottseeliger Erbauung | gewiedmet, | von | Christoph Bürckmann/ | *Rev. Minist. Candid.* | Nürnberg, gedruckt bey Lorenz Bieling.[76]

----

[71] J. Mattheson, *Das neu-eröffnete Orchestre*, Hamburg 1713; *Das beschützte Orchestre*, Hamburg 1717; *Das forschende Orchestre*, Hamburg 1721; *Exemplarische Organisten-Probe*, Hamburg 1719; *De eruditione musica schediasma epistolicum*, Hamburg ²1752; *Kern melodischer Wissenschaft*, Hamburg 1737; *Philologisches Tresespiel*, Hamburg 1752.

[72] 2 Bände aus L. Mizler, *Musikalische Bibliothek*, Leipzig 1739–1754.

[73] Neben etlichen Nürnberger Jahrgängen *Sonn= Fest= und Feyertägl. musikal. Kirchenandachten* (1747–1751, 1754, 1756) besaß er außerdem: S. Franck, *Epistolisches Andachtsopfer*, Weimar 1718; E. Neumeister, *Sonn- und Festtägliches Lob Gottes*, Nürnberg 1744; J. J. Rambach, *Geistliche Poesien*, Halle 1720 bzw. *Poetische Festgedanken*, Jena 1729. Außer wenigen Sätzen aus den *Poetischen Festgedanken* sowie Chorälen hat Birkmann für die *Sabbaths-Zehnden* keine Werke Rambachs entlehnt; zur breiten Rambach-Rezeption allgemein siehe jüngst J. Heigel, *„Vergnügen und Erbauung". Johann Jacob Rambachs Kantatentexte und ihre Vertonungen*, Halle 2014 (Hallesche Forschungen. 37.). *Texte zur Leipziger Kirchen=Music* werden in der *Bibliotheca Birckmanniana* nicht genannt.

[74] Es gibt keine Hinweise, daß diese vielleicht separat verkauft wurden.

[75] Anders als in Leipzig galten nach fränkischer Tradition der 2. bis 4. Advent und die Sonntage der Passionszeit (nach Estomihi) nicht als Tempus clausum. Eine weitere Abweichung betraf die hohen Feiertage, die in Franken jeweils nur an zwei Festtagen mit Figuralmusik begangen wurden.

[76] D-Nst, *Will II, 1413 8°*; im folgenden als *Sabbaths-Zehnden* abgekürzt; siehe Abb. 1–3. Ich danke Dr. Christine Sauer (Stadtbibliothek Nürnberg, Historisch-Wissenschaftliche Bibliothek), für die stets hilfreiche und freundliche Unterstützung

Ein junger, musikalisch versierter Theologe zeigt hier eine auffallende Begabung für religiöse Dichtung, gepaart mit großer Stilsicherheit in der Gattung Kantate sowie einer profunden Kenntnis geeigneter Bibel- und Choralverse. In der ausführlichen Vorrede kritisiert er den aktuellen Zustand kirchenmusikalischer Praxis, erläutert seine Intentionen vor diesem Hintergrund genauso wie vor ihrer langen Geschichte. Birkmanns Abhandlung beginnt, typisch für Kantatenlibretti, mit Kritik an der aktuellen Kirchenmusik („Lauigkeit in dem Lob des höchsten Gottes"), ihren Komponisten und Musikern:

Die die Music *tractir*en, fehlen erstlich darinnen, daß sie diese fürtreffliche Ubung gleichsam mit ungewaschenen Händen angreiffen und als ein *formales* Handwerk achten. Hernach ist dieses ein Fehler, daß sie keinen Unterschied machen, zwischen einer *Theatrali*schen oder andern *Profan-Music*, und zwischen einer geistlichen *Harmonie*, die dem großen GOtt zu Ehren angestimmet wird.[77]

Der letzte Abschnitt, der Details über das Zustandekommen seines Zyklus preisgibt, sei vollständig wiedergegeben:

Allhiesiger Gemeinde kan man aufrichtig das Zeugniß geben, daß die meisten unter ihnen das ihrige zum Dienst des HERRN redlich beytragen. Dann ausser dem daß sie die liebe Jugend bey Zeiten zur Kirchen-*Music* angewöhnen lassen, so hat man auch ihren Eifer, für das Lob des unsterblichen GOTTES, daran vermerkt, daß, da vor einigen Jahren ein Jahr-Gang von Herrn Stolzenberg verfertigt, aufgeführt worden, sich die meisten die darzu gedruckten Texte angeschafft, um ihrer Andacht damit aufzuhelffen. Und diese rühmliche Exempel haben mich angereitzet, zur Ehre meines GOTTES und zum Dienst hiesiger Gemeine auch etwas beyzutragen und gegenwärtiges Werkchen zu unternehmen. Wolte jemand meine Arbeit als unnöthig und überflüssig ansehen, und meinen, man hätte ja so genug Kirchen-Stücken und gedruckte *Cantaten* in der Welt; so sage mir ein solcher aufs erste, warum ich denn als ein Christ nicht auch befugt sey meinen GOTT ein geringes Opfer zu bringen, und dann, ob denn alle Kirchen-Stücke so beschaffen, daß man selbe aller Orten gebrauchen kan? ich habe dieses Werk'chen nicht ohne Ursach **GOtt-geheiligte Sabbaths-Zehnden** betitelt; Denn die meisten Stücken sind am Tage des HERRN bey meiner *Privat*-Andacht verfertiget. Den Anfang hierzu habe schon vor einigen Jahren auf Einrathen eines guten Freundes gemacht, der mir selbst etliche Stücke vorgearbeitet, die auch

---

meiner Recherchen. Das bislang einzige nachgewiesene Exemplar aus Birkmanns Besitz enthält einen Ex-libris-Aufkleber mit dem Wappen der Familie Will. Der Widmungseintrag von Birkmanns eigener Hand auf dem Vorsatzblatt (recto) lautet: „Viro Generosissimo | Domino Dno. Christiano Guil. | Kraußio | copiarum pedestrium | Præfecto vigilantissimo | hoc qualecunque pietatis | monumentum | submisse offert || Autor CBurckmann | Pastor". Von Kinderhand stammt über dem Namen des Autors ein Nachtrag: „Anna Maria" (Birkmann selbst hatte keine Tochter dieses Namens).

[77] *Sabbaths-Zehnden*, Vorrede, S. [2].

wegen ihrer Natürlichkeit und Nachdruck dieser *Collection* einverleibet sind. Diese Arbeit hat eine Zeit gelegen, biß mir endlich vor kurzem der Trieb ankam, das Jahr voll und nach gepflognen Rath, durch den Druck gemein zu machen. Da ich denn die ehemahls verfertigten Stücke übersehen, von merklichen Fehlern gereinigt, auch häuffiger geistliche Gesänge und Macht-Sprüche heiliger göttlicher Schrifft mit einfliessen lassen: Weil ich bey mir selbst empfunden, wie nachdrücklich die Seele von einem schönen Kirchen-*Choral affici*ret und gleichsam in eine heilige Entzückung gesetzt wird. Und bin ich völlig *persuadi*rt, daß, wie der Heilige Geist denen Gott-seeligen Dichtern der alten Kirchen-Gesänge in reichem Maße beygewohnet, er sich auch bey denen Componisten nicht unbezeigt gelassen. Denn so hoch die *Music* bey hundert Jahren her gestiegen ist, so behalten doch die alten Gesänge ihre Krafft und Annehmlichkeit der Melodien. Wird mein Leser in denen Gedichten nicht gleiche Stärcke vermerken, so wird er mir solches nicht zurechnen, denn man ist nicht alle Tage zum Verse schreiben aufgelegt. Zudem so hat mir auch auf die letzt die Zeit etwas kurz werden wollen, daß also nicht überall mit der letzten Feile darüber kommen können. Alle hochtrabende poetische Einfälle und Gleichnisse von auswärtigen Dingen habe mit Fleiß vermeiden, und lieber mit der Schrifft reden wollen. In der Passion habe einige *Arien* von Herrn L. Brockes entlehnet, und Herrn *Professor* Rambach habe auch etliche abgeborgt, weil sie meine Gedanken offt auf das natürlichste ausgedrücket hatten.[78] Den Druck anlangend, so habe alle mögliche Sorgfalt angewendet jedermann zu vergnügen, und sind insonderheit der lieben Jugend zum besten die *Chorale* ganz und mit grosser Schrifft gesetzt worden, damit sie durch fleissiges Nachlesen die Haupt-Sprüche und Herzens-Seufzer erlernen möge. Ubrigens danke dem grossen GOTT für seine Gnade, die er mir unwürdigen bey dieser heiligen Arbeit angedeyen lassen, und bitte ihn, er wolle das Wort bey allen die es hören oder lesen, kräfftig würken lassen: Er wolle auch mich ferner stärken, damit ich den Sinn des Geistes durch eine geschickte und erbauliche Harmonie recht ausdrücken, viele Seelen hierdurch zu seinem Lob anfeuren und zu Verherrlichung seines Ruhms zubereiten möge.

Amen! Der HERR thue es, um seines Namens Ehre willen.
Amen!

Geschrieben in Herspruck
den 26. Octobris.
Im Jahr Christi 1728.[79]

---

[78] Gemeint sind Textübernahmen aus dem Passions-Oratorium *Der für die Sünde der Welt gemarterte und sterbende JESUS* von Barthold Hinrich Brockes in die Johannes-Passion (siehe Abb. 2); von Johann Jacob Rambach stammen vor allem Choraltexte.

[79] *Sabbaths-Zehnden*, S. [6]–[10].

Der Jahrgang ist dem Kirchenjahr 1728/29 entsprechend geordnet, ist jedoch übervollständig, da 1729 – im Gegensatz zu dem Jahr, in welchem Birkmann den Druck vorbereitete – nur noch Texte zu 23 statt 26 Sonntagen nach Trinitatis erforderlich waren.[80] Abgesehen von diesen knappen Äußerungen zur Entstehung bietet allein die handschriftliche Version seiner Autobiographie noch einen Passus zu den *Sabbaths-Zehnden*. Wie er hier schreibt, war die Veröffentlichung direkt für die Gemeinde in Hersbruck bestimmt. Er nennt sich ausdrücklich in einer dreifachen Funktion: als Dichter, als Kompilator und als Komponist:

So wurden auch, als ich noch in Herspruck lebte, auf Veranlaßung dasigen H. Pflegers[81] meine Sabbaths Zehnden, oder Cantaten auf alle Sonn- und Feyertage, zum ersten mal gedruckt und hernach A° 1740 verbeßert wieder aufgelegt. Diese Cantaten sind nicht alle meine Arbeit, sondern ich habe etliche von M. Brunner[82] und Hn. Engelhart[83] aufgenommen, um den Jahrgang vollständig zu machen, der von mir in Noten gesetzt, und in Herspruck, auch anderweits nachmals bey öffentlichen Gottesdienst aufgeführt worden.[84]

Ob die Kantaten aus den *Sabbaths-Zehnden* in Hersbruck oder anderswo vollständig aufgeführt wurden, ist aus dieser Formulierung allerdings nicht herauszulesen. Es konnten bislang überhaupt weder Kompositionen Birkmanns noch Belege über musikalische Aufführungen in der Hersbrucker

---

[80] Das Michaelis-Fest ist in die Sonntagsfolge eingereiht und steht vor dem 16. Sonntag nach Trinitatis, was der Anordnung im Jahr 1729 entspricht (nicht aber der von 1728). Auch gibt es einen 5. Sonntag nach Epiphanias nur 1729, nicht aber 1728.

[81] Die Familie Pömer spielte auch im Jahre 1738 im Zusammenhang mit dem Neubau der Stadtkirche eine Rolle für die Kirchenmusik in Hersbruck. Einer der Söhne Pömers (Georg Friedrich) bestellte bei Telemann eine Kantate, die er auch selbst bezahlte; die Ausführenden dieses Werks kamen aus Nürnberg. Erwähnt wird die verschollene Komposition in: *Georg Philipp Telemann. Musiken zu Kircheneinweihungen*, hrsg. von W. Hirschmann, Kassel 2004 (Georg Philipp Telemann. Musikalische Werke. 35.), Vorwort, S. VIII–X.

[82] Vielleicht auch als „Brummer" zu lesen.

[83] In der teilweise veröffentlichten Autobiographie Engelhardts heißt es: „Wäre es meinen Gedanken nachgegangen, so wäre von Leipzig so bald nicht wieder weggezogen, zumalen ich auser der schönen Gelegenheit mich bey M. Birnbaum *perorando* und *disputando* wöchentlich zu üben, und so manchen geschickten Prediger hören konte"; siehe *Beiträge zu den Actis Historico-Ecclesiasticis*, Bd. 3, Weimar 1753, S. 599.

[84] Abschriftliche Fassung der Autobiographie (D-Nst, *Will III.88.2°*, fol. 11r). Der Abschnitt, der Birkmanns Veröffentlichungen betrifft (fol. 10r–13r), wurde im *Ehren=Denkmal* ausgelassen; verwiesen wurde hier stattdessen auf zeitgenössische biographische Artikel mit entsprechenden Veröffentlichungslisten.

Stadtkirche St. Marien[85] aus den fraglichen Jahren gefunden werden.[86] Bemerkenswert an Birkmanns Formulierung ist jedoch die weitere Konkretisierung seiner poetischen Vorlagen: Nennt er in der Vorrede nur Brockes und Rambach, so werden hier Beiträge seines engen Freundes Johann Philipp Engelhar(d)t (1701–1753) und eines bislang nicht identifizierten Magisters Brunner (oder Brummer?) genannt, auf die er zurückgreifen konnte. Es bleibt festzuhalten, daß die *Sabbaths-Zehnden* folglich nur zum Teil Birkmanns eigene poetische Schöpfungen darstellen. Die Formulierung auf dem Titelblatt – „der Herspruckischen Kirch-Gemeinde zu Gottseeliger Erbauung gewiedmet" – ist demzufolge wörtlich zu nehmen: Birkmann bezeichnet sich nicht ausdrücklich als Autor aller Texte. Folglich verwundert es nicht, bereits beim ersten Durchblättern viele Texte von Bach-Kantaten aufzufinden, deren Autor bereits bekannt ist.

Die *Sabbaths-Zehnden* enthalten Texte von 31 nachweislich in den Leipziger Hauptkirchen musizierten Kantaten. Darunter befinden sich mindestens 23 Libretti zu gesicherten Kantaten Bachs sowie der Text der Johannes-Passion in der Textversion der Aufführung von 1725. All diese Werke sind in jenen gut zweieinhalb Jahren aufgeführt worden, in welchen Birkmann in

---

[85] Zu Hersbruck und der Geschichte seiner Stadtkirche mitsamt einer Liste ihrer Pastoren und Kantoren siehe: *Vermischte Beyträge zur Geschichte der Stadt Nürnberg*, hrsg. von G. E. Waldau, Bd. 3, Nürnberg 1788, XVII. Heft („Geschichte und Beschreibung der Nürnberg. Landstadt Hersbruck"). Kantor in Hersbruck war um 1728/29 ein Johann Friedrich Ries (1665–1742); siehe Waldau, S. 126 f. Birkmann selbst wird hier nicht genannt, da er in Hersbruck kein offizielles Kirchenamt bekleidete, sondern, wie oben beschrieben, bis 1731 Privatlehrer auf dem reichsstädtischen Pflegschloß der Familie von J. F. Pömer von Diepoltsdorf war. Zu seiner Hersbrucker Zeit schreibt Birkmann in der handschriftlichen Fassung der Autobiographie: „Da wurde mir die Zeit meine *Studia* zu *excoli*ren sehr eingeschrenkt: denn ich mußte nicht allein *informi*ren und mich auf etliche *Lectiones* täglich *praepari*ren, sondern auch öfters auf dem Lande predigte, ia in dem Städtlein selbst die Stelle eines *Vicarii* vertretten, wenn die ordentlichen Lehrer ihr Amt nicht versehen konnten"; D-Nst, *Will III.88.2°*, fol. 6 v.

[86] Der Bestand von St. Marien in Hersbruck (Landeskirchliches Archiv Nürnberg) weist in keiner Rechnung Posten für Anschaffungen im Zusammenhang mit Figuralmusik aus oder etwa Sonderausgaben für Birkmann ähnlich einer Ausgabe für den Kantor in der Rechnung 1728/29: „Dem Hn. Cantori, wegen gehaltener Music, bey der RathsWahl, einen Species-Ducaten behändiget" (*Herspruck Pfarr=Rechnung Von Liechtmeß A° 1729. biß wieder dahin A° 1730.*, Signatur: *57 R*, fol. 63 v). Durchgesehen wurden die Rechnungen der Jahre 1726/27 und 1728/29; der Band für 1727/28 scheint verschollen zu sein. Auch die *Herspruck GOttshauß=Rechnung* (Signatur: *599 R*) weist in den drei überprüften Jahren 1727/28, 1728/29 und 1729/30 keine entsprechenden Ausgaben aus.

Leipzig weilte. Anders gesagt: Der Textdruck spiegelt den Leipziger Aufführungskalender zwischen Advent 1724 und Epiphanias 1727:[87]

1724

Liturgische Bestimmung/ Datierung Leipziger Aufführung	Titel	Werk/Textdichter
1. Weihnachtstag 25. 12. (oder WA 1726?)[88]	Gelobet seist du, Jesu Christ	BWV 91
2. Weihnachtstag 26. 12. (oder WA 1726?)	Christum wir sollen loben schon	BWV 121

1725

Neujahr 1. Januar (oder WA 1.1.1727?)	Jesu, nun sei gepreiset	BWV 41
Karfreitag 30. März	Johannes-Passion („O Mensch, bewein")	BWV 245, 2. Fassung
2. Ostertag 2. April (oder WA 13. April 1727?)	Bleib bei uns, denn es will Abend werden	BWV 6
3. Sonntag nach Trinitatis 17. Juni	Ich ruf zu dir Herr Jesu Christ	unbekannte Vertonung Text: Johann Agricola 1529?/31 (textgleich mit Choralkantate BWV 177 von 1733)
Johannis 24. Juni	Gelobet sei der Herr, der Gott Israel	unbekannte Vertonung Text: Erdmann Neumeister 1711

---

[87] Die Daten entsprechen Dürr Chr 2 mit Ergänzungen um neuere Forschungsergebnisse. Für die Jahre 1724–1727 sind sie in aktualisierter Form auch über das Kalendarium ³2008 bequem greifbar. Für fruchtbare Diskussionen danke ich meinen Kollegen Andreas Glöckner und Peter Wollny sowie Nobuaki Ebata (Tokio) und Detlev Schulten.

[88] Für Weihnachten 1726 gibt es keine Anhaltspunkte für Aufführungen. – In der Tabelle steht WA für Wiederaufführung.

5. Sonntag nach Trinitatis 1. Juli	Der Segen des Herrn machet reich ohne Mühe	unbekannte Verto- nung Text: Erdmann Neumeister 1711 (daraus nur 4 Sätze)[89]
Mariae Heimsuchung 2. Juli	Meine Seele erhebet den Herrn	unbekannte Vertonung Text: Maria Aurora von Königsmarck
6. Sonntag nach Trinitatis 8. Juli	Wer sich rächet, an dem wird sich der Herr wieder rächen	unbekannte Vertonung Text: Erdmann Neumeister 1711
13. Sonntag nach Trinitatis 26. August	Ihr, die ihr euch von Christo nennet	BWV 164 Text: Salomo Franck 1715

1726

1. Sonntag nach Trinitatis 23. Juni	Brich dem Hungrigen dein Brot	BWV 39 (daraus nur 2. Teil: Nr. 4–7) Text: Meiningen 1704/1719
5. Sonntag nach Trinitatis 21. Juli	Siehe ich will viel Fischer aussenden	BWV 88 (daraus nur Nr. 6–7[90]) Text: Meiningen 1704/1719
7. Sonntag nach Trinitatis 4. August	Es wartet alles auf dich	BWV 187 Text: Meiningen 1704/1719
8. Sonntag nach Trinitatis 11. August	Es ist dir gesagt, Mensch, was gut ist	BWV 45 (daraus nur Nr. 5) Text: Meiningen 1704/1719

---

[89] Zusammen mit Sätzen aus BWV 88, zu demselben Sonntag des Jahres 1726.

[90] Zusammen mit Sätzen aus „Der Segen des Herrn machet reich ohne Mühe", zu demselben Sonntag des Jahres 1725.

10. Sonntag nach Trinitatis 25. August	Herr, deine Augen sehen nach dem Glauben	BWV 102 (daraus nur Nr. 4–6), Text: Meiningen 1704/1719
11. Sonntag nach Trinitatis 1. September	Durch sein Erkenntnis	JLB 15 Text: Meiningen 1704/1719
12. Sonntag nach Trinitatis 8. September	Geist und Seele wird verwirret	BWV 35 Text: Georg Christian Lehms 1711
14. Sonntag nach Trinitatis 22. September	Wer Dank opfert, der preiset mich	BWV 17 Text: Meiningen 1704/1719
Michaelis 29. September	Es erhub sich ein Streit	BWV 19 Text: Bearbeitung nach Picander 1725
18. Sonntag nach Trinitatis 20. Oktober	Gott soll allein mein Herze haben	BWV 169
19. Sonntag nach Trinitatis 27. Oktober	Ich will den Kreuzstab gerne tragen	BWV 56
20. Sonntag nach Trinitatis 3. November	Ich geh und suche mit Verlangen	BWV 49
21. Sonntag nach Trinitatis 10. November	Was Gott tut, das ist wohlgetan	BWV 98
22. Sonntag nach Trinitatis 17. November	Ich armer Mensch, ich Sündenknecht	BWV 55
23. Sonntag nach Trinitatis 24. November	Falsche Welt, dir trau ich nicht	BWV 52

1727

Sonntag nach Neujahr 5. Januar	Ach Gott, wie manches Herzeleid	BWV 58
Mariae Reinigung 2. Februar	Ich habe genung	BWV 82

Aufgrund ihrer Aufnahme in die *Sabbaths-Zehnden* wäre die Liste um die
folgenden zwei, bisher nicht für Leipzig konkret nachweisbaren Weimarer
Kantaten Bachs mit hoher Wahrscheinlichkeit zu ergänzen:

16. Sonntag nach Trinitatis[91] WA vermutlich 16. September 1725	Komm, du süße Todesstunde	BWV 161 Text: Salomo Franck
Sonntag nach Weihnachten[92] WA vermutlich 29. Dezember 1726	Tritt auf die Glaubensbahn	BWV 152 Text: Salomo Franck

Hinzu kommt eine Kantate, für die eine Leipziger Aufführung angenommen
werden kann, auch wenn weder Bachs Autorschaft nachweisbar ist, noch ein
konkreter Aufführungstag benannt werden kann:

7. oder 15. Sonntag nach Trinitatis 1725	Liebster Gott, vergißt du mich	BWV Anh. I 209 Text: Georg Christian Lehms

Diese in der Bach-Rezeption beispiellose Kongruenz zwischen einem später veröffentlichten auswärtigen Jahrgang und dem Aufführungskalender an
St. Thomas und St. Nicolai gestattet nicht nur Rückschlüsse, sondern wirft
auch Fragen auf. Im Zentrum der Aufmerksamkeit sollen dabei zunächst jene
Kantatentexte stehen, die in den *Sabbaths-Zehnden* abgedruckt, aber sicherlich nicht von Birkmann sind. Gerade sie bieten die Möglichkeit, der Frage
nachzugehen, welche Vorlagen ihm zur Verfügung standen und ob etwa Varianten zu den von Bach vertonten Texten oder zu dessen Vorlagen ausgemacht
werden können.
Gerade bei der Weimarer Kantate „Tritt auf die Glaubensbahn" BWV 152
weicht der in den *Sabbaths-Zehnden* überlieferte Text gegenüber der Wei-

---

[91] Erstaufführung: Weimar 1716. Bislang gab es mangels Originalquellen keine konkreten Hinweise auf eine Leipziger Aufführung. Ob die Abschrift eines noch unbekannten Schreibers (*P 124*) wirklich auf um 1735 zu datierende autographe Eintragungen enthält (siehe BC A 135a), ist sehr unwahrscheinlich (freundlicher Hinweis von Peter Wollny). In welcher Version die Kantate in Leipzig musiziert wurde, ist ebenfalls kaum zu entscheiden, da der spätere Stimmensatz (*St 469*) eine nichtautorisierte Bearbeitung darstellen könnte.

[92] Erstaufführung: Weimar 1714.

marer Fassung von Franck[93] und Bach[94] mehr als marginal ab: Diese Kantate schließt im Druck von 1728 nicht mehr wie in der Weimarer Fassung mit dem Duett „Wie soll ich dich, Liebster", sondern mit der Choralstrophe „Sag an, meins Herzens Bräutigam".[95] Ist dies nun eine eigenmächtige Zutat Birkmanns, oder spiegelt dieser Choral eine Leipziger Fassung der Kantate, von der bislang mangels Leipziger Aufführungsmaterialien nichts bekannt war?

Ein Textvergleich mit BWV 152 zeigt darüberhinaus einige der seltenen Beispiele, wie Birkmann gelegentlich in kleinen Details der Formulierung abweicht:

Rezitativ „Der Heiland ist gesetzt" (Schluß):
Franck 1715: Der seinen Glaubens=*Bau* auf diesen Eckstein *gründet*
BWV 152/3: Der seinen Glaubens *Grund* auf diesen Eckstein *leget*
Sabbaths-Zehnden: Der seinen Glaubens-*Grund* auf diesen Eckstein *gründet*

Aria „Stein, der über alle Schätze" (2. Vers):
Franck 1715: „Hilff/ daß ich *in dieser* Zeit"
BWV 152/4: „hilff, daß ich *zu aller* Zeit"
Sabbaths-Zehnden: „hilff daß ich *zu aller* Zeit"

Rezitativ „Es ärgre sich" (2. und vorletzter Vers):
Franck 1715: „Verläßt den hohen *Ehren=Thron*"; „kann die Vernunft doch *nie* ergründen"
BWV 152/5: „den hohen *Ehren Thron*"; „kann die Vernunft doch *nicht* ergründen"
Sabbaths-Zehnden: „den hohen *Himmels-Thron*"; „kann die Vernunft doch *nicht* ergründen"

Der Befund ist nicht eindeutig: Einerseits scheint Birkmann die gedruckten Zyklen als Vorlage nicht gekannt oder zumindest nicht benutzt zu haben,[96]

---

[93] Salomo Franck, *Evangelisches Andachts=Opffer Auf des Durchlauchtigsten Fürsten und Herrn Wilhelm Ernstens […] Christ=Fürstl. Anordnung/ in geistlichen CANTATEN welche auf die ordentliche Sonn= und Fest=Tage in der F.S. ges. Hof=Capelle zur Wilhelmsburg A. 1715. zu musiciren angezündet von Salomon Francken*, Weimar [1715].

[94] Erhalten ist nur die autographe Partitur aus der Weimarer Zeit (*P 45*, Faszikel 3).

[95] In der einzigen, anonym überlieferten Parallelvertonung in D-F, *Ms. Ff. Mus. 1404* (Partitur und Stimmen) schließt die Kantate nach dem Duett mit einer hinzugefügten Choralstrophe („Ei nun, Herr Jesu") aus dem Lied „Gottes Sohn ist kommen". Da keine weiteren Quellen zu dieser Kantate existieren, ist die Zuschreibung der Kantate an Telemann (TVWV 1:1420) zumindest fraglich (freundliche Auskunft von Ute Poetzsch-Seban, Telemann-Zentrum Magdeburg).

[96] Keiner dieser gedruckten Jahrgänge ist in der *Bibliotheca Birckmanniana* enthalten.

andererseits hat er in wenigen Fällen Formulierungen im Detail geändert – oder war der Text bereits von Bach für eine vermutete Leipziger Fassung der Kantate modifiziert worden? Da in diesem Fall kein Exemplar eines Hefts mit *Texten zur Leipziger Kirchen=Music* vorhanden ist, läßt sich nicht ergründen, ob Birkmann selbst der Urheber dieser Varianten war.

Der Neumeister-Text „Der Segen des Herrn machet reich ohne Mühe", der in einer bislang unbekannten Vertonung am 1. Juli 1725 erklang, liegt hingegen in einem Heft mit *Texten zur Leipziger Kirchen=Music* vor.[97] Birkmann, der aus dem Libretto nur einzelne Sätze verwendet (siehe Anhang), stützt sich hier jedoch nicht auf eine der gedruckten Neumeister-Ausgaben; dies belegen Varianten in der Arie „(Drum) tu nur das, was dir gebührt":

Fünffache Kirchen=Andachten[98], „*Drum tu* nur das"
Texte zur Leipziger Kirchen=Music und *Sabbaths-Zehnden*: „*Tu* nur das"

Fünffache Kirchen=Andachten, Vers 5: „hat wohl *gebaut*"
Texte zur Leipziger Kirchen=Music und *Sabbaths-Zehnden*: „hat wohl *gethan*"

Der Schlußchoral „Hierauf so sprech ich Amen" (Strophe 5 von „Aus meines Herzens Grunde" von Georg Niege) bestätigt diesen Befund:[99]

Fünffache Kirchen=Andachten: „GOtt wird es *all's zusammen* Ihm wohl gefallen lahn: *Drauf streck ich aus mein'* Hand"
Texte zur Leipziger Kirchen=Music und *Sabbaths-Zehnden*: „GOtt wird es *allzusammen* ihm wohlgefallen lahn, *und streck drauf* aus meine Hand"

Diese Beispiele mögen als Belege für die direkte Abhängigkeit der *Sabbaths-Zehnden* von den *Texten zur Leipziger Kirchen=Music* genügen. Derartige Rückgriffe auf fremde Dichtungen enthalten nur ausnahmsweise Änderungen in Details der Formulierung. Dort wo sich aber bereits bei Bach Textänderungen gegenüber den gedruckten Zyklen finden, stimmt Birkmann zumeist eher mit Bachs Worttext überein.[100] Und immer dann, wenn darüber hinaus kleine Abweichungen zwischen den Formulierungen in Bachs Notenhandschriften und den *Texten zur Leipziger Kirchen=Music* feststellbar sind, hält Birkmann sich in der Regel an letztere.[101]

---

[97] W. Hobohm, *Neue „Texte zur Leipziger Kirchen-Music"*, BJ 1973, S. 21.

[98] *Tit. Herrn Erdmann Neumeisters Fünffache Kirchen=Andachten bestehend In theils eintzeln, theils niemals gedruckten Arien, Cantate und Oden Auf alle Sonn= und Fest=Tage des gantzen Jahres*, Leipzig 1716.

[99] Hobohm (wie Fußnote 97), S. 29.

[100] Eine der wenigen Ausnahmen wurde bereits anhand von „Tritt auf die Glaubensbahn" beschrieben.

[101] Eine weitere Ausnahme ist die Kantate BWV 161, die nur in späteren, textlich voneinander abweichenden Quellen überliefert ist (*P 124* und *St 469*), etwa in der Aria

Bei der Kantate zum 2. Ostertag „Bleib bei uns, Herr Jesu Christ", deren Text zwischen Birkmann und Bach vergleichsweise starke Abweichungen aufweist, läßt sich hingegen mangels weiterer Textquellen keine eindeutige Aussage treffen. In der zweiten Aria heißt es in den *Sabbaths-Zehnden*: „JEsu, laß uns auf dich sehen, daß wir nicht *in* den Sünden-Wegen gehen, laß daß Licht deines Worts uns helle *bleiben*, und *an dich beständig gläuben*"; in den Originalquellen zu BWV 6/5 aber: „*auf* den Sünden Wegen gehen, laß das Licht deines Worts uns helle *scheinen* und dich *iederzeit treu meinen*".[102] Birkmanns Reim dürfte als poetisch klarer und reimschematisch sauberer zu werten sein. Ob es sich hier aber um den Eingriff eines Kompilators oder eine Formulierung aus dem entsprechenden Leipziger Textheft handelt, kann derzeit nicht entschieden werden, zumal auch der Librettist von BWV 6 noch nicht identifiziert werden konnte.

In Einzelfällen kompilierte Birkmann aber auch Texte unterschiedlicher Herkunft, woraus sich nicht schließen läßt, daß diese Pasticcio-Fassungen in Leipzig auch tatsächlich so erklangen: Die *Sabbaths-Zehnden* bieten zum 1. Sonntag nach Trinitatis eine Kantate mit dem Titel „Wohlzutun und mitzuteilen". Es handelt sich hier um den zweiten Teil (Nr. 4–7) von „Brich dem Hungrigen dein Brot" BWV 39, wobei in den *Sabbaths-Zehnden* ein Choral („Es ist ja, Herr, dein Gschenk und Gab") eingeschoben ist. Die Originalstimmen geben keinen Hinweis auf eine solche Fassung. Folglich ist es als wahrscheinlicher anzusehen, daß Birkmann selbst die umfangreiche Kantate auf eine für seine Zwecke passende Länge kürzte.

Betrachten wir die Folge der Trinitatis-Sonntage in den *Sabbaths-Zehnden* weiter, so gibt es noch vier Beispiele für nicht vollständig aus den Vorlagen übernommene Libretti: Die Kantate zum 8. Sonntag nach Trinitatis „Wer mich bekennet für den Menschen" enthält zumindest eine einzelne Arie, die sicher von Bach vertont wurde („Wer Gott bekennt aus wahrem Herzensgrund"); sie findet sich in „Es ist dir gesagt, Mensch, was gut ist" BWV 45 nach dem Meininger Zyklus. Die durch Originalstimmen belegte Aufführung dieses Werkes am 11. August 1726 hat Birkmann also vermutlich miterlebt.[103]

Nr. 3 („Mein Verlangen"): „ob ich *sterblich' Asch und Erde*" (*P 124*) bzw. „ob ich *schon zu Asch und Erde*" (*St 469*) versus Franck/Birkmann: „Ob ich *Scherbe, Thon und Erde*". Ein wohl anders gearteter Fall ist der berühmte Eingangschor aus der Brockes-Passion („Mich vom Stricke meiner Sünden"), dessen Text Bach als „Von den Stricken meiner Sünden" in der Johannes-Passion als Arie vertonte. Birkmann wird ihn bereits aus Nürnberg gekannt haben. Zu weiteren Kantaten mit textlichen Abweichungen siehe weiter unten.

[102] *P 44*, Faszikel 2 und *St 7*.

[103] In der fünfteiligen Kantate gibt es neben dem Dictum und den zwei Chorälen (von Martin Luther und Bartholomäus Crasselius) nur noch ein einziges Rezitativ („So wird denn Herz und Mund"), das von Birkmann stammen könnte. Die übrigen

Etwas anders liegt der Fall bei der Kantate zum 24. Sonntag nach Trinitatis „Ach Gott, vom Himmel sieh darein“: Hier stammt eine einzelne Arie („Muß Israel gleich vieles leiden“) aus dem ersten, 1721 erschienenen Band von Christian Friedrich Weichmanns *Poesie der Niedersachsen*. Die Arie gehört zu dem vollständig abgedruckten Libretto von Johann Matthesons Oster-Oratorium *Die durch Christi Auferstehung bestätigte Auferstehung aller Toten* (Hamburg 1720).[104] Ebenfalls der *Poesie der Niedersachsen* (Bd. 3 von 1726) entstammte die Arie „Wanke, falle, donnernder Bogen“ von Matthäus Arnold Wilkens, die von Birkmann der Kantate zum 26. Sonntag nach Trinitatis „Kommet her, ihr Gesegnete meines Vaters“ einverleibt wurde.[105] Bei Wilckens ist sie Teil einer Kantate über den 46. Psalm („Der Herr, der Hüter Israel, ist unsre Zuversicht“), die in Hamburg zum 4. Sonntag nach Epiphanias des Jahres 1726 in einer Vertonung Telemanns erklang. Daß diese textlichen Verbindungen zu Hamburg auf eine Aufführung dieser Werke in Leipzig hinweisen, ist unwahrscheinlich, da es 1726 den 24. bis 26. Sonntag nach Trinitatis gar nicht gab und Birkmann 1727 schon nach Franken zurückgekehrt war.[106] Anders als die nur in verhältnismäßig wenigen Exemplaren überlieferten Zyklen Francks oder Lehms' war die Reihenpublikation *Poesie der Niedersachsen* sehr weit verbreitet. Dies läßt ebenfalls weniger zwingend auf eine Leipziger Provenienz ihrer Vertonung schließen.[107]

    Sätze aus den *Sabbaths-Zehnden* lassen sich keinem anderen Textdruck zuordnen. Wie in einigen anderen Fällen auch ist Birkmann gerade bezüglich des Meininger Textzyklus wählerisch. Mehrfach sind ihm die Texte wohl zu umfangreich; er bevorzugt – mit einigen Ausnahmen, auf die noch zurückzukommen ist – fünf- bis sechssätzige Werke, die mit einem Dictum beginnen und mit einem Choral beschlossen werden.

[104] Bd. 1 (1721), S. 261. Von Weichmann stammt auch der Text des Oratoriums.

[105] Bd. 3 (1726), S. 269 f.

[106] Außerdem sind die in den *Sabbaths-Zehnden* verwendeten Choräle zum 24. und 26. Sonntag nach Trinitatis nicht im Dresdner Gesangbuch von 1725 zu finden. Auch wenn dies kein absolutes Ausschlußkriterium zu sein scheint, fällt doch auf, daß Birkmann bei jenen Kantatentexten, für die eine Leipziger Aufführung aus anderen Gründen wahrscheinlich ist, auf die Verwendung eines in Leipzig üblicherweise aus dem Dresdner Gesangbuch gesungenen Liedes Rücksicht nimmt.

[107] In diesem Zusammenhang wäre dann auch die Magnificat-Kantate zu Mariae Heimsuchung „Meine Seele erhebt den Herrn“ zu berücksichtigen, die am 2. Juli 1725 in einer unbekannten Vertonung in der Leipziger Nikolaikirche aufgeführt (Hobohm, wie Fußnote 97, S. 31 f.) und von Birkmann in gekürzter Form übernommen wurde. Die Magnificat-Paraphrase stammt von Maria Aurora von Königsmarck, und zumindest zwei Vertonungen (von Reinhard Keiser und Johann Mattheson) sind nachweisbar; siehe S. Voss, *Did Bach perform sacred music by Johann Mattheson in Leipzig?*, in: Bach Notes 3 (2005), S. 15; und M. Maul, *Über-*

Eine abschließende Bewertung des Quellenbefundes ist hier aber nicht möglich.[108]

Die Kantate zum 5. Sonntag nach Trinitatis mischt in den *Sabbaths-Zehnden* zwei in den Leipziger Hauptkirchen erklungene Kantaten, die beide diesem Sonntag zugeordnet sind: Aus der Kantate „Siehe, ich will viel Fischer aussenden" BWV 88 (Meiningen 1704/1719), 1726 aufgeführt, sind die Texte der beiden letzten Sätze (Rezitativ Nr. 6 „Was kann dich denn" und Schlußchoral Nr. 7 „Sing, bet und geh auf Gottes Wegen") übernommen worden. Der gleiche Choral steht aber auch in der Kantate „Der Segen des Herrn machet reich ohne Mühe", die in einer bislang unbekannten Vertonung 1725 erklang.[109] Aus diesem Text von Neumeister wurden nun gleich weitere drei Sätze übernommen. Daß diese Textmischung auf eine Leipziger Aufführung zurückgeht, ist unwahrscheinlich.

Die vollständig übernommenen Kantaten aus dem Weimarer Zyklus von Franck und dem Meininger Zyklus zeigen wiederum ein anderes Bild: Wie der synoptische Textvergleich ergibt, hatte Birkmann nicht die originalen Vorlagen zur Hand, sondern die Leipziger Auswahl-Textdrucke für St. Thomas und St. Nicolai. Daraus läßt sich ableiten, daß auch die folgenden drei Texte aus Francks Zyklus *Evangelisches Andachts=Opffer* von 1715 sowie aus dem Meininger Zyklus von 1704/1719,[110] in Leipziger Vertonungen vorlagen:[111]

---

legungen zu einer Magnificat-Paraphrase und dem Leiter der Leipziger Kantatenaufführungen im Sommer 1725, BJ 2005, S. 109–125.

[108] Die Häufung von Texten, die auch von Telemann vertont wurden, ist gerade in diesen Jahren in Leipzig auffällig; vgl. Hobohm (wie Fußnote 97), S. 29f. Eine gesonderte Beschäftigung unter dem Aspekt Repertoire-Austausch wäre dazu nötig.

[109] Hobohm (wie Fußnote 97), S. 21.

[110] *Sonn= und Fest=Andachten Uber die ordentlichen Evangelia Aus gewissen Biblischen Texten Alten und Neuen Testaments Und In der Hoch=Fürstl. Sachs. Meining. Hof=Capell* […] *abgesungen*, Meiningen 1704. Eine 3. Auflage, auf die H.-J. Schulze aufmerksam machte (BJ 2002, S. 193–199), stammt von 1719: *Sonntags- Und Fest-Andachten Über Die ordentliche EVANGELIA, Auß Gewissen Biblischen Texten Alten und Neuen Testaments/ In der Hoch-Fürstl. Sachsen-Coburg Meinungisch. Hof-Capelle* […] *abgesungen. Dritte Aufflage. Gedruckt im Jahr 1719.* Die seit 1977 bekannte Rudolstädter Version dieses Zyklus brauchte für den Textvergleich nicht herangezogen zu werden, zu da Schulze nachweisen konnte, daß sie keine Rolle für die Bachschen Textvorlagen gespielt hat.

[111] In Bachs Aufführungskalender gibt es auch 1727 noch eine Lücke. Birkmann unternahm nach Pfingsten 1727 eine längere Reise, deren Dauer nicht bekannt ist.

4. Sonntag nach Trinitatis 14. Juli 1726?[111]	Ich tue Barmherzigkeit an vielen Tausenden	Text: Meiningen 1704/1719
9. Sonntag nach Trinitatis 18. August 1726?	Wer sich des Armen erbarmet / Machet euch Freunde mit dem ungerechten Mammon[112]	Text: Meiningen 1704/1719
17. Sonntag nach Trinitatis 23. September 1725?	Seht, so ist die falsche Welt	Text: Salomo Franck 1715

Die Kantate „Seht, so ist die falsche Welt" wäre demnach als mutmaßlich verschollene Franck-Vertonung Bachs zu diskutieren.[113] Bei den beiden Kantaten aus dem Meininger Zyklus ließe sich freilich auch an weitere Vertonungen von Johann Ludwig Bach denken. Mit acht Kantaten ist dieser Zyklus übrigens der von Birkmann meistverwendete. Gerade hier lohnt aber ein Blick auch auf jene Kantaten(-gruppen), deren Aufführung Birkmann in Leipzig wohl beigewohnt hat,[114] die er dann aber nicht in seine *Sabbaths-Zehnden* aufnahm: Neben den Kantaten von Johann Ludwig Bach – hier ist bislang nur eine einzige Übernahme gesichert[115] – sind dies zwischen Jubilate und Trinitatis 1725 die neun Dictum-Kantaten auf Texte von Christiane Mariane von Ziegler und zwischen Weihnachten 1725 und den Epiphanias-Sonntagen 1726 sechs Kantaten aus Lehms' *Gottgefälligem Kirchen-Opffer*.[116]

---

[112] Birkmann beginnt erst mit dem zweiten Teil der Kantate „Wer sich des Armen erbarmet" aus der Kantate „Machet euch Freunde mit dem ungerechten Mammon" und fügt zudem noch andere Choräle ein. In welcher Form die Kantate in Leipzig erklungen sein mag, könnte nur durch das Wiederauffinden des Leipziger Textdrucks geklärt werden.

[113] Daß Bach im sogenannten Dritten Jahrgang Franck-Kantaten aufführte, die nicht auf früheren Weimarer Vertonungen beruhten, ist für drei Werke gesichert. In chronologischer Folge sind das zum 9. Sonntag nach Trinitatis (29. Juli 1725): „Tue Rechnung! Donnerwort" BWV 168; zum 13. Sonntag nach Trinitatis (26. August 1725): „Ihr, die ihr euch von Christo nennet" BWV 164; und zum 3. Sonntag nach Epiphanias (27. Januar 1726): „Alles nur nach Gottes Willen" BWV 72. K. Hofmann zieht die Franck-Kantate zum 17. Sonntag nach Trinitatis in seiner Studie zu Bachs Weimarer Kantatenkalender nicht in Betracht (siehe BJ 1993, S. 21).

[114] Mit Mariae Reinigung 1726 beginnt diese Serie von 17 Leipziger Aufführungen von Kantaten J. L. Bachs.

[115] „Durch sein Erkenntnis wird er, mein Knecht", 1. Sonntag nach Trinitatis.

[116] G. C. Lehms, *Gottgefälligs Kirchen-Opffer in einem gantzen Jahr-Gange Andächtiger Betrachtungen über die gewöhnlichen Sonn- und Festtags-Texte*, Darmstadt 1711. Über die Gründe läßt sich nur spekulieren; vielleicht war es der bisweilen schwülstige Stil des Darmstädter Hofdichters – spürbar besonders in der Kantate „Vergnügte Ruh, beliebte Seelenlust" BWV 170, weniger in BWV 35 und BWV

Daß Birkmann keinen einzigen Text von Christiane Mariane von Ziegler übernahm, ist besonders auffällig. Ob dies damit zusammenhängt, daß die wohl theologisch begründeten Divergenzen zwischen Bach und der Dichterin aus dem Kreis um Gottsched unter den studentischen Theologen-Musikern diskutiert wurden, sei vorerst dahingestellt. Bachs Vertonungen zeigen jedenfalls gerade bei ihren Libretti markante Eingriffe in Zieglers Text.[117]

Befragt man die *Sabbaths-Zehnden* hinsichtlich weiterer möglicherweise in Leipziger aufgeführter – unbekannter – Kantaten, so ergibt sich auch eine Klärung zu der nur textlich erhaltenen Kantate „Liebster Gott, vergißt du mich" BWV Anh. I 209. Das Libretto dieser Kantate zum 7. Sonntag nach Trinitatis stammt aus Lehms' *Gottgefälligem Kirchen-Opffer* (1711). Bekannt war bislang, daß eine gegenüber Lehms' Jahrgang abgewandelte Fassung der Kantate am 6. Februar 1727 zur Gedächtnisfeier für den verstorbenen Grafen Johann Christoph von Ponickau (1652–1726) erklang. Der Befund ist kompliziert und die Frage nach dem Komponisten wird für beide Fassungen des Textes diskutiert.[118] Die Übernahme der Sonntagskantate in die *Sabbaths-Zehnden* macht es nun aber wahrscheinlich, daß tatsächlich eine Komposition für Leipzig angenommen werden kann.[119] Birkmann übernimmt die originale Textfassung, nicht die Bearbeitung als Trauermusik für Ponickau.[120] Was das

---

Anh. I 209 –, der dazu führte, daß Birkmann hier mit Übernahmen zurückhaltend war. Er entschied sich bei diesen sechs Sonntagen jedenfalls für Choralkantaten-Texte, eine Kantate aus dem Franck-Zyklus sowie eigene Dichtungen.

[117] Der 1729 erschienene Druck *Versuch in gebundener Schreib-Art* zeigt bekanntlich nicht die Bachschen Lesarten; dazu zuletzt: U. Konrad, *Aspekte musikalisch-theologischen Verstehens in Mariane von Zieglers und Johann Sebastian Bachs Kantate „Bisher habt ihr nichts gebeten in meinem Namen" BWV 87*, in: AfMw 57 (2000), S. 199–221; M. A Peters, *A reconsideration of Bach's role as text redactor in the Ziegler cantatas*, in: Bach. The Journal of the Riemenschneider Bach Institute 36 (2005), S. 25–66; sowie ders., *A woman's voice in baroque music*, Aldershot 2008.

[118] K. Hofmann, *Bachs Kantate „Ich lasse dich nicht, du segnest mich denn" BWV 157. Überlegungen zu Entstehung, Bestimmung und originaler Werkgestalt*, BJ 1982, S. 51–80.

[119] Auch wenn hierfür nach wie vor – wie auch für die Ponickau-Trauerfeier in Pomßen – kein Komponist namhaft gemacht werden kann. Birkmann war übrigens mit dem Sohn (Johann Ferdinand Casimir, 1711–1778) des verstorbenen Ponickau bekannt, jedenfalls hat sich dieser am 3. April 1726 in sein Stammbuch eingetragen.

[120] Für die Trauerfeier Anfang 1727 mußten dann Textpassagen von Lehms, die mit diesem Evangelium assoziiert sind, aber nicht zu einer Trauerfeier paßten, geändert werden. Eine Gegenüberstellung der Texte findet sich bei Hofmann (wie Fußnote 118), S. 62–64, und bei M. Petzoldt, *Bach-Kommentar. Theologisch-musikwissenschaftliche Kommentierung der geistlichen Vokalwerke Johann Sebastian Bachs*, Bd. 1 (*Die geistlichen Kantaten des 1. bis 27. Trinitatis-Sonntages*),

Aufführungsdatum betrifft, so bleibt der Befund mehrdeutig: Entgegen Lehms wird der Text bei Birkmann dem 15. Sonntag nach Trinitatis zugeordnet.[121] Eine Aufführung an diesem Sonntag ist damit wahrscheinlich, da Birkmann eine Kantate nie anders zuordnete, als er es in Leipzig erlebt hatte.[122] In Übereinstimmung mit dem Kalendarium könnte die Kantate also am ehesten am 16. September 1725 aufgeführt worden sein.[123]

Die in der Bach-Forschung seit jeher strittige Frage verschollener Leipziger Kantaten Bachs wird durch zwei Kantaten aus Picanders Textdruck von 1728 (*Cantaten auf die Sonn- und Festtage durch das gantze Jahr*[124]) erneut aufgeworfen: Für die beiden Sonntage nach Ostern hat Birkmann auf zwei Libretti zurückgegriffen, für die bislang eine Erstveröffentlichung in Picanders Druck angenommen wurde. Wenn Bach – oder ein namentlich nicht bekannter anderer Komponist – diese Texte bereits 1727 in Musik gesetzt haben sollte, wofür nun einiges spricht, dann wäre ein Beleg dafür gefunden, daß der Drucklegung des Picander-Jahrgangs zumindest einzelne Kantaten vorausgegangen sind. Welche Konsequenzen diese Feststellung hat, läßt sich unschwer ermessen, denn der Großteil der Bachschen Vertonungen nach Picander 1728 ist nicht in Originalquellen überliefert. Die Lücken in Bachs Aufführungskalender von 1726/27 ließen sich hypothetisch dann teilweise mit Picander-Vertonungen füllen.[125]

Kassel 2004 (Schriftenreihe der Internationalen Bachakademie Stuttgart. 14.), S. 160–163.

[121] Die Kantate paßt nicht unbedingt besser zum Evangelium des 7. Sonntags nach Trinitatis, zu welchem sie von Lehms vorgelegt wurde (im entsprechenden Evangelium, Markus 8,1–9, geht es um die Speisung der Viertausend, die in der Kantate aber nur als Hintergrundbild wirksam wird). Der Kernsatz der Kantate korreliert ebenso gut mit dem Evangelium zum 15. Sonntag nach Trinitatis: „Sorget nicht um euer Leben, was ihr essen und trinken werdet, auch nicht um euren Leib" (Matthäus 6,15). Lehms beschreibt ganz allgemein ein oftmals vergessenes Vertrauen auf die Führung Gottes in allerlei äußerlichen (Hunger) und innerlichen Nöten (Trostlosigkeit), die den leidenden Christen an seinem Gottvertrauen zweifeln lassen.

[122] Mit Ausnahme einzelner Arien in den Kantaten zum 24. und 26. Sonntag nach Trinitatis, die aber nicht Leipziger Provenienz sein können, wie bereits ausgeführt wurde.

[123] Mindestens vom 2. September bis 2. Oktober 1725 hielt Birkmann sich in Halle und Wittenberg auf, bei der potentiellen Aufführung am 16. September kann er demzufolge sicher nicht mitgewirkt haben. Für 1726/27 ist eine Aufführung an diesen Sonntagen ausgeschlossen: 1726 fiel der 15. Sonntag nach Trinitatis auf das Michaelisfest (es wurde „Es erhub sich ein Streit" BWV 19 aufgeführt) und 1727 befand sich Birkmann zu dieser Zeit bereits wieder in Franken.

[124] Leipzig 1728, später in *Picanders Ernst-schertzhaffte und satyrische Gedichte*, Bd. 4 (1732) erneut abgedruckt.

[125] So ist etwa die Estomihi-Kantate „Sehet, wir gehn hinauf gen Jerusalem" BWV 159 nur in späteren Abschriften überliefert, die keine Rückschlüsse auf die Entstehungs-

Zu dieser Gruppe würden zwei Picander-Texte in den *Sabbaths-Zehnden* passen, deren Vertonungen nicht erhalten sind. Mit Berücksichtigung von Lücken im Aufführungskalender kommen folgende Datierungen in Betracht:

Quasimodogeniti 20. April 1727?	Welt, behalte du das Deine	Text: Picander 1728, S. 127
Misericodias Domini 27. April 1727?	Ich kann mich besser nicht versorgen	Text: Picander 1728, S. 129

Da Birkmanns Vorwort vom 26. Oktober 1728 datiert, also wenige Monate nach Picanders Druck (Vorwort: 24. Juni 1728) erschien und es bis auf Druckfehler keine Textvarianten gibt, wäre es prinzipiell möglich, daß Birkmann in Hersbruck ein gewissermaßen druckfrisches Exemplar in Händen gehalten hat. Andererseits gibt es bislang keinen Anhaltspunkt dafür, daß Birkmann überhaupt Schriften von Picander besaß; jedenfalls fehlen solche in der *Bibliotheca Birckmanniana* – ebenso wie auch die Druckausgaben zu den Zyklen Meiningen 1704/1719, Lehms 1711, Neumeister 1711 oder Franck 1715.[126] Birkmann wird den Picander-Kantaten also bereits 1727, vor ihrer Drucklegung, in Leipzig begegnet sein. Einstweilen muß die Existenz verschollener Picander-Kantaten aber dennoch hypothetisch bleiben.[127] Es kann indes kein Zweifel bestehen, daß gerade die beiden Kantaten zu Quasimodogeniti und Misericordias Domini in den *Sabbaths-Zehnden* Anlaß geben, das ‚Picander-Problem' erneut zu überdenken.

Ganz grundsätzlich sei an dieser Stelle betont, daß die *Sabbaths-Zehnden* in einem lückenhaften Aufführungskalender zur Musik an den Leipziger Hauptkirchen in den Jahren 1725–1727 keinesfalls durchweg und bedenkenlos zur Auffüllung herangezogen werden können. Vielmehr kann ohne spezielle Anhaltspunkte keiner der übrigen Texte dieser Sammlung mit Bach oder auch

---

zeit des Werks zulassen; der gleiche Fall gilt bei der Kantate zum 3. Ostertag „Ich lebe, mein Herze, zu deinem Ergötzen" BWV 145. An beiden Tagen gibt es im Aufführungskalender des Jahres 1727 eine Lücke. Bei der dialogisch konzipierten Estomihi-Kantate BWV 159 springt bei genauer Betrachtung des Druckbilds in Picander 1728 (übernommen in Picander 1732) ins Auge, daß in Arie Nr. 2 („Ich folge dir" mit Choral „Ich will hier bei dir stehen") die rasch abwechselnde Aufteilung von Einzelversen exakt der Bachschen Vertonung entspricht. Picander scheint die Vertonung bei der Drucklegung 1728 bereits gekannt und deren Aufteilung berücksichtigt zu haben.

[126] Zu den Zyklen, die in der *Bibliotheca Birckmanniana* genannt werden, siehe oben.

[127] Überdies steht auch hier die Überlegung im Raum, ob für die Picander-Vertonungen auch andere Leipziger Komponisten in Frage kommen, siehe P. Wollny, *Zwei Bach-Funde in Mügeln. C. P. E. Bach, Picander und die Leipziger Kirchenmusik in den 1730er Jahren*, BJ 2010, S. 134 f.

mit Leipzig in Verbindung gebracht werden. Es ist aber zu konstatieren, daß etliche Kantaten Bachs gerade aus diesem Zeitraum als verschollen gelten müssen. Allein bei den in jedem Jahr wiederkehrenden Sonn- und Feiertagen fällt auf, daß in vielen Fällen bislang nur zwei Werke nachweisbar sind:

Quasimodogeniti: BWV 42, 67
Rogate: BWV 86, 87
Exaudi: BWV 44, 183
3. Pfingsttag: BWV 175, 184
2. Sonntag nach Trinitatis: BWV 2, 76
5. Sonntag nach Trinitatis: BWV 88, 93, vielleicht auch BWV 97
6. Sonntag nach Trinitatis: BWV 9, 170
18. Sonntag nach Trinitatis: BWV 96, 169
Mariae Heimsuchung: BWV 10, 147

Hinzu kommen noch jene Sonn- und Festtage, bei denen eine dritte Kantate erst in den 1730er Jahren entstand. Daraus ist mit fast zwingender Wahrscheinlichkeit zu folgern, daß für 1724–1727 in nicht unerheblichem Maße mit verschollenen Bach-Kantaten – oder aber mit weiteren Aufführungen fremder Werke – zu rechnen ist. Davon ist nicht einmal nur ein potentieller ‚Picander-Jahrgang' betroffen,[128] auch dem sogenannten Dritten Jahrgang fehlen zwischen zehn und dreizehn Kantaten.[129] Wie dem auch sei, die *Sabbaths-Zehnden* beinhalten ein Korpus weiterer vielleicht in Leipzig erklungener Kantaten; sie mögen von Johann Sebastian Bach oder – wie die Stücke zu Beginn der Trinitatiszeit 1725 vermuten lassen – von anderen Komponisten stammen.[130]

---

[128] Für den aktuellen Forschungsstand und die wichtigste Literatur zu diesem seit Jahrzehnten kontrovers diskutierten Thema siehe die jüngste Zusammenfassung bzw. Neubewertung in BJ 2010, S. 131 ff. (P. Wollny).

[129] Zum 2.–4. (und eventuell auch zum 24.–26.) Sonntag nach Trinitatis, zu Mariae Verkündigung und Mariae Heimsuchung, zum Sonntag nach Neujahr, zu Epiphanias und Sexagesimae, sowie zum 1. und 3. Ostertag. Die später nachkomponierten Kantaten „Freue dich, erlöste Schar" BWV 30 und „Jauchzet Gott in allen Landen" BWV 51 sind hier bereits berücksichtigt.

[130] Fragt man nach möglichen Kandidaten für eine Vertonung der in den *Sabbaths-Zehnden* versammelten Leipziger Kirchenmusik, so sollte der Name des Bach-Schülers und späteren Plauener Kantors Georg Gottfried Wagner (1698–1756) nicht unberücksichtigt bleiben. Bach selbst charakterisiert ihn in einem Empfehlungsschreiben am 14. September 1726 als „in compositione wohl bewandert, hat auch verschiedene specimina alhier mit gutem applausu abgeleget" (Dok I, Nr. 15); zu Wagners Fähigkeiten siehe auch Dok III, Nr. 56 a. Inwiefern das auch auf Kirchenmusik zu beziehen ist, ist ohne Kenntnis seiner Kompositionen nicht zu sagen. Zu einer möglichen Verbindung zwischen Birkmann und Wagner siehe *Ehren-Denkmal* (wie Fußnote 3), S. 24 (Andeutung eines Plauen-Besuchs).

III. Birkmann als Kantatendichter
und mutmaßlicher Librettist Bachs

Nach der Auseinandersetzung mit der Frage, welche Kantaten Birkmann aus bereits vorliegenden Leipziger Vertonungen übernommen hat, und welche Neuerkenntnisse sich daraus für Bachs Aufführungskalender gewinnen lassen, soll Birkmann nun als möglicher Librettist Bachs in den Blick rücken. Es stellt sich die Frage, ob es möglich ist, charakteristische Stil- und Formmerkmale jener Libretti zu extrahieren, die sicher bereits in Leipzig entstanden sind. Für dieses Unterfangen scheint es dienlich, eine statistische Standardform in den *Sabbaths-Zehnden* festzustellen; dazu gehören als äußere Kriterien die Anzahl und die Abfolge der Einzelsätze: Die Übersicht im Anhang zeigt, daß die überwiegende Zahl der Texte fünf- oder sechssätzig ist und in der Regel mit einem Dictum (31) – etwas seltener mit einer Arie (17), einem Choral (16) oder einem Rezitativ (6) – beginnt.[131] Den Beschluß bildet in den meisten Fällen ein Choral. In den Binnensätzen wechseln sich in zeittypischer Weise Arien und Rezitative ab – was freilich noch wenig zur Charakteristik beiträgt. Entscheidend ist vielmehr die Frage, ob die Kantate mit einem Bibelwort beginnt, einem traditionellen Kirchenlied oder einem neu gedichteten Text.

Die Standardform mit einleitendem Dictum können wir von der nun folgenden Überlegung weitgehend ausschließen, da ihre Texte entweder nicht von Birkmann stammen (etwa 14)[132] oder eine Bestimmung für Leipzig sogar ausgeschlossen werden kann (8).[133] Unter den Dictum-Kantaten ohne nachweisbaren Textautor ist keine, für die eine Aufführung in Leipzig zwingend angenommen werden muß. Dieser Typus kann somit generell beiseite gelassen werden, denn es kristallisiert sich bei genauerer Analyse heraus, daß unter den sicher in Leipzig aufgeführten Kantaten die meisten mit einer Arie, einem Rezitativ oder einem Choral beginnen. Zudem zeigt sich in den drei Formtypen überwiegend eine einheitliche Perspektive: Sie sind aus der Sicht eines subjektiven „Ich" verfaßt. Eine Verlagerung der Text-Perspektive von der

---

[131] Die Passion wurde in diese Zählungen einbezogen. In zwei Kantaten ist der Eingangssatz als Mischform gestaltet (Choral/Arie in BWV 58 und Arie/Rezitativ in BWV 169).

[132] Inklusive der Nachweise von Teilübernahmen fremder Texte (24./26. Sonntag nach Trinitatis) bzw. unbekannter Dichter (BWV 6).

[133] Entweder, weil es zwischen 1725 und 1727 keinen Sonn- oder Feiertag gab, an dem eine solche Kantate hätte aufgeführt werden können, oder weil dieser Tag in Leipzig nicht mit Figuralmusik begangen wurde oder – ein etwas weniger zwingendes Argument – weil die Kantate Choräle enthielt, die in Leipzig unüblich waren (nicht im Dresdner Gesangbuch). Insgesamt trifft dies auf 20 Kantaten in den *Sabbaths-Zehnden* zu.

theologisch-inhaltlichen Figur hin zu einem seelischen Geschehen entspricht pietistischer Denkungsart, ist für Bachs Kantatentexte allerdings der Ausnahmefall. Solche „Ich"-Kantaten sind freilich keine Erfindung Birkmanns, sie begegnen vereinzelt auch bei Lehms, Franck oder Picander.[134]

Diese Stilistik ist für Birkmann einerseits richtungweisend, wird andererseits indes einer zusätzlichen ‚pietistischen Umfärbung' unterzogen. In dieser Lesart kann es kaum als Zufall begriffen werden, daß am 8. September 1726 die Lehms-Vertonung BWV 35 („Geist und Seele wird verwirret […] *ich* wundre *mich*") zur Aufführung gelangt, in die *Sabbaths-Zehnden* Eingang findet und wenige Wochen später von einer Anzahl ähnlicher Libretti ergänzt wird.[135]

Die Identifizierung von Birkmanns mutmaßlich eigenen Dichtungen gelingt letztlich aber nur durch weitere stilistische Binnen-Differenzierung im Textkorpus selbst. Es ist ein subtiler, aber doch merklicher Unterschied,

– ob das „Ich" etwa ein Gegenüber adressiert:

„Ich wollte dir, o Gott, das Herze gerne geben" BWV 163 (Franck)
„Hilf, Jesu, daß ich auch dich bekenne" BWV 147 (Franck)

– ob es objektiv über/von sich spricht:

„Ich fürchte mich vor tausend Feinden nicht" BWV 149 (Picander)
„Geist und Seele sind verwirret, … ich wundre mich" BWV 35 (Lehms)

– oder aber ob es subjektiv über sich selbst reflektiert und gleichsam *zu sich selbst* spricht. Solche Selbstrede kann auch dialogischer Natur sein, wenn ‚zwei Seelen' im Selbst miteinander in Zwiesprache treten. Teilweise entfaltet sich der Dialog auch zwischen einer „gläubigen Seele" und „Jesus" (Dialogkantate):

18. Sonntag nach Trinitatis „Gott soll allein mein Herze haben" BWV 169
19. Sonntag nach Trinitatis „Ich will den Kreuzstab gerne tragen" BWV 56
20. Sonntag nach Trinitatis „Ich geh und suche mit Verlangen" BWV 49 (Dialog)
21. Sonntag nach Trinitatis „Was Gott tut, das ist wohlgetan" BWV 98
22. Sonntag nach Trinitatis „Ich armer Mensch, ich Sündenknecht" BWV 55
23. Sonntag nach Trinitatis „Falsche Welt, dir trau ich nicht" BWV 52

---

[134] M. Märker, *Die protestantische Dialogkomposition in Deutschland zwischen Heinrich Schütz und Johann Sebastian Bach. Eine stilkritische Studie*, Köln 1990, S. 105–149. Hier finden sich Typisierungen von verschiedenen Spielarten geistlich-musikalischer Dialoge.

[135] Auch den Lehms-Text „Liebster Gott, vergißt du mich" BWV Anh. I 209, der vielleicht bereits 1725 in Leipzig erklungen war, nimmt Birkmann in seinen Zyklus auf. In dieser Kantate kehrt die Textzeile „Es ist genug, Herr Jesu, laß mich sterben" an mehreren Stellen mottohaft wieder. Genauso verfährt Birkmann dann mit der Titelzeile „Gott soll allein mein Herze haben" zu Beginn seiner Solokantaten-Serie.

Der Aufführungskalender zeigt hier vom 18. bis zum 23. Sonntag nach Trinitatis 1726 als letzte Kantatengruppe im Kirchenjahr 1725/26 eine fortlaufende Folge von selbstreflexiven „Ich"-Kantaten.[136] BWV 98 scheint auf den ersten Blick herauszufallen, jedoch handelt es sich hier nicht wie bei den gleichnamigen Schwester-Kantaten BWV 99 und BWV 100 um eine Choralkantate. Das Werk fügt sich vielmehr in seinem intimen Solo-Charakter mit Arien wie „Hört, ihr Augen, auf zu weinen! Trag *ich* doch mit Geduld *mein* schweres Joch" stilistisch vollkommen in die obige Umgebung. Die vorstehend vorgenommene stilistische Gruppierung einerseits und die auffällige Chronologie andererseits lassen die Vermutung zu, daß hier von einer Hand stammende, genuine Neudichtungen vorliegen.[137] Bei diesem Autor dürfte es sich um Birkmann handeln: Seine Dichtungen sind, um noch einmal das Vorwort zu zitieren, in einer introspektiven Situation, nämlich „am Tage des HERRN bey meiner *Privat*-Andacht verfertiget".[138] Ferner spricht er selbst von einer stilistischen Differenz zwischen den „gottseligen Dichtern der alten Kirchen-Gesänge" und seinen eigenen Gedichten, die möglicherweise nicht die „gleiche Stärcke" hätten – was man ihm aber – eine gattungstypische Lizenz – verzeihen möge. Dafür habe er „hochtrabende poetische" Gefühle vermeiden und „lieber mit der Schrifft" reden wollen.[139] Nun bestehen die „Ich"-Kantaten natürlich gerade nicht aus Bibelworten – umgekehrt wäre aber nur so Birkmanns Apologie auch überhaupt nötig. Bemerkenswert ist, daß Alfred Dürr in allen obigen sechs Fällen dem „unbekannten Textdichter" eine „besondere Nähe" zum Evangelium des jeweiligen Sonntags attestiert.[140]

---

[136] Eine Kantate zum Reformations-Jubiläum am 31. Oktober, die in Leipzig in der Serie dieser Trinitatis-Sonntage obligatorisch war, gibt es bei Birkmann nicht; dieser Gedenktag fehlt übrigens in anderen untersuchten Nürnberger Zyklen ebenfalls.

[137] Während bislang formale Kriterien eine Zusammengehörigkeit belegen konnten, bestehen bei der Frage der sprachlichen Stilistik oder der immanenten Theologie der Libretti größere Unsicherheiten. Germanistisch geprägte Publikationen zu diesem Thema beziehen sich bislang vor allem auf einen Vergleich zwischen Texten namentlich bekannter Dichter, etwa H. Streck, *Die Verskunst in den poetischen Texten zu den Kantaten J. S. Bachs*, Hamburg 1971 (Hamburger Beiträge zur Musikwissenschaft. 5.). Lediglich die aufschlußreichen Vergleiche bei F. Zander (*Die Dichter der Kantatentexte Bachs*, BJ 1968, S. 9–64) beziehen auch Texte unbekannter Dichter ein.

[138] *Sabbaths-Zehnden*, Vorrede, S. [7].

[139] Ebenda, Vorrede, S. [8–9].

[140] Dürr KT, S. 636, 646 und öfter. Innerhalb des heterogenen sogenannten Dritten Jahrgangs gelten nach Dürr als Merkmale dieser Gruppe: a) ein instrumentales Concerto anstelle eines Eingangschores; b) Kantaten, bei denen nur am Schluß ein Choral vorkommt, c) Solo-Kantaten aus der „Ich"-Perspektive sowie d) textliche Verklammerung zwischen Sätzen (S. 56–61).

Das Auftauchen eines neuen Librettisten in Gestalt eines jungen, theologisch ambitionierten und literarisch wie musikalisch gebildeten Studenten fügt sich insgesamt gerade für das Jahr 1726 gut in ein bis dato von vielen Wechseln geprägtes und äußerst heterogenes kirchenmusikalisches Jahr. Zu dieser Zeit dürfte sich bei Bach bereits der Ärger über die veränderten kirchenmusikalischen Bedingungen (resultierend aus der zu seinen Ungunsten veränderten Schulordnung der Thomana) bemerkbar gemacht haben.[141] An den meisten Sonntagen ließ er jedenfalls Kantaten von Johann Ludwig Bach aus Meiningen aufführen.[142] Hinzu kamen dann zum 7., 8., 10. und 14. Sonntag nach Trinitatis 1726 einige Bachsche Vertonungen nach demselben, auch von J. L. Bach verwendeten Meininger Textzyklus (BWV 187, 45, 2 und 17). Zu Karfreitag wurde die aus Weimar mitgenommene (vermutlich von Gottfried Keiser stammende) Markus-Passion in einer Pasticcio-Variante aufgeführt. Weitere Vertonungen Bachs in der Trinitatiszeit[143] 1726 gehen schließlich auf Bearbeitungen von Texten Picanders und Neumeisters zurück sowie auf einen einzelnen Text des Eisenacher Dichters Johann Friedrich Helbig, auf den Bach vielleicht durch eine Telemann-Vertonung aufmerksam geworden war.[144]

Gerade die letztgenannten Textzusammenstellungen suggerieren folgende Gepflogenheiten Bachs in Leipzig: Bereits gedruckte Zyklen wurden von ihm kaum verwendet; vielmehr wurde die Konzeption einer Kantate von ihm mitbestimmt, was zur Folge hatte, daß bereits vorliegende ältere Texte für seine Zwecke passend gemacht werden mußten. Pragmatisch gesehen dürfte die Herstellung eines Heftes mit *Texten zur Leipziger Kirchen=Music* leichter gewesen sein, wenn dafür im Idealfall nur ein einziger Autor oder Kompilator verantwortlich war. Wenn der Befund für die Sonntage vor dem 18. Sonntag nach Trinitatis nicht täuscht, dann war Christoph Birkmann bereits für die Bearbeitungen nach Picander, Neumeister und Helbig verantwortlich. Bach konnte sich hier von den Fähigkeiten des 23jährigen überzeugen. Erst mit der Kantate zum 18. Sonntag nach Trinitatis gab es bei Bach dann in mehrfacher Hinsicht eine Neuorientierung. Daß hier Birkmanns subjektiv-introspektive Dichtungen motivierend waren, steht außer Frage. Ob eine Einflußnahme von dritter Seite angenommen werden kann, sei später diskutiert.

---

[141] M. Maul, *„Dero berühmbter Chor". Die Leipziger Thomasschule und ihre Kantoren (1212–1804)*, S. 167–208.

[142] Mit wenigen Unterbrechungen war das von Mariae Reinigung bis einschließlich zum 13. Sonntag nach Trinitatis der Fall.

[143] 15. Sonntag nach Trinitatis 1726/Michaelis (BWV 19, Picander-Bearbeitung), 16. Sonntag nach Trinitatis (BWV 27, Neumeister-Bearbeitung).

[144] 17. Sonntag nach Trinitatis (BWV 47), siehe Zander (wie Fußnote 137), S. 20. Vgl. die gleichnamige Kantate von Telemann aus dem „Sicilianischen Jahrgang" 1722/23 (TVWV 1:1603).

Es deutet einiges darauf hin, daß Bach mit Beginn des Jahres 1727 die Serie von Solokantaten vom Ende der Trinitatiszeit 1726 mit BWV 58, aufgeführt am 5. Januar 1727 und BWV 82, aufgeführt am 2. Februar 1727 fortsetzte. Er sah sich offenbar dank der Mitwirkung fähiger Studenten in die Lage versetzt, in den Leipziger Hauptkirchen eine anspruchsvolle, fast durchweg solistische Figuralmusik zu präsentieren – weitgehend unabhängig von der aktuellen Quantität und Singfähigkeit der Ersten Kantorei.[145] Für die dafür nötigen kontrastierenden instrumentalen Dispositionen standen ihm unter den Studenten offenbar fähige Kräfte zur Verfügung. Zwei Studenten erhielten in dieser Zeit mehrfach Gratifikationen für ihre Mitwirkung bei der Kirchenmusik – am 6. September 1725, 14. September 1726 und 18. Juli 1727 der Bassist Johann Christoph Samuel Lipsius und am 8. Oktober 1726 der Geiger Georg Gottfried Wagner.[146] Vielleicht erklären gerade diese zusätzlichen instrumentalen Besetzungsmöglichkeiten auch, warum Bach dann zu Karfreitag 1727 überhaupt in der Lage war, eine doppelchörige Passion zu disponieren.
Bachs solistische Epiphanias-Vertonungen finden ihre Entsprechung in einer zweiten Gruppe von „Ich"-Kantaten in den *Sabbaths-Zehnden*:

Sonntag nach Neujahr: „Ach Gott, wie manches Herzeleid" BWV 58 (Dialogkantate)
Epiphanias: „Verschmähe nicht das schlechte Lied" (Dialogkantate)
1. Sonntag nach Epiphanias: „Ich bin betrübt; Ach, wenn ich dich" (Dialogkantate)
2. Sonntag nach Epiphanias: „Ihr Sorgen, lasset mich zu frieden" (Solokantate)
3. Sonntag nach Epiphanias: „Ich will, so wie mein liebster Gott" (Solokantate)
Mariae Reinigung (= 4. Sonntag nach Epiphanias 1727): „Ich habe genung" BWV 82 (Solokantate)

Diese sechs Kantaten sind – bei aller Vorsicht, die geboten ist, da wir vier der Vertonungen nicht kennen – wiederum in allen Sätzen solistisch konzipiert und stellen wie in der Trinitatis-Gruppe einen *Anima/Vox Christi*-Dialog oder ein durchgängiges „Ich" ins Zentrum eines jeden Werkes.[147] Da beide Serien innerhalb des gesamten Textkorpus der *Sabbaths-Zehnden* eine Sonderstel-

---

[145] Zu fragen wäre ferner, ob Telemanns solistischer Jahrgang *Harmonischer Gottesdienst*, dessen erster Teil just zu dieser Zeit veröffentlicht war (Telemanns Vorbericht datiert vom 19. Dezember 1725), Bach beeinflußt oder motiviert haben könnte.

[146] Bei Wagner hebt Bach in einem Gutachten außerdem noch Fähigkeiten auf der Orgel, dem Clavier und dem Violoncello hervor (Dok I, Nr. 15). In den Jahren 1725–1727 ist außerdem noch mit der Mitwirkung einiger Privatschüler Bachs zu rechnen: Heinrich Nikolaus Gerber (Orgel/Continuo), Friedrich Gottlieb Wild (Geige) und Christoph Gottlob Wecker (Flöte).

[147] Für BWV 58 hat bereits Zander (wie Fußnote 137, S. 57 f.) eine – textmotivische und -stilistische – Verwandtschaft mit der Kreuzstab-Kantate festgestellt.

lung einnehmen, ist dieser Befund auffällig, denn bereits die folgenden zwei Kantaten zum 4. und 5. Sonntag nach Epiphanias haben wiederum die oben genannte Normalform mit einem Dictum als erstem Satz. Es entspricht der formalen Differenz zu den genannten Sechser-Serien, daß beide Kantaten („Erwecke dich, Herr, warum schläfest du" und „Wie lange liegest du, Fauler") nicht für Leipzig bestimmt gewesen sein können, da diese Sonntage bereits durch Aufführungen belegt waren oder im liturgischen Kalender nicht vorkamen.[148]

Bemerkenswert ist in diesem Zusammenhang folgender Befund zum 1. Sonntag nach Epiphanias: Die fünfsätzige Kantate „Ich bin betrübt" beginnt wie in BWV 52 mit einem Rezitativ und enthält wie sämtliche Kantaten der wohl auf Birkmann zurückgehenden Trinitatis-Gruppe von 1726 keinen wörtlichen Bibeltext. Es handelt sich wie bei den schon genannten Kantaten wiederum um eine dialogisch angelegte Komposition, auch wenn die Sätze nicht mit Jesus/ Seele überschrieben sind. Der vorletzte Satz („ARIA. à 2") ist das für eine Dialogkantate typische Duett, und im Rezitativ Nr. 3 ist ein Echo eingefügt. Genau diese Kantate findet sich später in einem Schweinfurter Textzyklus von 1744/45 wieder, der offenbar von Bachs Neffen Johann Elias Bach an der dortigen Johanniskirche aufgeführt wurde.[149] Die Texte stimmen vollständig überein; neben den Hinweisen auf ein Echo in Nr. 3 finden sich zudem noch Besetzungsangaben: Demnach wurde in Schweinfurt eine Vertonung für Canto und Basso solo aufgeführt. Die explizierten Zusammenhänge bestärken damit die Annahme einer zweiten Serie Bach/Birkmann. Es wäre vorstellbar, daß die Leipziger Quellenüberlieferung heute nur deshalb unvollständig ist, weil Notenmaterial nach Schweinfurt gelangte. Bach engagierte seinen Neffen Johann Elias 1737 als persönlichen Sekretär – denkbar also, daß dieser einige Kantaten nach Schweinfurt mitnahm, denn Bach war ja für Freigiebigkeit im Verleih seiner Kompositionen bekannt.[150] Dies könnte mutatis mutandis auch für die drei anderen „Ich"-Libretti der Epiphanias-Gruppe

---

[148] 1727 fiel der 4. Sonntag nach Epiphanias mit Mariae Reinigung zusammen.

[149] P. Wollny, *Dokumente und Erläuterungen zum Wirken Johann Elias Bachs in Schweinfurt*, LBB 3 (2000, ²2005), S. 45–73, Anhang, S. 58–73 (insbesondere S. 61). Daß die Kantate etwas mit der Leipziger Vertonung zu tun haben könnte, konnte zum damaligen Zeitpunkt aufgrund der fehlenden Informationen zum Birkmann-Jahrgang nicht vermutet werden.

[150] Am 28. Januar 1741 schreibt besagter Johann Elias Bach an den Ronneburger Kantor Johann Wilhelm Koch, der ihn gebeten hatte, ihm eine Bachsche Solokantate für Baß auszuleihen, daß „der Herr Vetter die ausgeschriebenen Stimmen einem Bassisten, Nahmens Büchner, geliehen, der sie ihm noch nicht zurücke geschickt; die partitur aber will er nicht aus den Händen geben, weil er auf solche Art schon um viele Sachen gekommen ist" (Dok II, Nr. 484); zu weiteren Dokumenten zum Leihverkehr Bachs mit Kantor Koch in Ronneburg siehe M. Maul und

zutreffen, so daß insgesamt vier verschollene Bach-Vertonungen möglich erscheinen – allerdings nur unter der Voraussetzung, daß all diese Texte auch
wirklich für eine Vertonung durch Bach bestimmt waren. Hierfür sprechen die
Vollständigkeit der Trinitatis-Serie sowie der Schweinfurter Textfund. Dagegen stehen immerhin die beiden letzten Texte der *Sabbaths-Zehnden*: Zwei
Dialogkantaten zum Tage St. Matthäi und zum Tage Simonis und Juda (siehe
Anhang). Diese Festtage wurden in Leipzig traditionell ohne Figuralmusik begangen.

Den Beginn der fruchtbaren Zusammenarbeit Bachs mit Birkmann darf man
sich offenbar nicht in Gestalt ganzer Kantaten vorstellen. Wie bereits erwähnt,
tauscht Birkmann in den *Sabbaths-Zehnden* gelegentlich Sätze in vorhandenen Libretti aus oder fügt andere Choräle ein. In diesem Zusammenhang tritt
auch die Johannes-Passion in den Blick. Mit dem Text zur zweiten Fassung
1725 ist gewissermaßen das prominenteste Bach-Werk in die *Sabbaths-Zehnden* eingebunden worden (siehe Abb. 2). Die Passionsdichtung enthält drei zusätzliche Arien:

„Himmel reiße, Welt erbebe" mit Choral „Jesu, deine Passion" BWV 245/11[+]
„Zerschmettert mich, ihr Felsen und ihr Hügel" BWV 245/13[II]
„Ach, windet euch nicht so, geplagte Seelen" BWV 245/19[II]

Zur Zeit der Entstehung der Johannes-Passion beziehungsweise ihrer ersten
Aufführung zu Karfreitag 1724 war Birkmann noch nicht in Leipzig. Die
Kompilation des Textes aus den verschiedenen Vorlagen kann demnach nicht
von ihm stammen. Er selbst behauptet im Vorwort, auf die Passion von
Barthold Hinrich Brockes zurückgegriffen zu haben, und meint damit die
fraglichen Arien aus der Passion *Der für die Sünde der Welt gemarterte und
sterbende Jesus*, die bereits an Karfreitag 1724 in Bachs Textfassung der
Johannes-Passion integriert waren. Es stellt sich somit aber noch die Frage, ob
Birkmann für die oben genannten drei Arien als Verfasser in Frage kommt.
Seit einiger Zeit gelten diese Texte als Bestandteile einer verschollen ge-
glaubten „Weimarer Passion" BC [D 1]. Wenn sie also schon älteren Ursprungs
sind, scheint sich die prinzipielle Frage zu erübrigen, ob Birkmann sie verfaßt haben kann. So einfach ist das Problem indes nicht zu lösen, denn die
Hypothese, daß die drei Arien zusammen mit den Rahmensätzen, den großen
Choralbearbeitungen der Johannes-Passion von 1725, Weimarer Ursprungs sind,
steht auf unsicherem Grund. Hierfür sprechen im wesentlichen nur: 1) eine
Quittung über eine Zahlung an Bach, der 1717 in Gotha in Vertretung für
den erkrankten Hofkapellmeister Witt womöglich eine eigene Passion auf-

---

P. Wollny, *Quellenkundliches zu Bach-Aufführungen in Köthen, Ronneburg und
Leipzig zwischen 1720 und 1760*, BJ 2003, S. 100–110.

führte,[151] 2) der vereinzelte Hinweis eines Biographen des 19. Jahrhunderts (Carl Ludwig Hilgenfeldt),[152] daß eine der fünf Passionen Bachs bereits in Weimar komponiert worden sein soll, sowie 3) der Umstand, daß die cantus firmi der Choralsätze angeblich keine in Leipzig üblichen Fassungen widerspiegeln.[153] Diese Argumente erscheinen in dem neuen Licht und in der Zusammenschau mit der für Birkmann anhand der Solo- und Dialogkantaten um BWV 56 herausgearbeiteten Stilcharakteristik wenig zwingend. Daß Bach Choräle in eine polyphone Kompositionstechnik einbindet und dabei modifiziert, ist bekannt. Viel bedeutsamer ist allerdings der Umstand, daß die Texte der in der zweiten Fassung von BWV 245 hinzugefügten Arien Birkmanns mögliche Handschrift tragen und daß das Datum von deren Erstaufführung am 30. März 1725 zeitlich genau paßt. Passagen wie „Sehet meine Qual und Angst" aus der Arie „Himmel reiße" BWV 245/11+ oder „wie freventlich, wie sündlich, wie vermessen hab ich, o Jesu, dein vergessen" aus der Arie „Zerschmettert mich" BWV 245/13[II] etwa fügen sich in ihrem je zweifachen Selbstbezug gut in Birkmanns sich herausbildenden Stil. Noch überzeugender wirkt die Beobachtung, daß die neuen Arien zur zweiten Fassung von BWV 245 mehrfach mathematische Bilder verwenden und Birkmann um 1725 noch Mathematiker war. In der Arie „Himmel reiße" werden Jesu Schmerzen „gezählt", und in der Arie „Ach windet euch nicht so" BWV 245/19[II] heißt es mit mathematisch inspirierter Reflexion über die unendlich große Sündhaftigkeit des Menschen:

Könnt ihr die unermeßne Zahl
der harten Geißelschläge zählen,
so zählet auch die Menge eurer Sünden,
ihr werdet diese größer finden.

---

[151] E.-M. Ranft, *Ein unbekannter Aufenthalt Johann Sebastian Bachs in Gotha?*, BJ 1985, S. 165 f.; A. Glöckner, *Neue Spuren zu Bachs „Weimarer" Passion*, LBB 1 (1995), S. 33–46. Glöckner zieht als möglichen Bestandteil einer solchen Passion noch drei Sätze aus BWV 55 heran, da die Eigenschrift Bachs (*P 105*) ab Satz 3 einen stärker reinschriftlichen Charakter habe und die Originalstimmen (*St 50*) nur in den ersten zwei Sätzen von dieser Partitur abzuhängen scheinen. Der Einschätzung Glöckners, daß die Arie „Erbarme dich" BWV 55/3 kompositorisch Weimarer Züge trage, widerspricht Petzoldt (wie Fußnote 120), S. 629 f.

[152] A. Dürr, *Zu den verschollenen Passionen Bachs*, BJ 1949/50, S. 92–99.

[153] A. Mendel, *Traces of the Pre-History of Bach's St. John and St. Matthew Passions*, in: Festschrift Otto Erich Deutsch, Kassel 1963, S. 31–48; ders., *More on the Weimar Origin of Bach's „O Mensch, bewein"*, in: JAMS 17 (1964), S. 203–206. Daß die vermutete Weimarer Herkunft der Arie „Himmel, reiße" einer näheren Untersuchung nicht standhält, formuliert M. Rathey in seinem Aufsatz *Zur Chronologie der Arie „Himmel reiße" in der zweiten Fassung der Johannes-Passion (BWV 245/11+)*, BJ 2005, S. 291–300.

Warum die Neukonzeption nur ein Jahr nach der ersten Aufführung der Johannes-Passion stattfand, blieb bislang ein Rätsel. In der Zusammenschau der Birkmann-Vertonungen, die in der „Ich"-Konzeption ja gerade das Empfinden für die eigene Sündhaftigkeit ins Zentrum stellt, gehören die beiden – von Birkmann und Bach gemeinsam gewählten? – Choräle genau in dieses ‚Programm'. Ein Wechsel der theologischen Perspektive ist durchaus schon mit einem Austausch der Ecksätze und zentraler betrachtender Arien zu erzielen, vielleicht aber weniger als Effekt denn als intendierter Zweck der Bearbeitung zu charakterisieren. In der scholastisch-klerikalen Theologie des Hochmittelalters firmiert Gott als Weltenherrscher, der die nötige Sünden-Satisfaktion in der Passion sogleich selbst übernimmt und dadurch seine volle Größe offenbart – das Thema des Eingangschores von Fassung I. Die aufklärerisch-idealistische Philosophie des Subjekts der Neuzeit hingegen, als deren theologische Spielart der Pietismus sich zeigt, verlagert gegenteilig die Sünden-Problematik in die eigene Seele. Die Ersetzung des Eingangs „Herr, unser Herrscher" durch den offenbar zum Zweck einer theologischen Neuausrichtung komponierten Chor „O Mensch, bewein dein Sünde groß" (der dann seine endgültige Verwendung in der späteren Matthäus-Passion findet), entspricht genau dieser Bewegung. Ebenso der Austausch der „Erwäge"-Arie, wo Jesu „blutgefärbter Rücken" die Sünden-Sintflut fortspült und eine im Regenbogen aufblühende Sarons-Rose deren endgültige Tilgung versinnbildlicht, gegen „Ach windet euch nicht so" in Fassung II, wo die Zahl der Geißelschläge die umso größere Menge der Sünden mit mathematischer Präzision überhaupt erst erkennen läßt. Alles andere als ein „unlogischer Notbehelf"[154] ist auch die Einfügung der Arie „Himmel reiße" nach dem Choral „Wer hat dich so geschlagen" – heißt es doch in dessen zweiter Strophe: „Ich, ich und meine Sünden". Diese Erkenntnis wird vielmehr dramaturgisch absichtsvoll durch eine Dialog-Arie verstärkt und erläutert, die „Seele" dabei auf „Rosen gebettet" und ihr das Himmelreich „geschenkt", wenn das „Ich" seinen gläubigen Sinn täglich nach Golgatha „lenkt", ausgedrückt in einer Kontrastierung des Sopran-Chorals „Jesu, deine Passion ist mir lauter Freude" mit einem dramatischen Baß-Solo. In der Arie „Zerschmettert mich, ihr Felsen" schließlich wird in Version II eine Parallele zum Zerreißen-Motiv des Rezitativs „Und siehe da, der Vorhang im Tempel" in analog verwendeten markanten 32tel-Noten etabliert. Derselbe Vorgang zerschmettert hier den Tempel wie das eigene Selbst. Zugleich wurde das Rezitativ „Und siehe da, der Vorhang im Tempel zerriß" BWV 245/33 in der Version II durch einen Einschub aus

---

[154] U. Leisinger, *Die zweite Fassung der Johannes-Passion von 1725: Nur ein Notbehelf?*, LBB 5 (2002), S. 40 f. In diesem Kontext betrachtet auch Eric Thomas Chafe die Passion, deren Fassung von 1725 er für nicht stimmig erklärt (*J. S. Bach's Johannine Theology. The St. John Passion and the Cantatas for Spring 1725*, Oxford 2014, S. 10 f.).

Matth 27,52 f. um das nur hier geschilderte Erdbeben und die Öffnung von
Totengräbern erweitert – ein aus dramaturgischen Gründen erfolgter Eingriff,
der dann im Zuge der nächstfolgenden Umarbeitung der Passion zusammen
mit den neuen Sätzen für die Fassung 1725 wieder zurückgenommen wurde.

Man wird der Frage nachgehen müssen, mit wem Bach generell in Leipzig
eine anspruchsvolle theologisch-musikalische Disposition wie die einer Passion diskutieren konnte, und man wird dabei auch Johann Abraham Birnbaum als möglichen Vertrauten miteinbeziehen müssen, von dem wir bislang
nicht wissen, welche Rolle er für Bach in Leipzig bereits vor dem Disput
mit Johann Adolph Scheibe im Jahre nach 1737 gespielt haben mag.[155] Birnbaums Verteidigungsstrategie setzt schließlich voraus, daß er – möglicherweise bereits seit vielen Jahren – Bachs Kirchenmusik kannte. Birnbaum besuchte St. Thomas regelmäßig, wie aus den Kommunikantenverzeichnissen
hervorgeht.[156] Einer solch aufreibenden publizistischen Fehde hätte er sich
auch schwerlich ausgesetzt, wenn nicht enge Verbindungen zu Bach bestanden hätten. Das wird auch dadurch deutlich, daß keine weitere Auseinandersetzung Birnbaums bekannt ist, die er in ähnlicher Weise für jemand anderen
geführt hätte. Das rhetorische Kolleg, das er bald nach 1721 (in diesem Jahr
wurde er zum Magister promoviert und zum Dozenten habilitiert)[157] eröff-

---

[155] Dok II, Nr. 409, 413, 417, 441–442, 446, 530 und 533.

[156] Archiv der Ev. Thomas-Matthäigemeinde, *Communicantenverzeichnis*. Beispielsweise wird er im Jg. 1725 zu Neujahr, Mariae Verkündigung, 5. und 22. post Trin.
genannt.

[157] In Siculs *Jahr=Gedächtnis Des Itzt=Lebenden Leipzigs 1726 E. Löblichen Universität und Deren Verwandte* firmiert er seit 1721 unter den „Membra vocantia auch
respective eligibilis" der Meißnischen Nation (*Annalivm Lipsiensivm*, 1726, Leipzig 1727, S. 2). Eine zeitgenössische Geschichte der Rechtsgelehrten geht auf den
Umstand ein, daß er kein Professor geworden ist: „Er lieset Philosophische, Ora-
torische und Juristische *Collegia*. Sein gegenwärtiger Zustand muß ihm gantz wohl
gefallen, weil er niemahls einen höhern *Gradum* ambirt, ohngeachtet er Geschick-
lichkeit genug besitzet"; siehe C. Weidlich, *Geschichte der jetztlebenden Rechts=
Gelehrten in Teutschland, und zum Theil auch ausser demselben*, 1. Teil, Merseburg 1748, S. 58. Dieser Umstand bewirkte freilich, daß Birnbaum abgesehen von
gedruckten Schriften fast keine Spuren im Universitätsarchiv Leipzig hinterlassen
hat. In *Das jetzt lebende und jetzt florirende Leipzig*, Leipzig 1732, S. 47 wird er
unter den „immatriculirten Notarien" aufgezählt, ebenso in der entsprechenden
Ausgabe von 1736 (S. 49).

net haben wird, spielte nicht nur in Birkmanns Ausbildung[158] eine wichtige Rolle.[159]

Für ein allmähliches Heranziehen eines rhetorisch begabten Musiker-Theologen zum vollgültigen Librettisten Bachs stehen folgende Beispiele aus den Jahren 1726–1727. Sie verweisen auf Kantatentexte, die auf Basis gedruckter Libretti stark umgeformt wurden. Dies könnte im Auftrag Bachs an Birkmann geschehen sein, dessen Talent Birnbaum wie Bach kannten:

– Für die Michaelis-Kantate „Es erhub sich ein Streit" BWV 19 wurden vier ,Bausteine' aus Picanders *Erbaulichen Gedancken* von 1725[160] leicht modifiziert, in eine andere Reihenfolge gebracht und um drei Sätze erweitert, zu einer dann siebenteiligen Kantate kompiliert. Die Aufführung fand am 29. September 1726 statt, mithin unmittelbar vor der ,Birkmann-Trinitatis-Gruppe' 1726.[161]

– Nur eine Woche später, zum 16. Sonntag nach Trinitatis des Jahres 1726 wird „Wer weiß, wie nahe mir mein Ende" BWV 27 aufgeführt, eine Kantate, die von einem bis-

---

[158] „Da *M.* Birnbaum ein *Collegium disputatorium* und *oratorio-practicum* eröffnete, und er im letztern, verschiedene Reden, mit guten Beyfall abgeleget, so überredete er seinen fleissigen Haußgenossen, die Theologie zum Haupt=Werk zu machen." (*Diptycha Ecclesiæ Egydianæ*, S. 116 f.); zum entsprechenden Passus im *Ehren-Denkmal* (S. 22) siehe oben. Auch Birkmanns enger Freund Engelhardt hebt die Rolle Birnbaums und dessen Kolleg für seine theologische Ausbildung stark hervor.

[159] „Der Herr Autor hat eine geraume Zeit her auf der Leipziger hohen Schule über die Redekunst mit vielem Beyfalle gelesen, und nicht nur die Regeln derselben erklärt, sondern auch diejenigen, so sich seines Unterrichts in dieser Wissenschaft bedienten, zur Ubung in *Collegiis Practicis* angehalten. Viele derselben, und auch andere Liebhaber der Beredsamkeit, haben daher ein Verlangen getragen, mehr Muster des reinen und lebhaften Vortrags, dessen sich der Hr. *M.* Birnbaum bedient, zu lesen zu bekommen, als von ihm dann und wann einzeln waren dem Drucke überlassen worden. Er dient daher der Welt mit gegenwärtiger Sammlung von Deutschen Reden, die er zum Theil in der Vertrauten Deutschen Rednergesellschaft gehalten hat, in welcher er nach dem Herrn Senior das älteste Mitglied ist"; siehe *Neuer Zeitungen von Gelehrten Sachen auf das Jahr MDCCXXXV*, Leipzig 1735, S. 603, in der die Publikation *M. Johann Abraham Birnbaums Teutscher Reden Erster Theil* (Leipzig und Langensalza 1735) angekündigt wird.

[160] *Sammlung Erbaulicher Gedancken, Bey und über die gewöhnlichen Sonn- und Festtags-Evangelien*, Leipzig 1725.

[161] Ganz praktisch gedacht war es bei der Vorbereitung einer Aufführung, wozu im Vorfeld auch die Planung eines Hefts *Texte zur Leipziger Kirchen=Music* gehörte, sicher kein Nachteil, wenn – zumindest bei Erstaufführungen – die Texte im wesentlichen aus einer Hand kamen. In diesem Fall scheint Birkmann für alle Sonntage (ausgenommen die Wiederaufführungen zum Reformationsfest und zum 1. Advent) der Textkompilator bzw. -lieferant gewesen zu sein; diese Periode umfaßte 2–3 Texthefte.

lang unbekannten Bearbeiter stammt. Der titelgebende Choralvers stammt von Ämilie Juliane von Schwarzburg-Rudolstadt und der abschließende Vers „Welt ade, ich bin dein müde", von Johann Georg Albinus. Bach hat dazu den Satz Johann Rosenmüllers (nach Vopelius) übernommen.[162] In Arie Nr. 3 klingen zwei Verse einer Neumeister-Arie[163] an, sie ist ansonsten aber eigenständig. Dem Kompilator oblagen in der Kantate sodann die Rezitative sowie die Arie Nr. 5. Ihre Stilistik paßt wiederum in verblüffender Weise zur ‚Birkmann-Trinitatis-Gruppe'. In die *Sabbaths-Zehnden* wird gleichwohl zu diesem 16. Sonntag nach Trinitatis eine Franck-Kantate übernommen.

– Zu Septuagesimae 1727 wurde dann die solistische Sopran-Kantate „Ich bin vergnügt mit meinem Glücke" BWV 84 aufgeführt. Der verwendete Text, der im Jahrgang Picander 1728 Aufnahme findet, erfährt dabei gravierende Änderungen, die „keinen Stein auf dem anderen lassen":[164]

Picander 1728	BWV 84
Ich bin vergnügt mit meinem Stande	Ich bin vergnügt mit meinem Glücke
Im Schweiße meines Angesichts […] verdien ich zwar mein täglich Brodt	Im Schweiße meines Angesichts […] will ich indes mein Brot genießen
Theile du jedem seinen Groschen zu	So teilt mir Gott den Groschen aus
Und doch verdien ich nichts, Gott schenkt es mir aus lauter Gnaden	Ich kann mir nichts bei ihm verdienen, denn was ich tu, ist meine Pflicht
So hab ich doch zu meiner Sättigung noch allezeit genung	Es ist genug vor mich, daß ich nicht hungrig darf zu Bette gehn

Hier lag offenbar eine frühere Version vor, die für eine Vertonung nur mittelbar tauglich war, und die Birkmann für Bach umgestaltet haben dürfte. Alle Änderungen für BWV 84 bedeuten die Transformation einer objektiven Textaussage in eine subjektive Selbstrede – in dieser Perspektive erschließt sich übrigens die gesamte Umdichtung. Sie trägt mithin Birkmanns mögliche Handschrift, findet sich jedoch nicht in den *Sabbaths-Zehnden*. Dort ist dann ein mutmaßlich eigener Text Birkmanns enthalten (siehe Anhang).

Abb. 1–3. Christoph Birkmann, *GOtt-geheiligte Sabbaths-Zehnden* (Stadtbibliothek Nürnberg, *Will II, 1413 8°*)

---

[162] *Das Neu Leipziger Gesangbuch des Gottfried Vopelius*, Leipzig 1682, S. 947 f.

[163] Schlußsatz der Kantate zum 1. Sonntag nach Trinitatis aus: *Geistliche Cantaten statt einer Kirchen-Music*, [o. O.] 1702.

[164] R. Wustmann, zitiert nach Dürr KT, S. 266.

GOtt-geheiligte

Sabbaths-
Zehnden /

bestehend
aus
Geistlichen Cantaten
auf alle
Hohe Fest-Sonn-
und
Feyer-Täge
der
Herspruckischen Kirch-Gemeinde
zu Gottseeliger Erbauung
gewiedmet,
von
Christoph Bürckmann/
Rev. Minist. Candid.

Nürnberg, gedruckt bey Lorenz Bieling.

Abb. 1. Titelseite

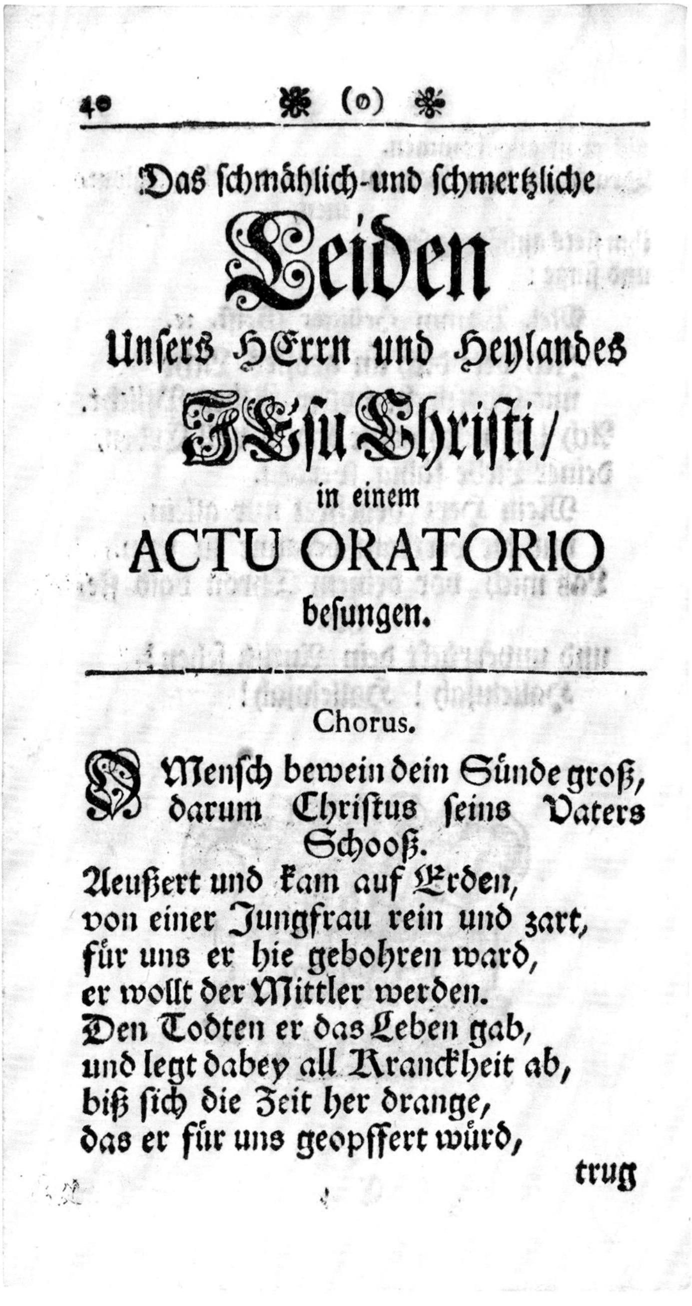

40   ❋ (o) ❋

Das schmählich-und schmertzliche

Leiden

Unsers HErrn und Heylandes

JEsu Christi/

in einem

ACTU ORATORIO

besungen.

Chorus.

O Mensch bewein dein Sünde groß,
darum Christus seins Vaters
Schooß.
Aeußert und kam auf Erden,
von einer Jungfrau rein und zart,
für uns er hie gebohren ward,
er wollt der Mittler werden.
Den Todten er das Leben gab,
und legt dabey all Kranckheit ab,
biß sich die Zeit her drange,
das er für uns geopffert würd,

trug

Abb. 2. Johannes-Passion: Titel/Beginn Satz 1 (S. 40)

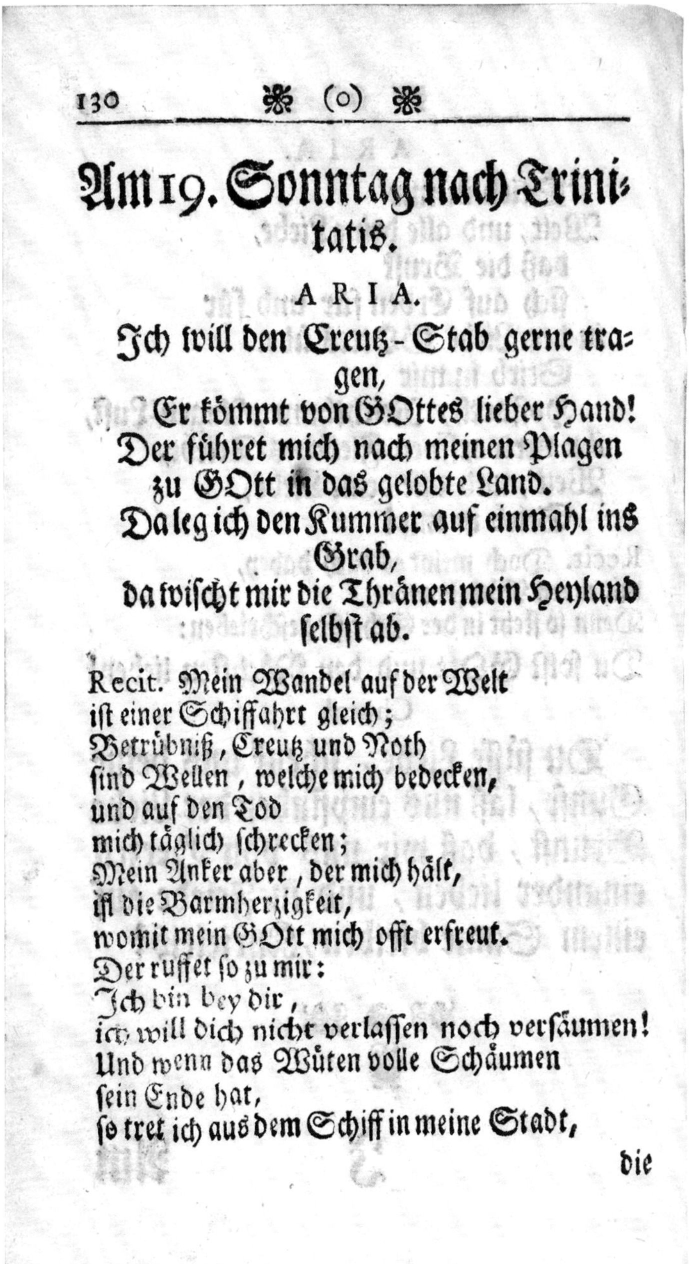

130   ✳ (0) ✳

Am 19. Sonntag nach Trinitatis.

ARIA.

Ich will den Creutz-Stab gerne tragen,
Er kömmt von GOttes lieber Hand!
Der führet mich nach meinen Plagen
zu GOtt in das gelobte Land.
Da leg ich den Kummer auf einmahl ins Grab,
da wischt mir die Thränen mein Heyland selbst ab.

Recit. Mein Wandel auf der Welt
ist einer Schiffahrt gleich;
Betrübniß, Creutz und Noth
sind Wellen, welche mich bedecken,
und auf den Tod
mich täglich schrecken;
Mein Anker aber, der mich hält,
ist die Barmherzigkeit,
womit mein GOtt mich offt erfreut.
Der ruffet so zu mir:
Ich bin bey dir,
ich will dich nicht verlassen noch versäumen!
Und wenn das Wüten volle Schäumen
sein Ende hat,
so tret ich aus dem Schiff in meine Stadt,

die

Abb. 3. Kreuzstabkantate (S. 130)

Abb. 4. Christoph Birkmann, Porträtstich von Georg Lichtensteger
(Bach-Archiv Leipzig, Graphische Sammlung)

Anhang

Incipits *Sabbaths-Zehnden*
Fettdruck = Bach-Vertonung / Leipziger Vertonung / Textdichter bekannt
* = Birkmann Autor einer für Leipzig gedichteten Kantate
(*) = vermutete Teilbearbeitung Birkmanns für Leipzig

	Bestimmung/Incipits	BWV-Nummer/ Textdichter/Aufführungs- daten/Bemerkungen
1	**Am 1. Sonntag des Advents.** [Dictum] Es freue sich der Himmel Rec. Versammlet euch, ihr Menschen Kinder ARIA. Auf, o Zion, bringe Palmen Rec. Wir grüssen dich O Held ARIA. Weich verhaßte Sünden-Nacht Rec. O mehr als seel'ge Zeiten Choral So danken GOTT und loben dich	vgl. Nürnberger Jahrgang 1734/35 (M. Zeidler)
2	**Am 2. Sontag des Advents.** Choral. Es ist gewißlich an der Zeit Rec. Wie böß sind doch die Menschen-Kinder ARIA. à. 2. Erbarme dich nach deiner Güte Rec. Bekehre dich Choral. O grosser GOtt von Treu	
3	**Am 3. Sontag des Advents.** Choral. Frisch auf, mein Seel ARIA. HErr JESU, Heil der armen Seelen Rec. Wie sehr wird sich Johannes freuen ARIA. Trotz dem alten Höllen-Drachen Rec. Drum bleibe deinem Arzt getreu Choral. Laß uns in deiner Liebe und Erkäntniß	
4	**Am 4. Sontag des Advents.** ARIA. O Wahrheit, guldnes Kleid der Seelen Rec. Was hat der Mensch davon ARIA. Der Warheit Licht zerstreut die Strahlen Rec. Wer so sein eigen Nichts erkennet Choral. Dein Wort laß mich bekennen	

5	Am 1. Heil. Christ-Tag. **Gelobet seyst du, JEsu Christ**	**BWV 91** **Dichter des Choral-** **kantaten-Jahrgangs** Aufführung: 25. Dezember 1724
6	**Am 2. Heil. Christ-Tag.** **Christum wir sollen loben schon**	**BWV 121** **Dichter des Choral-** **kantaten-Jahrgangs** Aufführung: 26. Dezember 1724
7	**Am Sonntag nach Christfest.** **Tritt auf die Glaubens-Bahn**	**BWV 152** **S. Franck 1715** Aufführung: Weimar 1714; Wiederaufführung 16. September 1726? (Anstelle des Duetts der Schlußchoral „Sag an, meins Herzens Bräutigam": Strophe 9 von „Ermuntre dich, mein schwacher Geist", Johann Rist)
8	**Am Fest der Beschneidung.** **JEsu, nun sey gepreiset**	**BWV 41** **Dichter des Choral-** **kantaten-Jahrgangs** Aufführung: 1. Januar 1725 (Schlußchoral gegenüber Bach abweichend: Strophe 9 von „Ich dank dir lieber Herre", Johann Kolrose)
9*	**Am Sonntage nach dem Neuen Jahr.** **Ach GOtt, wie manches Hertzeleid**	**BWV 58** Aufführung: 5. Januar 1727
10*	**Am Fest der H. Drey Könige.** Chor. Verschmähe nicht das schlechte Lied Recit. Wer zeiget mir den Weg ARIA. Gehe hin nach Bethlehem Recit. O süsses Wort ARIA. Nun sey der Schluß gemacht Recit. Noch eins: vergesse nicht Choral. Du willst ein Opffer haben / Die wirst du nicht verschmähen	

11*	**Am 1. Sonnt. nach Epiphan.** Recit. Ich bin betrübt; Ach! wenn ich dich ARIA. Wie die Turtel-Tauben girren Recit. Ich setze mich bey bittern Myrrhen nieder ARIA. à 2. Ich halte dich feste mein Liebster Choral. Weicht ihr Trauer-Geister	vgl. Text in Schweinfurter Jahrgang 1744/45 (siehe Fußnote 149)
12*	**Am 2. Sonnt. nach Epiphan.** ARIA. Ihr Sorgen, lasset mich zu frieden Recit. Wahr ist es, mein gekränkter Sinn ARIA. Kommst du bald, du frohe Stunde [Recit.] Der HErr hat keinen je verlassen Choral. Er kennt die rechten Freuden-Stunden	
13*	**Am 3. Sonnt. nach Epiphan.** ARIA. Ich will, so, wie mein liebster GOtt Recit. Wir wollen öfters viel ARIA. HErr wo du wilt Recit. O seelig muß die Thräne seyn Choral. Ach wie wird mich JEsus herzen	
14	**Am 4. Sonnt. nach Epiphan.** [Dictum] Erwecke dich, HErr, warum schläffest du Choral. Treuer Wächter Israel ARIA. O HErr! Mein Schifflein muß versinken Recit. Warum so zaghafft liebe Braut ARIA. Du weist ich kan mich selbst nicht läugnen Choral. Wer JEsum bey sich hat	
15	**Am 5. Sonnt. nach Epiphan.** [Dictum] Wie lange liegest du Fauler ARIA. Wir Menschen pflegen unsrer Ruh Recit. Siehst du nun also ein Chor. Schütze mich für Teuffels Netzen	

16	**Am Sonntag Septuagesimae.** [Dictum] Viel sind beruffen, aber wenig sind auserwehlet Recit. Der Weg ist breit ARIA. Die Menschen rennen ins Verderben Recit. Nur wenige sind auserwehlt ARIA. Drum mein Christ sey stets bereit Recit. Zwar ist der Himmel schon Chor. Ich will kämpffen, ich will ringen	
17	**Am Sonntag Sexagesimä.** Choral. Ach bleib mit deinem Worte / Ach bleib mit deinem Seegen Recit. Der Saame ist gesäet ARIA. GOttes Wort ist auch ein Saamen Recit. Nur Schade daß das Land ARIA. Drum mache, guter GOtt	
18	**Am Sonntag Quinquagesimä.** Recit. Wo will mein JEsus hin! Choral. Ich will hier bey dir stehen ARIA. Mein JEsus geht zu seinem Sterben Rec. So lege nun, mein Herz ARIA. Wenn die starren Lippen schweigen Rec. Ja! allezeit bleibt meine Danckbarkeit Choral. Nun ich dancke dir von Herzen	
19	**Am Palm Sonntag.** Chor. Seele laß die Speise stehen Recit. Wie daß du noch so laulicht dich bezeigest Chor. Nun O JEsu! du alleine Rec. Ach ja! Nur Eins ist Noth [Choral] Ich bete dich an grosses Licht	Schlußchoral von J. J. Rambach (Strophe 8 von „Unendlicher Gott, höchstes Gut")

20(*)	Das schmählich- und schmertzliche Leiden Unsers HErrn und Heylandes JEsu Christi / in einem ACTU ORATO- RIO besungen. **Chorus. O Mensch bewein dein Sünde groß** […] (oratorische Passion nach Johannes)	**BWV 245, 2. Fassung B. H. Brockes, C. H. Postel, Christian Weise, unbekannte Dichter** Aufführung: 30. März 1725 (mit den Sätzen, die nur zur 2. Fassung gehören: „O Mensch, bewein dein Sünde groß" BWV 244/29 (in Es-Dur, als Satz 1); „Himmel reiße, Welt erbebe"/Choral „Jesu, deine Passion" BWV 245/11+; „Zerschmettert mich, ihr Felsen und ihr Hügel" BWV 245/13II; „Ach, windet euch nicht so, geplagte Seelen" BWV 245/19II und „Christe, du Lamm Gottes" BWV 23/4 als Satz 40); Wiederabdruck des Textes Oettingen 1763 (Christoph Stolzenberg) nach der 2. Aus- gabe der *Sabbaths-Zehnden*
21	**Am Heil. Oster-Fest.** ARIA. Eilt Sorgen, eilt aus meiner Brust Chor. Christ lag in Todes Banden Rec. Erzittre Tod ARIA. Halleluja! Preiß und Ehre [Choral] Ach daß ich den Leibes-Kerker Recit. Welch eine Frucht von Christi Auferstehen Chor. So fahr ich hin zu JEsu Christ	
22	**Auf den 2. Heil. Oster-Tag.** **Bleib bei uns, denn es will Abend werden**	**BWV 6** Aufführungen: 2. April 1725, 13. April 1727?
23	**Am Sonntage Quasimodogeniti.** ARIA. Welt, behalte du daß Deine Recit. Ich lege meine Hand ARIA. Mein Glaube soll JEsum beständig umringen Recit. Ich glaube zwar Choral. Meinen JEsum laß ich nicht	**Picander 1728/1732**

24	**Dominica Misericordias Domini.** ARIA. Ich kan mich besser nicht versorgen Recit. Was thut mir JEsus doch zu gute ARIA. Bin ich ein verachtet Licht Choral. JEsu meine Freude	**Picander 1728/1732**
25	**Am Sonntag Jubilate.** [Dictum] Ihr werdet weinen und heulen Chor. Dennoch bleib ich stets an dir Recit. Dieweil es schon viel besser Arioso. Denn eh'e man daran gedacht [Dictum.] Ich habe dich ein klein Augen- blick ARIA. Vollkommenste Liebe Choral. Führ' auch mein Herz und Sinn	Choral „Dennoch bleib ich stets an dir" von J. J. Rambach
26	**Am Sonntag Cantate.** ARIA. Kaum lässet mich die Wehmut fragen Chor. Ach bleib mit deiner Gnade Recit. Dein Hingang soll mir zwar ARIA. Der Geist will wohl Chor. Deine Hülffe zu mir sende	
27	**Am Sonntag Rogate.** [Dictum] Warlich, warlich ich sage euch Chor. HErr ich bitte dich erzeige GOtt hat noch nie sein Wort gebrochen / Was er aus Lieb und Huld verheissen / Ach! Siehe! Wie er seinen Worten Chor. Auf, auf, gib deinem Schmerze	Choralkantate (mit Dictum) auf Liedstrophen von J. Rist, J. J. Rambach und P. Gerhardt
28	**Am Fest der Himmelfahrt Christi.** [Dictum] GOtt fähret auf mit Jauchzen Recit. Auf! Hinauf ARIA. Mein Heyland ist nun aufgefahren Reict. Im Himmel ist mein Haupt ARIA. Ich vergesse, was dahinten Chorus. Ach ich habe schon erblicket	
29	**Am Sonntag Exaudi.** [Dictum] Wenn aber der Tröster kommen wird ARIA. Der Tröster kommt Recit. Wes tröst du dich [Dictum] Siehe um Trost ist mir sehr bange ARIA. GOtt du tröstest und erquickest	

30	**Am Heil. Pfiengst Fest** Chor. Komm Heiliger Geist, HErre GOtt ARIA. Holde Taube reiner Liebe Recit. Mit froher Seelen seh' ich an ARIA. Nun hab ich Ruh und Trost bekommen Recit. Du wahrer Gottheit gleiches Bild ARIA. Ihr glüenden Herzen	
31	**Am 2. Pfingst-Feyertag.** [Dictum] Also hat GOtt die Welt geliebet Recit. O Trost an dem ich mich ergötze ARIA. Martre dich wie du wilt Recit. Weil GOtt die Liebe ARIA. Ach wie seelig sanfft und süsse Chor. Wir wachen oder schlaffen ein	
32	**Am Fest der Heil Dreyfaltigkeit.** [Dictum] Ich gedachte ihm nach, daß ichs begreiffen möchte ARIA. Nimmermehr wird die Grund gelehrte Zunfft Recit. Darum Vernunfft [Dictum] Der natürliche Mensch [Recit.] Ich frage nicht, wo ist dein Sitz ARIA. GOtt Vater, Sohn und Geist Choral. O heilige Dreyfaltigkeit	
33	**Am 1. Sonntag nach Trinitatis.** **[Dictum] Wohl zu thun und mitzutheilen** **ARIA. Höchster was ich habe** Choral Es ist ja HErr! dein Geschenk und Gab **Recit. Wie soll ich dir, O HErr** **Chor Seelig sind die aus Erbarmen**	**BWV 39/4–7** **Meiningen 1704/1719** Aufführung: 23. Juni 1726 (Choral eingefügt als Nr. 3: „Es ist ja Herr dein Geschenk und Gab", Martin Schalling)
34	**Am 2. Sonntag nach Trinitatis.** [Dictum] Seelig ist, der das Brod isset ARIA. Selig, selig sind die Seelen Choral. Schmücke dich, O liebe Seele [Dictum] GOtt will, daß allen Menschen geholffen werde Recit. In Adam wars um uns gethan Choral. HErr GOtt Vater mein starker Held	

35	**Am 3. Sonntag nach Trinitatis.** **Ich ruff zu dir, HErr JEsu Christ**	**BWV deest,** **Text: J. Agricola** Aufführung: 17. Juni 1725 (textgleich mit BWV 177 von 1733)
36	**Am 4. Sonntag nach Trinitatis.** [Dictum] Ich thue Barmherzigkeit an vielen Tausenden Rec. Allmächtig, weiß, gerecht ARIA. Es will GOtt mit Gnade walten [Dictum] Darum seyd barmherzig Choral. Sag nicht: Ich bin ein Christ	**Meiningen 1704/1719** Aufführung: 14. Juli 1726? (nur 1. Teil, Schlußchoral hinzugefügt: Strophe 12 von „Du sagst, ich bin ein Christ", Johann Adam Haßlocher)
37	**Am 5. Sonntag nach Trinitatis.** Chor. Es ist allhie ein Jammerthal ARIA. Was sorgst du doch so ängstiglich **Choral. Sing, bet und geh auf GOttes Wegen** **Recit. Was kan dich denn** ARIA. Thu du nur das, was dir gebührt Chor. Hierauf so sprech ich Amen	**BWV 88/6–7** **Meiningen 1704/1719** (*Sabbaths-Zehnden* Nr. 4,3) und **BWV deest** **Neumeister 1711** (*Sabbaths-Zehnden* Nr. 2–3, 5–6) Aufführungen: 21. Juli 1726 (BWV 88); 1. Juli 1725 (BWV deest)
38	**Am 6. Sonntag nach Trinitatis.** **Wer sich rächet, an dem wird sich der HErr wieder rächen**	**BWV deest** **Neumeister 1711** Aufführung: 8. Juli 1725
39	**Am 7. Sonntag nach Trinitatis.** **Es wartet alles auf dich**	**BWV 187** **Meiningen 1704/1719** Aufführung: 4. August 1726 (*Sabbaths-Zehnden* ohne Recit. „Halt ich nur fest" BWV 187/6)
40	**Am 8. Sonntag nach Trinitatis.** [Dictum] Wer mich bekennet für den Menschen **ARIA. Wer GOtt bekennt, aus wahrem Herzens Grund** Chor. Du werthes Licht Recit. So wird denn Herz und Mund Chor. Nun liebster JEsu	**BWV 45/5** **Meiningen 1704/1719** Aufführung (BWV 45): 11. August 1726

41	**Am 9. Sonntag nach Trinitatis.** **[Dictum] Machet euch Freunde mit dem ungerechten Mammon** **ARIA. Was hilfft mir Gut und Geld** Choral. Wenn ich nur meinen JEsum habe **Recit. Mein Herz so nimm den[n] hin** Choral. Ich bin mit dir mein GOtt zu frieden	**Meiningen 1704/1719** Aufführung: 18. August 1726? (daraus nur Nr. 4–6 übernommen)
42	**Am 10. Sonntag nach Trinitatis.** **[Dictum] Verachtest du den Reichthum seiner Güte**[1] **ARIA. Erschrecke doch** Chor. Wach auf O Mensch, vom Sünden Schlaf **Recit. Bey Warten ist Gefahr** ARIA. Mein GOtt! Ach hier für deinem Thron Chor. Straf mich nicht in deinen Zorn	**BWV 102/4–6** **Meiningen 1704/1719** Aufführung: 25. August 1726 (eingeschobene Choräle Nr. 3, Nr. 6; Bachs Schluß-choral wie Meiningen)
43	**Am 11. Sonntag nach Trinitatis.** [Dictum] Durch sein Erkänntniß wird er, mein Knecht Recit. Kenn'st du dich auch ARIA. Hab ich solche Gnad verdienet ARIA. Ich bin ein Sünden-Knecht Rec. So ists; Dein streng Gericht Choral. Darum allein auf dich, HERR Christ / Führ auch mein Herz und Sinn	**JLB 15** **Meiningen 1704/1719** Aufführung: 1. September 1726 (gegenüber Meiningen abweichender Schlußchoral, wie in J. S. Bachs Stimmen in *St 307*: „Darum allein auf dich will ich" / „Führ auch mein Herz und Sinn": Strophen 10–11 aus „Wo soll ich fliehen hin", von Johann Heermann)
44	**Am 12. Sonntag nach Trinitatis.** **Geist und Seele wird verwirret**	**BWV 35** **G. C. Lehms 1711** Aufführung: 8. September 1726

---

[1] In Bachs autographer Partitur (*P 97*, Faszikel 1) heißt es: „Verachtest du den Reich-tum seiner *Gnade*".

45	Am 13. Sonntag nach Trinitatis. Ihr, die ihr euch von Christo nennet	BWV 164 S. Frank 1715 Aufführung: 26. August 1725 (von Franck und Bach abweichender Schlußchoral: „Gib mir nach deiner Barmherzigkeit", Strophe 3 von „Allein zu dir, Herr Jesu Christ" von Conrad Hubert)
46	Am 14. Sonntag nach Trinitatis. Wer Dank opfert, der preiset mich	BWV 17 Meiningen 1704/1719 Aufführung: 22. September 1726 (Schlußchoral wie Bach: „Wie sich ein Vater erbarmet", Strophe 3 von „Nun lob, mein Seel, den Herren" von Johann Gramann)
47	Am 15. Sonntag nach Trinitatis. Liebster GOtt, vergist du mich	BWV Anh. I 209 C. G. Lehms 1711 Aufführung: 16. September 1725?
48 (*)	Am Fest-Tage Michaelis. Es erhub sich ein Streit	BWV 19 Picander 1725 (Bearbeitung) Aufführung: 29. September 1726
49	Am 16. Sonntag nach Trinitatis. Komm, du süsse Todes-Stunde	BWV 161 S. Franck 1715 Aufführungen: Weimar 1716?, Leipzig 16. September 1725?
50	Am 17. Sonntag nach Trinitatis. ARIA. Seht, so ist die falsche Welt Recit. Ach! Lehre mich mein GOtt ARIA. Schlangen-Augen, Tauben-Herzen Recit. HErr JEsu, gieb, daß ich ARIA. JEsu, hilff, daß ich erwehle Choral. Mein GOtt und Schirmer steh mir bey	S. Franck 1715 Aufführung: 23. September 1725? (Schlußchoral eingefügt: „Mein Gott und Schirmer steh mir bei": Strophe 3 aus „In dich hab ich gehoffet, Herr" von Adam Reusner)

51*	**Am 18. Sonntag nach Trinitatis.** **GOtt soll allein mein Herze haben**	**BWV 169** Aufführung: 20. Oktober 1726
52*	**Am 19. Sonntag nach Trinitatis.** **Ich will den Creutz-Stab gerne tragen**	**BWV 56** Aufführung: 27. Oktober 1726
53*	**Am 20. Sonntag nach Trinitatis.** **Ich geh und suche mit Verlangen**	**BWV 49** Aufführung: 3. November 1726 (Text 1738 auch von Carl Hartwig vertont[2])
54*	**Am 21. Sonntag nach Trinitatis.** **Was GOtt thut, das ist wohl gethan**	**BWV 98** Aufführung: 10. November 1726
55*	**Am 22. Sonntag nach Trinitatis.** **Ich armer Mensch, ich armer Knecht**	**BWV 55** **Ich armer Mensch, ich Sündenknecht** Aufführung: 17. November 1726
56*	**Am 23. Sonntag nach Trinitatis.** **Falsche Welt, dir trau ich nicht**	**BWV 52** Aufführung: 24. November 1726
57	**Am 24. Sonntag nach Trinitatis.** Chor. Ach GOtt, vom Himmel sieh' darein Recit. Wo will es denn noch mit der Welt hinaus ARIA. Wer achtet der Spötter vernünfftliches Klügeln Recit. Im Winter liegt die Welt **ARIA. Muß Israel gleich vieles leyden** Chor. O Himmel-Lust	**C. F. Weichmann, Poesie der Niedersachsen 1721** 1 Arie aus dem Oster-Oratorium *Die durch Christi Auferstehung bestätigte Auferstehung aller Toten*, J. Mattheson 1720
58	**Am 25. Sonntag nach Trinitatis.** [Dictum] HErr, es sind Heyden in dein Erbe gefallen Choral. Die Schätz der Kirchen Recit. Ach GOtt, wie sieht dein Weinberg aus ARIA. Nun wird leider! allzuwahr Choral. Ach bleib bey uns HErr JEsu Christ / In dieser schwer'n betrübten Zeit	

[2] Autographe Partitur in D-WFe, *H 53*. Siehe P. Wollny, *Eine unbekannte Bach-Handschrift und andere Quellen zur Leipziger Musikgeschichte in Weißenfels*, BJ 2013, S. 129–170, speziell S. 155.

59	**Am 26. Sonntag nach Trinitatis.** [Dictum] Kommet her ihr Gesegnete meines Vatters ARIOSO. Wann ich hungrig, durstig Choral. So zürn und stürme jeder Feind **ARIA. Wancke, falle, donnernder Bogen** Chor. O JEsu! hilff zur selben Zeit	**M. A. Wilkens, in:** **C. F. Weichmann,** **Poesie der Niedersachsen** **1726** 1 Arie aus der Kantate zum 4. Sonntag post Epiphanias 1726, „Der Herr der Hüter Israel ist unsre Zuversicht" G. P. Telemann
60	**Am Tage des Apostels Andreä.** [Dictum] Lasset uns lauffen durch Gedult in dem Kampf ARIA. Wie herrlich ists ein Jünger JEsu werden Recit. Fahr hin was nach der Erden schmeckt ARIA. Bricht des Creutzes Sturm herein Chor. JEsum laß ich nicht von mir	
61	**Am Tage St. Thomä.** Choral. JEsus ist und bleibt mein Leben Recit. Mein Herr! Mein GOtt ARIA. Mein Freund ist mein und ich bin sein Recit. Mein JEsus kommt ARIA. Mein JEsus du bist mein Chorus. Die Welt bemühet sich nur Schätze zu erlangen	
62*	**Am Tage der Reinigung Mariä.** **Ich habe genung**	**BWV 82** **Ich habe genung** Aufführung: 2. Februar 1727 vgl. Text in Schweinfurter Jahrgang 1744/45 (siehe Fußnote 149)

63	**Am St. Matthias Tag.** [Dictum] Erkennet daß der HErr GOtt ist Recit. Sucht, sterbliche, herum in der Natur Arioso: Erkenne daß der HErr dein Schöpffer ist Choral. Es soll dein, O Höchster Rec. Ich kan wohl einen GOtt aus allen Werken ARIA: Deine Weißheit, HErr der Sternen Choral. So bitt' ich dich, O GOttes Geist	vgl. Text in Nürnberger Jahrgang 1746/47 (J. Agrell)
64	**Am Tage der Verkündigung Mariä.** [Dictum] Siehe ich will ein Neues machen Rec. Hat wohl die Welt zur ersten Frühlings=Zeit ARIA. Es grünt zu Saron eine Blume Recit. Hier wo sich Lust und Anmut mischen Chor. Für uns ein Mensch gebohren	
65	**Am Tage Philippi Jacobi.** ARIA. Seufzet und schertzet nur irrdische Sinnen Choral. Immer frölich, immer frölich Rec. Für wem solt ich mich fürchten ARIA à Tutti. Beflügelt, ihr Wünsche	vgl. Text in Nürnberger Jahrgang 1746/47 (J. Agrell)
66	**Am St. Johannis Tag.** **Gelobet sey der HErr, der GOtt Israel**	**BWV deest** **Neumeister 1711** Aufführung: 24. Juni 1725
67	**Am Tage Petri und Pauli.** [Dictum] Wer mich bekennet für den Menschen ARIA. Kaum hatte ich die Welt erblickt [Dictum] Wie viel ihn aber aufnahmen Chor. Ich habe JEsum angezogen / Ich habe JEsu Fleisch geessen [!]	vgl. Text in Nürnberger Jahrgang 1746/47 (J. Agrell)
68	**Am Fest der Heimsuch. Mariä.** **Meine Seele erhebt den HErrn**	**BWV deest/1–4, 7, 9** **M. A. von Königsmarck** Aufführung: 2. Juli 1725

69	**Am Tage des Apostels Jacobi.** Rec. Die Menschen wissen oft nicht was sie bitten ARIA. Trost und Beystand frommer Herzen Choral. Du bist ein Geist der lehret Rec. So will ich dann Chor. GOtt! es steht in deinen Händen	vgl. Text in Nürnberger Jahrgang 1746/47 (J. Agrell)
70	**Am Tage St. Bartholomäi.** [Dictum] Haltet fest an der Demut ARIA. Die sich zu JEsu Füssen schwiegen [!] Rec. Ihr demuts-volle Herzen ARIA. Wer Babels Thurn-Gerüste [!] liebt Rec. Wer wollte dann ARIA. Auf niedrige Seelen	vgl. Text in Nürnberger Jahrgang 1746/47 (J. Agrell)
71	**Am Tage St. Matthäi.** [Dialog JEsus, Seele] Auf, Seele, auf! du hast schon lang gesessen Choral. Du bist der, der mich tröst [Rec.] JEsus: So habe nunmehr auf dich acht ARIA. Leg ab den Dienst der Eitelkeit [Rec.] Seele: Nun will ich mich bestreben Choral. Gute Nacht, o Wesen	
72	**Am Tage Simonis und Judä.** Choral. Seele. Ach GOtt erhör mein Seufzen [Dictum] JEsus. Kommt her zu mir alle ARIA. Ausser mir ist zwar nur Unruh und Streiten Choral. Was ich getan und ge'litten hie [Rec.] Seele: O Schande! Choral. Hab ich dich in meinem Herzen	

„zwey ganzer Jahr die Music an Statt des Capellmeisters aufführen, und dirigiren müssen" Überlegungen zu Bachs Amtsverständnis in den 1740er Jahren

Von Michael Maul (Leipzig)*

Hans-Joachim Schulze zum 80. Geburtstag

Der Widmungsträger dieses Beitrags hat mit den maßgeblich von ihm definierten und vorgelegten Supplement-Bänden zur Neuen Bachausgabe: Dok I bis III und V (erschienen ab 1963) der Bach-Forschung ein längst unverzichtbares und wahrhaft grundlegendes Hilfsmittel an die Hand gegeben, das hinsichtlich seiner Vollständigkeit, Benutzbarkeit und des Umgangs mit dem ausgesprochen heterogenen Bestand an Bach-Dokumenten editionstechnische Maßstäbe – nicht nur innerhalb der Musikerbiographik – setzte.

Doch bei aller Akribie, die Hans-Joachim Schulze beim Erschließen und Kommentieren der Bach-Dokumente walten ließ: die „unvermeidlichen Lücken" in Bachs Lebensbeschreibung[1] und der Eindruck, Bach sei in Bezug auf sein Werk von einer „austernhaften Verschwiegenheit" gewesen,[2] blieben bestehen und wurden durch die edierten Bände gleichsam noch offensichtlicher. Und so bleibt die Verbesserung der schlechten Dokumentenlage auch im 21. Jahrhundert eine der zentralen Aufgaben der Bach-Forschung.

Weil viele Primärquellen – Briefe und Lebensbeschreibungen von Bach selbst – längst verlorengegangen und teils nie geschrieben worden sein dürften, müssen Sekundärquellen ‚zum Sprudeln' gebracht werden. Denn es bleibt die Hoffnung, daß Zeitzeugen, Schüler oder Kollegen Bachs ihr heute so begehrtes Wissen zu seiner Persönlichkeit und musikalischen Praxis irgendwann einmal niedergeschrieben haben. Um entsprechende Quellen Stück für Stück zu lokalisieren, hat das Bach-Archiv Leipzig vor wenigen Jahren damit begonnen, die Lebenswege der circa 380 Alumnen, die während Bachs Kantorat die Leipziger Thomasschule besuchten, systematisch zu rekonstruieren. Die Hoffnung,

---

* Für die freundlich gewährte Einsichtnahme in die Döbelner Archivalien bin ich Herrn Pfarrer Stephan Siegmund und seinen Kolleginnen im Pfarramt Döbeln sowie Frau Uta Wiesner, Stadtarchiv Döbeln, zu Dank verpflichtet. Die Forschungen im Rahmen des Projektes „Bachs Thomaner" wurden finanziell unterstützt durch die Gerda Henkel Stiftung.

[1] Vgl. H.-J. Schulze, *Über die „unvermeidlichen Lücken" in Bachs Lebensbeschreibung*, in: Bach-Symposium Marburg, S. 32–42, speziell S. 32; siehe auch Dok III, Nr. 803.

[2] Diktum von Paul Hindemith, 1950, wiedergegeben bei Schulze Bach-Überlieferung, Umschlagtext.

daß dabei – zumeist in der mitteldeutschen Provinz – auch Materialien ans
Licht treten könnten, die Neues zu Bach selbst mitteilen, hat sich erfüllt; auch
wenn das im folgenden vorzustellende Dokument in eher unerwarteter Weise
einem besonders großen weißen Fleck in Bachs Biographie, seiner Kantorats-
führung während der 1740er Jahre, Konturen verleiht.

***

Für die Kleinstadt Döbeln – auf halber Strecke zwischen Leipzig und Dresden
gelegen – ging am 21. Februar 1751 eine kirchenmusikalische Ära zu Ende:
Nach über 50 Dienstjahren starb der örtliche Kantor Gottfried Fleckeisen,
einst Thomaner unter Johann Schelle (1688–1697).[3] Trotz eines erreichten
Alters von 72 Jahren hatte Fleckeisen sein Amt fast bis zuletzt ausfüllen können. Erst in seinem letzten Lebensjahr hatte er fühlen müssen, daß seine
„Kräffte täglich abnehmen" und deshalb noch vier Tage vor seinem Tod ein
Schreiben verfaßt, in dem er den Stadtrat um seine Emeritierung ersuchte
und darum bat, ihm künftig seinen „Sohn" als Substituten zur Seite zu stellen – vor allem damit, wie er schrieb: „nach meinem Absterben die Meinigen
nicht in jammervolle Umstände solten versezet werden." Fleckeisen zeigte
sich zuversichtlich, daß man im Rathaus seiner Bitte stattgeben werde und ihn
so von jener „traurigen Vorstellung" befreie, zumal die Stadtväter seinen vier
Söhnen, die er sämtlich hatte „studiren lassen", schon in der Vergangenheit
„die grösten Wohlthaten erzeiget" hätten.[4]
Fleckeisens Tod vereitelte die angedachte Übergabe des Schreibens. Diese
besorgte unmittelbar nach dem Ableben des Kantors sein Schwiegersohn, der
Döbelner Quartus Johann George Helbig. In einem Begleitschreiben ver-
meldete Helbig zudem, daß sein Schwager Gottfried Benjamin Fleckeisen,
der in Rede stehende „Sohn" des Kantors, „ohne Ruhm zu melden, ein feiner
Tenor Sänger und in Humanioribus gar fein beschlagen" sei; es bestünde deshalb „die gute Hoffnung […], er werde ein guter Schulmann werden".[5]
Der nunmehr als Nachfolger seines Vaters ins Spiel gebrachte G. B. Fleckeisen, geboren am 19. Februar 1719 in Döbeln, wurde seinerseits mit zwei
Bewerbungsschreiben beim Stadtrat vorstellig, einem deutschsprachigen und
einem lateinischen (beide Schriftproben gestatten die Schlußfolgerung, daß

---

[3] Laut R. Vollhardt, *Geschichte der Cantoren und Organisten von den Städten im
     Königreich Sachsen*, Berlin 1899 (Reprint Leipzig 1978), S. 59, war Fleckeisen von
     1704 bis 1751 Kantor in Döbeln. Er selbst zählte 1751 „in die 51" Dienstjahre; ver-
     mutlich war er zunächst Substitut seines Vorgängers Johann Otto gewesen, der sei-
     nerseits das Amt ein halbes Jahrhundert verwaltet hatte (von 1656 bis zu seinem Tod
     1704).
[4] Zitate aus dem Schreiben in Pfarrarchiv Döbeln, *H 2934: Acta des Cantorats nach
     Absterben Herrn Gottfried Fleckeisens zu Döbeln betr. Anno 1751*, fol. 3–4.
[5] Ebenda, fol. 1–2.

er auch derjenige gewesen war, der das besagte Schreiben seines Vaters Tage
zuvor aufgesetzt hatte). Während Fleckeisen mit dem lateinischen Brief offenbar nur seine Sprachkenntnisse dokumentieren wollte,[6] lieferte er in dem
deutschen einen Abriß seines Ausbildungsweges. Dabei konnte er mit bemerkenswerten Meriten aus seiner Zeit als Alumne an der Leipziger Thomasschule aufwarten und bedankte sich ausführlich für die bis dato erhaltene
finanzielle Unterstützung durch seine Vaterstadt:

Ew: Hochwohledlen, und Hochwohlw: mit dieser Zuschrifft aufzuwarten, verursachet
der Todt meines seeligen Vaters. Dieser alte seelige Kreis, welcher in die 51. Jahr
hiesiger *Lateini*schen Stadt-Schule, als *Cantor*, treu und fleißig vorgestanden, hat in
seinem Leben das beständige Vertrauen gehabt, daß dieselben nach seinen Absterben
einen Sohn an seine Stadt gütigst erwehlen würden. Denn mein seeliger Vater hatte
in seinem Gedächtniß sorgfältig aufgehoben alle diejenigen großen Wohlthaten, so
Ew: Hochwohledl: und Hochwohlw: in die 51 Jahr theils ihm, theils seinen Kindern
erzeiget haben. Wo hätte mein seeliger Vater 4 Söhne können studieren lassen? wann
nicht dieselben, ihm, als liebreiche Väter dieser Stadt, auf die großmüthigste Art die
grösten *Beneficia*, und *Stipendia*, vor seine Söhne angedeyen lassen. Was mich anbelanget, so bin ich 9 Jahr auf der *Thomas* Schule in Leipzig als *Alumnus* gewesen, und
habe daselbst 4. Jahr als *Praefectus* dem *Choro musico* vorgestanden. Zwey ganzer
Jahr habe die *Music* in den Haupt-Kirchen zu *S. Thomae*, und *Nicolai* an Statt des
Capellmeisters aufführen, und *dirigi*ren müssen, und ohne Ruhm zumelden, allezeit
mit Ehren bestanden. Fünff Jahr bin ich in Leipzig auf der *Universität* gewesen, und
habe besonders dieses den Endzweck meines Studierens seyn lassen, damit ich Gott,
und dem Vaterland, in einer Schule, nach meinem verliehenen Talent dienen könne.
Da nun Ew: Hochwohledl: und Hochwohlw: nicht nur meinen übrigen dreyen Brüdern,
sondern auch besonders mir, auf der *Universität* die grösten Wohlthaten, recht väter-
lich, und liebreich erzeiget haben, und ich denenselben, also auf gewisse Weise angehöre; so habe auch bey dieser Gelegenheit meine Wenigkeit denenselben mich bestens
zuempfehlen, um desto weniger Anstand nehmen können.[7]

Fleckeisen konnte sich alsbald Hoffnung machen, tatsächlich in die Fuß-
stapfen seines Vaters zu treten: Er war unter den drei Bewerbern, die nach
abgehaltener Kantoratsprobe von Stadtrat und Pfarrer als in „Musiciren und
Lieder singen" „vor tüchtig erkant" wurden. Zwar beklagte der Pastor bei allen
drei Kandidaten eine eher schwache Ausprägung der pädagogischen Fähigkeiten. Über Fleckeisen jedoch gab er zu Protokoll: „Er hat, so viel ich mercke,
ein gutes Herz".[8] Bei der abschließenden Wahl im Döbelner Senat setzte sich

---

[6] Ebenda, fol. 7–8; verfaßt am 27. Februar 1751 in Döbeln.
[7] Ebenda, fol. 5–6; ebenfalls verfaßt am 27. Februar 1751 in Döbeln.
[8] Notiz eines Stadtschreibers vom 22. März 1751, in: *Acta des Cantorats* (wie Fuß-
     note 4), und Gutachten des Pfarrers Gottlieb Ludewig Aster in: Pfarrarchiv Döbeln,
     P 2547: Wahl des Christoph Friedrich Bennefeld zum Cantor 1751.

indes mit knapper Mehrheit der Mitbewerber Christoph Friedrich Bennefeld aus Leipzig durch.[9] Ausschlaggebend dafür dürfte dessen ‚ordentliche‘ Berufserfahrung gewesen sein: Bennefeld hatte seit vier Jahren das Kantorat im benachbarten Roßwein verwaltet. Sicherlich spielte es aber auch eine Rolle, daß der Quartus Helbig während der Vakanz in zunehmend scharfem Ton erst die Anstellung seines Schwagers Fleckeisens gefordert hatte, sodann aber sich selbst für die Stelle ins Gespräch brachte. Immer energischer berief er sich dabei auf eine Exspektanz, die ihm der Stadtrat einst schriftlich ausgestellt hatte, und drohte im Falle einer Nichtberücksichtigung, den seit fünf Jahren unentgeltlich mitverwalteten Organistendienst umgehend niederzulegen. Womöglich setzte sich deshalb bei manchen Ratsherren die Überzeugung durch, daß familiäre Verquickungen innerhalb der örtlichen Schuldienerschaft künftig nach Kräften vermieden werden sollten.[10] Jedenfalls dürfte Helbig mit diesem aufsässigen Verhalten seinem Schwager einen Bärendienst erwiesen haben.

Mangelnde Eignung oder das Vorspielen von womöglich falschen Tatsachen scheint man dem jüngeren Fleckeisen aber zu keinem Zeitpunkt vorgeworfen zu haben: Noch 1751 wurde er in das – durch den Weggang Bennefelds – frei gewordene Roßweiner Kantorat berufen und verwaltete es bis zu seinem Tod am 11. November 1789.[11]

Angesichts des Ausgangs der Bewerbung liegen gute Gründe vor, das neue, ohne jeden Zweifel den „Capellmeister“ Bach betreffende Dokument, also Fleckeisens Behauptung, er habe „zwey ganzer Jahr […] die Music in den Haupt-Kirchen zu S. Thomae, und Nicolai an Statt des Capellmeisters aufführen, und dirigiren müssen“, ernstzunehmen und durchaus wörtlich zu verstehen. Als eine in der Sache irreführende oder maßlose Übertreibung sollten wir sie zumindest nicht abtun, auch wenn Fleckeisen vier Jahre früher, anläßlich seiner – ebenfalls erfolglosen – Bewerbung um das Kantorat in Leisnig, jene zwei Jahre, in denen er Bach vertreten haben will, nicht eigens hervorhob.

---

[9]   Noch in die engere Wahl gekommen war Carl Benjamin Bielitz (1741–1785 Kantor in Colditz, ehemaliger Kruzianer und Schüler von Theodor Christlieb Reinhold). Weitere Bewerbungen waren eingegangen von: Johann Daniel Osswald, Student (nachmals, ab 1751, Kantor in Hainichen, später in Mittweida) und Johann Georg Baeuckert aus Dresden (Bewerbungsschreiben sämtlich in: *Acta des Cantorats*, wie Fußnote 4).

[10] Materialien in: *Acta des Cantorats* (wie Fußnote 4), Ergänzendes in Pfarrarchiv Döbeln, *H 2935–2937*.

[11] Den Roßweiner Kirchenbüchern läßt sich entnehmen, daß Fleckeisen 1754 Johanna Maria Müller, die Tochter eines örtlichen Tuchmachers, heiratete. Aus der Ehe gingen acht Kinder hervor; unter den Paten finden sich keinerlei Musiker (freundliche Auskunft des Pfarramts Roßwein).

In dem nicht eigenhändigen Schreiben hatte er seine Eignung für das Amt damals lediglich mit den Worten begründet:

weil ich 9 Jahr auf der *Thomas*-Schule in Leipzig gewesen, und 4. Jahr das *chorum musicum* daselbst aufgeführet [sic] habe, über dieses bin ich 4. Jahr in Leipzig gewesen auf der *Academie*, und daselbst mein *studium Theologicum proseqvir*et, nichts destoweniger habe ich in diesen 4. Jahren die *Collegia Musica* fleißig mit besucht und mich zu unterschiedenen mahlen hören lassen [...].[12]

Über die Gründe für diese ‚bescheidener' anmutende Formulierung wird weiter unten zu spekulieren sein.

Jedenfalls dürfte Fleckeisen 1751 keinerlei Grund gehabt haben, den Döbelner Stadtvätern Lügen aufzutischen: Die Ratsherren suchten nicht nach einem ‚Wunderkind', das alle Befähigungen mitbrachte, um das Amt des Leipziger Thomaskantors auszufüllen. Gesucht wurde ein gottesfürchtiger Lehrer mit guten pädagogischen Fähigkeiten, soliden musikalischen Kenntnissen und aufführungspraktischer Erfahrung, der nicht nur imstande war, die Leitung der Kirchenmusik zu übernehmen, sondern zugleich ihr zentraler – manchmal einziger – Sänger zu sein, und der bei Bedarf auch manche Lücken im Kirchenorchester füllen konnte. Als Stadtkind und langjähriger Empfänger verschiedener Döbelner Legate war Fleckeisen ohnehin einer der aussichtsreichsten Kandidaten im Bewerberfeld. Es ist also kaum vorstellbar, daß er in seinem Bewerbungsschreiben mit – in der Sache unnötigen – falschen Behauptungen aufgewartet haben sollte, die zudem leicht überprüfbar waren und dann seine Reputation schwer beschädigt hätten. Dies zumal, weil es allenthalben gängige Praxis war, daß Patrone, Pfarrer oder der Ephorus im Zuge einer Stellenbesetzung Erkundigungen über die Kandidaten einzogen, namentlich bei den in den Bewerbungsschreiben erwähnten Personen und Institutionen – im Falle Fleckeisens sicherlich beim Rektor der Thomasschule Johann August Ernesti. Hätten sich dann Fleckeisens Ausführungen als falsch erwiesen, wäre ihm im Nachgang wohl kaum das Kantorat im benachbarten Roßwein übertragen worden.

Schwieriger ist es, Fleckeisens Behauptungen zu interpretieren, speziell die Bemerkung, er habe vier Jahre als Präfekt an der Thomasschule gedient und – während oder nach dieser Zeit? – zwei „ganzer Jahr" die Kirchenmusik an Stelle Bachs „aufführen, und dirigiren müssen". Auf welche Zeiträume bezieht sich dies? Die verfügbaren Leipziger Dokumente lassen einige Rückschlüsse zu.

Fleckeisens – in Döbelner und Leisniger Bewerbungsschreiben übereinstimmende – Angabe, er habe neun Jahre die Thomasschule besucht, deckt sich mit den schuleigenen Archivalien nur insofern, als sein Name am 2. Mai

---

12 Stadtarchiv Leisnig, *Nr. 7192*, fol. 53–54.

1732 in die Matrikel der externen Thomasschüler eingetragen wurde, er sich am 9. Oktober desselben Jahres dreizehnjährig in die Alumnenmatrikel inskribierte und dabei versprach, 7½ Jahre, also bis Ostern 1740, auf der Schule zu bleiben.[13] Tatsächlich hielt er seine Valediktionsrede – die die besten Schüler üblicherweise unmittelbar vor ihrem Weggang nach Ostern bei einem feierlichen Rede-Actus zu halten pflegten – aber nicht neun, sondern elf Jahre nach seinem ersten Auftauchen an der Schule: am 3. Mai 1743.[14] Um diesen Termin, jedenfalls 1743, empfing Fleckeisen auch seine über die Jahre beim Rektor angesammelte „Caution": etwa 31 Reichstaler, eine durchaus typische Summe für ehemalige Leistungsträger der „Cantoreyen" und Schüler, die zuletzt die Präfektenlaufbahn eingeschlagen hatten.[15] Offensichtlich hatte Rektor Ernesti die anfänglich vereinbarte Dauer von Fleckeisens Schulzeit später also um insgesamt drei Jahre verlängert; dies entsprach gängiger Praxis, wobei ein elfjähriger Schulaufenthalt im damaligen Vergleich schon deutlich über den typischen Verweildauern der Alumnen (im Schnitt circa sieben Jahre) gelegen hätte und anscheinend lediglich im Fall des zeitgleich immatrikulierten Baalsdorfers Christian Beck ein Beispiel hätte.[16] Erstaunlicherweise aber notierte

---

[13]   *Album Alumnorum Thomanorum*, in: Stadtarchiv Leipzig, *Thomasschule, Nr. 483*, fol. 36 v, und A. Glöckner, *Alumnen und Externe in den Kantoreien der Thomasschule zur Zeit Bachs*, BJ 2006, S. 9–36, speziell S. 15.

[14]   Siehe J. A. Ernesti, *De Grata Negligentia Orationis Prolvsio Scholastica Orativncvlis III in Schola Thomana A. D. III. MAII.* […], [Leipzig 1743], S. XII.

[15]   Die Summe ergibt sich aus den 15 Groschen, die Fleckeisen laut dem Rechungsbuch über die Bibliotheksgelder (Stadtarchiv Leipzig, *Thomasschule, Nr. 283, fol. 20 v*) 1743 an die Schule abführte (gemäß der Schulordnung von 1723 mußten bei der Valediktion eines Alumnen „vom Thaler 6. Pfennige", d. h. circa 2 Prozent, der hinterlegten „Caution" – Einnahmen des Schülers, die beim Kurrende- und Neujahrssingen sowie anderweitig angefallen waren – an den Bibliotheksfonds abgeführt werden); zu dieser Praxis und der Bedeutung der beim Rektor als Sicherheit hinterlegten „Caution" siehe ausführlich M. Maul, „*welche ieder Zeit aus den 8 besten Subjectis bestehen muß*" – *Die erste „Cantorey" der Thomasschule: Organisation, Aufgaben, Fragen*, BJ 2013, S. 11–77, speziell S. 19–20.

[16]   Beck ist neben Fleckeisen der einzige Thomasalumne des 17. und 18. Jahrhunderts, für den sich ein mehr als zehnjähriger Aufenthalt anhand der Schulmatrikeln feststellen läßt. Beck, geb. 1716 in Baalsdorf, schrieb sich – zeitgleich mit Fleckeisen – am 9. Oktober 1732 in die Alumnenmatrikel ein (*Album Alumnorum*, wie Fußnote 13, fol. 36 r) und blieb gemäß Ernestis Abgangsvermerk bis 1743 Alumne (Wortlaut des Abgangsvermerks: „dimissus a. 1743 [Lesart unsicher, korrigiert offenbar aus „1741" oder „1747"] cum insigni doctrinae et probit. testimonio"); allerdings hielt Beck seine Valediktionsrede schon im Mai 1741 (J. A. Ernesti, *Defensio Vetervm Philosophorvm Adversvs Eos Qvi Methodvm Mathematicam* […] *Orativncvlis in Schola Thomana D. XXI. April* […], Leipzig 1743, S. XVI), empfing damals seine „Caution" (*Thomasschule, Nr. 283*, wie Fußnote 15, fol. 19 r) und im-

Ernesti unter Fleckeisens Eintrag in der Matrikel: „dimissus a[nno] 1746",
zeigte damit also 1746 als das tatsächliche Jahr von Fleckeisens Auszug aus
der Thomasschule an. Da es keinen Grund gibt, Ernesti zu unterstellen, er
habe sich bei dem gewiß zeitnah erstellten Eintrag um gleich drei Jahre ge-
irrt,[17] lebte Fleckeisen also offenbar noch nach seinem Abgang aus der Prima
für drei Jahre als Alumne in der Thomasschule – ein an sich merkwürdiger
Umstand, da es ein ehernes Gesetz war, daß abgehende Alumnen unmittelbar nach dem Ende ihrer Schulzeit auch ihre Stube zu räumen hatten (um
Platz für die neuaufgenommenen Knaben zu schaffen). Kein anderer Alumne
im (überprüfbaren) Zeitraum 1650–1800 hielt sich so lange wie Fleckeisen
– 14 Jahre! – auf der Schule auf, und es läßt sich aus den verfügbaren Materialien auch nicht herauslesen, daß weitere Thomaner nach ihrem Ausscheiden
aus den Klassen, zumal für so lange Zeit, ihren Platz in den Stuben behalten
und gar schon an der Universität studiert hätten. Merkwürdig ist freilich, daß
für einige wenige andere Knaben, die ebenfalls um 1743 die Schule verließen,
Ernestis angegebene Daten für den Schulabgang von den anderwärts belegten
Terminen der Valediktionsreden, des Erhalts der „Caution" sowie – falls sich
die Knaben nicht vorzeitig als Depositi an der Universität einschrieben – vom
Datum der Inskription an der Alma mater abweichen, hier jedoch zumeist nur

---

matrikulierte sich im gleichen Monat, freilich als Depositus (Erler III, S. 17), an der
Universität Leipzig als Theologiestudent (laut Universitätsmatrikel erlangte er
schon im Dezember 1744 den Grad eines Baccalaureus, 1745 den eines Magisters;
daher ist fraglich, ob die Immatrikulation tatsächlich vorfristig erfolgte). Gemäß
der in Fußnote 25 erwähnten Übersicht der Thomasalumnen wurde er 1739 „Prae-
f[ect] I" und soll laut einem Zeugnis Bachs vom 18. April 1743 (für die Bewerbung
um das Hammersche Stipendium zum Theologiestudium) dem „Amt eines Praefecti in die 4 Jahr […] vorgestanden" haben (siehe A. Glöckner, *Johann Sebastian
Bach und die Universität Leipzig. Neue Quellen (Teil I)*, BJ 2008, S. 159–201, speziell S. 189–190). 1748 wurde er Konrektor in der Klosterschule Roßleben, starb dort
aber bereits nach 14 Monaten im Amt (T. Herold, *Geschichte der von der Familie
von Witzleben gestifteten Klosterschule Roßleben von 1554 bis 1854*, Halle 1854,
S. 39 und 81).

[17] Auch die dahingehende Erklärung, daß Ernesti Fleckeisen beim Erstellen des Abgangsvermerks mit dessen Bruder Christian Gottlob, 1736 für acht Jahre an der
Thomasschule eingeschrieben (*Album Alumnorum Thomanorum*, wie Fußnote 13,
fol. 61 v), verwechselt haben könnte, ist kaum plausibel: Der jüngere Fleckeisen hielt
im Mai 1744 seine Valediktionsrede und empfing seine „Caution"; noch im gleichen Monat schrieb er sich an der Universität Leipzig ein (Erler III, S. 90; Ernesti
bescheinigte ihm den Auszug aus der Schule erst für 1745, siehe bei Fußnote 18; in
diesem Jahr sagte ihm Bach rückblickend nach, für zwei Jahre als Präfekt in der
Neukirche gewirkt zu haben, siehe Glöckner, wie Fußnote 16, S. 190–191).

um ein Jahr.[18] Die neben Fleckeisen zweite Ausnahme scheint lediglich der
oben erwähnte erste Präfekt Christian Beck zu bilden: Er ging – wenn denn
die korrekte Lesart von Ernestis nachträglich korrigiertem Eintrag tatsächlich „1743" ist – zwei Jahre nach gehaltener Valediktionsrede und Erhalt
seiner „Caution" (beides im April 1741) von der Schule ab und hatte möglicherweise schon ab 1741 an der Universität studiert.[19]

Allerdings kann auch nicht bezweifelt werden, daß Fleckeisen tatsächlich
schon 1743 die Universität bezog und – entsprechend seiner Bemerkung im
Leisniger Schreiben – 1747 bereits vier Jahre Theologie studiert hatte. Zwar
hatte er sich gemäß Universitätsmatrikel dort bereits 1739 als Depositus
einschreiben lassen,[20] und weitere Anhaltspunkte für den Verlauf seines Studiums bietet das Register nicht. Jedoch haben sich zu den – im Döbelner
Bewerbungsschreiben erwähnten – Stipendien in seiner Heimatstadt einige
aussagekräftige Materialien erhalten: Mit zwei eigenhändigen Quittungen
dokumentierte er am 1. April (Oster-Termin) und 2. Oktober 1744 (Micha-
elis-Termin) als „S. S. Theol. Studiosus" in Leipzig den halbjährigen Empfang
des Kretzschmarischen Stipendiums, einer finanziellen Förderung des
Theologiestudiums für vielversprechende Döbelner Stadtkinder.[21] In einer
diesbezüglichen Aktennotiz heißt es: „1744 den Ostertermin bekam nach viel
Streit Mons. Fleckeisen, des Cantoris Sohn".[22] Sollte die nicht näher spezi-
fizierte Auseinandersetzung auf den Umstand abgezielt haben, daß Fleckeisen bereits anderweitig Unterstützung für sein Studium hatte – durch freie
Kost und Logie in der Thomasschule? – oder diesem nicht die volle Aufmerksamkeit widmen konnte? Zudem bezog Fleckeisen 1747 Erträge aus dem

---

[18] Dies betrifft die Alumnen: Johann Friedemann Kern, Johann Gottfried Kade und
Christian Gottlob Fleckeisen: Abgang laut Einladungsschrift und Bibliotheks-
spendenbuch 1744, dem Jahr ihrer Immatrikulation an der Universität; Abgang laut
Vermerk Ernestis in der Alumnenmatrikel: 1745. Auch Gottlob Friedrich Hildebrand empfing 1743 seine „Caution" und immatrikulierte sich an der Universität,
verließ gemäß Ernestis Eintrag in der Matrikel die Schule aber erst 1745. Nicht immer läßt sich anhand des Eintrags in der Universitätsmatrikel freilich einwandfrei
entscheiden, ob Personen sich – um Kosten zu sparen – vorzeitig, als sogenannte
Depositi, immatrikulierten oder der genannte Termin für die Inskription dem tatsächlichen Datum der Aufnahme des Studiums entsprach.
[19] Siehe das Biogramm in Fußnote 16.
[20] Erler III, S. 90.
[21] Stadtarchiv Döbeln, *Nr. 181* und *182* (Jahresrechnung der Stadt Döbeln, 1743–1745).
[22] Pfarrarchiv Döbeln, *T 883: Acten das von M. Samuel Lehmann Pastor zu Neustadt
am Scharfenberge im Jahre 1692 ausgesetzte Legat*, unpaginierte Übersicht über
die Empfänger von Döbelner Stiftungen.

„Lehmannischen Stipendium",[23] einer ebenfalls für Döbelner Theologiestudenten eingerichteten Stiftung.

Auch Fleckeisens Wirken als Präfekt läßt sich verifizieren: In einer fragmentarischen Liste aller Mitglieder des „Chorus III.", geschrieben 1740/41, taucht sein Name mit dem Zusatz „Praef." auf;[24] in einer noch unveröffentlichten Übersicht der Thomasalumnen des späten 17. und des frühen 18. Jahrhunderts[25] ist Fleckeisens Name mit dem Zusatz versehen „Praef. 1. 1742", was offenbar seine Übernahme der ersten Präfektur für das Jahr 1742 anzeigt. Die Informationen decken sich mit Fleckeisens Angaben zur Präfektentätigkeit in beiden Bewerbungsschreiben, da eine solche Laufbahn von den Alumnen erst in den letzten Schuljahren eingeschlagen wurde und von der Übernahme der vierten Präfektur absteigend bis hin zur ersten führen konnte.[26] Die von Fleckeisen erwähnten vier Jahre, in denen er als „Praefectus dem Choro musico vorgestanden" bzw. „das chorum musicum daselbst aufgeführet habe", wären also im Zeitraum 1739/40 bis 1743 anzusetzen.

Die gesammelten Beobachtungen bestärken den Eindruck, daß Fleckeisen – obwohl anderweitig nirgendwo als Persönlichkeit aus Bachs innerem Zirkel belegt – zeitweise in der Tat eine besondere Funktion an der Thomasschule ausübte, und zwar in der im Döbelner Bewerbungsschreiben berichteten Weise. Aufgrund seines rätselhaft langen Verbleibens im Alumnat noch nach dem Ende seiner Schulzeit ist es freilich nicht zwingend, daß die „zwey ganzen Jahre", in denen er „die Music in den Haupt-Kirchen zu S. Thomae, und Nicolai an Statt des Capellmeisters" habe „aufführen, und dirigiren müssen", seinen letzten beiden Schuljahren entsprechen. Sie könnten ebenfalls – was freilich in einem augenscheinlichen Widerspruch zu Fleckeisens Angaben im Leisniger Bewerbungsschreiben stünde – zeitlich nach diesen und dem Durchlaufen der Präfektenlaufbahn angesiedelt werden (ca. 1743/44 bis 1745/46), auch wenn die Chronologie der Ereignisse und ein etwaiges (vielleicht nur zeitweises) Zusammenfallen von erster Präfektur und Leitung der Kirchenmusik in Fleckeisens Äußerung unklar bleibt. Immerhin aber wäre er bei einer

---

[23] Ebenda.

[24] Zur Datierung der Liste, überliefert in einer Stimme des *Florilegium Portense*, siehe Glöckner (wie Fußnote 13), S. 15–17.

[25] Beilage in Johann Friedrich Köhlers handschriftlicher *Historia Scholarum Lipsiensium* (wie Fußnote 45); eine detaillierte Auseinandersetzung mit der Liste werde ich voraussichtlich im Bach-Jahrbuch 2016 vorlegen.

[26] Die bekanntesten Beispiele dafür sind die Laufbahnen der Akteure im Präfektenstreit (1736; siehe speziell Dok I, Nr. 34, und Dok II, Nr. 382–383); auch die Rechnungshefte zu den eingenommenen Musikgeldern aus der zweiten Hälfte des 18. Jahrhunderts (vorgestellt bei Maul, wie Fußnote 15, S. 20–21) bestätigen diese Praxis.

tatsächlichen Übernahme der ersten Präfektur 1742 (sehr wahrscheinlich erst nach Ostern) bis zu seinem Ausscheiden aus den Klassen nach Ostern 1743 keineswegs ‚zwei ganze Jahre‘, sondern nur ein bzw. großzügig formuliert ‚in die zwei Jahre‘ erster Präfekt gewesen. Auch wäre denkbar, daß Fleckeisen sein ‚Wohnrecht‘ auf der Thomasschule bis 1746 aufgrund besonderer zuvor (bis zum Ende seiner offiziellen Schulzeit oder ein wenig darüber hinaus) geleisteter Dienste behielt. Gesichert ist lediglich, daß er nach 1743 kein Mitglied der Kirchenchöre mehr war: Die bekannte Liste der Thomaner-„Chöre von Pfingsten 1744. biß Pfingsten 1745“ verzeichnet die Namen aller damaligen Alumnen (abgesehen vom ‚Bornschen‘), Fleckeisens Name erscheint jedoch nicht;[27] allerdings sagt das Dokument nichts über den damaligen Leiter der Kirchenmusik aus. Bemerkenswert jedoch ist, daß im Hintergrund dieser Liste eine Auseinandersetzung um die Frage stand, ob das Amt des Leichenfamulus mit einem Mitglied der „Cantoreyen“ bzw. Kirchenchöre besetzt werden dürfe, jedoch Bach in dem aktenmäßig gut dokumentierten Vorgang weder als Schreiber noch als handelnder Akteur auftritt.

Im fraglichen Zeitraum für Fleckeisens zweijähriges ‚Musikdirektorat‘ – das heißt zwischen 1742 und 1746 – konnten bislang, wie überhaupt für die 1740er Jahre, nur spärlich spezifische Belege für Musikaufführungen in den Hauptkirchen, die augenscheinlich unter Bachs Leitung standen, beigebracht werden. Die meisten betreffen Darbietungen der Passionsmusik am Karfreitag: das jüngst aufgetauchte Textbuch zur Wiederaufführung der Markus-Passion aus dem Jahr 1744,[28] Hinweise auf eine oder mehrere Wiederaufführung der Matthäus-Passion 1742 oder etwas später[29] und der Johannes-Passion 1749/50[30] sowie einige weitere, wenig konkrete Anhaltspunkte für die Aufführungen von Passions-Pasticci und eventuell von Händels Brockes-Passion.[31] Indessen gibt es keine Anzeichen für damals tatsächlich neu komponierte Kirchenmusik, abgesehen von den notwendigen Ergänzungen zur Komplettierung der h-Moll Messe – eines Werkes, das womöglich keine Relevanz für Bachs Leipziger Aufführungskalender hatte. Eher noch finden sich Belege für Darbietungen

---

[27] Siehe Glöckner (wie Fußnote 13), S. 18–22, und Maul (wie Fußnote 15), S. 16–17.

[28] Siehe T. Schabalina, *„Texte zur Music“ in Sankt Petersburg – Weitere Funde*, BJ 2009, S. 11–48, speziell S. 30–36 und 45–48.

[29] Siehe BC D 3 b und Kobayashi Chr, S. 50 und 52.

[30] Kobayashi Chr, S. 63, und P. Wollny, *Neue Bach-Funde*, BJ 1997, S. 7–50, speziell S. 42, sowie J. S. Bach, *Johannespassion […] Fassung IV (1749)*, hrsg. von P. Wollny, Stuttgart 2001, Vorwort, S. VII.

[31] Hierzu und zu weiteren, augenscheinlich mit Wiederaufführungen älterer Bach-Werke in Verbindung stehenden Quellen siehe Kobayashi Chr, S. 46–61, und J. Rifkin, *Notenformen und Nachtragsstimmen – Zur Chronologie der Kantaten „Die Himmel erzählen die Ehre Gottes“ BWV 76 und „Also hat Gott die Welt geliebet“ BWV 68*, BJ 2008, S. 203–228.

von Werken fremder Autoren: weitgehend lateinische Kirchenmusik von bemerkenswert unterschiedlicher Qualität und retrospektivem Charakter.[32]
Wesentlich besser und auffallend häufig hingegen sind Reisen Bachs belegt: mindestens zweimal nach Berlin (1741 und 1747) und im Frühling 1744 für angeblich fünf Wochen zu einem unbekannten Ziel.[33]
Viele Dokumente, die Bachs damalige Amtsführung betreffen, zeichnen das Bild eines Kantors mit wenig Engagement beim Erfüllen seiner Kernaufgaben und fehlender Bereitschaft, bei Konflikten mit seinen Vorgesetzten Kompromisse auszuhandeln. Bereits in den 1730er Jahren rügte Christian Ludwig Stieglitz (Ratsherr und seit 1729 Vorsteher, d.h. ,Beigeordneter' und kaufmännischer Leiter der Thomasschule) in der Ältestenversammlung im Rathaus mindestens zweimal Bachs mangelnde Arbeitsmoral und Kooperationsbereitschaft: 1734, unmittelbar nach dem Weggang von Rektor Gesner, betonte er, „daß ihme sein Vorsteher Ambt bey der Schule zu St. Thomae, durch den Cantor sehr schwer gemacht werde, indem derselbe gar nicht in der Schuhle thäte, was ihme zu thun obliege."[34] Fünf Jahre später, in einer wenig bekannten Bemerkung anläßlich der Besetzung einer Hilfslehrerstelle, brachte er Ähnliches zum Ausdruck. Als im Dezember 1739 die Ältestenversammlung die Neubesetzung des Baccalaureus-funerum-Amtes besprach, stellte sich im Laufe der Diskussion die Erkenntnis ein, daß der künftige Stelleninhaber auch über musikalische Kenntnisse verfügen sollte: um „denen Knaben das Singen beyzubringen". Prokonsul Hölzel und Schulvorsteher Stieglitz freilich sprachen sich gegen eine musikalische Prüfung der Kandidaten durch den Thomaskantor aus. Hölzel befand, Bachs Zeugnis würde gewiß „praejudicir-

---

[32] Kobayashi Chr, außerdem D. R. Melamed, *Eine Motette Sebastian Knüpfers aus J. S. Bachs Notenbibliothek*, BJ 1989, S. 191–196 (Stimmensatz zu Sebastian Knüpfers Motette „Erforsche mich, Gott", erstellt von Bach wohl 1746/47; P. Wollny, *Eine unbekannte Bach-Handschrift und andere Quellen zur Leipziger Musikgeschichte in Weißenfels*, BJ 2013, S. 129–170, speziell S. 130–37 (Stimmensatz zu Francesco Gasparinis „Missa canonica", erstellt von Bach u.a. 1739–1742); P. Wollny, *Tennstädt, Leipzig, Naumburg, Halle – Neuerkenntnisse zur Bach-Überlieferung in Mitteldeutschland*, BJ 2002, S. 29–60, speziell S. 29–33 (Stimmensatz zu Palestrinas „Missa sine nomine", erstellt von Bach und Georg Heinrich Noah um 1742).

[33] Siehe S. Langusch, „... *auf des Herrn Capellmeisters Bach recommendation* ..." – *Bachs Mitwirken an der Besetzung des Kantorats der Altstadt Salzwedel 1743/44*, BJ 2007, S. 9–43, speziell S. 32–33, und Dok V, Letzte Nachträge, A 45 c.

[34] Dok II, Nr. 355. Zum Kontext der Äußerung siehe M. Maul, „*Dero berühmbter Chor" – Die Leipziger Thomasschule und ihre Kantoren 1212–1804*, Leipzig 2012, S. 234. Ähnlich lautende Äußerungen von seiten der Ratsherren belegen bereits die Sitzungsprotokolle zur Ältestenversammlung vom 2. und 25. August 1730, wiedergegeben in Dok II, Nr. 280–281; siehe auch Maul, „*Dero berühmbter Chor"* (wie oben), S. 218–231.

lich ausfallen"; und Stieglitz gab zu Protokoll: „Hält die Probe vor unnöthig, weiln der Collaborator nur mit A.B.C. Schülern zu thun hätte", weil aber „auch der Cantor sehr wiedrig sich bezeigte so könte disfalls Verdrüsslichkeit entstehen." Letztlich prüfte Bach aber doch die Kandidaten. Sein Favorit, Georg Irmler, wurde wegen seiner „feinen Singarth" gewählt.[35]

Bereits um 1740 hatte Bach die ab 1682 etatmäßig eingeplanten „Schongelder" nicht mehr vollständig abgerufen – ein Budget, eingeführt unter Kantor Schelle, um die besten Diskantisten unter den Thomasalumnen von den Singediensten auf den Straßen und Gassen zu befreien (um sie für die Kirchenmusik zu „schonen") und sie für die entgangenen Einnahmen zu entschädigen. Während Bach den Anteil aus der Kasse von St. Thomas (Vorsteher: Bürgermeister Lange) bis zuletzt regelmäßig bezog, gerieten die Auszahlungen aus den Mitteln von St. Nikolai ab 1739 ins Stocken und fanden ab 1743 überhaupt nicht mehr statt; angeblich, weil Bach es versäumt hatte, dem seit 1742 alleinigen Vorsteher der Nikolaikirche, Bürgermeister Jacob Born, die Namen der geschonten Diskantisten mitzuteilen.[36] 1749, nachdem Gottlob Harrer „mit größten Applausu" „auf Befehl" und in Anwesenheit der „meisten" Ratsherren im Gasthof „Drey Schwanen" erstaunlicherweise seine „Proba zum Cantorat zu St. Thomae, wenn der Capellmeister und Cantor Herr Sebast: Bach versterben sollte", abgelegt hatte,[37] beschwerte sich jener Born im Rat, es sei auf der Thomasschule „kein brauchbarer Discantist" für Harrers Aufführung zu finden gewesen.[38]

Kurz: Angesichts all dieser Materialien und Stimmungsbilder – hierhin gehören neben den etwas früheren Dokumenten zum Präfektenstreit (1736)[39] und dem merkwürdigen Verbot von Bachs geplanter Aufführung einer Passionsmusik im Jahr 1739 auch Johann Adolph Scheibes Bach-Kritik und die in der Folge für den Thomaskantor anscheinend wenig erfreulichen Veränderungen seines Verhältnisses zum Collegium musicum und dem Musikdirektor der

---

[35] Protokolle der Sitzungen des Engen Rates am 10. Dezember 1739 und 19. Januar 1740, in: Stadtarchiv Leipzig, *Tit. VIII. 63*, fol. 308 f. und 318 f. Bachs Prüfbericht abgedruckt in Dok I, Nr. 76; zum Kontext des Dokuments siehe Maul (wie Fußnote 34), S. 247–249.

[36] Siehe Dok II, Nr. 173 und 174; C. Fröde, *Zu einer Kritik des Thomanerchores von 1749*, BJ 1984, S. 53–58, speziell S. 53–54, und Maul (wie Fußnote 34), S. 255 bis 256. Eine Übersicht über die Vorsteher der beiden Hauptkirchen ebenda, S. 337–344; von 1728 bis 1742 hatte Born das Vorsteheramt gemeinsam mit Johann August Hölzel verwaltet.

[37] Dok II, Nr. 584.

[38] Siehe Fröde (wie Fußnote 36), S. 53.

[39] Siehe vor allem Dok I, S. 82–91 und 95–106, und Dok II, Nr. 382 und 383.

Neukirche Carl Gotthelf Gerlach[40] – ist es keineswegs unvorstellbar, daß Bach während der 1740er Jahre tatsächlich mehr und mehr, oder zumindest für eine gewisse Zeit, seine Aufgabe als Leiter der regulären Kirchenmusik ganz oder partiell (etwa jenseits der hohen Festtage und der Karfreitagsvesper) niedergelegt haben könnte. Dies ließe sich, wie von Christoph Wolff zumindest für Bachs Schuldienst und seine der Kirchenmusik gewidmete Komponierfeder ins Gespräch gebracht, als eine Art „selbstverordneten Quasi-Ruhestand" deuten[41] – sei es aus persönlicher Enttäuschung über die neuerliche, in seinen Augen musikfeindliche Schulpolitik der „wunderlichen und der Music wenig ergebenen Obrigkeit" in der ihm einst so „favorable" beschriebenen „station",[42] oder aus gesundheitlichen Gründen (für die es jedoch keine Anzeichen gibt). Allerdings ist unklar, ob Bach sich eine solche Freiheit ohne Sanktionen hätte herausnehmen können und wie weit im Ernstfall die landesherrliche Protektion für den immerhin (seit 1736) „kurfürstlichen Hofcompositeur" gereicht hätte. Als Bach sie unmittelbar nach Erhalt des Hoftitels im Zusammenhang mit dem Präfektenstreit eingefordert hatte, erklärten sich die kurfürstlichen Behörden für nicht zuständig.[43]

Denkbar wäre aber auch, daß eine Art Kantor-Substitut – ganz gleich, ob Fleckeisen ein Einzelfall war oder nicht – nicht von Bach selbst, sondern vom Leipziger Rat, namentlich vom Vorsteher der Thomasschule Christian Ludwig Stieglitz bestellt wurde. Fleckeisens Formulierung im Döbelner Bewerbungsschreiben, er habe die Kirchenmusik „aufführen und dirigiren müssen", scheint zu implizieren, daß er dies auf der Basis einer bestimmten Anordnung getan hat. Und warum vermied er es, Bachs Namen explizit zu nennen? Stand er in keinem guten Verhältnis zum Kantor, und könnte dies die Erklärung dafür sein, daß Fleckeisen augenscheinlich nirgendwo in Bachs späten Aufführungsmaterialien als Schreiber nachzuweisen ist? Erklärt dies womöglich auch, warum er 1747 im Leisniger Bewerbungsschreiben ganz darauf verzichtete, den – damals noch lebenden – Thomaskantor als Gewährsmann ins Gespräch zu bringen und ihn mit einer Bemerkung analog zu den Ausführungen vier Jahre später indirekt bloßzustellen (vielleicht auch, um die Chance

---

[40] Siehe Dok II, Nr. 439, und M. Maul, *Johann Adolph Scheibes Bach-Kritik. Hintergründe und Schauplätze einer musikalischen Kontroverse*, BJ 2010, S. 153–198, besonders S. 180–185.

[41] Siehe C. Wolff, *Probleme und Neuansätze der Bach-Biographik*, in: Bach-Symposium Marburg, S. 21–31, speziell S. 29 und 31.

[42] Zitate aus Bachs Brief an den alten Schulkameraden Georg Erdmann vom 28. Oktober 1730 (Dok I, Nr. 23). Eine ausführliche Darstellung der – vor allem in der revidierten Schulordnung (1723) sich offenbarenden – neuen Schulpolitik bei Maul (wie Fußnote 34), S. 167 ff.

[43] Dok I, Nr. 41.

zu wahren, im Fall einer Nachfrage doch ein gutes Zeugnis vom Thomaskantor ausgestellt zu bekommen)?

Diese zunächst weit hergeholt erscheinenden Deutungsansätze für die Hintergründe von Fleckeisens Äußerungen gewinnen an Plausibilität beim Betrachten von Johann Friedrich Köhlers bekanntem Bericht über die lang-
fristigen Folgen des Präfektenstreits in seiner handschriftlichen *Historia
Scholarum Lipsiensium* (nach 1776). Aus offenbar zuverlässiger Quelle wußte
er zu berichten:

Mit Ernesti zerfiel er [Bach] ganz. Die Veranlassung war diese: Ernesti entsetzte den
Generalpräfecten Krause, der einen unteren Schüler zu nachdrücklich gezüchtigt
hatte, verwies ihn, da er entwichen war, von der Schule, und wählte an dessen Stelle
einen andern Schüler zum Generalpräfect, – ein Recht, das eigentlich dem Cantor
zukommt, dessen Stelle der Generalpräfect vertreten muß. Weil das gewählte Subject
zur Aufführung der Kirchenmusik untauglich war, traf Bach eine andere Wahl. Daraufhin kam es zwischen Bach und Ernesti zur Klage, und beide wurden seit der Zeit
Feinde. Bach fing nun an die Schüler zu hassen, die sich ganz auf Humaniora legten
und die Musik nur als ein Nebenwerk trieben und Ernesti ward Feind der Musik. Traf
er einen Schüler, der sich auf einem Instrumente übte, so hieß es: Wollt ihr auch ein
Bierfiedler werden? – Er brachte es durch sein Ansehen bey dem Bürgermeister Stieg-
liz dahin, daß ihm (wie seinem Vorgänger Gesner) die besondere Schulinspection[44]
erlassen und dem vierten Collegen übertragen wurde. Traf nun die Reihe der Inspection den Cantor Bach, so berief sich dieser auf Ernesti, kam weder zu Tische noch
zu Gebet, und diese Vernachlässigung hatte den widrigsten Einfluß auf die sittliche
Bildung der Schüler. Seit der Zeit hat man, auch bey wiederholter Besetzung beyder
Stellen, wenig Harmonie zwischen Rector und Cantor bemerkt.[45]

Der von Köhler beschriebene zweite große Konflikt zwischen Ernesti und
Bach, ausgebrochen infolge des Umstandes, daß Ernesti offiziell vom
Schulinspektionsdienst – der Beaufsichtigung der Alumnen zu Tische, in den
Wochengottesdiensten und des Nachts, traditionell besorgt von den vier oberen Lehrer (Rektor, Konrektor, Kantor und Tertius) im wöchentlichen Wech-
sel – befreit wurde, fand zwar keinen Niederschlag in den Archivalien von
Stadt und Schule. Wohl aber lassen sich die Hintergründe konkretisieren, und
zwar beim näheren Blick auf das sogenannte Sinnersche Legat. Regina Maria
Sinner, die im November 1740 verstorbene Witwe eines Leipziger Juristen,
hinterließ der Thomasschule testamentarisch 5000 Taler – die bei weitem
höchste Einzelstiftung für die Schule im gesamten 18. Jahrhundert. Laut dem
Testament, aufgesetzt von der Sinnerin erst drei Tage vor ihrem Tod, sollten

---

[44] Die Gesner während der Zeit des Umbaus der Schule (1731/32) tatsächlich erspart
geblieben war, die in Ernestis Anstellungsvertrag jedoch wieder explizit als Aufgabe des Rektors (im mittlerweile renovierten Schulgebäude) erwähnt wurde.

[45] Zitiert nach Dok III, Nr. 820.

60 Taler aus den jährlichen Zinsen des Vermächtnisses externen Schülern, die „keine Music verstehen", zugute kommen; weitere 60 Taler waren in Form von Bücherprämien an ausgewählte Alumnen oder Externe zu verteilen, jedoch nicht an solche, „so nur allein der Music obliegen, als welche eingezogener Erkundigung nach sonst mit genugsamen Beneficiis versehen sind." Von den übrigen Zinsen standen nach Stifterwillen dem Rektor jährlich 20 Taler und dem Quartus 25 Taler zu; die übrigen Lehrer sollten je 10 Taler erhalten. Den hohen Anteil für den Quartus begründete die Sinnerin mit dem Hinweis: „Nachdem auch vernommen, daß von denen Collegen, der der Quartus genennet wird, die Inspection auf der Schule mit hat, dafür er doch nichts genießet, so soll er 25 Thlr. dafür jährlich bekommen."[46]

Die entsprechenden Hintergrundinformationen dürften der Stifterin von Rektor Ernesti, dem Schulvorsteher Stieglitz oder aber von dessen Nachfolger, Hofrat Carl Friedrich Trier (Vorsteher ab Januar 1742, auf ausdrücklichen Wunsch von Stieglitz),[47] zugetragen worden sein; mit letzterem stand sie in einem besonders engen Verhältnis: Trier war Universalerbe der Sinnerin. Jedenfalls spielte ihre Verfügung – deren Details der Stifterin wohl kaum allein in den Sinn gekommen waren – dem Rektor Ernesti gleich in mehrerlei Hinsicht in die Hände. Daß die Stiftung speziell Externe und nicht ausschließlich der „Music obliegende" Alumnen bedachte, war eine willkommene Bestätigung seiner eigenen Agenda; und daß nun plötzlich – gleichsam durch ‚göttliche Fügung' – der Quartus eine beachtliche ‚Entschädigung' für den doch wohl vom Rektor übernommenen Inspektionsdienst erhalten sollte, stellte Ernestis (womöglich erst kurz zuvor erfolgte) Entbindung von diesem ungeliebten Dienst auf eine solide finanzielle und vor allem dauerhafte Grundlage und machte jede weitere Diskussion über das neuerliche Privileg des Rektors überflüssig.

Fünf Jahre nach dem Präfektenstreit (in dem der Stadtrat es anscheinend vermieden hatte, ein endgültiges Urteil zu fällen), muß Bach die geschickt von Ernesti, Stieglitz und Trier eingefädelte ‚Finanzierung' des vom Rektor an den Quartus übertragenen Inspektionsdienstes als eine weitere persönliche Niederlage gegen Ernesti und als eine ungerechte Bevorzugung des Rektors verstanden haben. Es ist leicht nachvollziehbar, daß er in der von Köhler beschriebenen Art und Weise auf die Neuerung reagierte und wiederum demonstrativ – wie im Präfektenstreit – für sich Ranggleichheit in Anspruch nahm, freilich ohne dabei die Rückendeckung der eigentlichen Schulhäupter zu

---

46 Wortlaut des Testaments wiedergegeben bei S. Altner, *Wiedergefundene Legat-Quittungsbücher und Matrikelverzeichnisse der Leipziger Thomasschule, die auch die Bach-Zeit berühren*, BJ 2000, S. 119–137, speziell S. 125–126; siehe auch ebenda, S. 121–123; H.-J. Schulze, *Marginalien zu einigen Bach-Dokumenten*, BJ 1961, S. 79–99, speziell S. 92 f., und Maul (wie Fußnote 34), S. 256 f.

47 Wahlprotokoll in: Stadtarchiv Leipzig, *Tit. VIII, Nr. 44*, fol. 169 f.

haben. Zwar läßt sich nicht sagen, wie weit es Bach tatsächlich mit seinem sturen Verhalten trieb, wie sich der daraus resultierende „widrigste Einfluß auf die sittliche Bildung der Schüler" im einzelnen darstellte und welche Konsequenzen dies alles für den Thomaskantor zeitigte. Jedoch scheint es, daß Ernesti die Modalitäten zum Sinnerschen Legat dem gesamten Lehrerkollegium erst im Herbst 1741 mitteilte.[48] Bachs Weigerung, seinen Anteil an der Inspektion weiterhin zu leisten, könnte also erst zu diesem Zeitpunkt erfolgt sein – und stünde dann auch in zeitlicher Nähe zumindest zu den beiden letzten Schuljahren Fleckeisens und dessen Übernahme der ersten Präfektur.

Für die Zuspitzung des Konfliktes zwischen Bach und Ernesti war sicherlich maßgeblich, daß der 27 Jahre jüngere Rektor – anders als Bach – inzwischen den sprichwörtlich direkten Draht ins Rathaus und zu den maßgeblichen Entscheidungsträgern in Angelegenheiten der Thomasschule hatte: Während seiner Studentenzeit hatte Ernesti im Hause Stieglitz als Kinderlehrer und Privatsekretär gedient. Stieglitz empfahl 1731 den gerade einmal 24jährigen Magister für das Amt des Konrektors an der Thomasschule; drei Jahre später präsentierte er ihn seinen Ratskollegen als den idealen Nachfolger für den scheidenden Rektor Gesner, weil er „eine gute Disciplin eingeführet und erhalten" habe.[49] Inzwischen war Stieglitz (seit 1741) einer der drei Leipziger Bürgermeister und unterstützte weiterhin nach Kräften Ernestis Plan, das Profil der ‚Gelehrtenschule' St. Thomas zu schärfen und die traditionelle Fokussierung auf die musikalische Ausbildung mehr und mehr auszuhebeln (ohne freilich – und das war das zentrale Dilemma jenseits aller Diskussionen, die der Zeitgeist der Aufklärung mit sich brachte – die Zahl der vielen Singedienste für die Schüler verringern zu wollen, denn auf den dabei eingenommenen Akzidentien gründeten die außergewöhnlich hohen Jahreseinkommen der oberen Lehrer).

Daß Bach selbst das enge Verhältnis zwischen Ernesti und Stieglitz (und wohl auch später zu Trier) tatsächlich als die Wurzel aller seiner Probleme an der Thomasschule ansah, wurde an entlegener Stelle dokumentiert: im „XVIII. Hauptstück" von Johann Joachim Quantz' Flötenschule. Über den in der Mitte des 18. Jahrhunderts vielerorts zu beobachtenden Niedergang der Schulchöre und die dort anzutreffende vergleichsweise wenig kunstvolle „Singart" heißt es hier zunächst:

Die Cantores sollen, wegen der mit ihrem Amte immer verknüpften Schularbeiten, zugleich halbe Gelehrte seyn. Deswegen wird öfters bey der Wahl mehr auf das letztere, als auf die Wissenschaft in der Musik gesehen. Die nach solchen Absichten er-

---

[48] Siehe Altner (wie Fußnote 46), S. 122 und 126, sowie Dok V, A 122 a.

[49] Zitate aus den Ratsprotokollen; Quellenangaben bei Maul (wie Fußnote 34), S. 242 bis 243.

wähleten Cantores treiben deswegen die Musik, von der sie ohnedem sehr wenig
wissen, nur als ein Nebenwerk. [...] Findet sich auch ja noch hier und da ein Cantor,
der das Seinige versteht, und seinem musikalischen Amte rechtschaffen vorzustehen
Lust hat: so suchen an vielen Orten die Obersten der Schule [...] sowohl den Cantor,
als die Schüler, an Ausübung der Musik zu hindern.

Sodann kommt der Autor auf die Hindernisse in den besonderen ‚Musik-
schulen' zu sprechen, und hier dürfte nach Lage der Dinge eine direkte Anspielung auf die Verhältnisse an der Leipziger Thomasschule vorliegen:

Auch sogar in denen Schulen, welche, besage ihrer Gesetze, hauptsächlich in der
Absicht gestiftet worden sind, daß die Musik darinne vorzüglich soll gelehret und
gelernet, und musici eruditi gezogen werden, ist öfters der durch den Vorsteher unterstützte Rector der abgesagteste Feind der Musik. Gerade als wenn ein guter Lateiner
und ein guter Musikus Dinge wären, deren eines das andere nothwendiger Weise
aufhebt.[50]

Gut möglich, daß Bach einmal die Gelegenheit hatte, seinem Kollegen Quantz
das ganze Dilemma der Leipziger Verhältnisse zu schildern (vielleicht bei
seinen Besuchen in Berlin 1741 und 1747). Wahrscheinlicher indes ist es, die
Passage dem intimen Wissen des Berliner Hofkomponisten Johann Friedrich
Agricola zuzuschreiben, der als ‚Ghostwriter' für Quantz gilt[51] und der die
beschriebene Situation in den Jahren 1738 bis 1741 als Privatschüler Bachs
hautnah erlebt hatte.[52]

Doch zurück zum ‚Fall Fleckeisen': Die Situation an der Thomasschule während der 1740er Jahre – am besten dokumentiert für die erste Hälfte des Jahr-
zehnts – war offensichtlich zerfahren und geprägt von Grabenkämpfen und
aggressivem Verhalten der Protagonisten. Beides könnte durchaus ein Stadium erreicht haben, in dem Bach die Geduld und Toleranz seiner Vorgesetzten ausreizte und sogar entschieden haben könnte, nicht mehr allsonntäglich
auf der Chorempore aktiv zu werden, ja sich (zeitweise) sogar ganz zurück-
zuziehen – als Reaktion auf Ernestis mehr oder weniger eigenmächtig erfolgte
Niederlegung des Inspektionsdienstes oder generell: als Antwort auf all die
offenen und versteckten Versuche seiner Vorgesetzten, die Bedeutung der
musikalischen Übung in Schule und Internat herabzusetzen. Auf der anderen

---

[50] J. J. Quantz, *Versuch einer Anweisung die Flöte traversière zu spielen*, Berlin 1752
     (Reprint Kassel 1983), S. 326.

[51] Siehe Dok III, Nr. 651 K.

[52] Auf den Zusammenhang der Passage mit den Verhältnissen an der Thomasschule
     und Agricola als möglichen Gewährsmann hat bereits Hans-Joachim Schulze hin-
     gewiesen, siehe H.-J. Schulze, *Das didaktische Modell der Thomaner im Spiegel
     der deutschen Musikpädagogik des 18. Jahrhunderts*, in: Alte Musik und Musik-
     pädagogik, hrsg. von H. Krones, Wien 1997 (Wiener Schriften zur Stilkunde und
     Aufführungspraxis. 1.), S. 185–198, speziell S. 197–198.

Seite wäre es ebenso vorstellbar – und durchaus mit den verfügbaren Dokumenten in Einklang zu bringen –, daß Rektor und Schulvorsteher an einem
bestimmten Punkt gemeinsam entschieden haben könnten, Bach zeitweise
demonstrativ ‚aus dem Verkehr zu ziehen‘ und die Leitung der regulären
Kirchenmusik einem erprobten (ehemaligen?) Präfekten zu übertragen: als
Reaktion auf Bachs ‚Halsstarrigkeit‘ und seine schon früher bezeugte Weigerung, über eigenmächtig angemaßte Befreiungen von dienstlichen Aufgaben
mit seinen Vorgesetzten auch nur zu kommunizieren.[53] Der Umstand, daß
Derartiges dann nicht in den noch verfügbaren Dokumenten Niederschlag
gefunden hätte, obgleich ein Fernbleiben von der Chorempore ohne Zweifel
ein Verstoß gegen Bachs Tätigkeitsbeschreibung im Anstellungsvertrag darstellte[54] und deswegen wohl sanktioniert werden konnte, beweist nicht, daß
es nicht doch – in der von Fleckeisen angedeuteten Weise – geschehen sein
könnte. Dies zumal, weil es manchem Ratsherren praktikabler erschienen
sein mag, das Problem mit dem „widerspenstigen“ Kantor, Kapellmeister und
„Hof-Compositeur“, dessen natürliches Ende absehbar war, möglichst ge-
räuschlos auf dem sprichwörtlichen ‚kleinen Dienstweg‘ zu klären und irgendwie auszusitzen, anstatt sich auf eine langwierige juristische Auseinandersetzung einzulassen – Amtsenthebungen von Schuldienern waren in Sachsen
seinerzeit selbst bei groben disziplinarischen Vergehen eine Seltenheit und
stets mit Gerichtsprozessen durch mehrere Instanzen verbunden. Auch das
anscheinend so geschmacklose Vorgehen des Leipziger Stadtrates im Zusammenhang mit dem 1749 vom Minister Brühl verlangten Probespiel für
Gottlob Harrer erschiene dann in neuem Licht.

Die eingehende Erörterung von Fleckeisens Döbelner Bewerbungsschreiben
und die Diskussion der möglichen Hintergründe führt zu keiner zweifels-
freien Lesart des Dokuments im Hinblick auf die Datierung jener zweijähri-
gen ‚Auszeit‘ des Thomaskantors (1742/43 oder irgendwann zwischen 1743
und 1746) und die Fragen, ob der ‚Fall Fleckeisen‘ ein Sonderfall war,[55] wodurch er verursacht wurde und in welchem Grad Bach seine Aufgaben als
Organisator und Aufführungsleiter der Kirchenmusik tatsächlich niedergelegt
hat (vielleicht „zwey ganzer Jahr“ nur an den ‚gewöhnlichen‘ Sonntagen). Jedoch fällt es keineswegs schwer, die Kernaussage des Dokuments mit dem

---

[53] Vgl. Dok II, Nr. 280.

[54] Siehe Dok I, S. 177–178.

[55] Auch die merkwürdigen Diskrepanzen bei den Im- und Exmatrikulationsdaten des
von Ernesti hervorragend beleumundeten ersten Präfekten Christian Beck (bis
1741/43 an der Schule; siehe bei den Fußnoten 16 und 19) könnten durch eine et-
waige Tätigkeit als längerfristiger Vertreter Bachs auf den Choremporen erklärt
werden; wegen der teils zweifelhaften Lesarten und Interpretationen der Daten ist
hier freilich mehr Vorsicht geboten.

Fehlen von neuer Kirchenmusik, ja ganzen Jahrgängen Bachs aus den 1740er Jahren – die dann nie komponiert worden wären – und den wenigen konkreten Belegen für Wiederaufführungen seiner älteren Werke in Einklang zu bringen. Und dies wiederum unterstreicht den Stellenwert, den die damals tatsächlich zu Papier gebrachten ‚Vermächtniswerke' im Arbeitsalltag des greisen Komponisten eingenommen haben müssen – deren Erstellung weit entfernt von den Dienstpflichten des Thomaskantors war.

Wir müssen wohl davon ausgehen, daß sich Bachs Amtsverständnis in der Spätzeit seines Kantorats und damit auch sein künstlerischer Anspruch an die Darbietungen in den Kirchen grundlegend gewandelt hat und die in seinen frühen Leipziger Werken zum Ausdruck kommende hohe Motivation nun einem eher kühlen Pragmatismus, ja zeitweise sogar Desinteresse gewichen war. Womöglich spiegelt sich dies auch in dem kleinen Detail wieder, daß es gemäß den – durchaus als zuverlässig anzusehenden – Ausführungen Ernestis im Zusammenhang mit dem Präfektenstreit noch bis 1736 gängige Praxis war, daß „der erste Praefectus niemals [die Hauptmusik] dirigiret", sondern Bach sich bei Abwesenheiten und Unpäßlichkeiten vom Musikdirektor der Neukirche vertreten ließ.[56] Erst für Präfekten der späten 1730er und 1740er Jahre ist es belegt, daß sie sich rückblickend nicht nur vage als Vorsteher des Chorus musicus (bei den Motetten) sondern auch als stellvertretende Leiter der eigentlichen Kirchen-„Music" (bei Abwesenheiten Bachs) titulierten[57] – vielleicht die Folge eines von mir mit guten Gründen ins Gespräch gebrachten Zerwürfnisses zwischen Gerlach und Bach, das um 1738 zu datieren wäre und das das Verhältnis der beiden Musiker womöglich irreparabel be-

---

[56] Dok II, Nr. 382–383.

[57] Neben Fleckeisen gilt dies insbesondere für Johann Nathanael Bammler, dem Bach selbst – anscheinend aus Anlaß von Bammlers Bewerbung um das Hammersche Stipendium – 1749 nachsagte, er habe ihm „mit gutem fug die Praefecturen der Chöre anvertrauen können, wie er denn in die 3. Jahre die Direction der Kirchen Musique des andern Chores verwaltet, auch das letzte Jahr seines Schullebens im ersten Chore gleichermaßen die Praefectur gehabt, und sowohl die Motetten als auch in Abwesenheit meiner die völlige Kirchen Musique dirigirt hat" (siehe Wollny, wie Fußnote 30, S. 37–44; sowie Dok V, A 82 b). Bammler selbst verpackte diese Mitteilung vier Jahre später anläßlich seiner in Versen verfaßten (erfolglosen) Bewerbung auf das Schneeberger Kantorat in den blumigen Zweizeiler: „Da mich auch selbst ein Bach nicht ungeschickt geschaut, der mir drey Jahre lang Musik und Chor vertraut." (Stadtarchiv Schneeberg, *Nr. 3062: Acta Die Ersezung die vacirende Stelle des Cantoris alhier betr. Anno 1682 1696 1697 1747 1753*, fol. 154–155; Vorabdruck in Dok V, C 656 a). Hier freilich scheint sich die Äußerung in Wahrheit auf Bammlers Direktion des zweiten Chors zu beziehen, die Bach ihm für „in die drei Jahre" bescheinigt hatte.

schädigt hatte (sicher dann auch mit negativen Folgen für Bachs Verhältnis zum Collegium musicum).[58]

Ohne Zweifel jedoch erhellt die Diskussion um das Fleckeisen-Dokument die Hintergründe eines Kommentars, der von Bürgermeister Born anläßlich der Wahl von Johann Friedrich Doles ins Thomaskantorat vorgebracht wurde: „ist der Meinung daß das Cantorat auf vorigen Fuß, wie bey Herrn Kunauen gesetzet werde und der neüe [Kantor] sowohl die Music als auch die Information beobachte, immaßen bey Herrn Bachen viele Desordres vorgegangen."[59]

---

[58] Siehe Maul (wie Fußnote 40), S. 180–185.
[59] Dok III, Nr. 671.

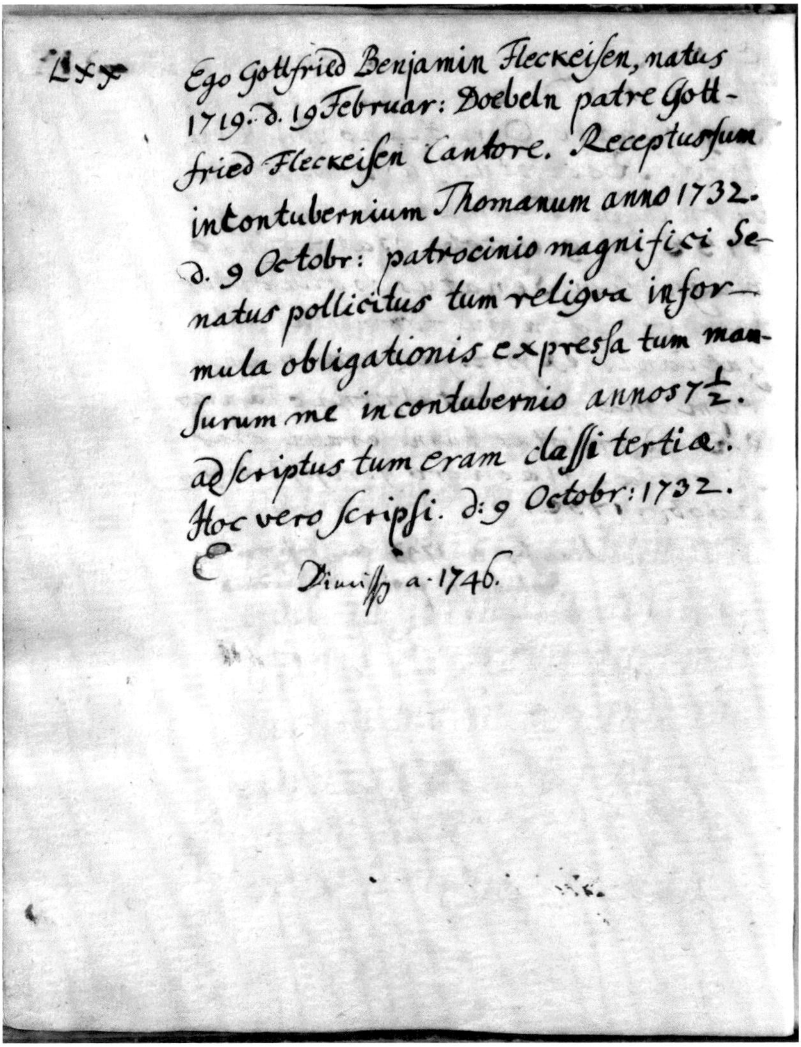
LXX Ego Gottfried Benjamin Fleckeisen, natus
1719. d. 19 Februar: Doebeln patre Gottfried Fleckeisen Cantore. Receptus sum
in contubernium Thomanum anno 1732.
d. 9 Octobr: patrocinio magnifici Se-
natus pollicitus tum religua in for-
mula obligationis expressa tum man-
surum me in contubernio annos 7½.
adscriptus tum eram classi tertiae.
Hoc vero scripsi. d: 9 Octobr: 1732.
Dimissus a. 1746.

Abb. 1. Eintrag von Gottfried Bejamin Fleckeisen in die Matrikel der Thomasschule, 9. Oktober 1732. *Album Alumnorum Thomanorum*, Stadtarchiv Leipzig, *Thomasschule, Nr. 483*, fol. 36 v

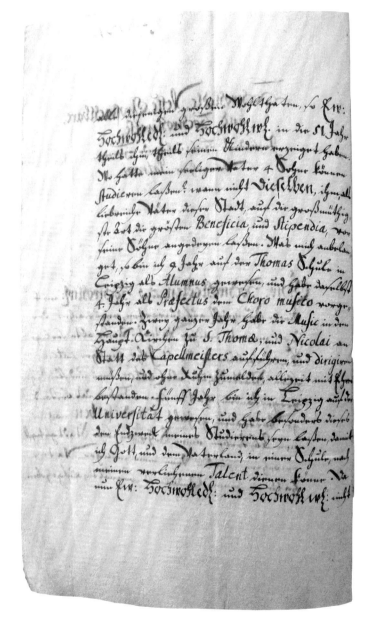

Abb. 2–3. Gottfried Benjamin Fleckeisen, Bewerbungsschreiben
um das Döbelner Kantorat, 27. Februar 1751. *Acta des Cantorats nach Absterben*
Herrn Gottfried Fleckeisens zu Döbeln betr. Anno 1751,
Pfarrarchiv Döbeln, *H 2934*, fol. 5 v–6 r.

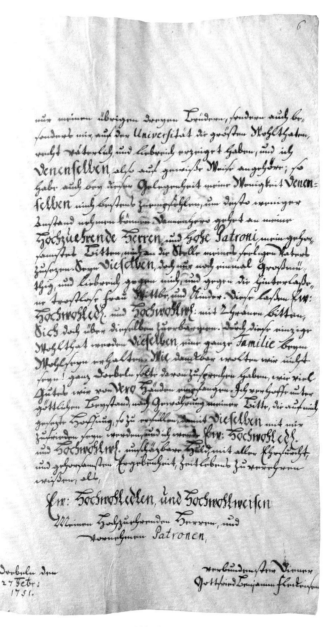

Abb. 3.

Vom „apparat der auserleßensten kirchen Stücke" zum „Vorrath an Musicalien, von J. S. Bach und andern berühmten Musicis" – Quellenkundliche Ermittlungen zur frühen Thüringer Bach-Überlieferung und zu einigen Weimarer Schülern und Kollegen Bachs[1]

Von Peter Wollny (Leipzig)

Christoph Wolff zum 75. Geburtstag

Johann Sebastian Bachs Jahre als Organist der Neuen Kirche in Arnstadt (1703–1707), der Divi-Blasii-Kirche in Mühlhausen (1707–1708) und der Schloßkapelle in Weimar (1708–1717) gelten als seine formative Periode, in der der junge Musiker sich über die Grenzen seines unmittelbaren Wirkungskreises hinaus als geachteter Virtuose und Komponist etablierte und das Fundament zu einer beispiellosen Karriere legte, die ihm in der Folge das Kapellmeisteramt am Köthener Hof und schließlich das Leipziger Thomaskantorat bescherte.[2] Da Bach das Kompositionshandwerk – nach Aussage des Nekrologs – „größtentheils nur durch das Betrachten der Wercke der damaligen berühmten und gründlichen Componisten und angewandtes eigenes Nachsinnen erlernet hatte",[3] richtet die Forschung in ihrem Bemühen, Bachs künstlerische Entwicklung nachzuzeichnen, ihre Aufmerksamkeit seit längerem nicht nur auf die von ihm selbst komponierten Werke, sondern ebenso auf die von ihm zusammengetragenen Kompositionen anderer Meister. Unser gesichertes Wissen über die Zeit vor Bachs dreißigstem Lebensjahr ist allerdings außerordentlich lückenhaft. Denn aus der Zeit vor seiner Ernennung zum Konzertmeister der Weimarer Hofkapelle am 2. März 1714 und der mit diesem Datum einsetzenden turnusmäßigen Verpflichtung, im Gottesdienst der Himmelsburg „Monatlich neüe Stücke" aufzuführen,[4] sind nur wenige seiner Kompositionen in Primär- oder sicher datierbaren Sekundärquellen überliefert, und auch die Tradierung von Stücken aus Bachs Notenbibliothek setzt

---

[1] Das Bach-Archiv Leipzig erkundet im Rahmen eines seit September 2015 von der Fritz Thyssen Stiftung Köln geförderten Forschungsprojekts die Lebenswege von Bachs Schülern und deren Rolle in der Überlieferung seiner Werke.

[2] Siehe die umfassende Darstellung bei C. Wolff, *Johann Sebastian Bach*, Frankfurt/Main 2000, aktualisierte Neuausgabe 2005, speziell die Kapitel 4–6.

[3] Dok III, Nr. 666 (S. 82).

[4] Dok II, Nr. 66.

– von bemerkenswerten Ausnahmen abgesehen[5] – erst in den mittleren Weimarer Jahren ein.[6]

Da zudem die Anzahl der die ersten drei Lebensjahrzehnte des Komponisten betreffenden biographischen Zeugnisse entmutigend gering ist, erweist sich der Versuch, ein aussagekräftiges und differenziertes Bild dieser frühen Jahre zu entwerfen, als außerordentlich schwieriges Unterfangen. Die Erweiterung des Fundus an historischen und musikalischen Quellen speziell für diese Zeit bleibt daher ein zentrales Anliegen. Auch die von Hans-Joachim Schulze bereits vor dreißig Jahren geforderte „permanente Durchforstung" des bekannten musikalischen Quellenmaterials[7] gehört nach wie vor zu den zentralen Aufgaben der Bach-Forschung, wenn wir die Lückenhaftigkeit von Werküberlieferung und Biographie nicht als unabänderlich hinnehmen wollen. Es gilt also, nach Möglichkeit Licht in die noch dunklen Provenienzwege zu bringen, bisher anonyme Schreiber chronologisch und regional einzuordnen (im Idealfall auch namentlich zu identifizieren) und ihre Beziehung zu Bach so genau wie möglich nachzuverfolgen, um mit Hilfe von diplomatischen Methoden die Bestimmung von Chronologie- und Echtheitsfragen voranzutreiben. In diesem Sinne erkundet der vorliegende Beitrag auf bisher wenig beschrittenen Pfaden einige Aspekte der frühen Bach-Überlieferung in Thüringen.

I.

Das Berliner Konvolut *Mus. ms. 30244* hat bislang kaum Beachtung gefunden. Der Band enthält insgesamt sechs in separaten Faszikeln niedergeschriebene anonyme geistliche Figuralstücke, deren Bedeutung für die Bach-Forschung sich aus dem im folgenden zu erörternden Schreiberbefund ergibt. Das Etikett auf dem vorderen Einbanddeckel trägt die – nachträglich kanzellierte –

---

[5] Siehe *Weimarer Orgeltabulatur. Die frühesten Notenhandschriften Johann Sebastian Bachs sowie Abschriften seines Schülers Johann Martin Schubart mit Werken von Dietrich Buxtehude, Johann Adam Reinken und Johann Pachelbel. Faksimile, Übertragung und Kommentar*, hrsg. von M. Maul und P. Wollny, Kassel 2007 (Faksimilereihe Bachscher Werke und Schriftstücke. Neue Folge, Bd. III; zugleich Documenta Musicologica, Bd. II/39). – Die seinerzeit von Martin Staehelin (siehe Mf 61, 2008, S. 319–329; Mf 62, 2009, S. 37 und 150 f.) vorgebrachten Zweifel an der Identifizierung der Tabulaturen haben sich als gegenstandslos erwiesen; siehe M. Maul und P. Wollny, *Bach und Buxtehude – neue Perspektiven anhand eines Quellenfundes*, in: Dieterich Buxtehude. Text – Kontext – Rezeption. Bericht über das Symposion an der Musikhochschule Lübeck 10.–12. Mai 2007, hrsg. von W. Sandberger und V. Scherliess, Kassel 2011, S. 144–187, speziell S. 181–187.

[6] Siehe Beißwenger, S. 44.

[7] Schulze Bach-Überlieferung, S. 10.

Aufschrift „Sechs | Festtags-Kantaten | Partitur"; als Schreiber dieses Titels kann der Braunschweiger Musikgelehrte Friedrich Conrad Griepenkerl (1782–1849) bestimmt werden. Die Zuweisung wird von der auf dem vorderen Spiegel notierten Akzessionsnummer „2172" bestätigt. Diese führt zu einem Bestand von 22 mit konsekutiven Akzessionsnummern versehenen Handschriften und Drucken, die am 9. Juni 1849 von der Königlichen Bibliothek Berlin über das Berliner Antiquariat Asher aus dem Nachlaß Griepenkerls angekauft wurden.[8] Griepenkerl wiederum hatte die Handschrift anscheinend aus dem Nachlaß seines Lehrers Johann Nikolaus Forkel übernommen; im Anhang von dessen Nachlaßkatalog findet sich jedenfalls unter der Losnummer 136 die an Griepenkerls Titel erinnernde Eintragung „7 alte Festtags-Cantaten P[artitur] G[eschrieben]". Die Diskrepanz in der Zahl der vorhandenen Stücke mag darauf zurückzuführen sein, daß Forkel die Handschriften noch als lose Hefte verwahrte und ein siebtes Stück vor der von Griepenkerl veranlaßten buchbinderischen Vereinigung entfernt wurde. Über Forkel hinaus lassen sich zunächst keine verwertbaren Anhaltspunkte für weitere Vorbesitzer ausmachen; dieses Problem wird uns noch beschäftigen.

Schon ein erster Blick zeigt, daß die sechs Stücke zwei deutlich voneinander unterscheidbaren chronologischen Schichten angehören. Während die Faszikel 4–6 der zweiten Hälfte des 18. Jahrhunderts zuzuordnen sind und drei – einst weit verbreitete und entsprechend durch mehrere Konkordanzen abgesicherte – Kantaten von Gottfried August Homilius enthalten,[9] sind die ersten drei Faszikel des Bandes deutlich älter; sie stammen aus dem frühen 18. Jahrhundert und weisen die Schriftzüge eines für die Bach-Überlieferung wichtigen Kopisten auf: „Anonymus Weimar 1" (nach Dürr St) beziehungsweise „Anonymus M 1" (nach NBA IX/3), der seit einiger Zeit mit überzeugenden Argumenten mit Bachs frühem Schüler und direktem Nachfolger im Weimarer Organistenamt Johann Martin Schubart (1690–1721) gleichgesetzt wird.[10] Nach dem Zeugnis von Johann Gottfried Walther „erlernete [Schubart] bey Hrn. Johann Sebastian Bachen das Clavier-Spielen, und hielte sich bey demselben von 1707 bis 1717 beständig auf".[11] Seine Kopistendienste für Bach

[8] Siehe hierzu K. Heller, *Friedrich Konrad Griepenkerl. Aus unveröffentlichten Briefen des Bach-Sammlers und -Editors*, BJ 1978, S. 211–228, speziell S. 223 f. Die Signatur *Mus. ms. 30244* ist in Hellers Aufstellung der Handschriften aus Griepenkerls Nachlaß zu ergänzen.

[9] HoWV II.166 („Lobet den Herrn, ihr seine Engel", Michaelis), HoWV II.120 („Der Herr zeucht Gerechtigkeit an", 10. Sonntag nach Trinitatis) und HoWV II.66 („Was suchet ihr den Lebendigen bei den Toten", 1. Ostertag).

[10] Y. Kobayashi, *Quellenkundliche Überlegungen zur Chronologie der Weimarer Vokalwerke Bachs*, in: Bach-Kolloquium Rostock, S. 290–310, speziell S. 291; *Weimarer Orgeltabulatur* (wie Fußnote 5), Vorwort, S. IX–X.

[11] Siehe WaltherL, S. 557; Dok II, Nr. 324 (S. 233).

lassen sich von Februar 1708 bis etwa Oktober 1716 verfolgen.[12] Schubarts erste größere Arbeit ist seine Beteiligung am Originalstimmensatz der Mühlhäuser Ratswahlkantate „Gott ist mein König" BWV 71 (*St 377*); in Weimar wirkte er um 1710–1712 neben seinem Lehrer als Hauptschreiber der Stimmen zu Reinhard Keisers Markus-Passion und fertigte – von Bach anschließend revidierte – Reinschriften der beiden Toccaten BWV 913 und 914 an.[13] Ab März 1714 beteiligte er sich regelmäßig am Ausschreiben von Aufführungsmaterialien zu Bachs Kantaten. In Mühlhausen begann Schubart auch, seine eigene Notenbibliothek aufzubauen; dies belegt die Tabulaturabschrift eines Orgelchorals von Johann Pachelbel.[14]

Wenden wir uns nun den drei neu aufgefundenen Abschriften von der Hand Schubarts zu. In der folgenden knappen Aufstellung sind die Faszikel bereits nach schriftkundlichen Merkmalen chronologisch angeordnet.

– Faszikel 2 (S. 23–32): Kantate „Ach, daß die Hilfe aus Zion über Israel käme" in F-Dur

Binio und ein Einzelblatt, Blattformat ca. 33 × 19,5 cm; Wasserzeichen: Gekrönter Doppeladler mit Herzschild und Mühlhaue, CB-Marke (Weiß 58). Kopftitel: „*In die Natal Xi ab 8 Voci cum Continuo | Tel* […?] *D… M* [?]"; die ersten vier Wörter wurden nachträglich kanzelliert und durch „*Fest Nativit: Christi*" ersetzt (siehe Abb. 1). Die Besetzungsangabe und insbesondere der Autorenname sind fast bis zur Unkenntlichkeit verblaßt. Statt des vielleicht auf Georg Philipp Telemann zielenden Namensfragments „*Tel* […]" wäre möglicherweise auch „*Theil* […]" zu lesen (und die Angabe entsprechend auf Johann Theile zu beziehen) oder aber „*J G* […]". Die am Fuß der ersten Seite angebrachten Initialen „J. M. S." – offenbar ein Schreiber- oder Possessorenvermerk – sind durch das Beschneiden des unteren Blattrands leicht versehrt. Immerhin erhärten sie die bislang tentative Identifizierung des Anonymus Weimar 1 als Johann Martin Schubart. Die Schriftformen ähneln denen in den Originalstimmen zu BWV 71, wirken insgesamt aber noch unbeholfener. Gelegentlich sind die Baßschlüssel an der rechten Seite mit zwei senkrechten Strichen versehen – anscheinend ein zeitlich noch vor *St 377* liegendes Schriftstadium.

Angaben zur Besetzung fehlen in der Partitur, doch deuten die Schlüssel auf zwei Violinen, zwei Bratschen (Viola I im Sopranschlüssel) und eine vierstimmige Vokalgruppe (SATB). Der Continuo ist durchgehend beziffert. Die

[12] Siehe NBA IX/3 (Y. Kobayashi/K. Beißwenger, 2007), Textband, S. 1 f. (mit einer Aufstellung der von Schubart kopierten Handschriften).

[13] Siehe C. Blanken, *Ein wieder zugänglich gemachter Bestand alter Musikalien der Bach-Familie im Verlagsarchiv Breitkopf & Härtel*, BJ 2013, S. 79–128, speziell S. 87–95 und 110–115.

[14] Siehe *Weimarer Orgeltabulatur* (wie Fußnote 5), Vorwort, S. VII und Faszikel III.

Partitur stellt vermutlich die Spartierung eines – heute verschollenen – Stimmensatzes dar.

Das Werk hat folgenden Aufbau:

- „Ach, daß die Hilfe aus Zion über Israel käme" (Ps. 14,7): Tutti
- „Ach, wo bleibt doch der versprochne Held": Aria, Alt, Streicher, Bc.
- „Brecht, ihr blauen Himmelsbogen": Aria „a 3", Sopran, Alt, Baß, Bc.
- „Fürchtet euch nicht" (Lk 2,10–11 + einige Zeilen freier Dichtung): Aria, Sopran, Streicher, Bc.
- „Ehre sei Gott in der Höhe" (Lk 2,14 + einige Zeilen freier Dichtung): Aria, Sopran, Alt, Baß, Bc.
- „Erwünschte Post, o Wort des Lebens": Aria, Tutti
- „Bist willkommen, du edler Gast" (M. Luther, „Vom Himmel hoch", Strophe 8): Choralbearbeitung, Tutti

Die den Binnensätzen zugrundeliegende, durchweg recht hausbackene freie Dichtung stellt gewiß kein in sich geschlossenes, gedanklich ausgefeiltes Kantatenlibretto dar; die Chance, den oder die Verfasser zu ermitteln, erscheint daher gering. Die metrisch und formal sehr unterschiedlichen Strophen sind wohl aus verschiedenen Quellen zusammengesucht. Etwas befremdlich wirkt die in den Sätzen 4 und 5 zu beobachtende Kombination von Textpassagen aus der Weihnachtsgeschichte nach Lukas 2 mit frei gedichteten Zeilen. Die Arienstrophe in Satz 3 („Brecht, ihr blauen Himmelsbogen") hingegen war offenbar im frühen 18. Jahrhundert in Thüringen recht verbreitet: Der Text läßt sich in zwei Motetten nachweisen, die im November 1720 von einem unbekannten Schreiber in die Sammelhandschrift D-Dl, *Mus. 1-D-8* eingetragen wurden.[15] Leider fehlen Angaben zu den Komponisten, und auch zur Herkunft des Repertoires liegen keine Erkenntnisse vor, so daß es für eine nähere regionale Einordnung der Motetten – und damit tentativ auch unserer Weihnachtskantate – keinerlei Handhabe gibt.

Trotz gebotener Vorsicht lassen sich auf der Grundlage des musikalischen Befunds immerhin einige Beobachtungen formulieren. Das musikalisch eher schlichte Werk dürfte weder von Georg Philipp Telemann noch von Johann Theile stammen. Gewisse Ähnlichkeiten, speziell in der Heterogenität der Texte, bestehen hingegen zu zwei in der Sammlung Großfahner überlieferten Vokalwerken von Bachs Mühlhäuser Amtsvorgänger Johann Georg Ahle (1651–1706); die fast verlöschte Autorenangabe im Kopftitel wäre in diesem

---

[15] W. Steude, *Die Musiksammelhandschriften der Sächsischen Landesbibliothek Dresden*, Wilhelmshaven 1974 (Quellenkataloge zur Musikgeschichte. 6.), S. 29–33, speziell S. 31 (Nr. 99 und 107). Die Handschrift *Mus. 1-D-8* wurde über die um 1835 nachgewiesene Buchhandlung F. Suppus in Erfurt angekauft (zu Suppus siehe F. Metz, *Geschichte des Buchhandels und der Buchdruckerkunst*, Darmstadt 1835, S. 125).

Fall als „*J G [Ahle] D[irector] M*[usices]" zu lesen. Ahles Kantate „Lobet den
Herrn, denn er ist sehr freundlich" mischt vier Strophen des titelgebenden
Liedes über Psalm 147 mit Arienstrophen in unterschiedlichen Metren, während seine Kantate „Hüter, ist die Nacht schier hin" verschiedene biblische
Dicta (Jes. 21,11–12; Micha 7,2; Jes. 1,16–17) mit Strophen aus nicht weniger
als vier Chorälen kombiniert.[16] Die stilistischen und satztechnischen Parallelen, die sich in allen drei Werken finden, wären noch eingehender zu untersuchen. Sollten sie sich weiter konkretisieren lassen, könnte es sich bei der
Kantate „Ach, daß die Hilfe aus Zion über Israel käme" um eine späte Komposition Ahles handeln.

Versuchen wir, alle diese Indizien in einen stimmigen Zusammenhang zu
bringen, so wäre zu erwägen, ob Schubart zunächst als Orgelschüler (und Gehilfe?) von Johann Georg Ahle nach Mühlhausen kam; im Blick auf sein
Geburtsjahr könnte dies um 1705 – also im Alter von etwa 15 Jahren – geschehen sein. Nach dem frühen Tod seines ersten Lehrmeisters wäre er dann
von dessen Nachfolger, dem gerade einmal fünf Jahre älteren Johann Sebastian Bach übernommen worden. Diese Zusammenhänge werfen möglicherweise auch neues Licht auf eine weitere frühe Abschrift von Schubarts Hand:
Die innerhalb der Gruppe der sogenannten Weimarer Tabulaturen überlieferte
Kopie von Pachelbels Choralbearbeitung „An Wasserflüssen Babylon" ist
ebenfalls auf Mühlhäuser Papier geschrieben. Da Schubarts Tabulaturnotation
(Teilung der Oktave zwischen h und c, Verwendung von lateinischen Buchstaben für die große Oktave) hier wie auch anderswo einer abweichenden
Tradition folgt als diejenige Bachs (Teilung der Oktave zwischen b und h,
Verwendung von deutschen Buchstaben für die große Oktave), könnte es sich
bei dieser frühen Handschrift vielleicht eher um ein Zeugnis von Schubarts
Unterricht bei Ahle und noch nicht um eine Frucht seiner Studien bei Bach
handeln.

Folgen wir diesen Überlegungen, dann wären Schubarts Abschriften der
anonymen Kantate „Ach, daß die Hilfe aus Zion über Israel käme" und von
Pachelbels Choralvorspiel „An Wasserflüssen Babylon" bereits um 1705/06
entstanden. Dessenungeachtet ist jedoch auch zu erwägen, ob Schubarts Partitur der Weihnachtskantate mit Bachs Mühlhäuser Aufführungsrepertoire zu
tun hat und ob Bach dieses Werk zu Weihnachten 1707 in der Blasiuskirche
musiziert haben könnte. Abgesehen von den vier für Mühlhausen bezeugten
eigenen geistlichen Figuralstücken (BWV 71, 106, 131, 150) dürfte er in den
knapp elf Monaten seines dortigen Dienstes meist fremde Werke dargeboten

---

[16] D-WRha, *GF 104/AJG 01* und *GF 105/AJG 02*. Vgl. H. R. Jung, *Thematischer Katalog der Musiksammlung Großfahner/Eschenbergen in Thüringen*, Kassel 2001 (Catalogus Musicus. XVII.), S. 123–125 (mit korrekturbedürftigen Angaben zu den Texten
und zur Struktur der Werke) sowie RISM A/II, ID-Nr. 250007174 und 250007175.

haben. Die bittere Wendung in seinem Mühlhäuser Entlassungsgesuch vom 25. Juni 1708, der zufolge viele Dorfschaften eine „offt beßer, als allhier *fasonier*te *harmonie*" vorzuweisen hatten,[17] könnte entsprechend auch dahingehend zu deuten sein, daß die äußeren Bedingungen Bach selbst an hohen Festtagen zwangen, technisch anspruchslosere ältere und in seinen Augen weniger attraktive Stücke aufzuführen.

– Faszikel 1 (S. 1–20): Missa (Kyrie und Gloria) in C-Dur
Fünf gefaltete und ineinander gelegte Bögen, Blattformat ca. 32,5 × 20 cm; Wasserzeichen: Gekrönter Doppeladler mit Herzschild und Mühlhaue, CB-Marke (Weiß 58). Ohne Titel; die Systeme auf S. 1 tragen folgende Besetzungsangaben: *Tromba 1, Tromba 2, Tympano, Violino 1, Violino 2, Viola 1, Viola 2, Fagotto, Cantus 1, Canto 2, Alto, Tenore, Basso, Canto 2 di Chori, Alto 2di Chori, Tenore 2di Chori, Basso 2di Chori, Organo* (beziffert). Die planvolle Disposition der Niederschrift zeigt sich an dem korrekturarmen Reinschriftcharakter, den meist mit dem Lineal gezogenen Taktstrichen und der optimalen Nutzung des Papiers. Die genaue Bezeichnung der Singstimmen und der durchweg bezifferte Continuo legen auch hier die Annahme nahe, daß es sich um die Spartierung eines Stimmensatzes handelt. Bei der zu vermutenden späteren Separierung von Partitur und Stimmen wurde wohl der Titelumschlag den heute verschollenen Stimmen zugeschlagen.
Da der Suche nach dem Komponisten der Messe bislang kein Erfolg beschieden war, sei hier eine knappe Übersicht der formalen Disposition angefügt, die auch die wenigen originalen Angaben zu Tempo, Dynamik und Besetzung berücksichtigt:

– Kyrie I: Streicher, Chorus 1 und 2, Bc; ¢, 28 Takte
– Christe: „*Christe à | 6* [recte: 5] *Voc: | senza Stro | menti*"; CCATB (Chorus 1), Bc; 3/2, 44 Takte
– Kyrie II: „*NB.* in diesen *Kyrie* gehen die Instrum: u. der andre *Chor.* mit den ersten *Chor all' unisono*"; „*alla breve*"; notiert sind Viol. I+II, CCATB, Bc; ¢ [!], 59 Takte

– Et in terra: Tutti; ¢, 43 Takte
– Gratias agimus tibi: Streicher, Chorus 1 und 2, Bc; 3/2, 40 Takte
– Domine Deus Rex cælestis: „*grave e piano*"; zuerst Streicher und Chorus 1, später Tutti; ¢, 55 Takte
– Quoniam tu solus sanctus: Tutti; 3/2, 32 Takte
– Cum sancto Spiritu: „*Allegro*", Tutti; ¢, 49 Takte

Die vorstehende Gliederung gibt den Aufbau des Gloria nur unzureichend wieder. Denn insbesondere die geradtaktigen Abschnitte zeichnen sich durch einen bunten Wechsel unterschiedlicher Satzmuster aus. Das Werk ist ein

---

[17] Dok I, Nr. 1.

eindrucksvoller Vertreter der um 1660 von den am Dresdner Hof wirkenden
Kapellmeistern Vincenzo Albrici und Gioseppe Peranda in Mitteldeutschland
eingeführten Missa concertata und des für diese Gattung typischen stylus
luxurians. Im Vergleich mit den Werken Albricis und Perandas zeigt die in
Schubarts Abschrift überlieferte Messe allerdings bereits einige modernere
Züge, die eine Datierung auf die Zeit zwischen etwa 1675 und 1700 nahelegen.
In diesem Zusammenhang sei speziell auf die Faktur des „Domine Deus Rex
cælestis" mit seiner Tempo- und Spielanweisung „Grave e piano", seinen
staccato auszuführenden Streicherakkorden im Viertelpuls und seiner osti-
naten Harmoniefolge hingewiesen. Ähnliche hochaffektive Abschnitte begegnen uns auch in Werken von David Pohle und Philipp Heinrich Erlebach.[18]
Ungewöhnlich erscheint allenfalls die neunstimmige Vokalbesetzung mit der
asymmetrischen Gegenüberstellung eines fünfstimmigen Favorit-Ensembles
und einer vierstimmigen meist untergeordneten Gruppe, die in den konzer-
tanten Tutti-Abschnitten parallel mit den Streichern geführt ist und in den
fugierten Abschnitten als Ripieno eingesetzt wird. Die aus der Vokaldisposi-
tion resultierende seltene Gesamtstimmenzahl „à 17" lädt zu Erkundungen
im mitteldeutschen Umfeld ein. Tatsächlich hat David Pohle am 13. August
1673 im Rahmen eines Festgottesdiensts anläßlich des Geburtstags von Herzog August von Sachsen-Weißenfels im Dom zu Halle eine „Missa, à 17"
musiziert.[19] Da jedoch weitere Angaben zu dem verschollenen Werk fehlen,[20]
bleibt dieser Fingerzeig bis auf weiteres spekulativ.
Zum Schluß sei noch auf eine merkwürdige musikalische Parallele hingewiesen: Der fugierte letzte Abschnitt des Gloria („Cum sancto Spirito") verwendet ein Thema, das fast völlig mit dem in Johann Ludwig Bachs Missa
„Allein Gott in der Höh sei Ehr" (1716) an gleicher Stelle verwendeten Fugenthema übereinstimmt. Ob es sich hier um einen Zufall oder eine bewußte
Entlehnung handelt, ist allerdings nicht zu entscheiden.

---

[18] Siehe etwa den Schlußabschnitt von Pohles Konzert „Paratum cor meum" (S-Uu,
      VMHS 63:9) und die mit der Tempoangabe „Grave" und in den Streicherstimmen
      mit der Spielanweisung „staccato" versehene Aria „Jove clemens omnibus" aus
      Erlebachs Konzert „Exultemus, gaudeamus, laetemur in Deo", das Teil der Mühl-
      häuser Erbhuldigungsmusik von 1705 ist (Stadtarchiv Mühlhausen, „Musicalia bei
      dem Actu Homagiali", *D 5 a/b, Nr. 33, Vol. II*).
[19] W. Serauky, *Musikgeschichte der Stadt Halle*, Bd. II/1, Halle 1939, S. 281.
[20] Auf Konkordanzen durchgesehen wurden die Sammlung Bokemeyer und das Wei-
      ßenfelser Inventar. Siehe H. Kümmerling, *Katalog der Sammlung Bokemeyer*,
      Kassel 1970 (Kieler Schriften zur Musikwissenschaft. 18.) sowie M. Seiffert, Ein-
      leitung zu *Johann Philipp Krieger (1649–1725). 21 Ausgewählte Kirchenkomposi-
      tionen*, Leipzig 1916 (DDT 53/54) und K.-J. Gundlach, *Das Weißenfelser Auffüh-
      rungsverzeichnis Johann Philipp Kriegers und seines Sohnes Johann Gotthilf
      Krieger (1684–1732)*, Sinzig 2001.

Nach Maßgabe des Schreiber- und Papierbefunds könnte die repräsentative Missa ein Repertoirestück aus Bachs Mühlhäuser „Apparat" darstellen; jedenfalls gehört sie in das engere Umfeld der großen Ratswahlkantate „Gott ist mein König" BWV 71.

– Faszikel 3 (S. 35–58): Psalm „Confitebor tibi Domine" in g-Moll
Sechs gefaltete und ineinander gelegte Bögen, Blattformat ca. 33,5 × 19,5 cm; Wasserzeichen: Gekrönter sächsischer Rautenkranzschild, darüber Schriftband mit der Buchstabenfolge WEHZSICVBEW (Weiß 36). Kopftitel: „Confitebor"; Besetzungsangaben fehlen in der Partitur, doch legen die verwendeten Schlüssel Violine, Viola, Sopran, Alt, Baß und Continuo nahe. Die durchweg bezifferte Continuo-Stimme deutet abermals auf die Spartierung nach einem – verschollenen – Stimmensatz. Schubarts Handschrift zeigt in dieser Quelle die gewohnten, nach Ermittlungen von Yoshitake Kobayashi ab 1715 auftauchenden reifen Züge (siehe Abb. 2).[21] Hierzu paßt auch der Papierbefund: Das Wasserzeichen Weiß 36 läßt sich in Bachschen Originalquellen in den Jahren 1714 und 1715 nachweisen. Es wäre mithin zu erwägen, ob diese lateinische Psalmkomposition zu den von Bach in der Weimarer Schloßkapelle aufgeführten Figuralstücken zu zählen ist. Allerdings sind auch hier wiederum andere Kontexte denkbar. Zum einen muß mit der Möglichkeit gerechnet werden, daß der inzwischen 25jährige Schubart zu dieser Zeit bereits systematisch den Aufbau einer eigenen Sammlung von attraktiven Figuralstücken betrieb; zum anderen ist für die Jahre zwischen 1713 und 1715 mehrfach belegt, daß Schubart für den jungen Prinzen Johann Ernst von Sachsen-Weimar als Kopist von Musikalien arbeitete.[22] In welches der drei nachweisbaren Gebiete von Schubarts Arbeit als Notenschreiber (für den eigenen Gebrauch, für Bach, für den Weimarer Hof) die Abschrift des anonymen Confitebor fällt, ist kaum zu entscheiden, zumal nicht einmal geklärt ist, ob eine solch strikte Trennung seiner Tätigkeiten überhaupt statthaft ist. Anders gefragt: Bedeutet eine mutmaßlich in Bachs Wohnung – und damit gleichsam unter seinen Augen – entstandene Abschrift Schubarts, daß auch Bach selbst das Werk zur Kenntnis nahm beziehungsweise daß es einen wie auch immer zu definierenden Bestandteil seines musikalischen Horizonts bildete? Zu bedenken ist in diesem Zusammenhang, daß das Confitebor unabhängig von den Besitzverhältnissen des Notenmaterials vermutlich von der Hofkapelle – und damit unter Bachs Mitwirkung – musiziert wurde. Die Grenzen zwischen den Privatsammlungen einzelner Kapellmitglieder und dem höfischen, etwa von Johann Ernst auf seinen Reisen angeschafften Musikalienbestand hätten wir uns mithin nicht als undurchlässig vorzustellen. Vielmehr gehörten

---

[21] Kobayashi, *Quellenkundliche Überlegungen* (wie Fußnote 10), S. 291 f.
[22] Schulze Bach-Überlieferung, S. 159 und 163.

auch die Kollektionen anderer Weimarer Musiker zu Bachs musikalischem Umfeld.

Leider konnte auch bei dieser dritten Abschrift Schubarts der Autor des Werks bisher nicht ermittelt werden. Die Faktur deutet auf einen um 1700 wirkenden italienischen Komponisten. Die formale Disposition wie auch die Verwendung des damals modernen 3/8-Takts mit seinen typischen Hemiolen erinnert an die Kompositionen von Giovanni Battista Bassani (um 1657–1716), doch kann das Stück in dessen gedruckten Sammlungen nicht nachgewiesen werden.[23] Die Satzfolge des anonymen Confitebor lautet:

 1. Confitebor tibi Domine: Tutti; 3/8, g-Moll
 2. Magna opera Domini: Sopran, Bc; ¢, B-Dur
 3. Confessio: Alt, Baß, Streicher, Bc; ¢, B-Dur
 4. Memoria fecit: Tutti; 6/8, g-Moll
 5. Memor erit: Basso, Violino, Bc; ¢, d-Moll
 6. Ut det illis: Alt, Bc; 3/4, g-Moll
 7. Fidelia omnia mandata ejus: SAB, Viola, Bc; ¢, c-Moll
 8. Redemptionem misit populo suo: Sopran, Bc; 3/4, Es-Dur
 9. Sanctum et terribile: Tutti; ¢, g-Moll
10. Intellectus bonus omnibus: Tutti; ¢, g-Moll
11. Gloria Patri et Filio: SAB, Bc; 3/4, d-Moll
12. Sicut erat in principio: Tutti; 3/8, g-Moll (= Satz 1)

Ungeachtet der vielen offenen Fragen verleihen die drei Handschriften unserem Bild von der Pflege der geistlichen Figuralmusik in Bachs Mühlhäuser und Weimarer Umfeld deutlichere Konturen.

II.

Die Identifizierung von drei bislang unbekannten Handschriften des Bach-Schülers Johann Martin Schubart nährt den Wunsch, Näheres zur Überlieferung nicht nur dieser Quellen, sondern auch seiner Notensammlung insgesamt in Erfahrung zu bringen. Einen Fingerzeig liefern die dem Konvolut *Mus. ms. 30244* beigebundenen Abschriften der Kantaten von Homilius. Diese

---

[23] R. Haselbach, *Giovanni Battista Bassani. Werkkatalog, Biographie und künstlerische Würdigung mit besonderer Berücksichtigung der konzertierenden kirchlichen Vokalmusik*, Kassel 1955. Formal und musikalisch sehr ähnlich ist allerdings Bassanis Confitebor in a-Moll aus den *Salmi concertati a 3.4. e 5. voci con Violini*, op. 21, Bologna 1699 (abschriftlich erhalten in D-B, *Mus.ms. 1170/2*). Siehe die Besprechung bei Haselbach, S. 205 f.

drei Kantaten wurden offenbar von zwei verschiedenen Kopisten geschrieben, sind aber anhand des einheitlichen Wasserzeichens als zusammengehörig zu erkennen: Das Zeichenpaar „B in gabelüberhöhtem Schild + ICR" deutet auf die Papiermühle Blankenburg im Harz und den Papiermacher Johann Christoph Riedel (tätig in Blankenburg zwischen 1749 und 1777).[24] Nach Ermittlungen von Karlheinz Schönheid wurde Blankenburger Papier am Weimarer Hof bis ins 19. Jahrhundert hinein verwendet. Es lag also nahe, in Weimarer Akten nach den Kopisten dieser Quellen zu fahnden. Für den ersten der beiden Schreiber führte die Suche rasch zu einem positiven Ergebnis: Die Partituren zu „Lobet den Herrn, ihr seine Engel" HoWV II.166 und „Der Herr zeucht Gerechtigkeit an" HoWV II.120 stammen von der Hand des langjährigen Weimarer Hofkantors Johann Christoph Rudolph.

Rudolph wird in den Weimarer Akten erstmals am 14. August 1755 greifbar, als er sich um das durch den Tod von Wolfgang Christoph Alt vakant gewordene Amt des Hofkantors bewirbt.[25] In seinem Bewerbungsschreiben teilt er mit, daß er „von Kindesbeinen an der Music obgelegen" habe und daher „sowohl in der *vocal-* als *instrumental* Music" versiert sei, zumal er „ohnedem beym allhiesigen Schüler-*Chor* als *Præfectus* stehe und diese Stelle gar füglich mit versehen" könne. Bereits kurz nach seiner Anstellung stellte er allerdings fest, daß die Präfektur sich mit den Aufgaben eines Hofkantors nicht vereinbaren ließ, und ersuchte darum, von den alten Verpflichtungen entbunden zu werden; gleichzeitig aber bat er, daß die Kantorenstelle – wie zu Zeiten seines Vorgängers Johann Döbernitz (1658–1735) – wieder höher besoldet werden möge.[26] Dies wurde anscheinend abgelehnt, denn bereits am 28. Oktober 1755 bat Rudolph darum, „diejenigen 6 Rthlr., welche von dem verstorbenen Hoff-*Cantor* Alt, dem Hoff-Kirchner vor sein wöchentlich Singen in der Schloß-Kirchen vormals abgetreten und von Hochfürstl: Cammer gezahlet worden, (weiln er nun mit dem Singen nichts mehr zu thun hat und ich solches verrichte) mir zu gönnen gnädigst geruhen wolten".[27] Der Hintergrund dieser Eingaben ist, daß W. C. Alt neben seiner Tätigkeit als Hofkantor eine Lehrerstelle (Quintus) am Weimarer Gymnasium versah und wegen dieser Doppelbelastung gezwungen war, einige seiner Verpflichtungen abzutreten. Die Einkünfte des Hofkantors waren in der Folge offenbar stark gekürzt (und die Bedeutung dieser Stelle entsprechend reduziert) worden.

Nach dem Tod des Stadtkantors Johann Sebastian Brunner (1706–1777) bewarb Rudolph sich am 11. Oktober 1777 auf dessen Stelle mit dem Hinweis,

---

[24] Siehe K. Schönheid, *Die Blankenburger Papiermühle*, in: Greifenstein-Bote. Mitteilungsblatt der Greifenstein-Freunde, Nr. 5 (Dezember 2006), S. 6–7.

[25] Thüringisches Hauptstaatsarchiv Weimar (im folgenden: ThHStAW), *Konsistorialsachen B 3450*, fol. 1 r + v.

[26] Ebenda, fol. 5r–6 v.

[27] Ebenda, fol. 7 r + v.

daß er „ganzer 22. Jahr [...] wegen meiner geringen Besoldung [als Hofkantor] mit der *information* so wol im Christenthum, Latein und *Music* habe hinbringen müssen".[28] Rudolph wurde – jedoch mit spürbarer Zurückhaltung – von dem Weimarer Oberpfarrer und Ephorus Johann Gottfried Herder unterstützt, doch lehnte ihn das Oberkonsistorium als ungeeignet ab.[29] Wie Herder in seinem Gutachten erwähnt, hatte Rudolph „geraume Zeit für den Hrn. Capellmeister Wolf in Fürstl. Hofkirche die Stelle des Organisten vertreten".[30] Zu einer förmlichen Ernennung zum Hoforganisten kam es jedoch erst 1795, einige Jahre nach Wolfs Tod.[31] Den Weimarer Hofkalendern ist darüber hinaus zu entnehmen, daß Rudolph zusätzlich zu seinen musikalischen Verpflichtungen ab 1757 oder 1758 für die Herzogliche Bibliothek als Schreiber gearbeitet hat. In dieser dreifachen Funktion als Kantor, Organist und Bibliotheksgehilfe wirkte er bis zu seinem Tod im Jahr 1804.[32]

Sollte Rudolph die beiden in *Mus. ms. 30244* überlieferten Kantaten von Gottfried August Homilius für den eigenen Gebrauch abgeschrieben haben, so käme hierfür vielleicht am ehesten seine Zeit als Präfekt des Schülerchors um die Mitte der 1750er Jahre in Betracht, als er noch künstlerisch ambitioniert war und wohl den größten musikalischen Gestaltungsspielraum hatte[33];

---

[28] Stadtarchiv Weimar, *HA I Loc. 27 Nr. 61*, fol. 60 r.

[29] M. Keßler, *Johann Gottfried Herder – der Theologe unter den Klassikern. Das Amt des Generalsuperintendenten von Sachsen-Weimar*, Berlin 2007 (Arbeiten zur Kirchengeschichte. 102.), S. 133–134, sowie O. Francke, *Geschichte des Wilhelm-Ernst-Gymnasiums in Weimar*, Weimar 1916, S. 88.

[30] Gemeint ist Ernst Wilhelm Wolf (1735–1792), der 1761 Konzertmeister und 1763 in der Nachfolge Johann Caspar Voglers Organist der Weimarer Hofkapelle sowie Musikmeister der Herzogin Anna Amalia wurde. Wegen zahlreicher anderweitiger Verpflichtungen (1768 erfolgte noch seine Ernennung zum Hofkomponisten und 1772 die zum Kapellmeister) war Wolf offenbar gezwungen, seine Aufgaben als Hoforganist regelmäßig von einem Vertreter wahrnehmen zu lassen. Siehe hierzu besonders die Akte ThHStAW, *Konsistorialsachen B 3459*.

[31] Keßler (wie Fußnote 29), S. 146.

[32] Die erste Erwähnung dieser Tätigkeit findet sich im *Hochfürstl. Sachsen-Weimar- und Eisenachischen Hof- und Adress-Calender, auf das Jahr 1758*, Weimar [1757], S. 102. Durchgesehen wurde die digitalisierte Reihe der Hofkalender bis 1804; siehe http://www.urmel-dl.de/Projekte/LegislativundExekutiv/OnlineAngebot/Sachsen WeimarEisenach.html.

[33] Hierzu würde auch der – freilich noch nicht hinreichend abgesicherte – Schreiberbefund der auf dem gleichen Papier geschriebenen dritten Homilius-Kantate des Konvoluts passen („Was suchet ihr den Lebendigen bei den Toten" HoWV II.66). Die ersten neun Seiten dieses Faszikels sowie ein großer Teil der Textunterlegung stammen allem Anschein nach von der Hand des Allstedter Kantors und Schulmeisters Johann Friedrich Rötscher, der sich am 8. Februar 1778 erfolglos um das Weimarer Stadtkantorat bewarb. Rötscher war aus Winkel bei Allstedt gebürtig und

als Hofkantor dürfte seine Rolle sich auf die Leitung des liturgischen Gesanges beschränkt haben. Allerdings wäre auch denkbar, daß er sein klägliches Kantorengehalt mit Notenschreiben aufzubessern suchte.

Daß die gemeinsame Überlieferung der Abschriften von Schubart und Rudolph auf Zufall beruhen könnte, ist angesichts der vorstehend referierten biographischen Fakten als wenig wahrscheinlich zurückzuweisen. Trotz aller noch bestehenden Unsicherheiten und Lücken ist immerhin auffällig, daß Rudolph ab 1764 als offenbar regelmäßiger Vertreter von Ernst Wilhelm Wolf dieselbe Funktion ausübte wie der 1721 – ohne Erben – verstorbene Bach-Schüler Schubart. Dies deutet auf stabile Traditionen, die für die Überlieferung musikalischer Quellen günstig gewesen sein müssen und die vielleicht erst um 1800 mit dem Abtreten der Generation Rudolphs abgerissen sind.[34] Mit anderen Worten: Der Befund des Konvoluts *Mus. ms. 30244* legt die Annahme nahe, daß Rudolph zu einem noch näher zu bestimmenden Zeitpunkt Musikalien aus dem ehemaligen Besitz des Bach-Schülers Schubart übernahm.

Wir wissen nicht, ob Rudolph außer den in *Mus. ms. 30244* enthaltenen Quellen noch weitere Handschriften aus Schubarts Nachlaß besessen hat. Immerhin ist auffällig, daß die von Bach und Schubart geschriebenen Weimarer Tabulaturen in der ersten Hälfte des 19. Jahrhunderts den Weg in diejenige Bibliothek fanden, in der Rudolph fast fünf Jahrzehnte lang als Gehilfe und Schreiber gewirkt hatte. Im Blick auf die nunmehr schlüssig rekonstruierte Provenienz des Bandes *Mus. ms. 30244* (J. M. Schubart – … – J. C. Rudolph – J. N. Forkel – F. K. Griepenkerl) wäre zudem mit der Möglichkeit zu rechnen, daß Rudolph oder die Verwalter seines Nachlasses mit Johann Nikolaus Forkel und gegebenenfalls anderen Sammlern in direktem Kontakt

---

wurde im Juli 1741 als Depositus in die Matrikel der Universität Leipzig eingeschrieben (Erler III, S. 340). 1765 wurde er als Tenorist an den Darmstädter Hof verpflichtet, trat dort jedoch nicht an; siehe MfM 32 (1900), S. 85 (W. Nagel). Da Rötscher seiner Herkunft nach ein Landeskind des Herzogtums Sachsen-Weimar war, dürfte er seine Schulausbildung am Weimarer Gymnasium erhalten haben, wo er vielleicht neben Rudolph im Schülerchor eine führende Rolle innehatte. Weitere Ermittlungen zu seiner Biographie stehen noch aus.

[34] Am Rande sei erwähnt, daß die in der Herzogin Anna Amalia Bibliothek zu Weimar aufbewahrte Abschrift von Johann Gottfried Walthers *Praecepta der musicalischen Composition* (D-WRz, *Q 341c*) anscheinend von der Hand des Weimarer Stadtorganisten Johann Samuel Maul (1721–1802) herrührt (verglichen wurden die in der Akte *HA I Loc. 2 Nr. 6* des Stadtarchivs Weimar enthaltenen Schriftstücke Mauls). Das in derselben Akte (fol. 92–93) überlieferte Bewerbungsschreiben von Voglers Sohn Johann Christian (datiert 26. März 1748) liefert den Nachweis, daß dieser in dem Band D-B, *Mus. ms. 12011* mehrfach als Schreiber vertreten ist (genaue Nachweise im Anhang).

standen und ihnen in größerem Umfang Zugang zu älteren Musikalien aus der Blütezeit der Weimarer Hofmusik und insbesondere zu wichtigen frühen Bach-Quellen verschafften.

III.

In der rekonstruierten Provenienzkette des Konvoluts *Mus. ms. 30244* sind lediglich die Jahre zwischen Schubarts Tod (1721) und dem Beginn von Rudolphs Tätigkeit als Vertreter des Hoforganisten Wolf (1764) noch offen. Als Zwischenbesitzer kommt insbesondere eine Person in Betracht, die in mancher Hinsicht gewissermaßen ein Bindeglied zwischen den Zeitaltern darstellt: der Bach-Schüler Johann Caspar Vogler, der 1721 die Nachfolge Schubarts als Hoforganist antrat und diese Stelle mehr als vierzig Jahre bis zu seinem Tod am 3. Juni 1763 innehatte.[35] Die bereits 2007 vorsichtig geäußerte Vermutung, die Weimarer Tabulaturen könnten mit dem 1766 veräußerten Nachlaß von Schubarts Amtsnachfolger Johann Caspar Vogler zu tun haben,[36] veranlaßte mich in der Folge zu weitreichenden Recherchen. Da kein Exemplar des in zwei Zeitungsannoncen erwähnten Verkaufskatalogs mehr greifbar ist, kann Voglers „Vorrath an Musicalien, von J. S. Bach und andern berühmten *Musicis*"[37] nur anhand der Bestimmung von gemeinsamen Merkmalen der seiner Sammlung mutmaßlich zuzuordnenden Handschriften rekonstruiert werden.

Tatsächlich förderte die sukzessive Durchsicht des gesamten greifbaren Quellenmaterials aus dem Weimarer Umfeld zahlreiche Handschriften mit gleichartigen, meist in der rechten unteren Ecke der ersten Seite angebrachten Bleistiftsignaturen zutage. Diese bilden eine offenbar zusammengehörige Nummernfolge, die – mit vielen Lücken – von „No. 3" bis „833" reicht.[38] Wie ein Vergleich mit gesicherten Schriftstücken eindeutig ergibt, stammen die Nummern von Voglers Hand (siehe Abb. 3 a–d).[39] Seine Musikaliensammlung

---

[35] Zu Voglers Biographie siehe besonders Schulze Bach-Überlieferung, S. 59–68.

[36] *Weimarer Orgeltabulatur* (wie Fußnote 5), Vorwort, S. XI.

[37] Siehe Dok III, Nr. 728, sowie Schulze Bach-Überlieferung, S. 67.

[38] Auf Fotokopien und Mikrofilmaufnahmen sind die Ziffern meist nicht zu erkennen. In der Literatur und den Quellenbeschreibungen der betreffenden Kritischen Berichte der NBA fehlen daher in der Regel die entsprechenden Hinweise. Die auf dem Stammbuchblatt mit Bachs Kanon BWV 1073 zu findende Bleistiftnummer („841") gehört meines Erachtens nicht in diese Reihe; zumindest stammt sie von einer anderen (späteren) Hand.

[39] Herangezogen wurden verschiedene Dokumente im ThHStAW; siehe besonders das auch bei Schulze Bach-Überlieferung, S. 208, abgebildete Schriftstück aus der Akte B 4367a, Bl. 3–4. Charakteristisch für Voglers Hand sind insbesondere die Ziffern 1, 2, 3, 5, 6 und 9.

gewinnt damit erstmals deutliche Konturen. Allerdings handelt es sich bei den Chiffren nicht um Losnummern einer Auktion, sondern um Inventarnummern, die mit einem von Vogler angelegten Verzeichnis seines Notenschatzes korrespondiert haben dürften. Dieses wiederum wird die Grundlage des später von Voglers Witwe in den erwähnten Verkaufsangeboten (vom 11. April und 15. Juli 1766) genannten Katalogs gebildet haben, der – handschriftlich oder gedruckt – auf Anfrage an potentielle Käufer verschickt wurde. Die diesem Aufsatz als Anhang beigefügte Zusammenstellung aller bisher identifizierten Handschriften aus Vogler Besitz vermittelt einen Eindruck von den musikalischen Vorlieben des Weimarer Hoforganisten und gewährt einen Blick auf das von ihm beherrschte und in den Gottesdiensten der Himmelsburg beziehungsweise im häuslich-privaten Rahmen gepflegte Repertoire. Zugleich dokumentiert sie Voglers – zum Teil auch anderweitig belegte – persönliche Beziehungen zu Organistenkollegen wie Johann Peter Kellner, Johann Tobias Krebs und Johann Nikolaus Mempell.[40] Auffällig ist das Fehlen von Werken und eigenhändigen Abschriften Johann Gottfried Walthers; anscheinend hatte der 1747 zwischen Vogler und Walther offen ausgebrochene Konflikt eine längere Vorgeschichte.[41]

Die Inventarnummern legen nahe, daß Vogler ausschließlich Werke für Tasteninstrumente sammelte; sollte er – wie sein Kollege Johann Gottfried Walther – auch Vokalmusik besessen haben (die Überlieferung der drei Schubart-Quellen in *Mus. ms. 30244* legt dies nahe), so hat er diese anscheinend nicht inventarisiert. Eine systematische Ordnung des numerierten Bestands ist nur ansatzweise zu erkennen: Voglers Abschrift der Französischen Suiten („No. 38") steht direkt vor einer „Suite pour le Clavecin" in Es-Dur von Johann Ludwig Krebs („No. 39"), während es sich bei den Positionen „No. 110" bis „No. 139" ausschließlich um Choralbearbeitungen für Orgel handelt. Von „No. 171" bis „No. 214" finden sich freie Tastenwerke von J. S. Bach (Präludien und Fugen), vergleichbare Kompositionen anderer Meister verteilen sich auf die Positionen „No. 504" bis „No. 570", und zwischen „No. 640" und „No. 651" häufen sich Orgel-Trios. Ab „No. 654" sind wiederum ausschließlich Choralbearbeitungen verzeichnet; vielleicht handelt es sich hier um einen ausgedehnten Anhang, dem dann auch die vier Weimarer Tabulaturen („830" bis „833") zugeordnet waren. Nicht zu klären ist, wodurch die Umgruppierung von mindestens drei Positionen aus dem Bereich zwischen den Nummern 404 und 466 in den niedrigstelligen Bereich (zwischen „No. 3" und „No. 39") bedingt war.

---

[40] Siehe Schulze Bach-Überlieferung, S. 68.

[41] Siehe *Johann Gottfried Walther. Briefe*, hrsg. von K. Beckmann und H.-J. Schulze, Leipzig 1987, S. 255–257.

Zu welchem Zeitpunkt Vogler die Inventarisierung seiner Musikaliensammlung vornahm, ist nicht bekannt. Bei seinen eigenen Abschriften scheint die Numerierung nicht in einem Zuge mit der Kopienahme erfolgt zu sein, es handelt sich also nicht um ein numerus-currens-System. Mithin ergibt sich aus der Abfolge der Signaturen keine chronologische Ordnung seiner Sammel- und Kopiertätigkeit.

Die Überlieferung der Handschriften aus Voglers Sammlung ist mit vielen Fragen behaftet. Im Vergleich mit der recht großen Zahl von Werken seiner Organistenkollegen Kellner und Krebs erstaunt, daß von Johann Sebastian Bachs Kompositionen kaum etwas zu finden ist. Da aber gerade dieser Repertoireschwerpunkt von Voglers Witwe in ihrer Zeitungsanzeige besonders hervorgehoben wurde, sind hier offenbar empfindliche Verluste zu beklagen. Die Kellner- und Krebs-Abschriften sind über die Sammlung Forkel überliefert. Ob – analog – der heute weitgehend verschollene große Bachiana-Bestand, der 1819 in Forkels Nachlaßverzeichnis noch genannt wird, zumindest in Teilen ebenfalls auf die Sammlung Vogler zurückging, läßt sich nicht mehr bestimmen.[42] Allerdings dürfte Forkel 1766 als gerade einmal 17jähriger Schüler kaum schon selbst als Käufer aufgetreten sein; er wurde also höchstens über einen Zwischenbesitzer auf die Quellen aufmerksam. Wer dieser mögliche Zwischenbesitzer gewesen sein könnte, entzieht sich unserer Kenntnis – und überhaupt wissen wir nicht, welcher Personenkreis seinerzeit auf das Verkaufsangebot von Christiana Augusta Vogler reagierte. In Betracht kämen in erster Linie Musiker aus dem Weimarer Kreis, darunter, wie es der Überlieferungsbefund von *Mus. ms. 30244* nahelegt, auch Johann Christoph Rudolph. Jedenfalls wurde die Sammlung Vogler anscheinend schon früh zerstreut; das erklärt auch, warum für die wenigen noch greifbaren Voglerschen Bach-Abschriften kein einheitliches Überlieferungsprofil zu erkennen ist. Schließlich ist auch denkbar, daß es sich bei den von Forkel erworbenen Handschriften aus dem Besitz Voglers lediglich um einige in Weimar zurückgebliebene Restbestände handelte.[43]

Mindestens eine Quelle – Voglers Abschrift der beiden *Livres d'Orgue* von Jacques Boyvin (D-B, *Mus. ms. 2329*) – gelangte in den Besitz von Johann Christoph Walther (1715–1771); dies geschah wohl erst 1770, in dem Jahr, in dem Walther seine Organistenstelle am Ulmer Münster aufgab und in seine Geburtsstadt Weimar zurückkehrte. Nach Auskunft einer handschriftlichen Notiz auf dem Vorsatzblatt erwarb den Band im November 1858 der damalige

---

[42] Eine Ausnahme bildet Voglers Abschrift der Fuge BWV 578, die aber anonym überliefert ist und erst in jüngerer Zeit als eine Komposition von J. S. Bach erkannt wurde. Siehe NBA IV/5–6 Krit. Bericht (D. Kilian, 1978), S. 95.

[43] Voglers Witwe starb Anfang März 1783 (siehe Dok III, S. 723); möglicherweise zogen sich die Verkäufe bis zu diesem Zeitpunkt hin.

Weimarer Opernregisseur Ernst Pasqué „zu Weimar von der Familie Martini",
den Nachkommen von J. C. Walthers Schwester Wilhelmina Maria; wohl
aufgrund der Provenienz hielt Pasqué die Quelle für ein Autograph von Johann
Gottfried Walther: „J. Ch. Walther, der seinen Vater beerbte, hinterließ seiner
Schwester, verehlichte Martini zu Weimar seinen musikalischen Nachlaß,
welcher theilweise in den Besitz Gerbers […] überging, theilweise im Besitz
der Familie blieb, von deren Nachkommen der Unterzeichnete den Band erhielt".

Vier weitere Bach-Handschriften scheinen nach Leipzig gelangt zu sein; sie
tauchen später im Nachlaß des Thomaskantors Johann Gottfried Schicht beziehungsweise im Handschriftensortiment des Verlagshauses Breitkopf &
Härtel auf.[44] Ob die vier Quellen 1766 einen gemeinsamen Weg nahmen, ob sie
gegebenenfalls Teil eines größeren Bestands waren und wer der oder die Käufer gewesen sein mögen – all dies bleibt ungeklärt. Da wir nicht einmal wissen,
ob Vogler sämtliche Handschriften mit Tastenwerken in seinem Besitz in-
ventarisierte, wäre zu fragen, ob nicht vielleicht auch die eine oder andere um
1800 in Leipzig auftauchende Weimarer Quelle aus seinem Nachlaß stammen
könnte. Schicht zum Beispiel besaß eine vermutlich vor 1720 entstandene Abschrift des Präludiums in a-Moll BWV 569 (F-Sn, *MS 2964*), deren Wasserzeichen (A mit Dreipaß) auch in zahlreichen frühen Handschriften Bachs und
Walthers vorkommt. Das gleiche gilt für die erst vor kurzem bekannt gewordene Abschrift der beiden Manualiter-Toccaten BWV 913 und 914, als deren
früheste Besitzer Franz Hauser und das Verlagsarchiv Breitkopf & Härtel bestimmt werden konnten.[45]

Eine andere, zugegeben vage Spur zu verschollenen Bachiana aus Voglers
Sammlung ergibt sich aus dem Wasserzeichenbefund. Die meisten eigenhändigen Abschriften Voglers sowie auch die Mehrzahl der in seinem Besitz befindlichen Kopien von der Hand Johann Tobias Krebs' (siehe Anhang) sind
auf Papier aus der Arnstädter Manufaktur von Johann Michael Stoß geschrieben (WZ: A mit Dreipaß + Monogramm JMS). Nach Aufzeichnungen
von Wilhelm Rust und Ernst Naumann fand sich dieses Wasserzeichen auch
in mehreren – heute verschollenen – Abschriften aus der Sammlung Gotthold
in der Universitätsbibliothek Königsberg.[46] Die in den Königsberger Faszikeln
enthaltenen Werke – Choralbearbeitungen aus dem Dritten Teil der Clavier-
Übung und drei frühe repräsentative Weimarer Choralfantasien (BWV 1128,
661a und 735a) – würden gut in das Bild von Voglers Sammelinteressen passen. Da die Königsberger Handschriften sämtlich aus dem Besitz des ehe-

---

[44] Zur Provenienz von Voglers Bach-Abschriften siehe speziell Schulze Bach-Überlieferung, S. 60–65.

[45] Blanken (wie Fußnote 13), S. 79–128.

[46] Vgl. BJ 2008, S. 18–20 (H.-J. Schulze).

maligen Weimarer Opernsängers und Chordirektors Johann Nicolaus Julius
Kötschau (1788–1845) stammen, wäre zu erwägen, ob der umfangreiche Bestand an Bach-Handschriften in dessen 1845 gedrucktem Nachlaßkatalog
zumindest in Teilen auf Voglers Sammlung zurückging.[47]
Angesichts der prominenten Stellung und weitreichenden beruflichen Kontakte Voglers ist anzunehmen, daß dieser in seiner Sammeltätigkeit von anderen Musikern aus seinem regionalen Umfeld unterstützt wurde und diese
im Gegenzug von seinem Quellenbesitz profitierten. Instruktive Beispiele sind
die Abschriften von Johann Tobias Krebs (größtenteils Werke seines ältesten
Sohnes enthaltend) und die von Johann Nikolaus Mempell besorgte Kopie
von Johann Peter Kellners Fuge in a-Moll (*Mus. ms. 11544*, Fasz. 10). Bei der
Bewertung von Mempells Bach-Abschriften wäre künftig dessen direkter
Kontakt zu Vogler stärker zu berücksichtigen.[48]
Weiterer Überlegungen bedarf auch die Herkunft der frühen Abschriften von
der Hand Johann Gottlieb Prellers. Preller war – nach Ermittlungen von Thomas Synofzik – von 1744 bis 1750 (oder 1751) Schüler des Weimarer Gymnasiums.[49] Daß er hier auch musikalisch tätig war und insbesondere in seinen
letzten Schuljahren in dem von dem Weimarer Hofmusiker Georg Christoph
Eylenstein auf Weisung von Herzog Ernst August begründeten Collegium
musicum eine aktive Rolle spielte, ergibt sich aus den in Weimar erhaltenen
Textdrucken zu drei Huldigungsmusiken – (1) einer Geburtstagskantate für
Johanna Charlotte, der unverheirateten Schwester des wenige Monate zuvor
verstorbenen Herzogs Ernst August († 23. November 1748), (2) einer Kantate
zum 13. Geburtstag von Herzog Ernst August Constantin (2. Juni 1749) und (3)

---

[47] Siehe die Übersicht im Krit. Bericht NBA IV/5–6 (D. Kilian, 1978), S. 227 f. – An-
      dere Teile der Sammlung Kötschau stammten offenbar aus dem Nachlaß des Erfurter
      Organisten Johann Christian Kittel; dies trifft etwa für die Faszikel 3, 8 und 22–24
      des Konvoluts *Rfa 6* der Staats- und Universitätsbibliothek Königsberg zu (siehe die
      Übersicht in BJ 2008, S. 18–20). Außerdem gibt Kötschau an, 1814 weitere Hand-
      schriften aus dem Nachlaß von Johann Christian Bach, dem sogenannten Hallischen
      Clavier-Bach, übernommen zu haben. – Zu Kötschaus Biographie siehe W. Serauky,
      Musikgeschichte der Stadt Halle, Bd. II/2, Halle 1940, S. 474.
[48] Zu den Biographien und Musiksammlungen von Johann Nikolaus Mempell und
      dem im folgenden diskutierten Johann Gottlieb Preller siehe die grundlegende
      Studie von H.-J. Schulze, *Wie entstand die Bach-Sammlung Mempell-Preller?*, BJ
      1974, S. 104–122 (auch in Schulze Bach-Überlieferung, S. 69–88).
[49] T. Synofzik, *Johann Gottlieb Preller und seine Abschriften Bachscher Clavier-
      werke – Kopistenpraxis als Schlüssel zur Aufführungspraxis*, in: Bach und seine
      mitteldeutschen Zeitgenossen, Bericht über das internationale musikwissenschaft-
      liche Kolloquium, Erfurt und Arnstadt 2000, hrsg. von R. Kaiser, Eisenach 2001,
      S. 45–64, speziell S. 50 f.

einem Oratorium zu dessen 14. Geburtstag (2. Juni 1750).[50] Über dieses Collegium musicum dürfte Preller persönliche Verbindungen zu Mitgliedern der Hofkapelle und vermutlich auch zu dem Hoforganisten Vogler geknüpft haben. Selbst ein förmliches Lehrer-Schüler-Verhältnis zwischen Vogler und Preller erscheint angesichts dieser biographischen Konstellationen nicht ausgeschlossen.[51]

Von besonderem Interesse sind die älteren Handschriften in Voglers Sammlung. Es wäre zu fragen, ob Vogler analog zu der nun belegten Übernahme des musikalischen Nachlasses von Johann Martin Schubart weitere Handschriften

---

[50] (1) *Unterthänigste Freuden-Bezeugung treuer Musen über das Hochergehen einer grossen Prinzessin, Welche an dem 23sten des Winter-Monats des 1748sten Jahres, als an dem in allen erwünschten Hoch-Fürstl. Hochergehen beglückt erlebten Geburths-Feste Der [...] Fürstin und Frau, Frau Johanna Charlotte, Herzogin zu Sachsen, Jülich, Cleve und Berg [...] durch folgende Cantata in [...] Unterthänigkeit an den Tag legeten, des Hoch-Fürstl. Weimarischen Gymnasii Illustris nachgesezte Mitglieder des Collegii Musici*, Weimar 1748 (Exemplar: D-WRz, *Huld G 31*); als Organisatoren werden genannt „J. G. Preller aus OberRoßla", „W. C. Nieccksch aus Schoppendorf" und „J. E. Michael aus Weimar".
(2) *Als der Durchlauchtigste Fürst und Herr, Herr Ernst August Constantin, Herzog zu Sachsen, Jülich, Cleve und Berg [...] Dero [...] Geburths-Licht [...] das 13de mahl erlebten, statteten ihren [...] Glück-Wunsch [...] ab Die nachstehenden sämtlichen Cives der 1sten Ordnung und Glieder des Collegii Musici, auf dem Hoch-Fürstlichen Gymnasio illustri zu Weimar*, Weimar 1749 (Exemplar: D-WRz, *Huld G 41*); Organisatoren: „J. G. Preller aus Ober-Rosla", „W. C. Nieccksch aus Schoppendorff" und „J. C. Kellner aus Weimar".
(3) *Das von seinen Telemach verlassene, und über das vierzehende Gebuhrts-Fest, Des Duchlauchtigsten Fürsten und Herrn, Herrn Ernst August Constantin, Hertzogs zu Sachsen, Jülich, Cleve, und Berg, [...] den 2. Junii 1750 [...], höchsterfreuete Ithaca wurde um zu diesen [...] Tage ihren [...] Glück-Wunsch abzustatten in einem Oratorio vorgestellet von denen sämtlichen Civibus der ersten Ordnung des Hochfürstl. Weimarischen Gymnasii illustris*, Weimar 1750 (Exemplar: D-WRz, *Huld H 23*); Organisatoren: „J. G. Preller, aus Ober-Rosla", „W. C. Nieccksch, aus Schoppendorff" und „J. C. Kellner, aus Weimar".
Daß es sich bei dem in (2) und (3) genannten J. C. Kellner um den 1736 geborenen Sohn von Johann Peter Kellner aus Gräfenhain handeln könnte, ist wenig wahrscheinlich; möglicherweise bestanden aber zwischen der Weimarer und der Gräfenhainer Familie Kellner verwandtschaftliche Beziehungen. Zu den Mitwirkenden der drei Aufführungen dürfte auch der in Abschnitt II porträtierte J. C. Rudolph gehört haben. Zur Geschichte des Collegium musicum liegen bislang nur wenige gesicherte Erkenntnisse vor; siehe W. Lidke, *Das Musikleben in Weimar 1683–1735*, Weimar 1954, S. 65–67.
[51] Vgl. Schulze Bach-Überlieferung, S. 86.

von Weimarer Kollegen erworben hat. Hierzu konnten folgende Indizien zu-
sammengetragen werden:

1. Die in dem Konvolut *Mus. ms. 30194* (Faszikel 21) enthaltene Abschrift
der singulär überlieferten Toccata in A-Dur von Johann Kuhnau („No. 570")
weist das Wasserzeichen „Gekrönter Sächsischer Rautenkranzschild mit
Schriftband WEHZSICVBEW" auf, das, bedingt durch das ungewöhnlich
dicke Papier (möglicherweise Doppelpapier), allerdings nur recht schwach zu
erkennen ist, so daß eine nähere Bestimmung der konkreten Variante nur mit
Vorbehalt erfolgen kann; dem Augenschein nach handelt es sich um das Zeichen Weiß 36, das in zahlreichen Bachschen Originalquellen aus den Jahren
1714 und 1715 nachgewiesen ist. Es erstaunt daher nicht, daß auch der Schreiber in Bachs Umfeld auftaucht: Es ist der Kopist Anonymus W 7,[52] der Hauptschreiber des Weimarer Originalstimmensatzes (*St 23*) zur Pfingstkantate
„Erschallet, ihr Lieder" BWV 172, die Bach am 20. Mai 1714 als drittes Werk
nach seiner Ernennung zum Konzertmeister der Weimarer Hofkapelle aufführte. Da die betreffenden Stimmen der Pfingstkantate ebenfalls das Wasserzeichen Weiß 36 aufweisen, könnte die Kuhnau-Abschrift in zeitlicher Nähe
entstanden sein. Diese Zusammenhänge erlauben die Schlußfolgerung, daß
Anonymus W 7 ein – namentlich noch nicht identifizierter – Weimarer Schüler
Bachs war (siehe Abb. 4 a–b). Somit ist denkbar, daß er für seine Abschrift der
Kuhnau-Toccata auf eine Vorlage aus Bachs Notensammlung zurückgreifen
konnte. Dies wiederum ließe bemerkenswerte Rückschlüsse auf Bachs eigenen musikalischen Horizont zu, und es wäre des weiteren zu erwägen, ob das
vielgestaltige und musikalisch anspruchsvolle Werk zur Vorgeschichte der
Toccaten BWV 910–916 gehört.

2. Die in dem Konvolut *Mus. ms. 30194* als Faszikel 24 enthaltene, bezüglich
der Autorschaft mit Zweifeln behaftete Choralbearbeitung „Vater unser im
Himmelreich" BWV 762 („No. 139") ist ebenfalls auf einem in Weimar häufig
verwendeten Papier geschrieben. Bei dem Wasserzeichen handelt es sich um
den Buchstaben P in gabelüberhöhtem Schild, beseitet von den Buchstaben M
und K. Ähnliche Zeichen tauchen in Bachschen Originalquellen der gesamten
Weimarer Zeit auf. Die Buchstaben M und K deuten auf Michael Keyßner, von
1689 bis 1726 Inhaber der Papiermühle Blankenburg/Thüringen.[53] Die Identifizierung des bisher unbekannten Schreibers gelingt anhand der im Kopftitel
belegten charakteristischen Buchstabenschrift: Es handelt sich um den langjährigen Organisten der Weimarer Jacobskirche Philipp Samuel Alt, einen

---

[52] Vgl. NBA IX/3, Textband, S. 6.
[53] Vgl. NBA IX/1 (W. Weiß/Y. Kobayashi, 1985), Nr. 41–43. Auf den Papierbefund
     hatte bereits 1978 Yoshitake Kobayashi hingewiesen; siehe dessen Aufsatz *Neu-*
     erkenntnisse zu einigen Bach-Quellen an Hand schriftkundlicher Untersuchungen,
     BJ 1978, S. 43–60, speziell S. 59.

Bruder des vorstehend erwähnten W. C. Alt (siehe Abb. 5 a + b).[54] P. S. Alt wurde am 18. Januar 1689 als Sohn des Weimarer Hofkantors und Sängers Christoph Alt getauft. Am 17. August 1708 schrieb er sich in die Matrikel der Universität Erfurt ein; ein dreiviertel Jahr später wechselte er nach Jena (29. März 1709). Sein Studium an der Salana wurde ihm durch ein zweijähriges Stipendium des Weimarer Hofes ermöglicht.[55] Nach Beendigung seiner Ausbildung wurde er 1714 als Bassist in die Weimarer Hofkapelle aufgenommen. Am 4. Juli 1720 bewarb er sich um die durch den Tod von Johann Georg Hoffmann freigewordene Stelle eines Violinisten in der Hofkapelle und ließ bei dieser Gelegenheit einfließen, er habe „in die 5. und mehr Jahre bey der HochFürstl: HoffCapelle sowohl, als auch wenn sonsten *Music* gewesen die Violin mitgemachet, und in Abwesenheit erwehnten Herrn Hoffmanns deßen *Vices* in die 5. und mehr Jahre vertreten".[56] In seiner auf den 2. April 1721 datierten Bewerbung um das mit dem Tod Schubarts vakant gewordene Amt des Hoforganisten schrieb er über seine musikalische Qualifikation, er habe „nicht nur zu Jena die *Collegen-Orgel* einige Jahre zu*tractir*en gehabt, sondern auch alhier bereits zu Zeiten Herrn Bachs, und obgedachten Herrn Schubarts deren Stelle, bey Abwesenheit und Unpäßligkeit derselben, vertreten müßen, und überdieß noch die *Orgel* in der hiesigen *St. Jacobs*-Kirchen zuspielen gehabt".[57] Die Bewerbung führte zwar nicht zu dem erhofften Amt, doch erhielt Alt in der Folge immerhin eine feste Anstellung an der Jakobskirche. 1727 wurde er außerdem zum Hofadvokaten berufen. Auch der für das Jahr 1748 belegten Bewerbung um die Nachfolge Johann Gottfried Walthers als Organist der Stadtkirche St. Peter und Paul war kein Erfolg beschieden, obwohl Alt darauf hinwies, „bereits in die 26. und mehr Jahre dem *Organist*en-Dienste zu *Sct: Jacob* alh. treüfleißigst vorgestanden, und hiernächst noch die *Composi-*

---

[54] Biographische Angaben nach Walther Briefe (wie Fußnote 41), S. 275, und den angegebenen Akten.

[55] ThHStAW, *Fürstliche Weimarische gesamte Cammer- und Steuer-Rechnung* [...] *von Michaelis 1709. bis Michaelis 1710*, fol. 95; dito, 1710 bis 1711, fol. 95.

[56] ThHStAW, *Weimarer Dienersachen B 26435*, Bl. 81 r–v.

[57] Dok II, Nr. 104. – Das von Alt eigenhändig zu Papier gebrachte Bewerbungsschreiben findet sich im ThHStAW unter der Signatur *B 3457* (*Gesuch Philipp Samuel Alts um die ledige Stelle eines Hoforganisten zu Weimar 1721*). – Alts Angaben zu seiner Tätigkeit als Organist der Jenaer Kollegienkirche lassen erkennen, daß die Verhandlungen um die Besetzung der Stelle mit Johann Nikolaus Bach noch verworrener gewesen sein müssen, als es die stark ausgedünnten Jenaer Akten erkennen lassen; vgl. BJ 2004, S. 162–165 (M. Maul) und BJ 2014, S. 196 f. (H.-J. Schulze), wo Alts Name zu ergänzen ist. Anknüpfend an die bisherige Diskussion wäre zu spekulieren, ob Alt von dem offenbar seit 1708 in Jena lebenden emeritierten Weimarer Hoforganisten Johann Effler († 1711) protegiert wurde und möglicherweise als dessen Schüler anzusehen ist.

tion, so bey dergleichem Dienste ebener gestalt nicht wohl zu entbehren ist, mit begriffen und erlernet" zu haben.[58] Alt verstarb Ende Juni 1765 (begraben am 27. Juni 1765) im Alter von 76 Jahren.

Die Identifizierung von Philipp Samuel Alt als Schreiber von *Mus. ms. 30194*, Fasz. 24 vermag die Autorschaft des Choralvorspiels BWV 762 zwar nicht abschließend zu klären, immerhin aber wird anhand der stemmatisch sehr eng voneinander abhängigen Abschriften Alts und Walthers deutlich, daß die Komposition in Weimar anonym kursierte. Da Alt 1748 seine Beherrschung des Kompositionshandwerks eigens erwähnt, wäre künftig auch er als Autor des anmutigen kleinen Werks in Betracht zu ziehen. Die einzige explizite Zuschreibung „di J. S. Bach" findet sich auf einer von unbekannter Hand angefertigten leicht abweichenden Fassung (heute Teil des Konvoluts D-LEb, *Ms. 7*) und wurde offenbar erst nachträglich von Mempell ergänzt.[59] Es ist durchaus denkbar, daß dieser Schreiber – in der Literatur wird er häufig als „Kopist Mempells" bezeichnet – auf eigene Initiative arbeitete; sollte seine Abschrift erst durch Kauf an Mempell gelangt sein, wäre die Zuschreibung an Bach mit noch größerer Vorsicht zu betrachten.

IV.

Wenn wir die erhaltenen Reste der Tastenmusiksammlungen des Weimarer Hoforganisten Bach und seiner Kollegen systematisch zusammentragen, so lassen sich zahlreiche Anhaltspunkte für ein enges Zusammenwirken erkennen. Eine Gesamtschau aller Verbindungslinien wäre wünschenswert, würde den Rahmen dieser Studie jedoch sprengen. Hier sei daher nur ein einzelner Aspekt herausgegriffen und näher beleuchtet.

Die heute in dem kleinformatigen Konvolut *P 801* vereinigten Einzelhandschriften von der Hand Johann Gottfried Walthers belegen für die Zeit um 1712 einen starken Zuwachs an Werken französischer Meister. Unvermittelt finden sich hier Cembalo-Suiten von Jean-Henri d'Anglebert, Charles François Dieupart, Gaspard Le Roux, Louis Marchand und Nicolas Antoine Le Bègue sowie Orgelkompositionen von Guillaume Gabriel Nivers.[60] Etwa um die-

---

[58] Stadtarchiv Weimar, *HA I Loc. 27 Nr. 61*, fol. 95 bis.

[59] Zur Quellenlage siehe NBA IV/10 Krit. Bericht (R. Emans, 2008), S. 246 f.

[60] Siehe H. Zietz, *Quellenkritische Untersuchungen an den Bach-Handschriften P 801, P 802 und P 803 aus dem „Krebs'schen Nachlass" unter besonderer Berücksichtigung der Choralbearbeitungen des jungen J. S. Bach*, Hamburg 1969 (Hamburger Beiträge zur Musikwissenschaft. 1.), S. 48–60 und 209–211; K. Beißwenger, *Zur Chronologie der Notenhandschriften Johann Gottfried Walthers*, in: Acht kleine Präludien und Studien über BACH. Georg von Dadelsen zum 70. Geburtstag am 17. November 1988, hrsg. vom Kollegium des Johann-Sebastian-Bach-

selbe Zeit fertigte Johann Caspar Vogler seine bereits erwähnte vollständige Abschrift der beiden *Livres d'Orgue* von Jacques Boyvin an, die nach Überlegungen von Victoria Horn auf eine Vorlage aus Bachs Besitz zurückgehen dürfte.[61] Die genannten Quellen bilden den historischen Kontext für den von Bach in mehreren Arbeitsphasen (um 1709–1712, um 1713 und um 1714–1716) zusammengestellten Sammelband D-F, *Mus. Hs. 1538* mit vollständigen Abschriften des *Premier livre d'orgue* (1700) von Nicolas de Grigny und der *Six Suittes De Clavecin* (ca. 1701) von Charles François Dieupart sowie der Verzierungstabelle aus den *Pièces de clavecin* (1689) von Jean-Henri d'Anglebert.[62]

Der Bestand an Weimarer Quellen mit französischer Tastenmusik läßt sich noch erweitern, wenn wir die Arbeiten eines anonymen, offenbar im Weimarer Umfeld beheimateten Kopisten einbeziehen, der in dem Berliner Konvolut *P 281* mit einer frühen Abschrift der Toccata in d-Moll BWV 913 vertreten ist. Von der Hand dieses Schreibers stammt auch die Kopie einer möglicherweise auf Walther zurückgehenden Orgelbearbeitung von Telemanns Violinkonzert in B-Dur (TWV 51: B 2) und eines Satzes aus dessen Ouverture in E-Dur (TWV 55: E 2, Satz 4), die in dem aus Johann Peter Kellners Besitz stammenden Konvolut *P 804* überliefert ist,[63] sowie eine von mir jüngst in Dresden aufgefundene vollständige Abschrift von Jean-Henri d'Angleberts *Pièces de clavessin* von 1689 (D-Dl, *Mus. 2004-T-1*). Als Wasserzeichen läßt sich in *P 804* und *Mus. 2004-T-1* die schlanke Form des Arnstädter A erkennen (ähnlich Weiß 113, 115 und 116), die eine Datierung auf die Zeit um 1710–1715 nahelegt.[64]

Instituts Göttingen, Wiesbaden 1992, S. 11–39, speziell S. 21 f., datiert die von ihr einem „Schriftstadium III" zugeordneten Abschriften auf die Zeit um 1714–1717.

[61] V. Horn, *French Influence in Bach's Organ Works*, in: J. S. Bach as Organist. His Instruments, Music, and Performance Practices, hrsg. von G. Stauffer und E. May, Bloomington/IN 1986, S. 256–273, speziell S. 259.

[62] Erste Untersuchungen dieser Handschrift finden sich bei R. S. Hill, *The Möller Manuscript and the Andreas Bach Book: Two Keyboard Anthologies from the Circle of the Young Johann Sebastian Bach*, Diss. Harvard University 1987, S. 142 bis 145, und Beißwenger, S. 190–202.

[63] Vgl. NBA V/9.1 Krit. Bericht (P. Wollny, 1999), S. 72–74. Edition des Violinkonzerts in: *Keyboard Transcriptions from the Bach Circle*, hrsg. von R. Stinson, Madison/WI 1992 (Recent Researches in the Music of the Baroque Era. 69.), Nr. 7.

[64] Die Abschrift in *P 281* weist kein Wasserzeichen auf. – Sollte sich diese Datierung erhärten, so wäre damit nicht nur ein Anhaltspunkt für die Entstehung von Telemanns Ouvertüre TWV 55: E 2 gefunden (Eisenacher Zeit?), sondern auch der früheste Nachweis für die in diesem Werk wohl erstmals eingesetzte Oboe d'amore. Siehe BJ 2014, S. 45–60 (C. Ahrens).

Der von Bach geschriebene Sammelband D-F, *Mus. Hs.1538* diente nach Ermittlungen von Hans-Joachim Schulze als direkte Vorlage für eine Abschrift von Grignys *Premier Livre d'Orgue* (D-B, *Mus. ms. 8550*) von der Hand Walthers.[65] Auffällig ist dessen selektives Interesse an den hier versammelten Werken: Während er die Sammlung von Grigny erst ab dem vierten Stück kopierte, wählte er aus den nachfolgenden Suiten Dieuparts lediglich die erste aus, die er in ein separates Heft (heute *P 801*, Fasz. 17) eintrug. Ähnlich selektiv verfuhr er mit den *Pièces des Clavessin* von Nicolas-Antoine Le Bègue (Paris 1677; zweite Ausgabe unter dem Titel *Livre de Clavessin*, Amsterdam 1697).

Um Walthers Vorgehen richtig bewerten zu können, werfen wir einen Blick auf eine offenbar verwandte Quelle: Die Möllersche Handschrift (D-B, *Mus. ms. 40644*) enthält auf fol. 82v–96v, geschrieben von Bachs ältestem Bruder Johann Christoph, die vollständige Sammlung der fünf Suiten Le Bègues einschließlich der „Demonstration des Marques", allerdings in der Folge 2, 1, 3–5 und ohne die freien Préludes (die nach einem Hinweis von Hans-Joachim Schulze aber bereits in der Amsterdamer Ausgabe fehlen[66]). Walther kopierte in Faszikel 30 von *P 801* lediglich die zweite Suite ohne das Prélude. Angesichts der geringen Verbreitung der Werke Le Bègues darf es als sehr wahrscheinlich gelten, daß J. C. Bach und Walther dieselbe Vorlage benutzten[67] – vielleicht eine Abschrift im Besitz J. S. Bachs, die der eine vollständig, der andere nur in Auszügen kopierte.

An entlegener Stelle findet sich ein weiterer kennenswerter Beleg für Bachs Vertrautheit mit der französischen Tastenmusik. Ein 1808 gedrucktes Verkaufsangebot des Nürnberger Historikers Christoph Gottlieb von Murr enthält auf Bl. 2r folgenden Eintrag:

---

[65] Vermerk auf einem der Handschrift beiliegenden Zettel vom 4.5.1970. Beißwenger, S.198–200, bezweifelt eine direkte Abhängigkeit, doch bedürfen ihre Argumente einer erneuten Prüfung. Siehe auch die Faksimile-Ausgabe *Nicolas de Grigny. Premier Livre d'Orgue – Edition originale 1699, Copie manuscrite de J. S. Bach, Copie manuscrite de J. G. Walther*, hrsg. von P. Hardouin, P. Lescat, J. Saint-Arroman und J. C. Tosi, Courlay 2001, sowie die Ausgabe von N. Gorenstein (Editions du Triton), Fleurier 1994.

[66] Siehe Schulze Bach-Überlieferung, S.43.

[67] Die beiden Abschriften unterscheiden sich zwar hinsichtlich der Verzierungen; es ist jedoch auffällig, daß beide Quellen an einigen Stellen gemeinsame Sonderlesarten aufweisen. Siehe hierzu die eingehende Diskussion bei Hill (wie Fußnote 62), S.147–149. Hill weist darauf hin, daß Johann Christoph Bachs Abschrift ungeachtet der fehlenden Préludes eher von der Pariser Originalausgabe (1677) als von dem Amsterdamer Nachdruck (1697) abhängig ist.

Autographum. Livre d'Orgue. Composé par André Raison. Copie de la main de J. S. Bach. *Sum ex Aerario Musico Joannis Sebastiani Bachii*. *Vinariae*. 1709. Folior. 81. in trav. à 30 fl.[68]

Anscheinend gab es also eine vollständige Bachsche Abschrift von Raisons 1688 in Paris erschienenem *Livre d'Orgue*. Der lateinische Vermerk samt Jahreszahl gibt offenbar eine Notiz auf der Titelseite wieder. Es handelte sich somit um eine Schwesterquelle der in zeitlicher Nähe entstandenen Grigny-Abschrift, über deren Verbleib leider nichts in Erfahrung zu bringen ist. Da Bach das Ostinato-Thema seiner Passacaglia in c-Moll BWV 582 anscheinend nach dem Christe („Trio en passacaille") von Raisons „Messe du Deuzième Ton" entwarf,[69] ergeben sich aus diesem Nachweis wertvolle Anhaltspunkte für eine mögliche Datierung des Werks.

Ergänzen wir diese Belege noch um die Erwähnung einer so herausragenden, in Deutschland aber kaum bekannten Persönlichkeit wie den Pariser Organisten Pierre du Mage in Johann Abraham Birnbaums Verteidigungsschrift,[70] so lassen sich die Umrisse des in Weimar verfügbaren Repertoires französischer Tastenmusik des späten 17. und frühen 18. Jahrhunderts recht detailliert nachzeichnen.

Die folgende Aufstellung versucht, einen knappen Überblick über das ab etwa 1710 in Weimar verfügbare französische Tastenmusikrepertoire zu geben. Sie berücksichtigt auch die beiden in Ohrdruf entstandenen Sammelbände aus dem Besitz von Johann Christoph Bach (Möllersche Handschrift und Andreas-Bach-Buch), da – nach einhelliger Auffassung der einschlägigen Forschungsliteratur – die hier vertretenen französischen Werke vermutlich auf die Vermittlung J. S. Bachs zurückgehen:

---

[68] Staatsbibliothek Bamberg, *J. H. Msc. hist. 140*, fol. 266 r–267 v. – Einen weiteren datierten Besitzvermerk trug Bachs Abschrift von Girolamo Frescobaldis *Fiori musicali* („J. S. Bach 1714"). Nach Mitteilung von Christoph Wolff bewahrte die Bibliothek der Akademie für Kirchen- und Schulmusik Berlin bis zum Zweiten Weltkrieg eine Abschrift von Raisons *Livre d'Orgue* von der Hand Walthers; siehe C. Wolff, *From Berlin to Łódź: The Spitta Collection Resurfaces*, in: Notes 46 (1989/90), S. 311–327, speziell S. 327.

[69] *André Raison. Premier Livre d'Orgue*, hrsg. von A. Guilmant und A. Pirro, Paris 1899 (Archives des Maitres de l'Orgue. 2.), S. 10 und 37. Siehe auch NBA IV/7 Krit. Bericht (D. Kilian, 1988), S. 127, und Beißwenger, S. 46 und 369.

[70] Siehe Dok II, Nr. 409 (S. 304), und Beißwenger, S. 351. Die Nennung des Namens Du Mage dürfte – worauf Christoph Wolff hingewiesen hat – direkt auf Bach zurückgehen. Siehe C. Wolff, *„Die sonderbaren Vollkommenheiten des Herrn Hofcompositeurs". Versuch über die Eigenart der Bachschen Musik*, in: Bachiana et alia musicologica. Festschrift Alfred Dürr zum 65. Geburtstag, hrsg. von W. Rehm, Kassel 1983, S. 356–362, speziell S. 358.

Quelle	Schreiber	Datierung	Vorlage
D-F, *Mus. Hs. 1538*	J. S. Bach	um 1709/12, 1713, 1714/16	J. H. d'Anglebert, *Pièces de clavecin*, Paris 1689 (nur Verzierungstabelle); N. de Grigny, *Premier livre d'orgue*, Reims 1700; C. F. Dieupart, *Six Suittes De Clavecin*, Amsterdam o. J. [um 1701]
verschollen	J. S. Bach	„1709"	A. Raison, *Livre d'Orgue*, Paris 1688
verschollen	J. S. Bach?	?	P. du Mage, *Livre d'Orgue*, Paris 1708 (oder verschollene frühere Auflage?)
P 801, Fasz. 13	J. G. Walther	um 1712?	J.-F. Dandrieu, Suite g-Moll (Vorlage unbekannt)
P 801, Fasz. 14	J. G. Walther	um 1712?	J. H. d'Anglebert, *Pièces de clavecin*, Paris 1689 (nur Suite 1)
P 801, Fasz. 16	J. G. Walther	um 1712?	G. G. Nivers, *Livre d'orgue*, Paris 1665 (nur Prélude und Fugue du 4. Ton)
P 801, Fasz. 16	J. G. Walther	um 1712?	C. F. Dieupart, *Six Suittes De Clavecin*, Amsterdam o. J. [um 1701] (nur Suite 1)
P 801, Fasz. 26	J. G. Walther	um 1712?	G. le Roux, *Pièces de clavessin*, Paris 1705[71]
P 801, Fasz. 27	J. G. Walther	nach 1714	L. Marchand, *Pièces de clavecin*, Livre 2, Paris 1714
P 801, Fasz. 30	J. G. Walther	um 1712?	N.-A. le Bègue, *Pièces des Clavessin*, Paris 1677, 2. Ausgabe: Amsterdam 1697 (nur Suite 2, ohne Prélude)
P 801, Fasz. 31	J. G. Walther	um 1712?	G. le Roux, *Pièces de clavessin*, Paris 1705 (nur Suiten 1 und 3, ohne Préludes, sowie Gigue G-Dur)
Mus. ms. 8550	J. G. Walther	nach 1717?	N. de Grigny, *Premier livre d'orgue*, Reims 1700 (nur Auszüge)

---

[71] In *P 801* ist der Autor irrtümlich als „Cleramboulaux" (Titelseite, S. 423) bzw. „Clerambault" (Kopftitel, S. 424) angegeben; vgl. Zietz (wie Fußnote 60), S. 55. Die Identifizierung des Werks gelang Jean-Claude Zehnder; siehe BJ 1988, S. 87.

Mus. ms. 2329	J. C. Vogler	um 1710–1715	J. Boyvin, *Livres d'Orgue*, livres 1 und 2, Paris 1689
Mus. ms. 40644 (Möllersche Handschrift)	J. C. Bach	um 1710–1713	C. F. Dieupart, *Six Suittes De Clavecin*, Amsterdam o. J. [um 1701] (nur Verzierungstabelle); N.-A. le Bègue, *Pièces des Clavessin*, Paris 1677, 2. Ausgabe: Amsterdam 1697 (Suite 2, 1, 3–5, jeweils ohne Prélude)
D-LEm, *III.8.4* (Andreas-Bach-Buch)	J. C. Bach	um 1710–1713?	L. Marchand, *Pièces de Clavecin*, Livre Premier, Paris 1702
D-Dl, *Mus. 2004-T-1*	Anonymer Kopist	um 1710–1715	J. H. d'Anglebert, *Pièces de clavecin*, Paris 1689

Läßt sich für das Auftreten dieser beeindruckenden Zahl rarer französischer Tastenwerke um 1710 im Weimarer Umfeld ein plausibler Grund finden? Eine naheliegende – wenngleich bislang offenbar noch von keinem Autor erwogene – Erklärung scheint mir in der Kavalierstour zu liegen, die der junge Prinz Ernst August von Sachsen-Weimar in der Zeit zwischen Anfang August 1706 und Ende Dezember 1707 in Begleitung seines Hofmeisters Friedrich Gotthilf Marschall (genannt Greif) unternahm und die ihn zunächst nach Homburg an den Hof von Landgraf Friedrich II. führte, dem Vater seiner Stiefmutter Charlotte Dorothea Sophie geb. Prinzessin von Hessen-Homburg.[72] Hier schloß sich ihm der jüngste Bruder seiner Stiefmutter, Prinz Casimir Wilhelm von Hessen-Homburg, an. Die kleine Reisegesellschaft begab sich sodann über das Rheinland in die Spanischen Niederlande. Die letzten drei Monate des Jahres 1706 verbrachte Ernst August in Brüssel; Anfang 1707 ging es weiter nach Mons, wo sich zu dieser Zeit der exilierte bayrische Kurfürst Max Emanuel mit seinem Hof aufhielt, und Ende Januar 1707 traf Ernst August in Paris ein. Bedingt durch die politischen Verwerfungen des seit 1701 tobenden Spanischen Erbfolgekriegs war es für einen jungen deutschen Fürsten in diesen Jahren offenbar nicht leicht, eine persönliche Audienz bei Ludwig XIV. zu erlangen. Dies glückte nach langer Wartezeit schließlich auf Vermittlung der aus Deutschland stammenden Herzogin Elisabeth Charlotte von Orléans (Lieselotte von der Pfalz), der Schwägerin des Sonnenkönigs. In

---

[72] Die folgenden Angaben nach G. A. de Wette, *Kurzgefaßte LebensGeschichte der Herzoge zu Sachsen, welche vom Churfürst Johann Friedrich an, bis auf den Herzog Ernst August Constantin, zu Weimar regieret haben*, Weimar 1770, S. 482 f., und C. von Beaulieu-Marconnay, *Ernst August, Herzog von Sachsen-Weimar-Eisenach (1688–1748). Kulturgeschichtlicher Versuch*, Leipzig 1872, S. 23–28.

der Zwischenzeit scheint Ernst August ausgiebig das kulturelle Leben der
französischen Metropole genossen zu haben. Die Reise kam zu einem vorzei-
tigen Ende, als der junge Prinz im Juni 1707 vom Tod seines Vaters erfuhr.[73]
Seine Anfang Juli angetretene Rückreise führte ihn über Brüssel, Antwerpen,
Dordrecht, Rotterdam, Den Haag, Leiden, Harlem, Amsterdam und Utrecht
zurück nach Weimar, wo er Ende Dezember wieder eintraf.

Es ist anzunehmen, daß der musikinteressierte Prinz seine Zeit in Paris – und
vielleicht auch seine Aufenthalte in anderen Städten – nutzte, um Musikalien
einzukaufen. Zu seinen Mitbringseln könnten Exemplare der oben nachgewiesenen Drucke (oder auch Abschriften) gehört haben, die später den Weimarer Musikern zugänglich waren.[74] Der Paris-Aufenthalt von Ernst August
scheint mithin dem höfischen und städtischen Musikleben Weimars einen
ähnlich starken Impuls gegeben zu haben wie fünf Jahre später die weitaus
besser belegte Bildungs- und Studienreise seines jüngeren Halbbruders Prinz
Johann Ernst, in deren Folge die Konzerte Vivaldis und anderer Italiener nach
Weimar gelangten.[75]

Akzeptiert man die hier vorgetragene Hypothese, so ist nicht nur die ab etwa
1710 zu beobachtende starke Präsenz des französischen Tastenmusikreper-
toires in den Sammlungen von Bach, Walther und Vogler zu verstehen, sondern wir hätten auch eine plausible Erklärung dafür, warum es Bach möglich
war, die Suiten von Francois Dieupart über einen längeren Zeitraum hinweg zu
kopieren.[76] Er konnte wohl kontinuierlich auf die Drucke und Handschriften
im Besitz Ernst Augusts zurückgreifen und daher ohne Zeitdruck arbeiten.
Selbst das Problem der kleinen Differenzen in den konkordanten Abschriften
von Bach und Walther wäre mit der Hypothese einer dauerhaften Verfügbar-

---

[73] Herzog Johann Ernst von Sachsen-Weimar war am 10. Juni 1707 verstorben. Das
Stammbuch von Ernst August (D-WRz, *Stb 293*) enthält Eintragungen aus Paris
zwischen Anfang Mai und Ende Juni 1707; einer solchen Eintragung ist zu entnehmen, daß Prinz Casimir Wilhelm bereits Anfang Mai 1707 aus Paris abreiste.

[74] Die Musikalienkäufe müssen sich keineswegs auf Werke für Tasteninstrumente be-
schränkt haben. Vielleicht gehörte auch die Vorlage zu einer teilweise von Johann
Gottfried Walther geschriebenen und wohl aus seinem Besitz stammenden Kopie
einer Missa von Pietro Antonio Fiocco (1654–1714) dazu (D-B, *Mus. ms. 30088*,
Fasz. 7). Der Kopftitel der Abschrift wartet mit präzisen biographischen Informa-
tionen über den Komponisten auf: *Messa â 4. Voci è 5. Instrum: di Pietro Antonio
Fiocco Veneto. Maestro di Capella nella Chiesa Ducale della Madonna del
Sablone in Bruxelles.* Fiocco war erst 1703 an der Brüsseler Kirche Notre Dame
du Sablon zum „maitre de musique" ernannt worden. Vielleicht war das Werk auch
J. S. Bach zugänglich.

[75] Vgl. Schulze Bach-Überlieferung, S. 156–163.

[76] Vgl. Beißwenger, S. 190–195.

keit gemeinsamer Vorlagen gelöst.[77] Zu der hier aufscheinenden Großzügigkeit paßt auch die Mitteilung C. P. E. Bachs, daß Herzog Ernst August – neben Fürst Leopold von Anhalt-Köthen und Herzog Christian von Sachsen-Weißenfels – einer jener Herrscher war, die Bach „besonders geliebt u. auch nach *proportion* beschenckt" haben.[78] Bedenkt man ferner, daß Bach – wie Entgelte für die Instandhaltung von Cembali belegen – sich ab 1709 an der Musikpflege des nunmehrigen Herzogs und Mitregenten Ernst August beteiligte,[79] daß eine ihm Ende 1716 gewährte Besoldungszulage aus der „Fürstlich Sächßisch Ernst August: Particulier Cammer" stammte[80] und daß er von Ernst August bereits 1711 und 1712 Honorare für die musikalische Ausbildung des Pagen Adam Friedrich Wilhelm von Jagemann empfangen hatte,[81] darf die unspezifische Bemerkung des Nekrologs – „Das Wohlgefallen seiner gnädigen Herrschaft an seinem Spielen, feuerte ihn an, alles mögliche in der Kunst die Orgel zu handhaben, zu versuchen"[82] – vielleicht sogar eher auf den jüngeren, seit dem Erreichen seiner Volljährigkeit im April 1709 mitregierenden Ernst August bezogen werden als auf den älteren Weimarer Herzog Wilhelm Ernst, der Bachs eigentlicher Dienstherr war.

V.

Bachs Weimarer Sammlung von geistlichen Figuralstücken fremder Meister gilt insgesamt als gut erforscht. Kirsten Beißwenger hat in ihrer Studie über Johann Sebastian Bachs Notenbibliothek (1992) den damaligen Kenntnisstand zusammengefaßt und um neue Beobachtungen ergänzt; seither sind einige Entdeckungen hinzugekommen. Auf weitere Funde bleibt zu hoffen. Wie im folgenden gezeigt werden soll, bieten jedoch auch die bereits bekannten Quellen noch zahlreiche Ansätze für weiterführende Untersuchungen, die unser Bild von den beruflichen Kontakten des Weimarer Hoforganisten und Konzertmeisters Bach um wesentliche Details zu bereichern versprechen.

1. Messen von Giovanni Pierluigi da Palestrina

Unser Wissen um Bachs Beschäftigung mit dem Schaffen Palestrinas hat durch Barbara Wiermanns Entdeckung einer aus Bachs Besitz stammenden handschriftlichen Partitur (D-B, *Mus. ms. 16695*) mit sieben – teils voll-

---

[77] Vgl. die Diskussion bei Beißwenger, S. 198–200.

[78] Dok III, Nr. 803 (Brief an J. N. Forkel vom 13. Januar 1775).

[79] Dok II, Nr. 49.

[80] Dok II, Nr. 81.

[81] Dok II, Nr. 53.

[82] Dok III, Nr. 666 (S. 82 f.).

ständig, teils in Auszügen kopierten – Werken aus Palestrinas erstem Messen-
buch (in der erweiterten Fassung von 1591) eine bemerkenswerte neue Facette
erhalten.[83] Denn während der seit langem bekannte Stimmensatz der sechs-
stimmigen Missa sine nomine (D-B, *Mus. ms. 16714*) – genau wie der ebenfalls von Wiermann entdeckte unvollständige Stimmensatz der Missa Ecce
sacerdos magnus (D-Bsak, *SA 424*) – in die späte Leipziger Zeit (um 1742 bzw.
um 1744) gehört, weist die Partitur *Mus. ms. 16695* nach Weimar: Aufgrund
des auf deren erster Seite von Johann Gottfried Walther ergänzten Kompo-
nistennamens schloß Wiermann, daß diese Handschrift bereits in Weimar
über Walther in Bachs Besitz gelangte.[84] Daniel Melamed wies im BJ 2012
ergänzend darauf hin, daß die Palestrina-Messen und andere Werke aus
Bachs Notenbibliothek auch im Aufführungsverzeichnis des Weißenfelser
Hofkapellmeisters Johann Philipp Krieger nachweisbar sind.[85] Melamed zog
in Erwägung, daß, erstens, Bach „Aufführungen von Palestrina-Messen in
Weißenfels hörte" und – vielleicht über den ab 1713 in Weißenfels, vordem in
Weimar tätigen – Musiker Adam Immanuel Weldig Zugang zu Kriegers Notensammlung fand und, zweitens, er sich bereits in seinen Weimarer Jahren mit
dem stile antico Palestrinascher Prägung künstlerisch auseinandersetzte. Die
geringe Entfernung zwischen den beiden Residenzen Weimar und Weißenfels
verleiht diesen Überlegungen zur Provenienz zusätzliche Plausibilität.

Die Zahl der möglichen Verbindungen steigt allerdings, wenn wir daneben
noch das Rudolstädter Inventar mit dem Nachlaß von Philipp Heinrich Erlebach aus dem Jahr 1714 konsultieren. Dort findet sich unter der Nummer 390
folgende Eintragung: „*Missæ cum Quattuor, Quinque ac Sex vocibus, Liber
Primus, Auctore Jo. Petro Aloysio*".[86] Bernd Baselt bezog diese Angabe auf
einen nicht weiter bekannten Komponisten namens Johann Petrus Aloysius;

---

[83] B. Wiermann, *Bach und Palestrina: Neue Quellen aus Johann Sebastian Bachs
Notenbibliothek*, BJ 2002, S. 9–28. Zu Bachs praktischer Verwendung dieses Mate-
rials siehe D. R. Melamed, *Bach und Palestrina – Einige praktische Probleme I*,
BJ 2003, S. 221–224, und B. Wiermann, *Bach und Palestrina – Einige praktische
Probleme II*, BJ 2003, S. 225–227.

[84] Ebenda, S. 17.

[85] Vgl. D. R. Melamed, *Johann Sebastian Bach, Johann Gottfried Walther und die
Musik von Giovanni Pierluigi da Palestrina*, BJ 2012, S. 73–93, sowie das Vorwort
zu meinen Ausgaben der beiden Messen von Giuseppe Peranda (*Marco Giuseppe
Peranda. Missa in a-Moll, nach einem Stimmensatz aus dem Besitz J. S. Bachs*,
Stuttgart 2000; und *Marco Giuseppe Peranda. Kyrie in C-Dur, nach einem Stim-
mensatz aus dem Besitz J. S. Bachs*, Stuttgart 2001).

[86] B. Baselt, *Die Musikaliensammlung der Schwarzburg-Rudolstädtischen Hofkapelle
unter Philipp Heinrich Erlebach (1657–1714)*, in: Traditionen und Aufgaben der
Hallischen Musikwissenschaft, Halle 1963 (Wissenschaftliche Zeitschrift der Mar-
tin-Luther-Universität Halle-Wittenberg, Sonderband), S. 105–134, speziell S. 116.

ein Vergleich mit dem Titel der erweiterten römischen Ausgabe von Palestrinas erstem Messenbuch aus dem Jahre 1591 zeigt allerdings eindeutig, was hier eigentlich gemeint ist: „*Missarum cum quattuor, quinque ac sex vocibus Liber primus auctore Io. Petro Aloysio Praenestino.* […] *Romae, apud Alexandrum Gardanum* […] *1591*.“ Ein Teil des Originaltitels findet sich auch im Kolophon der Abschrift aus Bachs Notenbibliothek: „*Jo. Petrus Aloysius Prænestinus | Romæ apud Alexandrum | Gardanum. 1591*“. Es ist nicht bekannt, ob Erlebach ein Exemplar des Stimmendrucks oder eine – dann vermutlich in Partiturform notierte – Abschrift besaß. Da aber die Sammlungen Erlebachs und Kriegers eine erstaunlich große Zahl von Konkordanzen aufweisen, erscheint denkbar, daß zwischen den Palestrina-Quellen in Rudolstadt, Weißenfels und Weimar Zusammenhänge bestehen, die sich unserem Zugriff entziehen.

Fragen wir nach der Entstehungszeit und Chronologie der Besitzerfolge von *Mus. ms. 16695*, so lassen sich folgende Beobachtungen anführen: Walther ergänzte nicht nur den Komponistennamen, sondern sah zudem auch die Abschrift der ersten Messe (Missa Ecce sacerdos magnus) genau durch. Auf Bl. 1 v ergänzte er im zweiten Takt die Textsilbe „[ju-] stus“, und auf Bl. 3 r fügte er zu Beginn des Gloria („Et in terra“) die Stimmenbezeichnung „Alto“ ein. Möglicherweise gehen auch einige Ergänzungen der Textunterlegung auf ihn zurück; diese wären, dem ungefestigten Schriftcharakter nach zu urteilen, sehr früh anzusetzen, vielleicht noch vor Walthers Dienstantritt in Weimar im Sommer 1707.[87]

Bachs Beschäftigung mit der Palestrina-Partitur ließ sich bisher nur für die Zeit nach 1740 belegen, als er die erwähnten Stimmensätze anfertigte.[88] Tatsächlich aber ist die Partitur – was bisher übersehen wurde – übersät mit eigenhändigen Eintragungen aus seiner Weimarer Zeit. Bachs zierliche Buchstabenschrift der Weimarer Jahre findet sich in weiten Teilen der Textunterlegung in den Abschnitten Kyrie und Gloria sowohl der Missa Ecce sacerdos magnus als auch der Missa sine nomine (siehe Abb. 6). Der Duktus dieser Eintragungen entspricht genau dem der Textunterlegung in seinen Abschriften der Messen von Johann Baal, Gioseppe Peranda und Johann Christoph Pez. Bachs Ergänzungen erwiesen sich als notwendig, da der anonyme Schreiber der Partitur, wie besonders deutlich im Kyrie der – von Bach nicht revidierten – Missa O regem coeli zu erkennen ist, den Gesangtext nur äußerst sparsam unterlegte. Bach scheint darüber hinaus der Urheber mehrerer Notenkorrekturen und sämtlicher nachträglich eingefügter Akzidenzien zu sein. Eine derart intensive Auseinandersetzung mit den Werken Palestrinas wäre kaum mit dem

---

[87] Gemeint sind speziell Passagen im Credo der Missa Ecce sacerdos magnus; verglichen wurde Walthers Weimarer Bewerbungsschreiben vom 4. Juli 1707.

[88] BJ 2002, S. 16 (B. Wiermann).

bloßen Studium der Satztechnik zu erklären; vielmehr steht hier vermutlich die Vorbereitung von Aufführungen in den Gottesdiensten der Himmelsburg im Hintergrund.

Bachs Beschäftigung mit den Messen Palestrinas läßt sich also folgendermaßen zusammenfassen:

1. wohl vor 1714: Erwerbung der Partitur aus dem Besitz Walthers
2. um 1714–1717: Aufführung(en) der Missa Ecce sacerdos magnus und der Missa sine nomine, nachfolgend Verlust des Aufführungsmaterials
3. um 1742: Anfertigung eines neuen Stimmensatzes zur Missa sine nomine mit colla parte geführten Bläsern (Aufführung in Kammerton e-Moll, Chorton d-Moll)
4. um 1744: Anfertigung eines neuen Stimmensatzes zur Missa Ecce sacerdos magnus mit colla parte geführten Oboen; Stimmensatz unvollständig, vermutlich keine Aufführung

2. Eine Motette von Sebastian Knüpfer

Daniel Melamed entdeckte 1989 im Zuge seiner Forschungen zu Bachs Beschäftigung mit der Gattung Motette einen von Bach um 1746/47 geschriebenen Stimmensatz (D-B, *Mus. ms. 11788*) zu Sebastian Knüpfers Begräbnismotette „Erforsche mich, Gott, und erfahre mein Herz" und eine zugehörige, mit Eintragungen von Bachs Hand versehene Partiturabschrift (D-B, *Mus. ms. autogr. Knüpfer 1*) aus dem späten 17. Jahrhundert.[89] Die Titelseite der Partitur wurde – mit Ausnahme der Autorenzuweisung – vom Hauptschreiber des Alt-Bachischen Archivs beschriftet, den ich 1998 als den Arnstädter Stadtkantor Ernst Dietrich Heindorff (1651–1724) identifizieren konnte.[90] Unsere Aufmerksamkeit gilt zunächst der auf der Titelseite nachträglich ergänzten Angabe „*di Seb: Knüpfer*". Arnold Schering hatte sie einst für eine Eintragung J. S. Bachs gehalten, doch wies Melamed diese Zuweisung als irrig zurück[91]; sie wurde seither in der Forschungsliteratur nicht wieder diskutiert. In der Tat weisen die Schriftzüge keine nennenswerten Ähnlichkeiten mit dem in den Stimmen vertretenen Duktus von Bachs Spätschrift auf. Vergleicht man indes die im Titelzusatz enthaltenen Buchstabenformen mit frühen Schriftzeugnissen, so lassen sich bemerkenswerte Übereinstimmungen feststellen: Für das etwas schrägliegende große S und das elegant geschwungene große K sowie auch das mit einem kleinen waagerechten Strich endende kleine r finden sich mehrere Belege in Bachs Weimarer Autographen (siehe Abb. 7 a

---

[89] Siehe D. R. Melamed, *Eine Motette Sebastian Knüpfers aus J. S. Bachs Notenbibliothek*, BJ 1989, S. 191–196.

[90] Siehe P. Wollny, *Alte Bach-Funde*, BJ 1998, S. 137–148, speziell S. 138 und S. 140 f.

[91] Siehe A. Schering, Vorwort zu *Sebastian Knüpfer, Johann Schelle, Johann Kuhnau. Ausgewählte Kirchenkantaten*, Leipzig 1918 (DDT 58/59), S. XVIII und XX; sowie BJ 1989, S. 192, Fußnote 8 (D. R. Melamed).

+ b). Auch ein Vergleich mit den Arnstädter Besoldungsquittungen und anderen frühen Dokumente liefert positive Resultate. Ich halte es daher für gesichert, daß Bach die Partitur der Knüpfer-Motette bereits in jungen Jahren von Heindorff erworben hat. Es liegt nahe, diese Erwerbung auf die Jahre 1703 bis 1707 anzusetzen, als Bach und Heindorff in Arnstadt Kollegen waren, allerdings sind vielleicht auch die frühen Weimarer Jahre nicht ganz auszuschließen.[92] Bachs Korrekturen von Spartierungsfehlern und Ergänzungen der Textunterlegung in der Partitur sind wegen ihrer Kürze und Gedrängtheit zwar nur schwer zu datieren, doch kann als sicher gelten, daß sie nicht in seine „Spätzeit" einzuordnen sind. Vielmehr sind zahlreiche Parallelen zu den autographen Kantatenpartituren der Weimarer Zeit, zu den Kopftiteln des Orgelbüchleins und zu den beiden Briefen an August Becker in Halle (14. Januar und 19. März 1714) zu erkennen. Somit ist – ähnlich wie bei den Palestrina-Messen – neben der bereits bekannten Leipziger Aufführung um 1746/ 47 auch von einer Darbietung des Werks in den mittleren Weimarer Jahren auszugehen, wobei auch in diesem Fall die Weimarer Stimmen in Bachs Leipziger Zeit offenbar nicht mehr vorhanden waren.

3. Weitere verschollene Weimarer Quellen

Fragen wir anknüpfend an die beiden hier diskutierten Fälle, ob weitere Quellen aus Bachs Leipziger Notenbibliothek ihre Wurzeln in der Weimarer Zeit haben könnten, so kommen folgende Kompositionen in Betracht:
– Das erst vor kurzem von Arne Thielemann identifizierte Magnificat in C-Dur (BWV Anh. 30) des bayrischen Hofkapellmeisters Pietro Torri (ca. 1650 bis 1737) ist in einer von Bach geschriebenen Partitur und einer ebenfalls autographen Tamburi-Stimme aus der Zeit um 1742 überliefert (beide Quellen: *P 195*).[93] Die Ermittlung von zwei Konkordanzen zeigte, daß Bach das Werk – vielleicht nach einem Stimmensatz – spartierte und in seiner Partitur zunächst zwei Systeme freiließ, in die er dann in seiner charakteristischen Konzeptschrift die im Original nicht enthaltenen Partien für die dritte Trompete und die Pauken nachtrug. Thielemann wunderte sich, warum Bach um 1742 das „bereits deutlich veraltete Werk" Torris noch für eine Aufführung einrichtete. Ich halte es aufgrund der folgenden Überlegungen für sehr wahr-

---

[92] Diese Erkenntnis hat möglicherweise Auswirkungen auf unser Bild von der Überlieferung des Alt-Bachischen Archivs. Ich hatte 1998 auf der Basis der wenigen seinerzeit greifbaren Photographien angenommen, daß Bach erst Ende der 1730er Jahre in den Besitz der Quellen gekommen ist. Die seit 2001 wieder greifbaren Originalquellen bedürfen allerdings einer erneuten kritischen Durchsicht, die ich in einer separaten Studie vorzulegen gedenke.

[93] A. Thielemann, *Zur Identifizierung des Magnificats BWV Anh. 30 aus Johann Sebastian Bachs Notenbibliothek*, BJ 2012, S. 217–223.

scheinlich, daß das Stück eine in die Weimarer Zeit zurückreichende Vorgeschichte hat: Torri hielt sich zwischen 1704 und 1715 gemeinsam mit dem
nach der Schlacht bei Hochstädt exilierten Kurfürsten Max Emanuel in Brüssel und Mons auf.[94] Hier dürfte er 1707 mit Prinz Ernst August von Sachsen-
Weimar zusammengetroffen sein. Auf diesem Wege könnte – ähnlich wie wir
es bereits für die Missa von Fiocco vermutet haben – eine Abschrift des Magnificat nach Weimar gelangt sein. Daß das Werk spätestens 1714 in Thüringen
kursierte, belegt auch das erwähnte Rudolstädter Inventar. Dort findet sich
unter der Nummer 420 der folgende unmißverständliche Eintrag: „Magnificat
à 15 ô 20, 8 Voci concertato con diversi strom. di Torri, benebst d. Part.".[95]
– Eine ähnliche Vorgeschichte vermute ich für die monumentale Missa in G-
Dur BWV Anh. 167, die – ehemals als ein Hauptwerk des Thomaskantors
angesehen – in der Bach-Rezeption des frühen 19. Jahrhunderts eine bedeutende Rolle spielte.[96] Das Werk ist mit zwei vierstimmigen Vokalgruppen, zwei
fünfstimmigen Instrumentalensembles und einem Ripienchor überaus festlich besetzt. Der stilistische Befund deutet auf das letzte Viertel des 17. Jahrhunderts; als Komponist kommen Meister wie Christoph Bernhard (1628 bis
1692), Johann Philipp Krieger (1649–1725) und David Pohle (1624–1695) in
Betracht. Bach hat das Kyrie und den Beginn des Gloria zwischen 1732 und
1735 von dem Kopisten Anonymus 20 abschreiben lassen und die Partitur um
1738/39 eigenhändig vervollständigt (*P 659*). Ein Kopierfehler in der Conti-
nuo-Partie auf Bl. 4v zeigt, daß Anonymus 20 das Werk nach einem Stimmensatz spartierte und dabei im „Christe eleison" zunächst 15 Takte (= eine Zeile?)
übersprungen hatte. Unsere Aufmerksamkeit weckt die Notation der vierstimmigen Oboengruppe. Im Gegensatz zu den in G-Mixolydisch stehenden
Sing- und Streicherstimmen sind die drei Oboen und die Taille in B-Dur
notiert. Dies deutet auf die für Weimar typische Stimmtonpraxis, nach der
Sänger und Streicher sich an dem hohen Chorton der Orgel orientierten, während die Holzbläser eine kleine Terz tiefer im Kammerton gestimmt waren und
entsprechend transponierte Partien erhielten. Da die Missa stilistisch eindeutig
ins 17. Jahrhundert gehört, dürfte die Bläsergruppe ursprünglich nicht mit
Oboen, sondern mit Zinken und Posaunen besetzt gewesen sein. Die Umwid-
mung auf Oboen wäre demnach eine Bearbeitung Bachs.[97] Da das Werk in
Anbetracht seiner großen Besetzung („à 22") sicherlich zur Feier eines be-

---

[94] Siehe MGG², Personenteil, Bd. 16 (2006), Sp. 954 (N. Dubowy).

[95] Baselt (wie Fußnote 86), S. 116.

[96] Vgl. Dok VI, D 77–81.

[97] In seiner Weimarer Aufführung der Motette „Auf Gott hoffe ich" von Johann Christoph Schmidt (1664–1728) ersetzte Bach die originalen Bläser (zwei mit „Flaut:
Allem." bezeichnete Traversflöten) ebenfalls durch Oboen. Siehe Beißwenger,
S. 311 f. Vgl. auch die – fast identische – Holzbläserbesetzung der Weimarer Oster-
kantate „Der Himmel lacht! Die Erde jubilieret!" BWV 31 (PL-Kj, *St 14*).

sonderen Ereignisses diente, ist es vielleicht statthaft, nach einem konkreten Aufführungsanlaß zu suchen. Hier bietet sich die am 6. November 1713 erfolgte Einweihung der Weimarer Jakobskirche an.[98] Die erhaltene Gottesdienstordnung nennt an zweiter Stelle tatsächlich einen entsprechenden Programmpunkt („Musiciret die Hof-Capelle eine so genannte Missam"); zudem fällt auf, daß unter den in der Liste der Einweihungsprozession namentlich genannten Mitgliedern der Hofkapelle der – seit langem kränkliche – Kapellmeister Johann Samuel Drese fehlt.[99] Vielleicht also – so meine abweichend von Dok II vorgeschlagene Deutung – standen die Aufführungen der Figuralmusik an diesem Tag vertretungsweise unter der Leitung Bachs, was gegebenenfalls auch neue Spekulationen über den möglichen Autor der in demselben Gottesdienst dargebotenen zehnsätzigen Festkantate (Textbeginn: „Hilf, laß alles wohl gelingen") erlauben würde.[100]

– Schließlich sei noch erwähnt, daß die für das Magnificat von Pietro Torri angestellten Überlegungen mutatis mutandis auch auf die Vorlagen für Bachs Bearbeitung des Sanctus aus der Missa superba von Johann Caspar Kerll und für die Messe in g-Moll von Johann Hugo von Wilderer angewendet werden können, die Bach vor 1731 gemeinsam mit Christian Gottlob Meißner nach einem unbekannten Stimmensatz spartierte,[101] und daß auch die von Bach 1716 abgeschriebene lateinische Solomotette „Languet anima mea" im Rudolstädter Inventar von 1714 verzeichnet ist (Nr. 946: „Languet anima mea à 9 di Conti, benebst d. Part.").[102]

---

[98] Vgl. etwa die Besetzungen der von Johann Philipp Krieger 1682 zur Einweihung der Weißenfelser Schloßkirche aufgeführten Werke (mitgeteilt in DDT 53/54, wie Fußnote 20, S. XX f.).

[99] Siehe Dok II, Nr. 60 K.

[100] In diesem Zusammenhang ist bemerkenswert, daß Bach auch die Glückwunschmusik zum 51. Geburtstag von Herzog Wilhelm Ernst am 30. Oktober 1713 (die Aria „Alles mit Gott und nichts ohn' ihn" BWV 1127) komponiert hatte; das Werk erklang nach Ermittlungen von Michael Maul entweder am Geburtstag selbst oder am darauffolgenden 21. Sonntag nach Trinitatis (5. November 1713), also wenige Tage vor der Einweihung der Jakobskirche; siehe M. Maul, *„Alles mit Gott und nichts ohn' ihn" – Eine neu aufgefundene Aria von Johann Sebastian Bach*, BJ 2005, S. 7–34, speziell S. 18. Vgl. auch die von Bach am 14. Januar 1714 erwähnten „Verrichtungen zu Hoffe wegen des Prinzens Geburths Feste" (Dok I, Nr. 2). – Möglicherweise gehören alle diese Aktivitäten bereits in den Zusammenhang von Bachs Bemühungen um die – im März 1714 erfolgte – Ernennung zum Konzertmeister.

[101] Beißwenger, S. 323.

[102] Baselt (wie Fußnote 86), S. 124. Die Besetzungsangabe „à 9" belegt, daß die beiden Oboen genuiner Bestandteil des Werks sind und nicht erst von Bach ergänzt wurden.

4. Zwei Messen von Gioseppe Peranda

In den Zusammenhang des bereits erwähnten kollegialen Austausches von
Musikalien im Kreis der Weimarer Musiker gehört anscheinend auch die von
unbekannter Hand geschriebene Partitur zu Perandas Missa in a-Moll
(D-B, *Mus. ms. 30098*), die Bach als Vorlage für einen eigenhändig geschrie-
benen Stimmensatz des Kyrie diente (D-B, *Mus. ms. 17079/11*). Die Partitur
ist augenscheinlich bereits im späten 17. Jahrhundert angefertigt worden. Die
hier vertretenen Schriftformen stimmen auffällig überein mit Johann Samuel
Dreses Eintragung in das erst vor wenigen Jahren von Michael Maul ermittelte
Stammbuch des Weimarer Stadtschreibers Johann Christoph Gebhard
(D-WRz, *Stb 456*), zu dem einst auch das später herausgelöste Blatt mit Bachs
Kanon BWV 1073 gehörte (siehe Abb. 8 a + b).[103] Dreses Stammbuchblatt enthält zwar nur wenige, dazu noch offenbar von Alter und Krankheit geprägte
Notenzeichen und auch nur wenig Text, doch fällt insbesondere die Ähnlich-
keit der sehr charakteristischen Violinschlüssel auf. Trotz aller Unsicherheiten
möchte ich daher mit der gebotenen Vorsicht den Weimarer Kapellmeister
Drese als Schreiber der Peranda-Partitur vorschlagen. Ob er seine Abschrift
der um 1714 schon fast fünfzig Jahre alten Komposition direkt an Bach weitergab, läßt sich nicht feststellen. Immerhin zitiert Walther bereits 1708 eine
Passage aus dem Werk in seinen *Praecepta*,[104] so daß auch er als möglicher
Zwischenbesitzer in Betracht zu ziehen ist.
Der von Bach mit einem eigenhändigen Titel versehene Stimmensatz zu
Perandas Kyrie in C-Dur (D-B, *Mus. ms. 17079/10*) stammt von der Hand
eines Kopisten (Anonymus W 1/Anonymus BNB 2), der nach Ermittlungen
von Kirsten Beißwenger auch in Abschriften von fünf geistlichen Kantaten
Johann David Heinichens auftaucht, die über Walther in die Sammlung Bokemeyer gelangt sind (in: D-B, *Mus. ms. 30210*).[105] Die Unsicherheiten bezüglich der Identität des Schreibers – Beißwenger erwog, daß es sich um einen Be-
rufskopisten oder einen Schüler Bachs beziehungsweise Walthers handeln

---

[103] M. Maul, *Ein Weimarer Stammbuch und Bachs Kanon BWV 1073*, in: Übertönte
       Geschichten – Musikkultur in Weimar, hrsg. von H. T. Seemann und T. Valk, Göt-
       tingen 2011, S. 221–233.
[104] Vgl. J. G. Walther, *Praecepta der Musicalischen Composition*, hrsg. von P. Benary,
       Leipzig 1955, S. 145. Siehe auch meine Hinweise im Vorwort zu der in Fußnote 82
       genannten Peranda-Ausgabe. Am Rande sei vermerkt, daß Walther in den *Prae-
       cepta* auch das von Bach in der Fuge BWV 946 verarbeitete Thema des vierten
       Satzes aus der Triosonate op. 1/12 von Tomaso Albinoni zitiert sowie Dietrich
       Buxtehudes kontrapunktische Choralbearbeitung über „Mit Fried und Freud ich
       fahr dahin" BuxWV 76/1 erwähnt (siehe die Ausgabe von Benary, S. 54 und 187).
[105] Siehe NBA IX/3, Textband, S. 3, sowie Beißwenger, S. 63–66, und Kümmerling
       (wie Fußnote 20), S. 116 (Nr. 478–481).

könnte – haben bisher eine angemessene Bewertung der von ihm kopierten Quellengruppe verhindert. Dies soll nun nachgeholt werden.

Verschiedene Schriftstücke aus den Jahren 1679 bis 1726 belegen mit wünschenswerter Eindeutigkeit, daß es sich bei „Anonymus BNB 2" um den langjährigen Weimarer Stadtkantor Georg Theodor Reineccius handelt (siehe Abb. 9 a + b).[106] Mit der Identifizierung von Reineccius tritt eine Persönlichkeit in unser Blickfeld, die über vier Jahrzehnte hinweg das Musikleben der herzoglichen Residenzstadt Weimar entscheidend geprägt hat und zwischen 1708 und 1717 zum engeren Bekanntenkreis Johann Sebastian Bachs gehört haben muß.[107] Über seine Biographie liegen bislang nur wenige und verstreut publizierte Daten vor; eine knappe Zusammenfassung erscheint daher angebracht.

Über die Jugendzeit und musikalische Ausbildung von G. T. Reineccius sind bislang keine Zeugnisse greifbar. Der bei Walther angegebene Herkunftsort Neubrandenburg wird durch zwei Immatrikulationseintragungen zwar bestätigt, doch läßt sich das genaue Geburtsdatum nicht mehr feststellen, da die Taufbücher für den fraglichen Zeitraum fehlen.[108] Reineccius selbst gab sein Alter am 24. Dezember 1678 mit 19 Jahren an, wodurch sich immerhin das Geburtsjahr 1659 bestimmen läßt. Sein Vater, Franciscus Reineccius, war Kaufmann[109]; über die Mutter fehlen jegliche Angaben.[110] Um 1673, also im Alter von etwa 14 Jahren, wurde Reineccius Schüler des traditionsreichen Merseburger Domgymnasiums und am 24. Dezember 1678 wechselte er an die Leipziger Thomasschule. Deren damaliger Rektor Jacob Thomasius hielt in seinem Schultagebuch fest, Reineccius habe „sich sonsten schrifftlich bey unserm Herrn Cantore angegeben und umb eine stelle in unserer schul angehalten". Johann Schelle examinierte ihn daraufhin „in Musicis" und befand

---

[106] Im einzelnen liegen mir vor (1) ein „Eißleben den 8. Januar. 1684." datierter Brief an Graf Johann Georg zu Mansfeld; Landeshauptarchiv Sachsen-Anhalt Abt. Magdeburg/Wernigerode, *Rep. A 12 a III (Gräflich Mansfeldisches Konsistorium zu Eisleben), Nr. 2853 (Eingelaufene Schreiben von Kantor St. Andreas 1669–1687)*, fol. 131; sowie (2) ein Brief an Herzog Wilhelm Ernst vom 9. Sept. 1726 („Exemplum sine exemplo") in D-WRz, *Huld C 10*.

[107] Reineccius war der Pate von Bachs am 23. Februar 1713 getaufter Tochter Maria Sophia. Siehe Dok II, Nr. 56.

[108] Laut freundlicher Mitteilung des Kirchenbuchamts Neubrandenburg ist das Taufregister der Johanniskirche erst ab 1761 überliefert, das der Marienkirche zwar ab 1611, doch fehlen die Jahrgänge 1659–1663.

[109] Die folgenden biographischen Angaben nach *Acta Nicolaitana et Thomana. Aufzeichnungen von Jakob Thomasius während seines Rektorates an der Nikolai- und Thomasschule zu Leipzig (1670–1684)*, hrsg. von R. Sachse, Leipzig 1912, S. 339 f.

[110] Möglicherweise stammte die Familie väterlicherseits aus Lüneburg, denn ein Bruder des Vaters – der ebenfalls die Vornamen Georg Theodor trug – bezeichnete sich anläßlich seiner Immatrikulation an der Universität Leipzig im Sommersemester 1654 als „Lunaeburgensis". Vgl. Erler II, S. 351.

ihn „gar tüchtig". Allerdings blieb der junge Musiker nur kurze Zeit in Leipzig – bereits am 12. Juli wurde er von Prinz Christian II. von Sachsen-Merseburg abberufen; zur Begründung heißt es: „hat eine feine hand zu schreiben, ist auch in Musicis wol geübt, darumb ihn der Fürst in abschreibung etlicher Musicalischen sachen brauchen wollen, und sich erbothen, etwa gegen Michaelis ihn *ad Academiam nostram* zu befördern".[111] Sein Universitätsstudium begann Reineccius allerdings erst im Oktober 1680 in Jena. Am 3. August 1682 wurde er als Kantor nach Eisleben berufen.[112] Nach Jahren voller Widrigkeiten wechselte er schließlich zu Ostern 1687 auf das Stadtkantorat in Weimar. In dieser Position wirkte er, anfangs als „Collega IV", später als „Collega III", bis zu seinem Tod am 30. November 1726.

Der Stimmensatz von Perandas Kyrie in C-Dur ist nunmehr in neuem Licht zu betrachten. Das Werk gehörte zunächst offenbar zum Repertoire der Weimarer Stadtkirche, bevor Bach es in seine Sammlung übernahm und die Continuo-Stimme mit einem Titel versah. Ob er das festlich besetzte, doch kurze Stück jemals in der Weimarer Schloßkapelle oder auch zu einem späteren Zeitpunkt anderswo aufgeführt hat, ist nicht bekannt; jedenfalls finden sich von seiner Hand keinerlei Einträge, die eine Aufführung unter seiner Leitung belegen würden. Reineccius hingegen hat das Werk mindestens zweimal in jeweils leicht abweichender Gestalt zu Gehör gebracht. Zur ersten Fassung gehören die fünf Singstimmen sowie die Partien für die beiden Trompeten, die vier hohen Streicher und den bezifferten Continuo. Das Papier zur Niederschrift dieser Blätter stammt aus der Papiermühle Oberweimar und weist einen Wasserzeichentyp auf (Weiß 37), der ab 1703 belegt ist. In dieser ersten Fassung war noch kein separates Baßinstrument für die Streichergruppe vorgesehen und das „Christe eleison" bestand aus einer lediglich von der Orgel begleiteten Chorfuge ohne Mitwirkung von weiteren Instrumenten. Für eine spätere Aufführung ergänzte Reineccius einen Violone, dessen Partie aus Vokalbaß und Continuo abgeleitet ist und der nur dort eingesetzt wird, wo auch die übrigen Streicher spielen. Zu diesem Zeitpunkt entschied er auch, im „Christe" die Streicher colla parte mit den Singstimmen zu führen, trug die entsprechenden Partien in die Streicherstimmen ein und kanzellierte die zugehörigen Tacet-Vermerke. Einen Fingerzeig auf den Zeitpunkt dieser Besetzungserweiterung gibt das Wasserzeichen der nachträglich angefertigten Violone-Stimme (Weiß 114), das identisch ist mit dem in Bachs Abschrift eines Konzerts für zwei Violinen von Georg Philipp Telemann, die mit guten Gründen auf um 1709 datiert wird.[113]

---

[111] Sachse (wie Fußnote 109), S. 359.

[112] Siehe F. Ellendt, *Geschichte des Königlichen Gymnasiums zu Eisleben*, Eisleben 1847, S. 55 und 125.

[113] Siehe H.-J. Schulze, *Telemann – Pisendel – Bach. Zu einem unbekannten Bach-*

Es ist zu vermuten, daß Reineccius als Musikdirektor der Weimarer Stadt-kirche eine beachtliche Musikbibliothek besaß, deren Verbleib weiter nach-zuspüren wäre. Abgesehen von einigen verstreuten Hinweisen auf eigene Kompositionen[114] fällt der Blick auf die bereits erwähnten Abschriften von fünf Kirchenkantaten Johann David Heinichens (D-B, *Mus. ms. 30210*) und ein anonymes Werk (D-B, *Mus. ms. 30300*, Fasz. 6; Komposition von Lieb-hold?). Da die Heinichen-Kantaten um 1733 über J. G. Walther an Heinrich Bokemeyer gelangten, wäre zu fragen, ob Walther den Nachlaß seines ver-storbenen Kollegen Reineccius übernahm und ihn nach und nach zu veräußern suchte – vielleicht im Auftrag von dessen Erben. Als indirekte Bestätigung dieser Vermutung ist möglicherweise eine Passage aus einem Brief Walthers an Bokemeyer vom 19. Juli 1730 zu werten.[115] Wie dem Schreiben zu entneh-men ist, übersandte Walther seinem Briefpartner drei Kirchenstücke eigener Komposition, von denen zwei – eine Festmusik zur Zweihundertjahrfeier der Reformation (1717) und eine Adventskantate – von Reineccius kopiert waren. Walther gibt zudem an, daß ihm diese Stücke erst kurz zuvor wieder „unter die Hände gekommen" seien (wie es scheint, anläßlich einer Durchsicht von Reineccius' Notensammlung) und daß Reineccius in einem der Sätze beim Kopieren die ursprünglich verwendete Alla-breve-Notation eigenmächtig auf halbe Werte reduziert habe.

Akzeptiert man diese Hypothese, so wären vermutungsweise noch weitere hier und da in Walthers Briefen an Bokemeyer erwähnte Musikalienbestände auf den Nachlaß des Stadtkantors zurückzuverfolgen. Mögliche Kandidaten sind:

– Kirchenstücke von „Telemann, Böhmen, Kriegern, Erlebachen, Englert, Buttstedten, Heinichen, Gleitsmann, Conradi, Schultzen, u. s. w." (zum Verkauf angeboten am 24. 4. 1730)[116]
– Kantatenjahrgang von Liebhold (erwähnt am 12. 3. 1731, zum Verkauf angeboten am 19. 9. 1740 und 26. 1. 1741).[117] Walther besaß anscheinend zwei Jahrgänge; den einen scheint er selbst kopiert zu haben, über den anderen werden keine näheren Angaben gemacht.
– 2 Kirchenstücke von Heinichen (übersandt am 29. 7. 1733)[118]
– „Telemannische Kirchen-Stücke" (erwähnt am 19. 9. 1740 und 22. 9. 1742)[119]

     Autograph, in: Die Bedeutung Georg Philipp Telemanns für die Entwicklung der europäischen Musikkultur im 18. Jahrhundert, Konferenzbericht Magdeburg 1981, Teil 2, Magdeburg 1983, S. 73–77.

[114] Vgl. DDT 49/50 (M. Seiffert, 1915), S. 153–170, und WaltherL, S. 517 f.
[115] Walther Briefe (wie Fußnote 41), S. 121.
[116] Ebenda, S. 115.
[117] Ebenda, S. 134, 232 f., 236.
[118] Ebenda, S. 166.
[119] Ebenda, S. 232 und 242.

– „etliche 30 Schellische Kirchen-Stücke" (angeboten am 22. September 1742)[120]
– „Kuhnauische und Kriegerische Kirchen-Stücke" (angeboten am 22.9.1742 und 6.8.1745)[121]
– „ein Schellischer gantz unbekannter sehr starcker Jahrgang in Partitur und Partien à 75 St[ück] für 5 rthlr." (angeboten am 6.8.1745)[122]
– „lateinische Motetten von Italiänischer Arbeit" (angeboten am 6.8.1745)

Alle diese Nachweise liegen lange nach Bachs Weimarer Zeit. Da es sich jedoch meist um ältere Werke handelt, ist anzunehmen, daß sie schon vor 1717 zum Aufführungsrepertoire der Stadtkirche gehörten. Und selbst wenn sie nicht direkt in Bachs Notensammlung eingegangen sind, tragen sie immerhin zu einer besseren Kenntnis seines musikalischen Umfelds bei. Ganz gewiß aber dürfen wir annehmen, daß Reineccius und Bach weitaus häufiger Musikalien austauschten als in dem einen belegten Fall.

---

[120] Ebenda, S. 242.
[121] Ebenda, S. 242 und 251 f.
[122] Ebenda, S. 252.

Abb. 1. D-B, *Mus. ms. 30244*, Fasz. 2. Anonym (J. G. Ahle?),
Weihnachtskantate „Ach, daß die Hilfe aus Zion über Israel käme“;
Abschrift von J. M. Schubart

Abb. 2. D-B, *Mus. ms. 30244*, Fasz. 3. Anonym, Confitebor;
Abschrift von J. M. Schubart

Abb. 3 a–c. D-B, *Mus. ms. 12011*, Fasz. 5, 8 und 9 (Ausschnitte).
Inventarnummern von der Hand J. C. Voglers

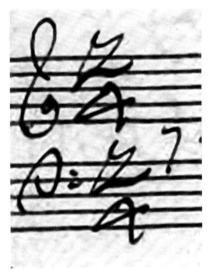

Abb. 3 d. D-B, *Mus. ms. 11544*, Fasz. 7.
Taktvorzeichnung von der Hand J. C. Voglers

Abb. 4a. D-B, *Mus. ms. 30194*, Fasz. 21. J. Kuhnau, Toccata in A-Dur;
Abschrift von Anonymus W 7

Abb. 4b. *St 23.* J. S. Bach, „Erschallet, ihr Lieder" BWV 172, Stimme *Viola 1*;
Abschrift von Anonymus W 7

Abb. 5 a. D-B, *Mus. ms. 30194*, Fasz. 24.
Anonym (P. S. Alt?/J. S. Bach?) „Vater unser im Himmelreich" BWV 762;
Abschrift von P. S. Alt

Durchlauchtigster Herzog
Gnädigster Regierender Landes=
Fürst und Herr.
Ew: Hochfürstl: Durchl: ist sonder allen
Zweiffel bereits Gnädigst bekandt, wie maßen
durch daß Absterben des Hoff Organisten Hln
Schubarts die Organisten=Stelle bey Dero Hoch=
fürstl: Hoff Capelle vacant worden. Allwie nun ich
nechst Gött: Hülffe und beystande, dieser function
indem nicht nur zu Jena die Collegen=Orgel eini=
ge Jahre zu tractiren gehabt, sondern auch alhier
bereits zu Zeiten Hln Bachs, und obgedachten Hln
Schubarts deren Stelle, bey Abwesenheit und Unpäß=
lichkeit derselben, vertreten müßen, und überdießes
die Orgel in der hiesigen St. Jacobs=Kirchen
zu spielen gehabt, gar wohl vorzustehen mir ge=

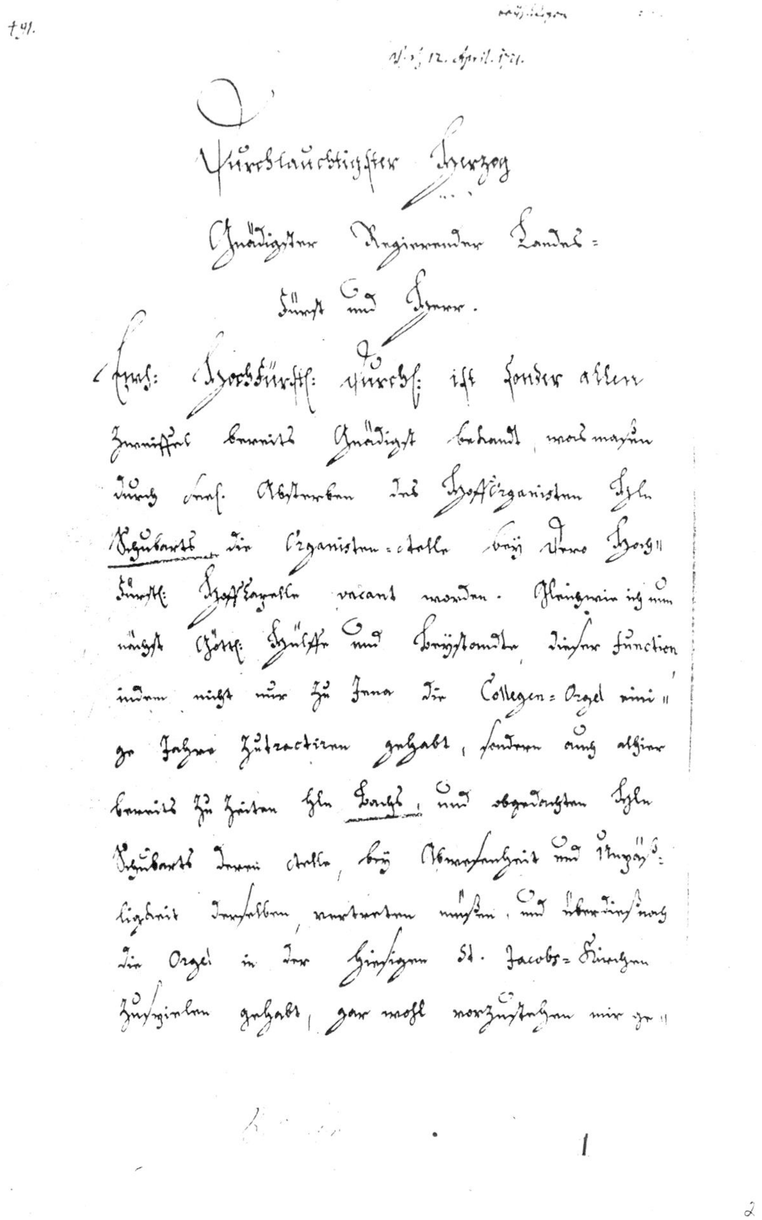

Abb. 5b. ThHStAW, *B 3457* (*Gesuch Philipp Samuel Alts um die ledige Stelle eines Hoforganisten zu Weimar 1721*), Bl. 1 r

Abb. 6. D-B, *Mus. ms. 16695*, Bl. 2 r. G. P. Palestrina, Missa Ecce sacerdos magnus;
Abschrift von unbekannter Hand, Textunterlegung und Korrekturen von J. S. Bach

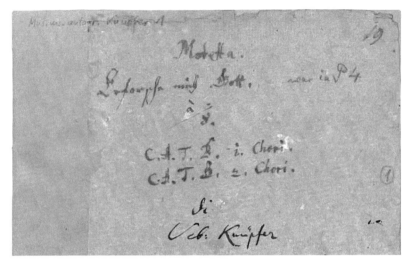

Abb. 7a. D-B, *Mus. ms. autogr. Knüpfer 1*, Titelseite;
Zeile 1–5: E. D. Heindorf; Zeile 6–7: J. S. Bach

Abb. 7b. D-B, *Mus. ms. 17079/11*. G. Peranda, Missa in a-Moll, *Soprano 1*;
Abschrift von J. S. Bach

Abb. 8 a. D-WRz, *Stb 456*. Stammbuch von J. G. Gebhard; Eintragung von J. S. Drese

Abb. 8 b. D-B, *Mus. ms. 30098*. G. Peranda, Missa in a-Moll, Partitur;
Abschrift von J. S. Drese?

Abb. 9a. D-B, *Mus. ms. 30210*, Fasz. 9, Bl. 1 r. J. D. Heinichen,
Kantate „Gegrüßet seist du, holdselge Maria"; Abschrift von G. T. Reineccius

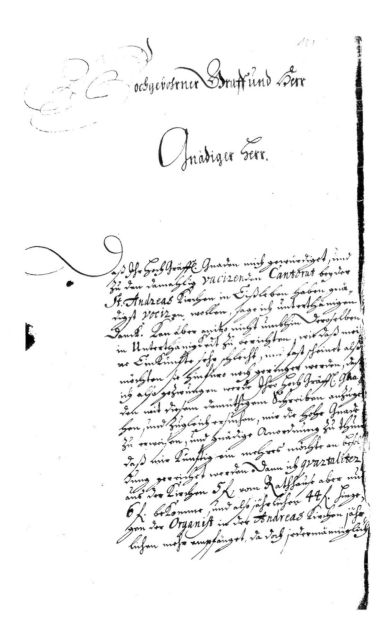

Abb. 9 b. Landeshauptarchiv Sachsen-Anhalt, Abt. Magdeburg/Wernigerode,
Rep. A 12 a III, Nr. 2853, fol. 131 r; Eingabe von G. T. Reineccius

Anhang: Handschriften aus der Sammlung von Johann Caspar Vogler

Inventar-Nr. Sammlung Vogler	Signatur (D-B, wenn nicht anders angegeben)	Inhalt	Schreiber	Provenienz[1]
No. 3 (No. 429)	*Mus. ms. 2329*	J. Boyvin, *Premier (Second) Livre d'Orgue*	Joh. Caspar Vogler	J. C. Walther – Familie Martini – E. Pasqué (1858) – D-B (1903)
No. 38 (404)	*P 420*	J. S. Bach, Französische Suiten BWV 812, 813, 815–817, 819a	Joh. Caspar Vogler	J. Müller (1878) – D-B (1882)
No. 39 (466)	*Mus. ms. 12011* (Nr. 17)	J. L. Krebs, *Suite | pour le | Clavecin*	J. T. Krebs	(Forkel) – Poelchau
No. 110	*Mus. ms. 12011* (Nr. 6)	J. L. Krebs, *Chorale | Hertzlich lieb hab ich | dich o Herr. | à 2. Clav. | è | Ped.*	J. T. Krebs	(Forkel) – Poelchau
No. 113	*Mus. ms. 12011* (Nr. 8)	J. L. Krebs, *Ein Lämlein geht und trägt die Schuld [Zusatz J. C. Vogler:] od[er] | an Waßer Flüßen Babylon etc. a 2 Clav: et Pedal*	Joh. Christian Vogler, mit Korrekturen von Joh. Caspar Vogler	(Forkel) – Poelchau
No. 114	*Mus. ms. 12011* (Nr. 3)	J. L. Krebs, *Fantasia | Sopra | Chorale | Wer nur den lieben Gott etc. | à | 2 Clav: à Ped.*	J. T. Krebs	(Forkel) – Poelchau
No. 115	*Mus. ms. 12011* (Nr. 1)	J. L. Krebs, *Fantasia | Sopra Chorale | Warum solt ich mich denn grämen | à 2. Clav. | è | Pedale.*	J. T. Krebs	Forkel[2] – Poelchau

No.	Quelle	Titel	Schreiber	Provenienz
No. 116	*Mus. ms. 12011* (Nr. 4)	J. L. Krebs, *Fantasia. Sopra Chorale. Wo Gott der Herr nicht bey uns	a 2. Clav: è ped.*	J. T. Krebs	(Forkel) – Poelchau
No. 118	*Mus. ms. 12011* (Nr. 2)	J. L. Krebs, *Fantasia	Sopra	Jesus meine Zuversicht	à 2. Clav.	è	Ped.*	J. T. Krebs	(Forkel) – Poelchau
No. 119	*Mus. ms. 12011* (Nr. 13)	J. L. Krebs, *Choral:	Ich ruf zu dir Herr Jesu Christ	pro pleno organo*	Unbekannt (1)	(Forkel) – Poelchau
No. 120	*Mus. ms. 12011* (Nr. 9)	J. L. Krebs, *Ich ruff zu dir Herr Jesu Christ. etc.	pro pleno Organo	Nun freut euch lieben Christen	gemein.	pro pleno organo*	Joh. Christian Vogler, mit Korrekturen von Joh. Caspar Vogler	(Forkel) – Poelchau
No. 121	*Mus. ms. 12011* (Nr. 12)	J. L. Krebs, *Freu dich sehr O meine Seele	con pleno Organo*	Joh. Christian Vogler, mit Korrekturen von Joh. Caspar Vogler	(Forkel) – Poelchau
No. 122	*Mus. ms. 12011* (Nr. 11)	J. L. Krebs, *Ich weiß daß mein Erlöser lebt.	oder	Wenn mein Stündlein vorhan-	den ist,	pro pleno Organo.*	Joh. Christian Vogler, mit Korrekturen von Joh. Caspar Vogler	(Forkel) – Poelchau
No. 133	*Mus. ms. 11544* (Nr. 14)	J. P. Kellner, *Hertzlich thut mich	verlangen	2.Clavier et	Pedal Canto	fermo in Soprano.*	Unbekannt (2)	(Forkel) – Poelchau

---

1 Zur Provenienz der von Vogler geschriebenen Quellen siehe speziell Schulze Bach-Überlieferung, S. 60–65.

2 Siehe *Verzeichniß der von dem verstorbenen Doctor und Musikdirector Forkel in Göttingen nachgelassenen Bücher und Musikalien.* Göttingen 1819, S. 180 (Nr. 195): „12 Choräle für volle Orgel u. Fantasien zu Chorälen [...]"; die Losnummer „195" findet sich auf diesem Faszikel; sie bezieht sich vermutlich auf sämtliche in D-B, *Mus. ms. 12011* enthaltenen Choralbearbeitungen.

Inventar-Nr. Sammlung Vogler	Signatur (D-B, wenn nicht anders angegeben)	Inhalt	Schreiber	Provenienz
No. 139	*Mus. ms. 30194* (Nr. 24)	Anonym (J. S. Bach?/P. S. Alt?), *Vater unser im Himmelreich à 2. Clav.: è ped.:* BWV 762	P. S. Alt	(Forkel) – Poelchau
No. 171	S-Smf, ohne Signatur	J. S. Bach, Präludium, Trio und Fuge in C-Dur BWV 545 mit BWV 529/2	Joh. Caspar Vogler	J. G. Schicht – F. Hauser (1832) – I. Moscheles – R. Nydahl – S–Smf
No. 184	*P 1089* (Nr. 1)	J. S. Bach, Präludien und Fugen BWV 899, 900, 870a, 901, 875a, Trio BWV 527/1	Joh. Caspar Vogler	J. G. Schicht – F. Hauser (1832) – D-B (1904)
No. 194	*P 1089* (Nr. 2)	J. S. Bach, Präludium und Fughetta BWV 902	Joh. Caspar Vogler	J. G. Schicht – F. Hauser (1832) – D-B (1904)
No. 208	*Mus. ms. 11544* (Nr. 12)	J. S. Bach, Fuge in g-Moll BWV 578	Joh. Caspar Vogler	(Forkel) – Poelchau
No. 214	D-LEb, *Ms. 9*	J. S. Bach, Fuge in e-Moll BWV 533/2	Joh. Caspar Vogler	J. G. Schicht – Breitkopf & Härtel
No. 311	*Mus. ms. 12011* (Nr. 5)	J. L. Krebs, *Trio à 2 Clavier e Pedale*	Joh. Caspar Vogler	(Forkel) – Poelchau
No. 504	D-LEb, *Go.S. 106*	J. L. Krebs, *Preludio con	Fuga	pro	Organo pieno con	Pedale*	J. T. Krebs	Forkel[3]
No. 505	D-LEb, *Go.S. 107*	J. L. Krebs, *Preludio	con	Fuga pro organo pleno*	J. T. Krebs	(Forkel)[4]

No.	Shelfmark	Title	Copyist	Provenance
No. 514?	*Mus. ms. 11544* (Nr. 10)	J. P. Kellner, *Fuga in A mol*	*Possessor*	...	*JN Mempell*	Unbekannt („Kopist Mempells")	(Forkel) – Poelchau
No. 530	*Mus. ms. 11544* (Nr. 8)	J. P. Kellner, *Fuga ex C moll*	Joh. Caspar Vogler	(Forkel) – Poelchau
No. 537	*Mus. ms. 11544* (Nr. 9)	J. P. Kellner, *Fuga. in D.b*	Unbekannt (3)	(Forkel) – Poelchau
No. 541	*Mus. ms. 11544* (Nr. 7)	J. P. Kellner, *Fuga ex C dur*	Joh. Caspar Vogler	(Forkel) – Poelchau
No. 570	*Mus. ms. 30194* (Nr. 21)	J. Kuhnau, *Toccata A-Dur*	Anon. W 7	Forkel[5] – Poelchau
No. 640	*Mus. ms. 11544* (Nr. 4)	J. P. Kellner, *Trio.*	*ex G dur*	Joh. Caspar Vogler	Forkel[6] – Poelchau
No. 644	*Mus. ms. 12011* (Nr. 15)	J. L. Krebs, *Trio*	*à*	*2. Clav:*	*è Pedale*	J. T. Krebs	(Forkel) – Poelchau
No. 645	*Mus. ms. 12011* (Nr. 14)	J. T. Krebs, *Trio*	*à*	*2 Clav:*	*è*	*Ped:*	J. T. Krebs	(Forkel) – Poelchau
No. 646	*Mus. ms. 12011* (Nr. 18)	J. T. Krebs, *Trio*	J. T. Krebs	(Forkel) – Poelchau
No. 648	*Mus. ms. 12011* (Nr. 17)	J. L. Krebs, *Fantasia*	*à giusto italiano*	*à*	*2. Clav:*	*è*	*Pedale*	J. T. Krebs	(Forkel) – Poelchau
No. 650	*Mus. ms. 11544* (Nr. 5)	J. P. Kellner, *Trio. in D.dur.*	*2.Clavier et Pedal*	Anon. Mempell	(Forkel) – Poelchau
No. 651	*Mus. ms. 11544* (Nr. 6)	J. P. Kellner, *Trio.*	*ex D #*	Joh. Caspar Vogler	(Forkel) – Poelchau
No. 654	*Mus. ms. 12011* (Nr. 7)	J. L. Krebs, *Herr Gott dich loben alle wir*	*à*	*2 Clav:*	*è*	*pedale*	J. T. Krebs	(Forkel) – Poelchau

3 Siehe *Katalog der Sammlung Manfred Gorke. Bachiana und andere Handschriften und Drucke des 18. und frühen 19. Jahrhunderts*, bearb. von H.-J. Schulze, Leipzig 1977 (Bibliographische Veröffentlichungen der Musikbibliothek der Stadt Leipzig. 8.), S. 35.

4 Ebenda.

5 Siehe Katalog Forkel, S. 181 (Nr. 201): „[…] Toccate v. Kuhnau".

6 Siehe Katalog Forkel, S. 180 (Nr. 195): „6 Trio für 2 Clav. u. Pedal, u. Suite p. le Clav. […]"; die Losnummer „196" findet sich auf diesem Faszikel; sie bezieht sich vermutlich auf sämtliche in D-B, *Mus. ms. 12011* enthaltenen Trios und die Suite.

Inventar-Nr. Sammlung Vogler	Signatur (D-B, wenn nicht anders angegeben)	Inhalt	Schreiber	Provenienz
No. 655	*Mus. ms. 12011* (Nr. 10)	J. L. Krebs, *Herr Jesu Christ du höchstes Guth.* l à l 2 *Clav:* l è l *pedale*	J. T. Krebs	(Forkel) – Poelchau
[No.] 830	D-WRz, *Fol. 49/II* (3)	J. Pachelbel, An Wasserflüssen Babylon	J. M. Schubart	J. C. Rudolph? – Herzogliche Bibliothek Weimar
[No.] 831	D-WRz, *Fol. 49/II* (1)	J. A. Reinken, An Wasserflüssen Babylon	J. S. Bach	"
[No. 832]?	D-WRz, *Fol. 49/II* (2)	D. Buxtehude, Nun freut euch lieben Christen gmein (Fragment)	J. S. Bach	"
[No.] 833	D-WRz, *Fol. 49/II* (4)	J. Pachelbel, Kyrie, Gott Vater in Ewigkeit und Fuga h-Moll	J. M. Schubart	"
No. [...]	*Mus. ms. 11544* (Nr. 11)	J. P. Kellner, *Fuga Ex. D*	Unbekannt (3)	(Forkel) – Poelchau
No. [...]	*Mus. ms. 30194* (Nr. 5)	D. Buxtehude, Toccata G-Dur BuxWV 164	J. M. Schubart	(Forkel) – Poelchau
keine Nr. sichtbar	US-BETu, ohne Signatur	J. S. Bach, Trio in d-Moll BWV 527/1 (Fragment)	Joh. Caspar Vogler	M. Friedländer – Familienbesitz Friedländer – US-BETu
keine Nr. sichtbar	GB-Cfm, *MU. MS. 283*	J. S. Bach, Trio super Allein Gott in der Höh sei Ehr BWV 664 a	Joh. Caspar Vogler	C. G. W. Schiller, Braunschweig – ? – E. A. Willmott – Sotheby's, London (1934) – GB-Cfm (1935)

Wenig bekannte Dokumente zu J. S. Bachs Ohrdrufer Zeit

Robert L. Marshall und Traute M. Marshall (Newton, Mass.)

In memoriam Martin Petzoldt

Anfang Juni des Jahres 1699 verstarb Heinrich Friedrich (1625–1699), Graf von Hohenlohe und Gleichen, in Langenburg (im heutigen Baden-Württemberg gelegen), seinem Geburtsort und Hauptwohnsitz. Am 15. Juni erreichte die Nachricht vom Tod des Grafen das rund 200 km entfernte Ohrdruf, das seit dem Aussterben der Linie der herrschenden Grafen von Gleichen im Jahre 1631 zum Territorium derer von Hohenlohe-Langenburg gehörte. Der ortsansässige Hofrat Philipp Jakob Otto kümmerte sich um die Verbreitung der Nachricht und ordnete die entsprechenden Maßnahmen im Hoheitsgebiet an.

Während Ohrdruf zunächst nicht darauf vorbereitet war, auf die Nachricht angemessen zu reagieren – es gab zum Beispiel keine korrekte Trauerkleidung – wurden die Pastoren der nahegelegenen Ortschaften Werningshausen, Wechmar, Emleben und Schwabhausen am 19. Juni über den Tod des Grafen informiert und erhielten den Text für die förmliche Ankündigung sowie ein Gebet, verbunden mit der Instruktion, beides am Johannistag (24. Juni) zu verlesen. Außerdem erhielten sie die Order, einen ganzen Monat lang täglich zwischen 10 und 11 Uhr die Kirchenglocken zu läuten. Am Sonntag, dem 23. Juli kam die Weisung (vermutlich aus Langenburg), einen offiziellen Gedenkgottesdienst abzuhalten, ein „Leichbegängnus". Die Zeremonie fand am darauffolgenden Sonntag, dem 30. Juli in der Ohrdrufer Stadtkirche – der Michaeliskirche – statt und signalisierte das Ende des Trauermonats. Vor dem Gottesdienst begab sich eine förmliche Prozession des Stadtrats, des Klerus, der Schulbediensteten und der Einwohner von Schloß Ehrenstein zur Stadtkirche. Die Predigt hielt Magister Johann Abraham Kromayer (1665–1733), der seinem Vater Melchior Kromayer 1696 auf das Amt des Superintendenten von Ohrdruf gefolgt war. Der Gottesdienst umfaßte zudem mehrere Musikdarbietungen (ein Zeichen, dass die Trauerzeit zu Ende war), welche von zwölf Schülern der Ohrdrufer Lateinschule ausgeführt wurden.

Der damals vierzehnjährige Johann Sebastian Bach, der gerade das zweite seiner beiden Schuljahre in der Sekunda des Ohrdrufer *Lyceum Illustre* vollendet hatte,[1] war Zeuge dieser Ereignisse. Als Mitglied der Kurrende wird er zweifellos aktiv an der Trauerfeier teilgenommen haben. Vielleicht fiel ihm sogar eine prominente Rolle zu und ihm wurde ein Solopart zugewiesen; im-

---

[1] Dok II, Nr. 4 (S. 7).

merhin informiert uns der Nekrolog, dass er erst, nachdem er nach Lüneburg gezogen war – also nach 1700 – „die Töne des Soprans, und zugleich seine schöne Stimme" verlor.[2] Sebastians älterer Bruder Johann Christoph, in dessen Haus er wohnte, wird in seiner Funktion als Organist der Michaeliskirche ebenfalls mitgewirkt haben.

Über die Zeremonie, die am 30. Juli 1699 stattfand, sind wir dank eines von dem Langenburger Hofrat Philipp Jakob Otto (1658–1715) verfaßten detaillierten handschriftlichen Dokuments gut informiert. Zudem wurde damals der vollständige Text von Kromayers Gedenkpredigt gedruckt. Auch dieses Dokument ist erhalten; beide Schriftstücke befinden sich im Hohenlohe-Zentralarchiv (HZA) in Neuenstein.

Obwohl bereits im Jahr 2000 über die Existenz und die Entdeckung der Dokumente berichtet wurde, scheinen sie von der Bach-Forschung kaum wahrgenommen worden zu sein. Die einzige bisher vorliegende Publikation zum Thema ist offenbar ein in der *Thüringer Landeszeitung* vom 29. April 2000 veröffentlichter Artikel. Der von den beiden Autoren Manfred Ständer und Peter Marschik verfaßte Bericht trägt den Titel „Ein Tag im Leben des 14jährigen Johann S. Bach: Dokumentenfund im Hohenlohearchiv kleine Sensation". Wir möchten Herrn Ständer von der Stadtverwaltung Ohrdruf, Abteilung Kultur und Tourismus, herzlich dafür danken, dass er uns auf diesen Artikel aufmerksam gemacht hat.

Der Bericht von Hofrat Otto

Aus der Perspektive der Bach-Forschung betrachtet enthält der Artikel von Ständer und Marschik bereits die wesentlichen und interessantesten Auszüge aus Ottos Chronik der Feierlichkeiten. Trotzdem ist die Veröffentlichung des vollständigen Dokuments lohnend; es wird hier zum ersten Mal in seiner Gesamtheit abgedruckt. Der Bericht von Hofrat Otto ist in einer Akte im Bestand *La 10 Gemeinschaftliches Archiv Langenburg: Thüringische Akten* überliefert (Signatur: *La 10 C III Nr. 12*).[3]

Der auf drei Seiten eines Bogens eingetragene Text lautet wie folgt:

[Bl. 1 r] Über Anordnung der Trauer und gehaltene Leich-*Proceß* zu Ohrdruf, nach hochseel. Ableben des weiland hochgebohrnen, nun in Gott ruhenden, meines gnä-

---

[2] Dok III, Nr. 666 (S. 82). Siehe auch C. Wolff, *Johann Sebastian Bach: The Learned Musician*, New York 2000, S. 40.

[3] Unser Dank gilt Frau Gabriele Benning vom Landesarchiv Baden-Württemberg – Hohenlohe Zentralarchiv für ihre Unterstützung bei der Suche nach den Dokumenten und für die Klärung verschiedener Fragen bei der Übertragung.

digen Grafen und Herrn, Herrn *Heinrich Friderichs*, Grafen von Hohenlohe und Gleichen etc.

Als am 15. Jun. jüngsthin die *notification* sothanen Todesfalls von Langenburg hier eingelangt, und die Bedienten mit keinen Trauerkleidern versehen gewesen, ist die *publication* dessen hiesigen Orths etwas verhallten, auf die Dorfschaften aber an die Pfarrer zu Werningshausen, Wechmar, Emmleben und Schwabhausen deshalben am 19. dito *rescribiret*, zugleich auch die Abkündigungs- und Gebethsformel, jedoch die letzte anders an die Langenburgische, anders an die mit Neuensteinischen Unterthanen gemengte Orthe, geschicket, und auf den 24.t[en] als *Johannis Bapt.* Tag, gleich hier, solche angeordnet worden. Das Geläut wurde auf 1. Monat lang täglich von 10. bis 11. uhr angestellt, und aller Orthen, ausgenommen in Wechmar, allwo es nach 8. Tagen, als H. de Berga[4] von seiner Reise von Öhringen wieder zurück kam, *contramandirt*, endlich aber auf achttägiges Stillhalten wieder bis zu Endigung des Trauermonaths *continuirt*. Allhier hat man den herrschaftl[ichen] Kirchenstand auswendig unterhalb den Fenstern mit schwartzem breiten Tuch, oberhalb solchen aber mit schmalem Rasch bekleidet, auch ist die Cantzel auswendig ringsüm mit Vortreppen und dem Gesims samt dem Pult vor dem Taufstein mit schwartzem Tuch behängt, ingleichen der Alltar, was darin nicht schwartz waar, vollend mit dergleichen Tuch bedeckt worden. Zu Wechmar, Emmleben und Schwabhausen haben die Gemeinden auf Begehren zu Behängung des Alltars und Cantzel auch Schwartz Tuch geschafft, ist aber zu Wechmar auf H. de Berga befehl wieder abgerissen worden. Nachdem mit Ausgang des Trauermonaths am 23. July Sonntags früh bey währendem Gottesdienst die Anord- | [Bl. 1 v] nung zur Leichbegängnus hier ankam, habe gleich die Anstallt gemacht, das nach der Mittags Predigt die Ankündigung zur Leich*proceßion* auf nechsten Sonntag hernach von der Cantzel allhier geschahe. Auf die Dörfer Werningshausen, Wechmar, Emmleben und Schwabhausen aber des folgenden Tags an die Pfarrer geschrieben, und Ihnen die von draußen empfangene schriftl[iche] Anordnung sambt dem Lebenslauf geschickt. Hier stellte selbige also an, daß Tags vorher die Flöhr herüm schickte. Sonntags frühe erschienen alle so Flöhr bekommen, mit Leidkleidern und Mänteln in der Kirchen. Nach 12 uhren wurde das 1. Zeichen mit allen Glocken gegeben über ¼ stund lang; bald darauf erschien der Stadtrath mit dem größten Theil der Bürgerschaft vom Rathhaus aus, je paar und paar gehend in Schloßhof, die Bürgerschaft blieb im Hofe, die vom Rath und zwar die Bürgermeister wurden in ein Gemach zu den Cantzley Bedienten gelassen, die 6. Rathspersonen und Gemeinds Vormünder blieben vor dem Gemach stehen, und weilen bloß die Bedienten und Bürgermeister auch wenig andrer *honoratiorum* erschienen, seynd sie alle in ein ander Gemach *logirt* worden. Um 1. uhr wurde der andere *puls* gegeben, und erschienen die Schüler mit denen *Praeceptorib[us]* und H[erren] Geistlichen; der *Chor* bestunde

---

[4] Georg Otto von Berga verstarb am 1. Mai 1722 „zu Wechmar, [...] Hochgräflicher Hohenloh-Neuensteinischer Rath und Ober-Amtmann zu Ohrdruf"; siehe J. G. Biedermann, *Geschlechts-Register Der Reichs-Frey unmittelbaren Ritterschaffts Landes zu Francke*, Nürnberg 1748. Die Kollegen Philipp Jakob Otto, ein Bürgerlicher, und von Berga, der adliger Herkunft war, waren offenbar zerstritten; dies bestätigen auch andere Archivdokumente.

in 12. schwartz gekleideten Schülern, denen man auch Flohr gegeben, und *musicirte*
solcher 2. Musicstück, hernach wurde das Lied: Hertzlich thut mich verlangen etc
gesungen, mit Endigung dessen gingen mit dem 3. *puls* die Schüler, vor sich habend
einen *Marschall* mit Stock und langem Mantel, nach denen H[erren] Geistlichen kam
der andere Marschall auf gleiche arth, dem folgten in einer Reyhe die 3 Räthe, H[err]
Hof- | [Bl. 2 r] rath Mogk *in medio*, Ich à *dextris*, und H[err] de Berga à sinistris und
die Cantzleybedienten, solchen der Rath und deme die Bürgerschaft. Vor den Weibern
kam der dritte *Marschall*, und nach denen der vierte. Als nun jedermann in der Kirche
war, ist ein Stück *musicirt*, auff solches: Alle Menschen müssen sterben etc. gesungen,
nachdem wider *musicirt* worden, und gieng indessen der H[err] Superintendent auf
die Cantzel, legte die Predigt vorgeschriebener maßen aus *Genes. 25. v. 8.* ab, und lase
nach solcheren den Lebenslauf; alsdann wurde wied[er] ein Stück *musicirt*, darauf
gesungen: O wellt ich muß dich lassen etc. endlich mit der Collecte und dem Gesang:
Nun lassen wir ihn hier schlafen etc. der *actus* beschloßen, hernach gieng ein jeder
vor sich heim, und wurde den armen im Schloß in aller stille auf vorherige genugsame Anstallt und derselben *Annotirung*, brod ausgetheilt. Alle so Flor bekommen,
außer H[errn] de Berga, tragen solchen gnäd. Herrschaft zu Ehren bisher, und wollen
1. montelang *continuiren*.

Concepit
P[hilipp] J[akob] Otto

Ohrdruff
Den 14. Aug[ust]
1699

[Bl. 2 v, von anderer Hand:] Ohrdruffl. Bericht | Uber anordnung d Trauer und Leich-
procession | in Thüringen.

Zweifellos war Johann Sebastian Bach einer der „12. schwartz gekleideten
Schüler", die im Innenhof von Schloß Ehrenstein eintrafen – dem in den Jahren 1550–1575 errichteten vierflügeligen Renaissance-Bau, der bis 1631 den
Grafen von Gleichen als Residenz gedient hatte. Der Chor „*musicirte*" dort
„2. *Music*Stück". Danach wurde der Choral „Herzlich tut mich verlangen" gesungen. Sodann reihte der Chor sich in die förmliche Prozession zur Michaeliskirche ein. Nachdem der Zug in der Kirche angekommen war, wurde „ein
Stück" musiziert, dieses Mal gefolgt von dem Choral „Alle Menschen müssen
sterben". Anschließend ist „wider *musicirt* worden". Nun stieg Superintendent
Kromayer auf die Kanzel und hielt seine Predigt. Nach der Predigt wurde ein
fünftes Stück „*musicirt*, darauf gesungen: O wellt ich muß dich lassen etc. endlich mit der Collecte und dem Gesang: Nun lassen wir ihn hier schlafen etc. der
actus beschloßen".
Der Bericht von Landrat Otto liefert also folgende Details: die Kurrende
bestand an diesem Tag aus zwölf schwarz gekleideten Knaben, die Trauerflor
trugen. Es werden nicht nur die gesungenen Lieder genannt, sondern wir erfahren auch, daß der Chor im Verlauf der Zeremonie insgesamt fünf „*Music-*

Stücke" aufführte: zwei im Hof von Schloß Ehrenstein und drei weitere in der Michaeliskirche. Ottos Wortwahl – „Stücke musicirt" auf der einen Seite und Lieder „gesungen" auf der anderen – bestärkt die Vermutung, dass hier eine bewußte Unterscheidung getroffen wurde. Die Kirchenlieder wurden ganz offensichtlich gesungen. Was die „*Music*Stücke" betrifft, so könnte Otto das Spielen von Instrumentalwerken gemeint haben, aber er könnte sich auch auf konzertierende Werke für ein kleines Ensemble von Vokalstimmen und Instrumenten bezogen haben – etwa ein kleines geistliches Konzert für Solostimme und Basso continuo, ja vielleicht gar Stücke, in denen die „schöne Sopranstimme" des jungen Johann Sebastian Bach zu hören war. Außerdem erfahren wir, dass die Chorknaben sich zuerst im Hof von Schloß Ehrenstein „mit denen *Praeceptorib[us]* und H[erren] Geistlichen" versammelten. Wir dürfen annehmen, dass zu den Lehrern auch der Kantor Elias Herda (1674–1728) und der Rektor Johann Christoph Kiesewetter (1666 bis 1744) zählten. Zu den Geistlichen gehörte zweifellos auch Superintendent Kromayer. Ob Sebastian bei diesem Anlaß – oder bei irgendeiner anderen Gelegenheit – das Schloß selbst betrat, ist nicht gewiß.[5]

Die Texte der Eröffnungsstrophen der vier Kranken- bzw. Begräbnislieder, die in dem *Neuen vollständigen Eisenachischen Gesangbuch* (EG) von 1673 abgedruckt sind (das wahrscheinlich auch im nahegelegenen Ohrdruf in Gebrauch war), folgen im Anschluß. Die zugehörigen Melodien werden anhand des Nachschlagewerks von Johannes Zahn nachgewiesen.[6] Die Choräle erscheinen in der Reihenfolge, in der sie am 30. Juli 1699 dargeboten wurden.

1. „Herzlich tut mich verlangen" von Christoph Knoll (1563–1621), gewöhnlich auf die bekannte Melodie von „Mein Gmüt ist mir verwirret" (1601) von Hans Leo Haßler (1564–1612) gesungen, die, wie in EG angegeben, auch für den Choral „Ach Herr, mich armen Sünder" von Cyriakus Schneegaß (1597) verwendet wurde;
EG, Kranken-Lieder (S. 850 f.): Im Tohn: Ach HERR mich armen Sünder etc.
Herzlich thut mich verlangen / nach einem seelgen End /: / Weil ich hie bin umpfangen / mit Trübsal und Elend. Ich hab Lust abzuscheiden / von dieser bösen Welt / sehn mich nach ewger Freuden. O JEsu komm nur bald.

---

[5] Wolff ist der Meinung, daß Johann Christoph Bach wahrscheinlich in der Kapelle von Schloß Ehrenstein spielte, wenn Mitglieder der gräflichen Familie sich in der Stadt befanden und private Gottesdienste für sie abgehalten wurden; siehe Wolff (wie Fußnote 2), S. 36. Da sämtliche mit Bachs Aufenthalt in Ohrdruf in Verbindung stehende Gebäude (das Schulgebäude, das Kantorenhaus, die Michaeliskirche) nicht mehr existieren, legt dieser Bericht die Vermutung nahe, daß Schloß Ehrenstein (oder zumindest dessen Hof) heute die einzige noch existierende Bach-Stätte in Ohrdruf ist.

[6] J. Zahn, *Die Melodien der deutschen evangelischen Kirchenlieder*, Gütersloh 1889 bis 1893 (Reprint Hildesheim 1963).

Notenbeispiel 1: Herzlich tut mich verlangen (Ach Herr, mich armen Sünder)

2. „Alle Menschen müssen sterben" (1652), Text und Melodie teils Johann Georg Albinus (1624–1679) und teils Johann Rosenmüller (ca. 1620–1679) zugeschrieben; EG, Kranken-Lieder (S. 862):
Alle Menschen müßen sterben / alles Fleisch vergeht wie Heu / was da lebet, muß verderben / soll es anders werden neu: Dieser Leib der muß verwesen / wenn er ewig soll genesen / der so großen Herrlichkeit / die den Frommen ist bereit.

Notenbeispiel 2: Alle Menschen müssen sterben

3. „O Welt ich muß dich lassen" (16. Jahrhundert); die ursprüngliche weltliche Melodie läßt sich bis 1539 zurückverfolgen (in der berühmten Vertonung von Heinrich Isaac auf den Text „Innsbruck ich muß dich lassen"), während der geistliche Text zwar bereits 1555 in Nürnberg veröffentlicht, aber erst 1622 Johann Hesse (1490–1547) zugeschrieben wurde;
EG, Kranken-Lieder (S. 858): Ein anders / im Tohn: | Nun ruhen alle Wälder, etc.
O Welt ich muß dich laßen /ich fahr dahin mein Straßen / ins ewig Vaterland / mein Geist wil ich aufgeben / darzu mein Leib und Leben / setzen in GOttes gnädig Hand.

Notenbeispiel 3: O Welt ich muß dich lassen (Nun ruhen alle Wälder)

4. „Nun lassen wir ihn hier schlafen" (1544), die siebte Strophe des Kirchenlieds „Nun laßt uns den Leib begraben" von Michael Weiße (um 1488–1534); die (möglicherweise mittelalterlichen) Ursprünge der Melodie sind nicht erforscht;
EG (S. 928): Ein Begräbnißlied. | Joh. Weyß [!]:
Nun laßen wir ihn hinschlafen / und gehn all heim unser Straßen / schicken uns auch mit allem Fleiß / denn der Tod kömt uns gleicher weys.

Notenbeispiel 4: Nun lassen wir ihn hier schlafen (Nun laßt uns den Leib begraben)

Neben all den Mitteilungen, die der Bericht von Otto über die Musikaufführungen vom 30. Juli 1699 enthält, beleuchtet das Dokument auch einige der Bräuche, die in den kleineren thüringischen Ortschaften im späten 17. Jahrhundert im Zusammenhang mit Gedenkgottesdiensten für verstorbene Herrscher gepflegt wurden: das einmonatige Läuten der Kirchenglocken und die umfängliche Ausschmückung der Kirchen während des dem Gedenkgottesdienst vorausgehenden Trauermonats. Auch erfahren wir etwas über erstaunliche Vorkommnisse, die sich bei diesem besonderen Anlaß in Wechmar zutrugen, der legendären Wiege der Musikerfamilie Bach. Zum einen hören wir, dass Hofrath de Berga nach nur acht Tagen anordnete, das Läuten der Glocken einzustellen, dass dieses aber nach achttägiger Unterbrechung wieder aufgenommen wurde (möglicherweise auf Druck höherer Autoritäten?); ferner, dass auf de Bergas Anweisung der schwarze Stoff an Altar und Kanzel der Kirche (zweifellos der St. Vituskirche in Wechmar) entfernt worden war.

Der ausführliche Bericht schließt mit der Bemerkung: „hernach gieng ein jeder vor sich heim, und wurde den armen im Schloß in aller stille auf vorherige genugsame Anstallt und derselben *Annotirung*, brod ausgetheilt". Unter den Armen befanden sich wahrscheinlich auch die Kurrendesänger.

Die Predigt
von Superintendent Kromayer

Die in den Monaten nach Bachs Tod am 28. Juli 1750 erstellte *Specificatio* zeigt, dass er ein eifriger Sammler – und zweifellos auch ernsthafter Leser – von gedruckten Predigten war. Robin Leavers Rekonstruktion der Sammlung ist zu entnehmen, daß nicht weniger als 22 der 52 in der *Specificatio* genannten Titel Predigtdrucke waren (Nr. 7–9, 14–15, 17, 19–20, 23–28, 30, 35–36, 38, 40, 46–48). Bei den in dieser Sammlung repräsentierten Autoren handelt es sich um Martin Luther (1483–1546), Heinrich Müller (1631–1675), Johann Tauler (um 1300–1361), August Pfeiffer (1640–1698), Niclaus Stenger (1609–1680), Martin Geyer (1614–1680), Johann Jacob Rambach (1693 bis 1735), Johann Froben[ius] (?–1553), August Hermann Francke (1663 bis 1727), Erdmann Neumeister (1671–1756) und Philipp Jacob Spener (1635 bis

1705).[7] Eigentümlicherweise scheint keine der Predigten, die Bach in seinen Jahren als Kirchenmusiker in Arnstadt, Mühlhausen, Weimar und Leipzig von der Kanzel hätte hören können, veröffentlicht worden oder auch in anderer Form überliefert zu sein.

Umso willkommener und signifikanter ist daher die Überlieferung des vollständigen gedruckten Texts der am 30. Juli 1699 von Johann Abraham Kromayer in der Michaeliskirche zu Ohrdruf gehaltenen Predigt zum Gedenken an den Tod von Graf Heinrich Friedrich, denn es kann als gesichert gelten, dass der vierzehnjährige Johann Sebastian Bach an diesem Tag in der Kirche anwesend war.

Johann Abraham Kromayer (1665–1733) wurde nach Abschluß seines Theologiestudiums an der Universität Jena im Jahr 1691 Diakon in seiner Heimatstadt Ohrdruf. 1696 folgte er seinem Vater Melchior Kromayer (1626–1696) auf das Amt des Ohrdrufer Superintendenten. Er war anscheinend ein ernstzunehmender Wissenschaftler, „insofern er zuerst den Versuch machte das Arabische für das tiefere Verständniß der hebräischen Sprache zu verwenden".[8] Jedenfalls war seine Ernennung zum Superintendenten Teil einer dringend notwendigen Reform und Erneuerung des Ohrdrufer Schulwesens, das seit geraumer Zeit einen gravierenden, ja skandalösen Niedergang erlebt hatte.

Um die Zeit von Kromayers Amtsübernahme wurde auch Johann Christoph Kiesewetter (1666–1744) zum neuen Rektor ernannt (Juli 1696). Im Januar 1698 schließlich wurde Elias Herda (1674–1728) zum neuen Kantor gewählt; er trat an die Stelle von Johann Heinrich Arnold (1653–1698), in dem man letztlich den Hauptverantwortlichen für die Krise sah, die das Ohrdrufer Lyceum so in Verruf gebracht hatte.[9]

Kromayers Predigt befindet sich im Hohenlohe-Zentralarchiv (Signatur: *GA 90 Nr.62**) und ist als Digitalisat zugänglich: www.landesarchiv-bw.de/ plink?f=3-155284. Der Titel lautet:

Das letzte Wohl der Frommen. | Aus denen Worten *Gen.* XXV,8. | Als dem | Hohgebohrnen Grafen und Herrn, | Herrn Heinrich | Friderich, | Grafen von Hohenloh und Gleichen, | Herrn zu Langenburg u. Cranichfeld etc. | Nach dem | Seine Hochgräfl. Gnaden am 5. Jun. 1699.[10] Hochselig | in GOtt entschlaffen, | In Dero Ober-Graffschafft Gleichen in Thürin- | gen zu unterthänigsten Andencken | D. 30. Jul. eine

---

[7] R. Leaver, *Bachs theologische Bibliothek*, Neuhausen-Stuttgart 1983. Unser Dank gilt Robin Leaver, der uns bei der Identifizierung der entsprechenden Einträge unterstützt hat.

[8] ADB 17 (1883), S. 181.

[9] Die genauen Umstände werden detailliert besprochen bei M. Petzoldt, „*Ut probus & doctus reddar.*" *Zum Anteil der Theologie bei der Schulausbildung Johann Sebastian Bachs in Eisenach, Ohrdruf und Lüneburg*, BJ 1985, S. 7–42, besonders S. 25–29.

[10] Im Internet findet sich (ohne Quellenangabe) der 2. Juni als Todesdatum.

solenne | Leich-*PROCESSION* | gehalten wurde, | In der Stadt-Kirche zu Ohrdruff fürgetragen, | und auff gnädigen Befehl unterthänig zum Druck übergeben, | von | M. Johann Abraham Kromayer, | Pfarr. *Superintend.* und des *Consist. Assess.* Zu Ohrdruff. Oehringen, gedruck bey Joh. Fuchsen, Hochgräfl. Hohenl. Bestellten Buchdr.

Die Predigt basiert auf der vorgeschriebenen Bibelpassage, dem „Leichtext", und folgt dem typischen Aufbau einer Gedächtnispredigt – einer Gattung, die im 17. Jahrhundert populär wurde. Diese Predigten waren hauptsächlich Standespersonen vorbehalten und wurden gewöhnlich anschließend gedruckt. Nach einem kurzen einleitenden Gebet (Antritts-Wunsch) folgen zwei Exordia oder Einleitungen, die als „Vorbereitung" und „Eingang" bezeichnet sind. Eberhard Winkler nennt dieses Phänomen „die im 17. Jahrhundert weit verbreitete Unsitte des doppelten Exordiums"[11] (S. 159, 202); dies war auch die Norm bei den beiden Leipziger Predigern, deren Arbeiten Winkler analysiert hat – Martin Geier (1614–1680) und Benedict Carpzov d. J. (1639–1699) und die Kromayer zeitlich und geographisch am nächsten stehen. Der Hauptabschnitt, die Abhandlung beziehungsweise Exegese, besteht ebenfalls aus zwei Teilen und präsentiert den eigentlichen Leichentext (Genesis 25,8), der den Tod des Stammvaters Abraham im Alter von 175 Jahren beschreibt; er lautet: „Und er nahm ab und starb in einem ruhigen Alter, da er alt und lebenßsatt war und ward zu seinem Volk gesammelt". In einem Text voller biblischer Zitate, speziell aus dem Alten Testament, und gespickt mit Anspielungen auf die Schriften von Platon, Aristoteles, Cicero, Origenes, Bernhard von Clairvaux und Luther, erläutert und vertieft Kromayer zunächst den Text aus Genesis und entwickelt sodann Parallelen zwischen Abraham und dem Verstorbenen, der gleichermaßen in seinem Glauben fest war und erwarten konnte, „zu seinem Volk versammelt" zu werden. Eine längere Passage über den „sanften Tod" des Grafen, ein in vielen Leichenpredigten verwendeter Topos, beschließt den ersten Teil, während der zweite (S. 14) mit der Mitteilung endet, der Graf habe in seiner eigenen Bibel Römer VIII,38–39[12] angestrichen und als Text für diesen Gedenkgottesdienst ausgewählt. Es ist anzunehmen, dass dieser Text in dem eigentlichen Begräbnisgottesdienst in Langenburg benutzt wurde. Im letzten Teil der Predigt, der den Titel „Nutz" trägt (die „Applicatio" in der traditionellen Rhetorik), wandte Kromayer sich der Gemeinde zu mit einer Mahnung, nicht den Glauben an das Leben nach dem Tod zu verlieren; sodann forderte er die Gläubigen auf, an die Verheißung Gottes und Christi zu glauben, und schließlich paraphrasierte er die letzten drei refrainartigen Zeilen

---

[11] E. Winkler, *Die Leichenpredigt im deutschen Luthertum bis Spener*, München 1967, S. 159 und 202.

[12] Bei der Nummer „29" oben auf S. 16 des Texts handelt es sich um einen Druckfehler.

des Chorals „Wer weiß wie nahe mir mein Ende"[13] wie folgt: „Es komm mein End Heut oder Morgen / ich weiß daß mirs mit JEsu glückt: Ich bin und bleib in Gottes Sorgen / mit JEsu Blut schön ausgeschmückt / mein GOTT ich bitte durch Christi Blut / Ach! nur zuletzt / machs mit meinem / machs mit unser aller Ende gut". Man beachte, wie Kromayer anstelle der abschließenden Zeile „Machs nur mit meinem Ende gut" den Rhythmus unterbricht, um ein emphatisches „Ach!" zu ergänzen, und die gesamte Gemeinde in das Gebet „Machs […] mit unser aller Ende gut" mit einschließt. Bach verwendete den Choral später im Eröffnungssatz von Kantate BWV 27, die er in Leipzig für den 16. Sonntag nach Trinitatis (6. Oktober 1726) schrieb.

*

Es sei angemerkt, dass es noch weitere Predigten gibt, die der junge Bach mit Sicherheit gehört hat. Wie es aussieht, stammen sie sämtlich von einem einzigen Pastor, und zwar dem erwähnten Johann Abraham Kromayer. Martin Petzoldt berichtet in dem Ohrdruf gewidmeten Kapitel seines Buchs *Bach-Stätten: Ein Reiseführer zu Johann Sebastian Bach,* dass in der Ohrdrufer Michaelisbibliothek das Manuskript von zwei vollständigen Predigtjahrgängen erhalten ist, die Johann Abraham Kromayer in den Jahren 1696 bis 1697, also in seinen ersten Jahren als dortiger Pastor und Superintendent, konzipierte und vortrug.[14] Der (gekürzte) Titel des von Petzoldt transkribierten Dokuments lautet:

Nachfolge | Christi und der ersten Christen | in Zweyen Jahrgängen vorgestellet | […] Von | Johann Abraham Kromayer […]

Im Vorwort der Handschrift (vollständig zitiert bei Petzoldt) verrät Kromayer, dass er den Text 1699 für eine beabsichtigte Veröffentlichung überarbeitet habe; dieser Plan wurde jedoch nie umgesetzt. Möglicherweise plante auch Martin Petzoldt, eine systematische Studie zu diesen Predigten vorzulegen. Sollte dies der Fall gewesen sein, so konnten auch seine Intentionen nicht realisiert werden, da er zu unserem großen Bedauern im März 2015 verstarb. Welche theologischen Themen, welche rhetorische Metaphorik und Argumentationsweise wurden dem wißbegierigen elfjährigen Johann Sebastian Bach

---

[13] Das Lied entstand 1686 und wurde auf die Melodie von „Wer nur den lieben Gott läßt walten" gesungen. Bei der Autorin handelt es sich um die produktive Dichterin Ämilie Juliane von Schwarzburg-Rudolstadt (1637–1706), die aus der bekannteren Linie des Adelsgeschlechts derer von Schwarzburg stammt. Bach lebte später in Arnstadt, einer der bedeutenderen Städte der Grafschaft Schwarzburg-Sonderhausen.

[14] M. Petzoldt, *Bach-Stätten: Ein Reiseführer zu Johann Sebastian Bach,* Frankfurt/ Main, Leipzig, 2000, S. 207–209.

in diesen wöchentlichen Predigten vorgeführt? Die Herausforderung, diese Texte auf mögliche Informationen hin zu befragen, die sie uns zu Bachs intellektueller und geistiger Entwicklung mitteilen können, wartet noch immer auf einen neugierigen Forscher.

Übersetzung: Stephanie Wollny

Anmerkungen zu Bachs Kantate
„Ich hatte viel Bekümmernis" (BWV 21)*

Von Klaus Hofmann (Göttingen)

I

Bachs Weimarer Kantate „Ich hatte viel Bekümmernis" gibt der Forschung seit langem Rätsel auf.[1] Der autographe Vermerk „den 3ten post Trinit: 1714. musiciret worden" auf dem Titelblatt der Originalstimmen läßt an eine Kantate zum 3. Sonntag nach Trinitatis denken. Doch wird diese Angabe durch die an gleicher Stelle vermerkte Bestimmung „Per ogni Tempo" relativiert. Zweifel an der Bestimmung für den Trinitatissonntag werden zudem genährt durch die Tatsache, daß der Kantatentext keine inhaltliche Verbindung zum Evangelium des Tages, Lukas 15,1–10, erkennen läßt. Auf der anderen Seite finden sich immerhin Bezüge zur Epistel des Sonntags, 1. Petrus 5,6–11. Doch auch das außergewöhnliche äußere Format der Kantate will nicht recht zu einer normalen Sonntagsmusik passen; es deutet, wie es scheint, auf einen besonderen Anlaß.

In der Tat stand jener 3. Trinitatissonntag 1714 am Weimarer Hof im Zeichen besonderer Ereignisse:[2] Der jugendliche Prinz Johann Ernst zu Sachsen-Weimar (1696–1715) war schwer erkrankt, und am Hof traf man Reisevorbe-

---

* In memoriam Martin Petzoldt (1946–2015).

[1] Literatur (nach 1950): Dürr St; Dürr St 2; R. Jauernig, *Zur Kantate „Ich hatte viel Bekümmernis" (BWV Nr.21)*, BJ 1954, S.46–49; H.Werthemann, *Zum Text der Bach-Kantate 21 „Ich hatte viel Bekümmernis in meinem Herzen"*, BJ 1965, S.135–143; P. Brainard, *Cantata 21 Revisited*, in: Studies in Renaissance and Baroque Music in Honor of Arthur Mendel, hrsg. von R. Marshall, Kassel und Hackensack 1974, S.231–242; P. Brainard, Edition der Kantate in NBA I/16, *Kantaten zum 2. und 3. Sonntag nach Trinitatis* (R. Moreen, G. S. Bozarth, P. Brainard), Notenband: Kassel und Leipzig 1981, S.109–196, Krit. Bericht: ebenda 1984, S.99–156; M. Petzoldt, *„Die kräfftige Erquickung unter der schweren Angst-Last". Möglicherweise Neues zur Entstehung der Kantate BWV 21*, BJ 1993, S.31–46; C.Wolff, *„Die betrübte und wieder getröstete Seele": Zum Dialog-Charakter der Kantate „Ich hatte viel Bekümmernis" BWV 21*, BJ 1996, S.139–145; K. Hofmann, *Bachs Kantate „Ich hatte viel Bekümmernis". Ergebnisse und Hypothesen der Forschung*, in: Roemhildt, Bach, Mozart. Beiträge zur Musikforschung. Jahrbuch der Bachwoche Dillenburg 1998, Dillenburg 1998, S.13–16; U. Poetzsch-Seban, *Wann wurde „Ich hatte viel Bekümmernis" BWV 21 erstaufgeführt?*, in: Telemann und Bach. Telemann-Beiträge, hrsg. von B. Reipsch und W. Hobohm (Magdeburger Telemann-Studien. 18.), Hildesheim 2005, S.86–93.

[2] Zum folgenden ausführlich Jauernig (wie Fußnote 1).

reitungen für einen Kuraufenthalt in Bad Schwalbach. Für den Prinzen sollte
es eine Reise ohne Wiederkehr werden. Der Aufbruch erfolgte am 4. Juli 1714.
Bachs Kantate erklang am 17. Juni. Es liegt nahe, sie als Abschiedsmusik für
den Prinzen zu verstehen.

Bach hat seine Kantate verschiedentlich erneut aufgeführt, in seiner Köthener
Zeit möglicherweise in Hamburg 1720,[3] danach in Leipzig 1723 und wohl
mehrfach auch in den folgenden Jahren. Die Aufführungen haben Spuren in
den originalen Stimmen hinterlassen; eine Partitur, die die Entstehungs- und
Aufführungsgeschichte des Werkes weiter erhellen könnte, ist allerdings nicht
überliefert.

Seit langem wird vermutet, daß die Kantate eine Vorgeschichte hat, die vor
das Jahr 1714 zurückreicht. Tatsächlich findet sich in der Weimarer Vokalbaß-
stimme die Spur einer älteren Schicht des Werkes in Gestalt von Tacet-Ver-
merken, die die Sätze 3–5 dem Sopran statt – wie 1714 aufgeführt – dem Tenor
zuordnen und die damit auf eine vorausgehende Konzeption verweisen. Ob
dieses Indiz freilich eine abgeschlossene und womöglich bereits anderweitig
aufgeführte frühere Werkfassung bezeugt oder nur das Abrücken Bachs von
der zunächst vorgesehenen Besetzung, ist eine offene Frage.

Einer auf Friedrich Chrysanders Händel-Biographie von 1858 zurückgehenden Tradition folgend hielt sich lange die Vermutung, daß Bach die Kantate
bereits in der Adventszeit 1713 bei seiner Bewerbung um die Organistenstelle
an der Hallenser Marienkirche aufgeführt habe.[4] Diese Annahme hat sich jedoch inzwischen als unhaltbar erwiesen.[5]

Einen anderen Zusammenhang mit der Vorgeschichte der Kantate hat Martin
Petzoldt im Bach-Jahrbuch 1993 zur Diskussion gestellt.[6] Danach hätte die
Kantate zumindest in Teilen als Trauermusik in einem Gedächtnisgottesdienst
gedient, der für die im September 1713 verstorbene Aemilia Maria Harreß
am 8. Oktober 1713 in der Stadtkirche zu Weimar gehalten wurde. Die Familie
der Verstorbenen gehörte zur politischen Prominenz des Herzogtums. Die
Gedächtnisfeier dürfte entsprechend repräsentativ gestaltet gewesen sein;
vermutlich gehörte dazu also auch eine Trauermusik. Die Predigt wurde von

---

[3] Dazu kritisch Poetzsch-Seban (wie Fußnote 1), S. 91. – Auf eine Aufführung in
   Köthen deutet die Beteiligung des Köthener Kantors Johann Jeremias Göbel († 1729)
   als Schreiber einer der Originalstimmen; vgl. M. Maul und P. Wollny, *Quellenkundliches zu Bach-Aufführungen in Köthen, Ronneburg und Leipzig zwischen
   1720 und 1760*, BJ 2003, S. 97–141, dort S. 97–99.

[4] F. Chrysander, *Georg Friedrich Händel*, Bd. I, Leipzig 1858, S. 22.

[5] Petzoldt (wie Fußnote 1), S. 35, bezeichnet eine Aufführung in der Adventszeit 1713
   (die allein in Betracht kommt) als „aus De-tempore-Gründen völlig unmöglich".
   Weitere Argumente bei P. Wollny, *Bachs Bewerbung um die Organistenstelle an
   der Marienkirche zu Halle und ihr Kontext*, BJ 1994, S. 25–39, besonders S. 36.

[6] Siehe Fußnote 1.

dem Weimarer Oberhofprediger und Generalsuperintendenten Johann Georg
Lairitz gehalten. Der Predigttext war Psalm 94,19, „Ich hatte viel Bekümmernis …". Aus Lairitz' Auslegung ergeben sich über diesen direkten Bezug
zu der Kantate hinaus inhaltliche Verbindungen zu den Sätzen 3, 4, 6 und 9.
Manches davon könnte allerdings nach Petzoldt einer nachträglichen Erweiterung des Kantatensatzbestandes zuzurechnen sein. Der „früheste Kern von
BWV 21" wäre möglicherweise in den Sätzen 2, 6 und 9 zu sehen.[7]
Nicht zum ersten Mal führt hier die Analyse des Textes zu der Vermutung, daß
die Kantate aus heterogenen Bestandteilen zusammengesetzt sein dürfte. Zu
ähnlichen, allerdings unterschiedlichen Schlüssen gelangten zuvor bereits
Helene Werthemann[8] und Paul Brainard.[9] Auch der analytische Blick auf
die Musik hat früh den Gedanken aufkommen lassen, daß die Kantate kein
Werk aus einem Guß ist. Erste Vermutungen in dieser Richtung finden sich
schon in Alfred Dürrs *Studien* von 1951.[10] Auch wird hier bereits deutlich
ausgesprochen, daß Bach den Schlußchor offenbar aus einem anderen Werk
übernommen hat, ein Sachverhalt, der durch Stil- wie durch Quellenbefunde
erhärtet wird:[11] Offensichtlich wurde das Stück erst durch eine Uminstrumen-
tierung dem neuen Zusammenhang angepaßt.[12]
Zu bedenken bleibt auch, daß gerade dieser Satz keinesfalls einer Trauermusik für Aemilia Maria Harreß angehört haben kann. Die musikalische
Ausstattung von Trauer- und Gedächtnisfeiern war durch gesellschaftliche
Konventionen eng begrenzt: Trompeten und Pauken waren allein Standespersonen vorbehalten, auch beim übrigen Instrumentarium bestanden Ein-
schränkungen. In einer bürgerlichen Feier dürfte eine vollständige Kantate
mit vokalen Solopartien und obligaten Instrumenten die seltene Ausnahme gewesen sein.[13] Möglicherweise beschränkte sich die Musik im Gedächtnisgottesdienst für Aemilia Maria Harreß also auf Motetten und Choräle, dar-

---

[7] Petzoldt (wie Fußnote 1), S. 45.
[8] Werthemann (wie Fußnote 1) betrachtet die Sätze 3–9 aufgrund inhaltlicher Bezie-
    hungen zu einem Lied von Johann Rist (1607–1667) als Grundbestand der Kantate;
    vgl. besonders S. 142 f.
[9] Nach Brainard (wie Fußnote 1) sind die Sätze 3–6 und 9 als „Urbestandteile einiger-
    maßen gesichert", eine originäre Zugehörigkeit von Satz 2 hält er für sehr wahr-
    scheinlich (NBA I/16 Krit. Bericht, S. 133).
[10] Dürr 1951 (wie Fußnote 1), S. 154.
[11] Ebenda S. 19–21.
[12] Vgl. NBA I/16 Krit. Bericht, S. 139.
[13] Der Lockwitzer Pfarrer Christian Gerber vermerkt 1732 in seiner *Historie der Kir-
    chen-Ceremonien in Sachsen*, es werde „auch wohl von dem Cantore eine Trauer-
    Music aufgeführt, sonderlich bey vornehmer und hoher Personen Leichen- und
    Gedächtniß-Predigten, dabey auch bißweilen Instrumenta douçe gespielt werden";
    zitiert nach NBA III/1 Krit. Bericht (K. Ameln, 1967), S. 25.

geboten von Singstimmen und Orgel, vielleicht unterstützt von Streichern. Die
von Petzoldt favorisierten Sätze 2, 6 und 9 könnten dabei im Mittelpunkt gestanden haben.

Eine weitere These zur Vorgeschichte der Kantate hat Ute Poetzsch-Seban
2005 vorgelegt.[14] Ausgehend von der für den Sonntag Reminiscere bestimmten Kantate „Ich hatte viel Bekümmernisse" TVWV 1:843 von Georg Philipp
Telemann auf einen Text von Erdmann Neumeister betrachtet sie den Text von
BWV 21 unter dem Aspekt theologischer Auslegungstraditionen sowie der
Wahl von sinn- und affektverwandten Bibelworten für Kantatendichtungen
zu diesem Sonntag. Dabei kommt sie zu dem Schluß, daß Bachs Kantate ursprünglich (wenn auch möglicherweise in einer kürzeren Fassung, etwa ohne
die Sätze 7, 8 und 10) für den Sonntag Reminiscere bestimmt war. Die Kantate
wäre nach ihrer These für den betreffenden Sonntag des Jahres 1714, den
25. Februar, entstanden und von Bach als Eröffnungsstück für den vierwöchigen Turnus seiner Weimarer Kantatenaufführungen gedacht gewesen.
Die geplante Aufführung sei jedoch nicht zustande gekommen, weil die Ernennung Bachs zum Konzertmeister erst am 2. März 1714 erfolgte.

Es mag hier genügen festzustellen, daß die Thesen von Martin Petzoldt und
Ute Poetzsch-Seban einander nicht ausschließen.

II

Bei genauer Betrachtung der Musik lassen sich dem torsohaften Bild der
Werkgeschichte noch einzelne Mosaiksteine hinzufügen. Primär betroffen
sind Satz 2, „Ich hatte viel Bekümmernis", und Satz 6, „Was betrübst du dich,
meine Seele". Sie weisen eine Reihe von satztechnischen Besonderheiten auf,
die auf eine nachträgliche Erweiterung der Besetzung schließen lassen. In beiden Fällen geht es um das Verhältnis von Vokalsatz und Instrumentalpart.

Satz 2 hat als Ganzes betrachtet die Reihungsform der Motette. Dem entspricht, daß die Singstimmen fast den ganzen Satz hindurch präsent sind; eine
Ausnahme macht nur das kurze instrumentale Zwischenspiel von T. 47–49.
Auch daß die Instrumente von T. 38 an weitgehend colla parte geführt sind,
entspricht der Motettenpraxis. Entschieden als Kantatensatz charakterisiert
wird das Ganze aber durch die Beteiligung der Instrumente im ersten Hauptabschnitt bis T. 37, in dem Oboe, Violine I, II und Viola als selbständige Klang-
gruppe agieren. Dabei sind sie in einer Weise eingesetzt, die man in Bachs
Kantatenwerk wohl nicht leicht wiederfinden wird: In unregelmäßigen Ab-
ständen treten Oboe, Violinen und Viola gliedernd und zugleich auszierend
in die Kadenzen des Satzes ein, und zwar hauptsächlich in zwei Erscheinungs-

---

[14] Siehe Fußnote 1.

formen. Deren erste (zuerst in T. 5 f.) ist charakterisiert durch eine Oboen-
„Koloratur" in Sechzehntelpaaren und einen Streicherpart, bei dem Violine I
und Viola parallel in weiten Sprüngen verlaufen. Die zweite Form (zuerst in
T. 8 f.) zeigt in der Oboe eine einfache Diskantklausel und auch in den Violinen
und der Viola einen melodisch einfacheren Verlauf, wobei in zwei Fällen
(T. 8 f., 15 f., nicht T. 20 f.) eine Stimme mit dem Alt geht. Als drittes Element
kommt von T. 21 an eine einfache harmonische Begleitung in Form zweier
Akkorde hinzu, die einzelne Kadenzschritte akzentuiert.

Die erwähnten satztechnischen Besonderheiten treten in diesem ersten Hauptabschnitt bei den instrumentalen Einwürfen auf, und hier im Zusammenhang
mit der Oboen-„Koloratur" der erstgenannten Erscheinungsform. Aus Sicht
der Satztechnik der Zeit sicher unproblematisch sind vorübergehende Ein-
klangsführungen der Oboe mit dem Sopran wie an der Taktwende 5/6, in T. 12
(3. Viertel), T. 18 (2.–3. Viertel), T. 23 (2.–3. Viertel), und das gleiche mag bei
der Verbindung mit dem Alt wie in T. 26 (2.–3. Viertel) gelten. Sicher als
Fehler anzusehen ist aber die zweifache Oktavparallele mit dem Tenor an der
Taktwende 11/12. Und bedenklich sind auch die Quintparallelen der Oboe mit
dem Tenor in T. 22 und mit dem Alt in T. 28.

Der Streichersatz von Violine I, II und Viola ist demgegenüber unauffällig.
Eine Ausnahme macht hier nur eine Oktavparallele zwischen Violine II und
Fagott + Continuo in T. 12 im 1. Viertel.

Bei Satz 6 treffen wir zunächst auf eine formal ähnliche Grundsituation: Auch
dieser Satz ist nach Motettenart als Reihungsform angelegt; jeder Textab-
schnitt wird für sich behandelt. Bei analytischer Betrachtung fällt auch hier der
Blick rasch auf die Rolle der obligaten Instrumente und besonders auf die
Oboe. Von Interesse sind vor allem die Abschnitte 2, „und bist so unruhig in
mir" (T. 11 ff.), und 5, „daß er meines Angesichtes Hülfe und mein Gott ist"
(T. 43 ff.).

Bei Abschnitt 2 geht es um dessen ersten Teil, T. 11–18, einen strengen Kanon
der vier Singstimmen auf der Basis einer absteigenden Quintschrittsequenz.
Die Instrumentenpaare Oboe + Viola einerseits und Violine I + II andererseits begleiten den Vokalsatz mit zweistimmigen Einwürfen. Die vier Instrumente folgen dabei dem Sequenzverlauf des Kanons. Als unbedenklich ist
anzusehen, daß die Oboe in einzelnen Fortschreitungen im Einklang mit dem
Sopran (T. 13, 1. Viertel; T. 17, 1. Viertel) geht. Kritisch zu sehen sind aber
sicherlich zwei Oktavparallelen, die eine in T. 15 (1. Viertel) mit dem Tenor, die
andere in T. 15/16 mit dem Vokalbaß (der hier aus dem Sequenzmodell aus-
schert). Man muß annehmen, daß die Stimme der Oboe nachträglich hinzukomponiert worden ist. Doch ist es gut möglich, daß auch die Partien von Violine I, II und Viola erst in diesem Zusammenhang hinzugefügt worden sind.

Bei Abschnitt 5 handelt es sich um eine Permutationsfuge. Werner Neumann
bietet in seinem Standardwerk *J. S. Bachs Chorfuge* dazu eine Analyse und

eine Übersicht über die Schichtung der insgesamt fünf Themenglieder.[15] Wir geben hier den Dux-Komplex in Anlehnung an Neumann wieder (siehe Beispiel 1):[16]

Neumann vermerkt im Zusammenhang seiner Analyse gewisse Unregelmäßigkeiten des Satzes. Eine der Ursachen erkennt er in der melodischen Identität der Schlüsse von Kontrapunkt 3 und 5. Darüber hinaus besteht jedoch ein weiterer konzeptioneller Fehler in der Quartparallele zwischen den Kontrapunkten 1 und 5 im 2. Takt bei dem Schritt vom 2. zum 3. Achtel (c^1–f^1 bzw. g–c^1), da die Quartparallele bei Vertauschung der Oktavlagen zur Quintparallele wird.

An beiden konzeptionellen Fehlern ist Kontrapunkt 5 beteiligt. In Bachs Satz finden sich denn auch im Zusammenhang mit diesem Themenglied verschiedene Regelverstöße: Der auffälligste von ihnen ist eine Oktavparallele zwischen Sopran und Tenor an der Taktwende 70/71. In unmittelbarer Umgebung dazu finden sich zwei weitere Satzfehler: In T. 69 (2.–3. Viertel) verlaufen Tenor und Baß regelwidrig im Einklang. Bach hat hier im Tenor den Melodieverlauf von Kontrapunkt 5 bei den drei syllabischen Sechzehnteln im 2. Taktviertel eine Terz höher gesetzt,[17] um eine Quintparallele mit dem Continuo vom 2. zum 3. Taktviertel zu vermeiden, aber mit diesem Eingriff die Einklangsparallele von Tenor und Baß verursacht. Auf dieselbe Weise ergibt sich in T. 71 an entsprechender Stelle eine Akzent-Oktavparallele zwischen Sopran und Alt.

Kontrapunkt 5 ist also der eigentliche „Störfaktor" im Satzgeschehen. Außer an der eben erwähnten Stelle tritt er noch dreimal in abgewandelter Gestalt auf: In T. 59/60 (Oboe), 61/62 (Violine I), 63/64 (Violine I) dienen die Änderungen jeweils der Vermeidung einer Quintparallele mit Baß (T. 60), Tenor (T. 62) oder Alt (T. 64) auf dem 1.–2. Viertel des Taktes; in T. 62 wird außerdem im 3. Taktviertel eine Quintparallele mit dem Continuo vermieden. Einmal aber, an der Taktwende 72/73, ändert Bach mit Rücksicht auf Kontrapunkt 5 (Alt), den Schluß von Kontrapunkt 3 (Oboe) zur Vermeidung einer Oktavparallele.

Offensichtlich ist Kontrapunkt 5 das Ergebnis einer nachträglichen Umarbeitung. Angelpunkt ist T. 51. An dieser Stelle wäre nach dem Permutationsschema im Alt Kontrapunkt 1 (also der Themenbeginn) zu erwarten. Und das

---

[15] W. Neumann, *J. S. Bachs Chorfuge. Ein Beitrag zu Bachs Kompositionstechnik*, Leipzig 1938, 3. Auflage Leipzig 1953, S. 20 f., dazu Tafel 4. Wir übernehmen im folgenden Neumanns Bezeichnung der Themenglieder als Kontrapunkt 1–5.

[16] Zusätzlich kennzeichnen wir die nachfolgend behandelten Konzeptionsmängel durch Balken.

[17] Nämlich es^1–d^1–c^1 statt c^1–b–a, wie die Comes-Version von Kontrapunkt 5 korrekt lauten müßte (vgl. die Sechzehntelgruppe in T. 61, Violine I). Neumann notiert auf Tafel 4 in Schema B fälschlich es^2–d^2–c^2 (also die Variante von T. 69).

war in der Urfassung vermutlich auch der Fall. Es ist anzunehmen, daß die Einführung der Instrumente in den Fugensatz auch schon in der ursprünglichen Fassung an dieser Stelle begann, dies allerdings mit dem im Alt liegenden Kontrapunkt 1 und der colla parte geführten Violine II. Statt im Alt erscheint Kontrapunkt 1 jedoch nun eine Oktave höher in der Oboe, die damit sehr viel effektvoller den Eintritt des Orchesters anführt und zu dem instrumentalen Zwischenspiel der Takte 53–58 überleitet. Im Alt aber wird als Ersatz für Kontrapunkt 1 ein neues, fünftes Permutationsglied formuliert. Damit wird die vierstimmige Permutationsfuge der Orchesterbesetzung entsprechend zur Fünfstimmigkeit erweitert, allerdings um den Preis massiver Eingriffe in die Permutationsstruktur im weiteren Verlauf des Satzes.[18] Die geschilderten Unregelmäßigkeiten lassen nur den Schluß zu, daß die Oboenstimme des Fugenabschnitts nachträglich hinzukomponiert worden ist.

Das Fazit unserer Untersuchungen zu Satz 6 besteht in der Erkenntnis, daß die obligate Oboenpartie des Kanonabschnitts T. 11–18 und der Permutationsfuge T. 43 ff. in der ursprünglichen Version des Satzes noch nicht enthalten war. Das läßt den Schluß zu, daß auch das kleine Oboensolo in T. 33–37 der Urfassung noch nicht angehört hat.

III

Sowohl in Satz 2 als auch in Satz 6 ist die Oboenstimme das Ergebnis einer nachträglichen kompositorischen Erweiterung. Da nach Alfred Dürrs und Paul Brainards Untersuchungen auch der 11. Satz erst nachträglich mit einem Oboenpart ausgestattet worden ist, läßt sich mit großer Wahrscheinlichkeit folgern, daß diese drei Chorsätze nicht demselben Zusammenhang entstammen wie die beiden Kantatensätze, in denen die Oboe eine tragende Rolle spielt: die Eingangs-Sinfonia und die Sopran-Arie „Seufzer, Tränen, Kummer, Not". Das läßt einen weiteren Schluß zu: Erst mit der Zusammenführung der heterogenen Bestandteile muß es für Bach wünschenswert erschienen sein, der Oboe auch im weiteren Verlauf der Kantate eine prominente Rolle zuzuweisen.

Während die genannten drei Chorsätze aufgrund der Bearbeitungsspuren mit Sicherheit einer älteren Schicht zuzuordnen sind, bleibt für die übrigen Sätze die Frage offen, ob sie ad hoc für die Kantate geschaffen wurden oder ganz oder teilweise ebenfalls auf ältere Vorlagen zurückgehen. Immerhin gut vor-

---

[18] Ein ähnlicher Bearbeitungsvorgang liegt bei dem als Einzelstück überlieferten Chor „Nun ist das Heil und die Kraft" BWV 50 vor; vgl. meinen Aufsatz *Bachs Doppelchor „Nun ist das Heil und die Kraft" (BWV 50). Neue Überlegungen zur Werkgeschichte*, BJ 1994, S. 59–73.

stellbar bleibt, daß die eröffnende Sinfonia aus einem bereits vorhandenen Instrumentalwerk – etwa einer Triosonate – übernommen wurde. Der Satzstruktur nach handelt es sich um einen Triosatz für Oboe, Violine und Continuo mit ausinstrumentierter Generalbaßbegleitung von Violine II und Viola. Vielleicht endete der Satz ursprünglich mit der Kadenz von T. 15/16 mit einem Tonika-Dreiklang statt des Trugschlußakkords. Auffällig ist jedenfalls am Verhältnis der beiden konzertierenden Partien, daß Bach erst in den fünf Schlußtakten der Oboe eine deutlich dominierende Rolle zuweist.

I V

Zum Schluß soll noch ein anderer Aspekt der Werkgeschichte berührt werden. Nach den Quellenuntersuchungen von Paul Brainard hat Bach bei den vokalen Solopartien hoher Lage mehrfach Umbesetzungen vorgenommen.[19] In der 1714 aufgeführten Fassung waren diese Partien sämtlich mit Tenor besetzt. Wie Christoph Wolff im Bach-Jahrbuch 1996[20] im einzelnen ausgeführt hat, müssen die Solopartien der Sätze 3–5, 7, 8 und möglicherweise auch 10 jedoch ursprünglich dem Sopran zugeteilt gewesen sein. In der Köthener Zeit hat Bach denn auch den Sopran wieder in seine ursprüngliche Rolle eingesetzt (und ihm auch Satz 10 zugewiesen), in Leipzig allerdings die Sätze 5 und 10 wieder dem Tenor übertragen.

Am überraschendsten an der 1714 vorgenommenen Umdisposition ist die Ersetzung des Soprans durch einen Tenor in den beiden Duettsätzen 7 und 8. Das Satzpaar steht in der Gattungstradition des Dialogs zwischen Jesus und der Gläubigen Seele. Die beiden Rollen werden von jeher von Sopran und Baß dargestellt. Die Besetzung mit Tenor und Baß ist auch bei Bach eine singuläre Ausnahme.[21] Wolff zufolge können aber nicht nur die beiden Duettsätze, sondern auch die übrigen damals dem Tenor übertragenen Solopartien inhaltlich der Rolle der Gläubigen Seele zugeordnet und als Teile des Dialogs ver-

---

[19] Im einzelnen dazu Brainard 1974 (wie Fußnote 1), S. 235 f.; ausführlicher 1984 in NBA I/16 Krit. Bericht, S. 106 f., auch S. 138.

[20] Siehe Fußnote 1.

[21] Einen vergleichbaren Fall stellt das Eingangsduett der Kantate „Ich lebe, mein Herze, zu deinem Ergötzen" BWV 145 dar. Hier ist die Stimme Jesu abweichend von der Tradition dem Tenor zugewiesen. Vermutlich handelt es sich um eine Parodie; vgl. meinen Aufsatz *Anmerkungen zum Problem „Picander-Jahrgang"*, in: Bach in Leipzig – Bach und Leipzig, Konferenzbericht Leipzig 2000, hrsg. von U. Leisinger (LBB 5), Hildesheim 2002, S. 69–87, besonders S. 75, Fußnote 23; revidierter Wiederabdruck in: *Bachs Kantaten. Das Handbuch*, hrsg. von R. Emans und S. Hiemke (Das Bach-Handbuch 1–2, Teilband 2), Laaber 2012, S. 181–201, dort besonders Endnote 24 zu S. 185.

standen werden, Satz 3–5 als Prolog des Zwiegesprächs, Satz 10 als Epilog.[22]
Auch für diese Sätze stellt sich also die Frage nach dem Grund der Umbe-
setzung.

Wolff vermutet eine pragmatische Notlösung Bachs, verursacht etwa durch
das Fehlen eines geeigneten Sopranisten.[23] Doch ist dies nicht die einzig
mögliche Erklärung. Wenn man von der besonderen Situation am Weimarer
Hofe im Juni 1714 ausgeht, könnte die Zuweisung des Dialogparts an den
Tenor auch im Sinne einer konkreten Personifizierung dahingehend gemeint
gewesen sein, daß es Prinz Johann Ernst selbst ist, der da spricht.

Aus heutiger Sicht mag eine solche Deutung befremdlich erscheinen. Doch
die Zeit empfand offenbar anders. Im zweiten Teil der Trauermusik, die am
2. April 1716 in der Gedächtnisfeier für den Prinzen in der Weimarer Schloßkirche aufgeführt wurde, gibt es einen Dialog Jesu mit dem Verstorbenen:[24]

Jesus.
Mein JOHANN ERNST komm zur Ruh!
Blick auf Sodom nicht zurücke […]

Der Hochseel: Printz.
Lebens Fürst! Ich folge Dir!
Ich vergeße was dahinden! […]

Choral.
Christus der ist mein Leben […]

Jesus.
Komm und gehe Himmel-ein,
Zum Durchlauchten Engel-Orden! […]

Der Hochseel: Printz.
Schönster Himmel! öffne dich!
Laß mich meinen Lauf beschließen […]

Vielleicht wurden die Dialogpartien auch in der Trauermusik des Jahres 1716
von Tenor und Baß gesungen und haben so manchen Hörer erinnert an Bachs
Abschiedskantate vom 17. Juni 1714.

---

[22] S. 141 f.

[23] S. 144.

[24] Auszugsweise wiedergegeben bei A. Glöckner, *Zur Chronologie der Weimarer
Kantaten Bachs*, BJ 1985, S. 159–164; Zitat nach S. 163 f.

Beispiel 1

Noch ein „Handexemplar“: Der Fall der Schübler-Choräle

Von George B. Stauffer (New Brunswick, New Jersey)

Im Bach-Jahrbuch 2010 habe ich über die Entdeckung eines Exemplars der 1739 erschienenen Originalausgabe von Johann Sebastian Bachs Clavier-Übung III berichtet, die sich in der Princeton University Library befindet[1] und Korrekturen sowie Verbesserungen von der Hand des Komponisten enthält.[2] Ich konnte damals außerdem zeigen, daß die in einem weiteren, in der British Library aufbewahrten Exemplar des Drucks[3] enthaltenen handschriftlichen Änderungen ebenfalls von Bachs Hand stammten. Obwohl die Korrekturen in den beiden Exemplaren Überschneidungen aufweisen, fanden sich doch genügend Unterschiede, um die Vermutung zu nähren, daß Bach die beiden Exemplare unabhängig voneinander annotierte, ohne sie miteinander oder mit einer gemeinsamen Vorlage abzugleichen.

Diese Erkenntnis stellte die von der Bach-Forschung lange Zeit gehegte Vorstellung eines „Handexemplars“ in Frage,[4] die besagt, daß der Komponist von jeder Originalausgabe ein Exemplar für sich reservierte, in das er für seine persönliche Einsichtnahme sorgfältig und methodisch seine Korrekturen, Verdeutlichungen und Verbesserungen des Notentexts eintrug. Im Fall von Clavier-Übung IV, den so genannten Goldberg-Variationen BWV 988, umfaßten Bachs Annotationen auch das Einfügen von zusätzlichen Stücken, die er aus dem veröffentlichten Werk ableitete.[5] Das Vorhandensein von zwei persönlich emendierten Exemplaren der Edition von Clavier-Übung III führte mich zu der Hypothese, daß Bach möglicherweise stets mehrere Exemplare seiner Drucke in unsystematischer, spontaner Weise annotierte, bevor er sie verkaufte oder

---

[1] US-PRu, *(Ex) M3.1 B2C5 1739q.*

[2] G.B. Stauffer, *Ein neuer Blick auf Bachs „Handexemplare“: Das Beispiel Clavier-Übung III*, BJ 2010, S. 29–52.

[3] GB-Lbl, *K 10 a 42.*

[4] Diese Ansicht wurde insbesondere vertreten von Wilhelm Rust in BG 25/2, S. XV bis XIX, Georg Kinsky in *Die Originalausgaben der Werke Johann Sebastian Bachs*, Wien 1937, S. 60f., und Christoph Wolff in *Bach's Handexemplar of the Goldberg Variations: A New Source*, JAMS 29 (1976), S. 224–241, sowie in *Bachs Handexemplar der Schübler-Choräle*, BJ 1977, S. 120–129.

[5] Gemeint sind die „Verschiedenen Canones über die ersteren acht Fundamental-Noten vorheriger Aria“ BWV 1087, die Bach auf der Innenseite des hinteren Einbands seines eigenhändig annotierten Exemplars des Drucks (F-Pn, *Ms. 17669*) eintrug.

an seine Söhne, Schüler und Kollegen weitergab. Ich schloß meinen Bericht mit der Überlegung, daß die Verwendung des Begriffs Handexemplar zur Beschreibung von Originaldrucken mit Änderungen von Bachs Hand möglicherweise zu restriktiv sei, da dies eine Exklusivität und persönliche Besitzverhältnisse impliziert, die es vielleicht gar nicht gegeben hat.

Diese Idee scheint allerdings durch die *Sechs Choräle von verschiedener Art*, die sogenannten Schübler-Choräle BWV 645–650, widerlegt zu werden, die zwischen 1746 und 1749 in einer von Johann Georg Schübler aus Zella gestochenen ungewöhnlich fehlerhaften Ausgabe erschienen.[6] Von dieser Ausgabe existiert ein Exemplar, das sich heute in der Scheide Collection der Princeton University befindet[7] und das anscheinend unbezweifelbar sämtliche Eigenschaften eines Handexemplars aufweist. Der Band ging nach Bachs Tod in den Besitz seines Sohnes Carl Philipp Emanuel über, der Forkel gegenüber bestätigte, die „dabey geschriebene Anmerckungen" seien „von der Hand des seeligen Autors"[8]; das Exemplar enthält mehr als 100 Änderungen – Korrekturen, Verdeutlichungen, Verbesserungen und aufführungspraktische Hinweise –, die den definitiven Text der Musik festzulegen scheinen. Es diente daher als Hauptquelle für Friedrich Conrad Griepenkerls Ausgabe der Schübler-Choräle (1847) im Rahmen der grundlegenden Gesamtausgabe der Bachschen Orgelwerke bei Peters[9] und für Wilhelm Rusts Edition in der BG (1878).[10] Nachdem es für nahezu ein Jahrhundert verschollen war, tauchte es in den 1970er Jahren wieder auf – es fehlte lediglich das erste Blatt mit der Titelseite und den Takten 1–22 des ersten Stücks („Wachet auf, ruft uns die Stimme"). Die Echtheit wurde dann von Christoph Wolff erneut bestätigt; Wolff zeigte auch, daß die ungewöhnlichen Angaben zur Manual- und Pedalverteilung sowie zur Stimmlage (zum Beispiel „Ped. 4 f. u. eine 8tav tiefer" für den Cantus firmus in „Kommst du nun, Jesu, vom Himmel herunter") in der

---

[6] Der *terminus a quo* ergibt sich aus dem Jahr von Wilhelm Friedemann Bachs Dienstantritt als Organist und Musikdirektor in Halle (16. April 1746), der als Hallenser Verkaufsagent der Publikation genannt ist. Den *terminus ad quem* bestimmt die Verschlechterung von Bachs Sehvermögen im Spätherbst des Jahres 1749. Das Erscheinungsjahr der Schübler-Choräle wird gewöhnlich mit „um 1748" angegeben; Christoph Wolff hat mir gegenüber aber die Meinung geäußert, daß der Charakter von Bachs Handschrift in dem Wiener Exemplar des Drucks einen näher an 1746 liegenden Erscheinungstermin suggeriert (siehe die Diskussion weiter unten).

[7] US-PRu, Scheide Collection, ohne Signatur.

[8] Dok III, Nr. 793 (Brief vom 26. August 1774).

[9] *Johann Sebastian Bach's Kompositionen für die Orgel*, hrsg. von F. C. Griepenkerl und F. Roitzsch, Leipzig 1844–1852, Bd. 6–7.

[10] BG 25/2.

Tat von Bachs Hand geschrieben sind und aus seinem letzten Lebensjahr stammen.[11]

Das Princetoner Exemplar diente daher als Grundlage für den Notentext der Schübler-Choräle in NBA IV/1, deren Herausgeber Heinz-Harald Löhlein mit Nachdruck behauptete: „Man könnte die Fassung in A1 [das Princetoner Exemplar] als ‚Fassung letzter Hand' auffassen",[12] wobei er den von Georg von Dadelsen geprägten und seither allgemein gebräuchlichen Begriff für die letzte überarbeitete Werkfassung eines Komponisten verwandte.[13] Und in noch jüngerer Zeit folgte Werner Breig Löhleins Beispiel und benutzte das Princetoner Exemplar ohne Vorbehalt als Vorlage für die bei Breitkopf & Härtel erschienene Neuausgabe von Bachs Orgelwerken.[14]

Zugleich aber beansprucht ein weiteres Exemplar der Schübler-Choräle – insgesamt sind sechs Exemplare überliefert[15] – unsere Aufmerksamkeit, seit es zuerst von Rust im Kritischen Bericht zu BG 25/2 diskutiert wurde. Es befindet sich heute in der Sammlung Hoboken der Österreichischen Nationalbibliothek in Wien[16]; zu seinen Vorbesitzern gehörte der Organist, Komponist und Sammler Johann Christoph Oley (1738–1789), der sich auch als Kopist Bachscher Werke hervortat, darunter eine Frühfassung des ersten Satzes des Italienischen Konzerts BWV 971.[17] Das von Oley vor 1762 erworbene Wiener Exemplar[18] enthält mehr als 120 handschriftliche Änderungen, von denen etwa 70 mit denen des Princetoner Exemplars übereinstimmen.

Rust hat die Verbindung zwischen den beiden Druckexemplaren bemerkt, nahm aber an, daß Oley die Änderungen in dem Wiener Druck aus dem Princetoner Exemplar übernommen hatte und maß diesen daher keine weitere Bedeutung bei.[19] Trotzdem regte er eingehendere Forschungen zu Oley an, da dieser „mit dem Autor in enger Beziehung gestanden haben muß".[20] Auch

---

[11] Wolff, *Bachs Handexemplar der Schübler-Choräle* (wie Fußnote 4), S. 126.

[12] NBA IV/1, Krit. Bericht (H.-H. Löhlein, 1987), S. 143.

[13] G. von Dadelsen, *Die „Fassung letzter Hand" in der Musik*, in: Acta Musicologica 33 (1961), S. 1–14. Dadelsen wiederum übernahm den Begriff von Goethe.

[14] *Johann Sebastian Bach. Sämtliche Orgelwerke*, Wiesbaden 2010 ff., Bd. 6, *Clavierübung III, Schübler-Choräle, Canonische Veränderungen* (2010).

[15] Siehe die Aufstellung im Krit. Bericht NBA IV/1, S. 127–137.

[16] A-Wn, *SH. J. S. Bach 40*.

[17] US-Bp, Allen A. Brown Collection, ohne Signatur.

[18] Ein Vermerk in der unteren rechten Ecke der Titelseite lautet: „Joh. Chr. Oley. Bernburg". Oley wurde in Bernburg geboren und wirkte dort bis 1762, als er Organist und Schulgehilfe an der Reformierten Kirche in Aschersleben wurde, wo er bis zu seinem Tod verblieb.

[19] BG 25/2, S. XV. Rust schrieb irrtümlicherweise, daß sämtliche Änderungen in dem Wiener Exemplar aus der Princetoner Quelle übernommen seien.

[20] BG 25/2, S. XV.

Löhlein nahm während seiner Arbeiten an dem NBA-Band Notiz von den Korrekturen in dem Wiener Exemplar, doch auch er schrieb diese Oley zu[21] und ließ sie daher bei seiner Edition der Choräle unberücksichtigt. Immerhin aber fand er eine Lesart in „Kommst du nun, Jesu, vom Himmel herunter" musikalisch so überzeugend, daß er sie als Ossia-Variante in den Notenband übernahm, wo er sie als „Oleysche Konjektur" bezeichnete.[22]

Eine im Zusammenhang mit meinen Redaktionsarbeiten zu einer neuen amerikanischen Gesamtausgabe der Bachschen Orgelwerke[23] vorgenommene kritische Überprüfung der handschriftlichen Änderungen in dem Wiener Exemplar der Schübler-Choräle hat die von Andrew Talle bereits vor einigen Jahren in seiner Studie über die Verbindung zwischen Oley und dem Bach-Schüler Bernhard Christian Kayser mitgeteilte Erkenntnis bestätigt, daß die Eintragungen keinesfalls von Oley stammen.[24] Ein gründlicher Vergleich mit Bachs später Handschrift ergibt hingegen eine genaue Entsprechung. Die mit einem einzigen Strich gezeichnete Achtelnote, der vertikale Doppelschlag, die kantige Viertelpause, die verdickten und häufig keulenartigen Tonhöhen-zeichen, die Notierung von prima und seconda volta (mit einem leicht nach rechts verschobenen Punkt auf der Ziffer 1), der eigentümlich wellenartige Bindebogen und andere Notationssymbole entsprechen dem Schriftbild der Autographe aus Bachs letztem Lebensjahrzehnt – besonders den späten Teilen von *P 271* (Kanonische Veränderungen BWV 769 a) und *P 180* (h-Moll-Messe BWV 232; siehe Abb. 1).[25]

---

[21] NBA IV/1 Krit. Bericht, S. 135: „Die Eintragungen stammen anscheinend von Oleys Hand."

[22] NBA IV/1, S. 101.

[23] *Johann Sebastian Bach. The Complete Organ Works*, hrsg. von Q. Faulkner, G. B. Stauffer und C. Wolff, Colfax, North Carolina: Wayne Leupold Editions, 2010 ff.

[24] A. Talle, *Neuerkenntnisse zur Bach-Überlieferung des 18. Jahrhunderts*, BJ 2003, S. 165. – Selbst ein kursorischer Vergleich mit Oleys Abschrift des Italienischen Konzerts (siehe Fußnote 17) zeigt, daß die handschriftlich eingefügten Achtelnoten, Viertelpausen und Triller sowie weitere Symbole in dem Schübler-Druck von anderer Hand stammen.

[25] Für einen Schriftvergleich siehe zum Beispiel in Abb. 1 die Tonhöhenangabe „g"; doch auch andere in dem Wiener Druck zur Korrektur verwendete Buchstaben (a, b, h, c, d, e und fis) stimmen genau mit den Fehlerkorrekturen im Autograph der h-Moll-Messe (1748/49) überein. Ein weiteres Indiz für Bachs Handschrift in dem Wiener Exemplar ist seine Gewohnheit, Sechzehntel-Fähnchen einzufügen, die den Stiel der Noten kreuzen, wenn er Gruppen von gleichwertigen Achtelnoten in Paare von punktierten Achtel- und Sechzehntelnoten umwandelt (siehe zum Beispiel „Wer nur den lieben Gott läßt walten", T. 27, oberes Manual; oder „Kommst du nun, Jesu, vom Himmel herunter", T. 16 und T. 26, Pedal). Diese Eigenart findet sich sowohl in dem Princetoner als auch in dem Wiener Exemplar.

Erneut betrachtet, lassen sich die handschriftlichen Änderungen in dem Wiener Exemplar nunmehr schlüssig als Zusätze von der Hand des Komponisten deuten, denn sie betreffen genau dieselben Aspekte, die auch in dem Princetoner Druck im Fokus standen: die Korrektur von Druckfehlern, die Ergänzung von fehlenden Akzidentien, Haltebögen und Hilfslinien, das Einfügen zusätzlicher Verzierungen und Bindebögen, die Verdeutlichung und Schärfung der Rhythmen und die Verbesserung ausgewählter Passagen.[26] In „Meine Seele erhebt den Herren" ergänzt der Schreiber sogar die Punkte in zwei punktierten Viertelpausen. Wer wenn nicht Bach hätte sich um solche Details gekümmert?

*

Von den 125 handschriftlichen Änderungen in dem Wiener Exemplar entsprechen 71 denen in der Princetoner Quelle, die insgesamt 109[27] handschriftliche Emendationen enthält.[28] Die übrigen 54 Eintragungen in dem Wiener Exemplar sind singulär; sie demonstrieren ein weiteres Mal, wie Bach den Korrekturprozeß zum Anlaß nahm, die Musik und die Art ihrer Aufführung noch einmal zu überdenken. Dabei ist begrüßenswert, daß das Wiener Exemplar uns über jedes einzelne der sechs Stücke etwas Neues mitzuteilen hat.

Für „Wachet auf, ruft uns die Stimme" BWV 645 liefert uns das Wiener Exemplar endlich die erste Seite des Notentexts mit Bachs Korrekturen, die genau festlegen, wie das erste und zweite Ende des Stollens ausgeführt werden sollen (siehe Abb. 1, Nr. 5 a). Des weiteren ergänzte Bach einen Triller auf der vorletzten Note der ersten Phrase des Cantus firmus (T. 15, erste Note) und fuhr mit dem auftaktigen Schleifer fort, der beim erneuten Auftreten des Ritornells in dessen achtem Takt erscheint (T. 25 und 39; siehe Beispiel 1).

Der Notentext von „Wo soll ich fliehen hin" BWV 646 bleibt in dem Wiener Exemplar mit Ausnahme der Ergänzung von Doppelschlägen bei den vier Hauptkadenzen des Ritornells im wesentlichen unverändert. Dieser wichtige Zusatz hat die Funktion, die Halbtonfigur des Themas zu spiegeln und die dem Stück zugrundeliegenden harmonischen Stationen herauszuarbeiten (Beispiel 2). Außerdem stützt er die Vermutung, daß Bach beim Konzipieren des

---

[26] Die hier aufgezeigten Kategorien reflektieren die von Christoph Wolff für das Princetoner Exemplar vorgeschlagenen; siehe Wolff, *Bachs Handexemplar der Schübler-Choräle* (wie Fußnote 4), S. 125 f.

[27] Für die Eingriffe auf der inzwischen verschollenen ersten Seite des Princetoner Exemplars („Wachet auf, ruft uns die Stimme", T. 1–22) müssen wir uns auf den Kommentar von Rust in BG 25/2 verlassen.

[28] Zu Einzelheiten siehe den Editionsbericht in *Johann Sebastian Bach. The Complete Organ Works*, Bd. I/9, *Chorale Partitas, Canonic Variations on Vom Himmel hoch, Schübler Chorales*, hrsg. von G. B. Stauffer (im Druck).

Beispiel 1: Wachet auf, ruft uns die Stimme

Stücks – ganz gleich ob er es von einem verschollenen Kantatensatz transkribierte oder neu komponierte[29] – den älteren, mit Jacob Regnarts Melodie aus dem Jahr 1576 verbundenen Text „Auf meinen lieben Gott" (Lübeck, vor 1603) im Sinn hatte, dessen erste Strophe eine direkte Anspielung auf das Wort „wenden" enthält:

> Auf meinen lieben Gott
> trau ich in Angst und Not;
> der kann mich allzeit retten
> aus Trübsal, Angst und Nöten,
> mein Unglück kann er wenden,
> steht alls in seinen Händen.

Beispiel 2: Wo soll ich fliehen hin

Für „Wer nur den lieben Gott läßt walten" BWV 647 bestätigt das Wiener Exemplar die dissonante Lesart, die sich auch in der Princetoner Quelle in Takt 13 findet, wo Bach die dritte Note in der linken Hand von b nach h ändert und damit einen scharfen Querstand zu dem b des Cantus firmus herstellt, der gleichzeitig im Pedal erklingt (Beispiel 3).[30]

---

29 Die ausführlichste Zusammenfassung dieses komplexen Sachverhalts findet sich bei M. Kube, *Choralgebundene Orgelwerke*, in: Bach Handbuch, hrsg. von K. Küster, Kassel 1999, S. 607 f.

30 Das Auflösungszeichen findet sich auch unter den Änderungen in dem Londoner Exemplar der Schübler-Choräle (siehe die Diskussion weiter unten).

Der Konflikt von b und h spiegelt die tonal-modale Ambiguität der Choral-melodie und soll vielleicht die Phrase „in allem Kreuz“ unterstreichen, die im Choraltext in der Wiederholung des Stollens erscheint. In der Vorlage für dieses Stück, dem Duett für Sopran und Alt „Er kennt die rechten Freuden-stunden“ aus der Kantate „Wer nur den lieben Gott läßt walten“ BWV 93, steht an dieser Stelle das gefälligere b – die bisher in sämtlichen modernen Aus-gaben der Schübler-Choräle verwendete Lesart. Das Wiener Exemplar ermu-tigt uns nun, Bachs schärferen zweiten Einfall wiederherzustellen.

Beispiel 3: Wer nur den lieben Gott läßt walten

Bei „Meine Seele erhebt den Herren“ BWV 648 geht Bach in dem Wiener Exemplar mit der Ergänzung der Bögen, die die ersten beiden Achtelgruppen verbinden, noch weiter als in der Princetoner Quelle und betont damit den sanften Tanzrhythmus der Musik. Insgesamt ergänzt er vierzehn Bögen – dar-unter fünf, die in dem Princetoner Exemplar fehlen. Die überraschendste Änderung allerdings, die einzig in dem Wiener Exemplar erscheint, findet sich in Takt 13 – einer Organisten wohlvertrauten Passage, da sie dem Spieler abverlangt, mit der rechten Hand gleichzeitig auf dem ersten (Cantus firmus) und dem zweiten Manual (Begleitung) zu spielen, um die weiten Intervalle zu bewältigen, die die Alt- und die Tenorstimme der Begleitung voneinander trennen (Beispiel 4 a). In dem Wiener Exemplar änderte Bach die Schlußnote der Cantus-firmus-Phrase von einer punktierten Halbenote zu einer punk-tierten Viertelnote mit punktierter Viertelpause. Zugleich ergänzte er bei der dritten und vierten Note der Altstimme einen Bogen (siehe Beispiel 4 b und Abb. 3 a). Dies läßt vermuten, daß Bach den ausführenden Spieler die zweite Note im Alt (c'') mit der rechten Hand auf dem zweiten Manual ausführen lassen wollte, während der Cantus firmus mit derselben Hand auf dem ersten Manual zu halten war; dann aber verlegte er in der zweiten Hälfte des Taktes die rechte Hand ganz auf das zweite Manual, um so zu gewährleisten, daß der in der Altstimme ergänzte tänzerische Bogen ausführbar ist. Diese Verände-rung löst endlich eine seit langem diskutierte Unklarheit in der Spielpraxis von „Meine Seele erhebt den Herren" und liefert einen Hinweis darauf, wie bemerkenswert nuanciert Bachs eigenes Orgelspiel gewesen sein muß.[31]

Beispiel 4: Meine Seele erhebt den Herrn

Für „Ach bleib bei uns, Herr Jesu Christ" BWV 649 ergeben die Korrekturen in dem Wiener Exemplar insgesamt ein ähnliches Bild wie die in der Princetoner Quelle. Der wesentlichste Unterschied ist die Ergänzung von Trillern auf den vorletzten Noten der zweiten und vierten Phrase des Cantus firmus, die einer von der obligaten Violoncello-piccolo-Stimme bereits recht munter gestalteten Faktur einen noch lebhafteren Gestus verleihen (in der Orgeltranskription wird diese Partie von der linken Hand ausgeführt). In Takt 41 ergänzte Bach in der obligaten Stimme ebenfalls einen Triller (Beispiel 5), der die abschließende Phrase des Chorals weiter verziert, welche zu dem Da capo des Ritornells führt (für das Bach genau wie in dem Princetoner Exemplar die fehlenden Anweisungen in Takt 3 ergänzte).

Beispiel 5: Ach bleib bei uns, Herr Jesu Christ

Die wichtigsten neuen Lesarten in dem Wiener Exemplar finden sich in „Kommst du nun, Jesu, vom Himmel herunter" BWV 650, dessen Text auch in der Princetoner Quelle bereits gründlich korrigiert erscheint. In dem Wiener Exemplar verfuhr Bach bei der Korrektur und gleichzeitigen Verbesserung von Takt 2 des Ritornells genau wie in der Princetoner Quelle und schuf damit eine Fassung des Ritornells, die die originale obligate Violinstimme wesentlich verfeinert.[32] In dem Wiener Exemplar änderte Bach das Ritornell aber zudem auch bei dessen Wiederkehr in Takt 44 (auf der Dominante) – eine Änderung, die die Struktur des Werks thematisch vereinheitlicht und ausbalanciert (Beispiel 6). Diese Emendation findet sich weder in der Vorlage der Arie „Lobe den Herren, der alles so herrlich regieret" aus der Kantate „Lobe den Herren, den mächtigen König der Ehren" BWV 137 noch in dem Princetoner Exemplar.

In Takt 50 von „Kommst du nun, Jesu, vom Himmel herunter" änderte Bach in dem Wiener Exemplar die Noten der obligaten Stimme ein weiteres Mal und präsentierte eine Lesart, die sich sowohl von der Kantatenvorlage und dem unveränderten Druck als auch von der in dem Princetoner Exemplar erscheinenden Änderung unterscheidet (Beispiel 7 a). Und in Takt 52 schärfte er in dem Wiener Exemplar den Rhythmus der Figur auf Zählzeit 3 und lieferte damit auch hier wieder eine andere Lesart als die in der Kantate, dem unveränderten Druck und dem Princetoner Exemplar (Beispiel 7 b).

Beispiel 6: Kommst du nun, Jesu, vom Himmel herunter

* Bogen nur in den Exemplaren Princeton und Wien

Diese beiden Fälle lassen nicht nur vermuten, daß Bach mit der ursprünglichen Druckfassung des Notentexts von „Kommst du nun, Jesu, vom Himmel herun-

32 Siehe Wolff, *Bachs Handexemplar der Schübler-Choräle* (wie Fußnote 4), S. 127, bzw. NBA IV/1 Krit. Bericht, S. 132.

ter", der abgesehen von einigen Stichfehlern der Vorlage aus Kantate BWV 137 folgt, unzufrieden war, sondern auch, daß er sich zu der Zeit, als er die Exemplare Wien und Princeton emendierte, bezüglich der Verbesserungen noch nicht endgültig entschieden hatte.

Beispiel 7: Kommst du nun, Jesu, vom Himmel herunter

Schließlich ist noch bemerkenswert, daß, obwohl Bach in dem Wiener Exemplar an „Kommst du nun, Jesu, vom Himmel herunter" umfassende Veränderungen vornahm (insgesamt 31), von denen sich viele auf aufführungspraktische Details beziehen (Verzierungen, geänderte Rhythmen usw.), er im Gegensatz zu der Princetoner Quelle nicht angibt, daß der Cantus firmus im

Pedal zu spielen ist. Dies eröffnet die Möglichkeit, daß er zu der Zeit, als er die Ausgabe korrigierte, noch der Meinung war, daß der Druck die Aufführungsweise zuverlässig wiedergebe, daß also die Ritornellfigur von der rechten Hand auf dem ersten Manual (oberes System, im Violinschlüssel), der Cantus firmus von der linken Hand auf dem zweiten Manual (mittleres System, im Altschlüssel) und die Baßlinie von den Füßen im Pedal (unteres System, im Baßschlüssel) zu spielen sei.[33] Dies war keineswegs eine perfekte Disposition, da die Pedalstimme ein e' (T. 42) enthielt, einen in Bachs Zeit selten im Pedal anzutreffenden Ton. Allerdings ist es technisch durchaus möglich, das Werk auf diese Weise aufzuführen,[34] und wenn man hierin die ursprüngliche Absicht des Komponisten erkennt, so tritt ein wohldurchdachter und komplexer Organisationsplan für den Schübler-Druck zutage, der den subtilen Strukturen von Bachs übrigen späten Sammlungen ebenbürtig ist:

„Wachet auf, ruft uns die Stimme“	Trio, Cantus firmus in der linken Hand
„Wo soll ich fliehen hin“	Trio, Cantus firmus im Pedal
„Wer nur den lieben Gott“	Quartet, Cantus firmus im Pedal
„Meine Seele erhebt den Herren“	Quartet, Cantus firmus in der rechten Hand
„Ach bleib bei uns“	Trio, Cantus firmus in der rechten Hand
„Kommst du nun, Jesu“	Trio, Cantus firmus in der linken Hand

So betrachtet, tritt das von der Forschung seit langem diskutierte Organisationsprinzip der Sammlung deutlich zutage: Es basiert auf dem Wechsel der Satztechnik (Trio, Quartett, Trio) und der wechselnden Lage des Cantus firmus (linke Hand; Pedal, Pedal; rechte Hand, rechte Hand; linke Hand) – architektonische Vorgaben, die denen in den Choralbearbeitungen in Clavier-Übung III vergleichbar sind. Bach könnte somit die weithin bekannte Anmerkung in der Princetoner Quelle, die einen Wechsel der Baßlinie in die linke Hand und des Cantus firmus ins Pedal verlangt, als eine fakultative Spielanweisung angesehen haben und nicht als die definitive Lösung.[35]

Die unterschiedlichen, doch gleichwertigen Änderungen in dem Wiener und dem Princetoner Exemplar implizieren, daß Bach den gedruckten Text aus dem Stegreif änderte, ohne sich auf eine Korrekturvorlage oder einen vorgefaßten Plan zu beziehen. Auch dies widerspricht dem Konzept eines „Handexemplars“ oder einer „Fassung letzter Hand“ und stützt die Vorstellung,

---

[33] Diese Stimmverteilung bleibt auch in dem Londoner Exemplar bestehen, trotz anderer Eingriffe in den Notentext von „Kommst du nun, Jesu, vom Himmel herunter“ (siehe die Diskussion weiter unten).

[34] Tatsächlich wird das Werk heute oft auf diese Weise ausgeführt, sowohl im Konzert als auch auf Tonträgern.

[35] In *Johann Sebastian Bach. The Complete Organ Works*, Bd. I/9, werden beide Fassungen präsentiert.

daß Bach spontane Entscheidungen traf, wenn er die Druckexemplare seiner Kompositionen revidierte, um sie zu verkaufen oder zu verschenken. Dies wirft zweifellos auch ein Licht auf seine Aufführungen eigener Klavierwerke, während derer er wahrscheinlich ad hoc Passagen änderte oder – im Fall von Choraltrios – die Partien mit unterschiedlicher Verteilung auf Manualen und Pedal ausprobierte und sie wenn nötig in andere Oktavlagen versetzte.

*

In welcher Reihenfolge hat Bach die Quellen Princeton und Wien korrigiert? Um diese Frage zu klären, ist es wichtig, ein drittes Exemplar zu berücksichtigen, das sich heute in der British Library in London befindet.[36] Das Londoner Exemplar enthält 30 handschriftliche Änderungen, die mit hellbrauner Tinte eingetragen wurden, möglicherweise von Johann Georg Schübler oder dessen Bruder Johann Heinrich d. J.[37] Die meisten Änderungen betreffen das Ausbessern von Druckfehlern – die Ergänzung fehlender Haltebögen, Akzidentien und Pausen, die Korrektur offensichtlich falscher Noten, die Klärung der prima und seconda volta des Stollens in „Wachet auf, ruft uns die Stimme" usw. Diese Korrekturen könnten ohne Bachs Aufsicht vorgenommen worden sein. Andere Eingriffe aber betreffen Verbesserungen des musikalischen Texts – zum Beispiel das Verdeutlichen und Schärfen der Rhythmen in „Wer nur den lieben Gott läßt walten" (T. 27) und „Kommst du nun, Jesu, vom Himmel herunter" (T. 13, 16, usw.) oder die geänderte Pedal-Lesart in „Ach bleib bei uns, Herr Jesu Christ" (T. 38, Zählzeit 2). Hier muß Bach in irgendeiner Weise beteiligt gewesen sein. Da mit einer Ausnahme sämtliche in das Londoner Exemplar eingetragene Änderungen in der Princetoner und der Wiener Quelle aufgegriffen werden, steht zu vermuten, daß sie eine heute verschollene Korrekturliste des Herausgebers reflektieren, die mit Bachs Unterstützung zusammengestellt wurde.[38] Eine solche Liste wurde anscheinend für

---

[36] GB-Lbl, *K 10 a 23*.

[37] Die Achtelnote und die Ziffer 2 sind – wie sich seinen Notenstichen entnehmen läßt – Johann Georg Schüblers Schriftzügen sehr ähnlich. Die Achtelpause hingegen mit ihrer gerundeten anstelle einer scharfen Kante erinnert an die Schriftzüge seines Bruders Johann Heinrich d. J.; siehe G. G. Butler, *The Printing History of J. S. Bach's Musical Offering: New Perspectives*, in: Journal of Musicology 19 (2002), S. 306–331.

[38] Die Änderungen in dem Londoner Exemplar wurden in NBA IV/1 nicht berücksichtigt; dies ist bedauerlich, da die eine singuläre Änderung die Schärfung des Rhythmus im Cantus firmus von „Kommst du nun, Jesu, vom Himmel herunter" (T. 14, Zählzeit 3) betrifft – eine kompositorische Verbesserung völlig im Einklang mit den Änderungen in dem Princetoner und dem Wiener Exemplar. Die Londoner Korrekturen finden sich vollständig im Editionsbericht von *Johann Sebastian*

die Korrektur des Notentexts der Originalausgabe von Clavier-Übung III verwendet.[39] Leider ist es angesichts der kleinen Zahl überlieferter Exemplare unmöglich, Sicherheit darüber zu gewinnen, ob dies auch für die Schübler-Choräle zutrifft.

Beim Überarbeiten der Princetoner und der Wiener Quelle ging Bach weit über die einfachen Änderungen hinaus, die in dem Londoner Exemplar zu finden sind; in beiden Drucken nahm er weit tiefergreifende Revisionen vor. Das Princetoner Exemplar enthält die singulären Angaben zur Manual- und Pedalverteilung sowie zur Stimmlage, und die hier zu findende Lesart in Takt 50 von „Kommst du nun, Jesu, vom Himmel herunter", die den gebrochenen Akkord des Ritornell-Themas enthält, scheint der skalischen Lesart des Wiener Exemplars überlegen zu sein. Diese Aspekte lassen vermuten, daß die Änderungen in der Princetoner Quelle zu einem späteren Zeitpunkt erfolgten. Andererseits weist das Wiener Exemplar die verbesserte Aufführungsanweisung in Takt 13 von „Meine Seele erhebt den Herren" und die vereinheitlichende Änderung des Ritornell-Themas in Takt 44 von „Kommst du nun, Jesu, vom Himmel herunter" auf. Diese singulären Verbesserungen sprechen für eine spätere Datierung der Änderungen in dem Wiener Exemplar. Kurz, es ist unmöglich zu entscheiden, welches Exemplar zuerst revidiert wurde und welches an zweiter Stelle.

Wenn man sie miteinander vergleicht, scheinen die beiden emendierten Exemplare Bachs spontane Gedanken zu den Choralvorspielen an zwei unterschiedlichen Zeitpunkten zu spiegeln. Die Änderungen in dem Wiener Exemplar, bei denen es sich häufig um sauber exekutierte Rasuren des gestochenen Notentexts handelt, wurden sorgfältiger ausgeführt als die in dem Princetoner Exemplar, das eine Reihe grob ausgestrichener Passagen enthält, die zu implizieren scheinen, daß Bach in großer Eile oder sogar verärgert war (siehe Abb. 1, Nr. 4 b). Das Erscheinungsbild der Korrekturen mag uns etwas über Bachs Stimmung im Augenblick der Korrektur erzählen, doch es verrät nichts über die Chronologie der Revisionen.

Schließlich müssen wir uns noch fragen, auf welchem Weg das handschriftlich korrigierte Exemplar des Schübler-Drucks in Oleys Besitz kam. Es gibt keinen dokumentarischen Beleg, daß er Bach persönlich kannte oder sein Schüler war. Zum Zeitpunkt von Bachs Tod war Oley zwölf Jahre alt, und es ist unwahrscheinlich, daß er die Schübler-Choräle direkt aus der Hand des Komponisten empfing. Eine wahrscheinlichere Verbindung wäre über Bernhard Christian Kayser (1705–1758), der zunächst in Köthen und dann in Leipzig

---

Bach. The Complete Organ Works, Bd. I/9, und die singuläre Lesart von „Kommst du nun, Jesu, vom Himmel herunter" wurde in den Notentext übernommen.

[39] Siehe NBA IV/4 Krit. Bericht (M. Tessmer, 1974), S. 14–16.

bis etwa 1725 bei Bach studierte.[40] Oley besaß Kaysers Abschriften einer
Reihe von Bachschen Werken, darunter die Englischen und Französischen
Suiten, das Wohltemperierte Klavier I und die Pièce d'Orgue BWV 572. Er
könnte diese Handschriften als Schüler von Kayser erhalten haben (allerdings
gibt es keinen Nachweis, daß Oley von Kayser unterrichtet wurde), oder – und
dies ist wahrscheinlicher – aus Kaysers Nachlaß, also 1758 oder wenig später.[41]
Mehrere Handschriften Kaysers tragen den Besitzvermerk „Joh. Chr. Oley,
Bernburg", der sich auch auf dem Wiener Exemplar der Schübler-Choräle
findet.[42] Sollte das Wiener Exemplar sich einst im Besitz von Kayser befunden haben, so würde dies erneut die Vermutung stützen, daß Bach und Kayser
auch nach dem Ende ihres formalen Lehrer-Schüler-Verhältnisses Mitte der
1720er Jahre in Verbindung standen[43] und daß Bach möglicherweise mehr
als zwanzig Jahre später seinem früheren Schüler ein persönlich korrigiertes
Exemplar der Schübler-Choräle übereignete. Dies würde jedenfalls die zahlreichen aufführungsbezogenen Details erklären helfen, die Bach in den Notentext einfügte.

Es ist ausgesprochen mißlich, daß lediglich sechs Exemplare der Originalausgabe der Schübler-Choräle erhalten sind, denn dieser fehlerreiche Druck
scheint Bach bei der Korrektur des verderbten Notentextes zu einem besonderen Maß an kreativer Selbstkritik angespornt zu haben. Auch wenn wir den
Verlust weiterer Exemplare des Drucks bedauern mögen, die andere handschriftliche Verbesserungen enthalten haben könnten, liegt ein gewisser Trost
in dem Umstand, daß die in der Wiener Quelle vorgenommenen Änderungen,
die zuerst vor 137 Jahren von Wilhelm Rust bemerkt wurden, endlich als
von Bachs eigener Hand stammend erkannt und in modernen Editionen und
Aufführungen dieser sechs bemerkenswerten Choralbearbeitungen berücksichtigt werden können.[44]

Übersetzung: Stephanie Wollny

---

[40] Talle (wie Fußnote 24), S. 156–158.

[41] Ebenda, S. 162–165.

[42] Siehe Fußnote 18.

[43] Talle nennt drei Abschriften Kaysers von Bachs Werken, die aus dem Zeitraum von
ca. 1730 bis 1736 stammen, was auf Kontakte zwischen Kayser und Bach in diesen
Jahren schließen läßt. Höchstwahrscheinlich war es Kayser – Organist und Kam-
mermusiker in Köthen seit 1747 –, der anregte, den Leipziger Orgelbauer Johann
Scheibe für Reparaturen an der Orgel der Stadtkirche St. Jacob zu verpflichten, woraus sich eine weitere enge Verbindung zu Bach ergibt. Siehe Talle (wie Fußnote 24),
S. 157 und 161.

[44] Mein Dank gilt Christoph Wolff und Robert L. Marshall, die diesen Beitrag gelesen
und zu verschiedenen Punkten hilfreiche Anregungen beigesteuert haben.

1 a. Wachet auf, ruft uns die Stimme
BWV 645, T. 22

1 b. h-Moll-Messe BWV 232,
Et resurrexit, T. 62 b–63 a
(*P 180*), um 1748/49

2 a. Wo soll ich fliehen hin
BWV 646, T. 33

2 b. Kanonische Veränderungen
BWV 769 a, Canto fermo in canone, T. 18
(*P 271*), um 1747/48

3 a. Meine Seele, erhebt den Herren
BWV 648, T. 13

3 b. h-Moll-Messe BWV 232,
Patrem omnipotentem, T. 72 b–73 a
(*P 180*), um 1748/49

Abb. 1.

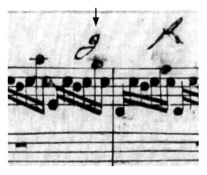

4a. Kommst du, nun, Jesu
BWV 650, T. 9–10

4b. Kommst du, nun, Jesu
BWV 650, T. 9–10
(US-PRu, Scheide Collection), um 1748

5a. Wachet auf, ruft uns die Stimme
BWV 645, T. 21b–22

5b. Allein Gott in der Höh sei Ehr,
BWV 662, T. 16b–18a
(*P 271*), um 1739–1742

6a. Wachet auf, ruft uns die Stimme
BWV 645, T. 20
Schübler-Choräle, Exemplar A-Wn,
SH. J. S. Bach 40
Handschriftliche Ergänzungen

6b. h-Moll-Messe BWV 232,
Et in unum Dominum, T. 74b–75a
(*P 180*), um 1748/49
Details aus Bach-Autographen
ca. 1740–1750 (Datierung nach
Kobasyashi Chr)

Abb. 1.

Hatte Nottebohm recht?
Überlegungen zur Fuga a 3 Soggetti aus Bachs Kunst der Fuge

Von Otfried Büsing (Freiburg/Br.)

In unserer Zeit – mehr als 260 Jahre, nachdem Johann Sebastian Bach bei seinem Tod im Juli 1750 sein epochales Werk, die Kunst der Fuge (BWV 1080), unvollendet hinterlassen mußte – scheint sich allgemein die Überzeugung durchgesetzt zu haben, daß deren später häufig als „Contrapunctus 14"[1] bezeichnete Fuga a 3 Soggetti, die im Autograph (*P 200*, Beilage 3) kurz nach dem erstmaligen Auftreten einer dreifachen Themenkombination abbricht, von Bach tatsächlich als Quadrupelfuge geplant gewesen sei. So schreibt Werner Breig: „Die umfangreichste Einzelfuge – vermutlich als Quadrupelfuge geplant – lag bei seinem Tode nur als Fragment vor",[2] und Christoph Wolff stellt fest: „Auch fügte Bach eine (im Druck irrtümlicherweise als ‚Fuga a soggetti' bezeichnete) Quadrupelfuge an, deren drittes Thema die vier Buchstaben seines eigenen Namens exponiert: B-A-C-H."[3]
Diese Einschätzung basiert auf der frappierenden Entdeckung von Martin Gustav Nottebohm aus dem Jahr 1881, daß das Grundthema der Kunst der Fuge (wie es in Contrapunctus 1 erscheint) als viertes Thema dem von Bach notierten dreithemigen Komplex ab Takt 233 der Fuga a 3 Soggetti satztechnisch hinreichend korrekt hinzugefügt werden kann.[4] Dies sei im folgenden Notenbeispiel demonstriert, dem Bachs eigene Anordnung der drei bereits exponierten Themen in den letzten erhaltenen Takten der Fuge zugrundeliegt. Die in Bachs Autograph notierte höchste, thematisch nicht gebundene Stimme ist fortgelassen und durch das Grundthema ersetzt, wie Nottebohm es vorgeschlagen hat. Dieser wählt in seiner Darstellung allerdings die Anordnung (von oben nach unten) 2. Thema, Grundthema, 3. Thema (B-A-C-H),

---

[1] So in der Urtextausgabe des Henle-Verlags (hrsg. von Davitt Moroney, München 1989).

[2] MGG², Personenteil, Bd. 1 (1999), Sp. 1422.

[3] C. Wolff, *Johann Sebastian Bach*, Frankfurt/M. 2000, aktualisierte Neuausgabe 2005, S. 475.

[4] M. G. Nottebohm, *J. S. Bach's letzte Fuge*, in: Die Musikwelt 1 (1881), S. 232 ff. und S. 244 ff. Im Nekrolog von 1754, an dem Carl Philipp Emanuel Bach mitwirkte, findet sich eine Bemerkung zu einer von J. S. Bach angeblich geplanten letzten Fuge, „welche 4 Themata enthalten, und nachgehends in allen 4 Stimmen Note für Note umgekehrt werden sollte" (Dok III, S. 86). Überlegungen hinsichtlich eines Zusammenhanges dieser Äußerung mit dem von Nottebohm behaupteten Themenkomplex kann hier nicht weiter nachgegangen werden.

1. Thema,[5] eventuell um die störenden Quintparallelen, die sich bei einer
Anordnung wie im folgenden Beispiel in Takt 3 zwischen der ersten und
zweiten Stimme ergeben, etwas zu kaschieren. Sie sind in der hier gezeigten
Stimmendisposition aber leicht durch Synkopierung im Hauptthema auf den
Zählzeiten drei und vier zu umgehen, wie Nottebohm auch selbst beschreibt.

Beispiel 1

Der Antrieb für Nottebohm, nach einer Möglichkeit zu suchen, auch das
Grundthema der Kunst der Fuge der von Bach angelegten dreifachen Themenkombination in der Fuga a 3 Soggetti hinzuzufügen, beruht auf seiner Behauptung, „daß von jenem Hauptthema keine Spur in dem Fragment zu finden"[6]
sei. Er sucht sodann mittels der Hinzufügung des Grundthemas zu beweisen,
daß dieses Stück zwingend ein Bestandteil der Kunst der Fuge sei. Zu dieser
Einschätzung der Themen der Fuga a 3 Soggetti hat ihn, wie er selbst sagt,
Philipp Spitta angeregt, der in seiner Bach-Biographie ohne weitere Begründung, aber offensichtlich aufgrund vermeintlich fehlender thematischer
Bezüge behauptet hatte, daß die Fuga a 3 Soggetti mit der Kunst der Fuge
„gar nichts zu thun"[7] habe und somit nicht Bestandteil derselben sei.

[5] Nottebohm (wie Fußnote 4), S. 234 (Notenbeispiel).
[6] Ebenda, S. 232.
[7] Spitta II, S. 677.

Sowohl Spitta als auch Nottebohm beurteilen also das Themenmaterial aus der Fuga a 3 Soggetti im Sinne vermeintlich fehlender deutlicher Bezüge zum Grundthema der Kunst der Fuge gleich, ziehen aus ihrer Beobachtung allerdings gegensätzliche Schlüsse: Während Spitta damit die Nicht-Zugehörigkeit der Fuga a 3 Soggetti zur Kunst der Fuge begründet, schließt Nottebohm aus der Kombinierbarkeit des originalen Bachschen thematischen Tripelkomplexes mit dem Grundthema, von dem in jenem Fragment (und damit auch im Tripelkomplex) eben keine Spur zu finden sei, daß die Fuga a 3 Soggetti zwingend zur Kunst der Fuge gehört.

Doch die Beurteilung des Themenmaterials, wie sie Spitta und Nottebohm vornehmen, ist falsch. Mehrere Forscher haben dies inzwischen erkannt. So weist Jacques Chailley bereits im Jahre 1971 (aber doch erst 90 Jahre nach Nottebohms Veröffentlichung) die enge Verwandtschaft des ersten Themas der Fuga a 3 Soggetti mit dem Grundthema der Kunst der Fuge nach,[8] und im Anschluß daran finden sich vergleichbare Einschätzungen von Hans Heinrich Eggebrecht[9] und Peter Schleuning,[10] der seinerseits auf die einschlägigen analytischen Befunde von Chailley und Eggebrecht aufmerksam macht. Ebenso äußert der kanadische Bach-Forscher Gregory G. Butler Zweifel an der Behauptung Nottebohms: „The principal subject of the Art of Fugue is uncomfortably close in its formulation to the first subject and its supposed combination with the three subjects of this fugue is far from convincing, contrapuntally."[11] In der folgenden Notendarstellung seien die nun vielfältigen Zusammenhänge zwischen dem ersten Thema der Fuga a 3 Soggetti und dem Grundthema der Kunst der Fuge, auf die die genannten Autoren hinweisen, gezeigt, einschließlich weiterer Ergänzungen (siehe Beispiel 2).

Aus der obigen Darstellung ergibt sich unzweifelhaft, daß das 1. Thema der Fuga a 3 Soggetti eine Art „Konzentratversion" des Grundthemas ist. Der initiale Quintsprung aufwärts ist gleich, die ersten drei Kerntöne entsprechen sich, das Prinzip des Vertikalspiegels, im Grundthema in den letzten sieben Tönen umgesetzt, findet Anwendung im vollständigen ersten Thema der Fuga a 3 Soggetti, und auch Anfangs- und Schlußton sind identisch. Wenn man nun auch noch die Umkehrung des ersten Themas der Fuga a 3 Soggetti mit heranzieht, die ja eine maßgebliche Rolle spielt, stößt man auf weitere melodische Analogien, die sich nun auf den Schluß des Grundthemas beziehen. All diese Kongruenzen offenbaren sich nicht nur dem analysierenden Blick, sondern sie vermitteln gerade im Anhören das deutliche Gefühl einer unstritigen „Fami-

[8] J. Chailley, *L'Art de la Fugue de J.-S. Bach*, Paris 1971, S. 28 f.

[9] H. H. Eggebrecht, *Bachs Kunst der Fuge*, München 1984, S. 19.

[10] P. Schleuning, *Johann Sebastian Bachs Kunst der Fuge*, Kassel 1993, S. 154 f.

[11] G. G. Butler, *Scribes, Engravers, and Notational Styles – The Final Disposition of Bach's Art of Fugue*, in: About Bach. Urbana und Chicago 2008, S. 111–123, speziell S. 117; siehe dort auch Fußnote 24.

Beispiel 2

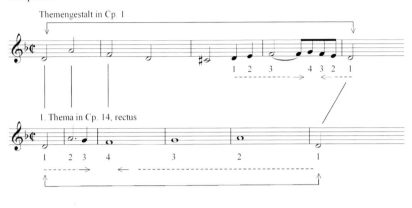

vgl. Cp. 1, Themenschluss

lienzugehörigkeit". Chailley spricht in diesem Zusammenhang von einer „nouvelle transformation du ‚grand sujet' audacieusement simplifié",[12] einer „kühnen Vereinfachung". Und er fährt fort, indem er sich auf seinen Komponistenkollegen Claude Pascal, der Professor am Conservatoire de Paris war, beruft:

A ceci, Claude PASCAL ajoute un argument de poids: c'eût été une faute grossière, dans une fugue à plusieurs sujets, que de donner à deux sujets de la même fugue une intonation identique, surtout aussi caractérisée que le saut de quinte suivi de la chute sur la médiante. BACH n'a jamais commis une telle maladresse.[13]

In der Tat existiert im gesamten Bachschen Œuvre keine einzige mehrthemige Fuge, in der zwei Themen derartig große Ähnlichkeiten aufweisen, und das nicht ohne Grund: Denn spielt und hört man allein den von Nottebohm behaupteten vi

erthemigen Komplex entsprechend Notenbeispiel 1, ist ein stark redundanter Hautgout nicht abzustreiten, der dem Bach eigenen höchsten kompositorischen Niveau fremd wäre.

---

[12] Chailley (wie Fußnote 8), S. 29.

[13] Ebenda (Übersetzung: Dem fügt Claude Pascal ein gewichtiges Argument hinzu: Es wäre ein grober Fehler gewesen, in einer Fuge mit mehreren Themen innerhalb derselben Fuge zwei Themen einen identischen Themenkopf zu geben, der überdies besonders charakterisiert ist durch den Quintsprung und den Fall auf die Mediante. Bach hat niemals eine solche Ungeschicklichkeit begangen).

Eine Gegenüberstellung von Grundthema, zwei unstrittigen Varianten desselben und dem Hauptthema aus Contrapunctus 14 zeigt deutlich, daß auch das letztere mit zur Familie gehört:

Beispiel 3

Um einen Eindruck davon zu vermitteln, zu welcher erfinderischen Varietas Bach fähig war, seien die vier charakterlich sehr unterschiedlichen Materien[14] zusammengestellt, die in Contrapunctus 11 eine Rolle spielen. Dieser Contrapunctus, in dem das gesamte thematische Material auch in Spiegelversionen erscheint, gilt gemeinhin „nur" als Tripelfuge,[15] die dritte Materie aber (Zählung nach der Reihenfolge des Auftretens), ein lückenloser chromatischer Gang (III), fungiert neben den unstrittigen Themen I, II und IV als weiteres integrales thematisches Element, das von seinem ersten Eintritt an (in T. 28, in Kombination mit II) im imitatorischen Geflecht vielfach erscheint und auch am Schluß der insgesamt 184 Takte umfassenden Fuge in diminuierter Inversus-Gestalt mit der Triplex-Kombination aus I, II und IV verbunden wird:

---

[14] „Materie" als übergeordnete Kategorie für Tonfolgen, die verarbeitet werden, ist in diesem Zusammenhang treffender als „Thema", wie aus dem Folgenden ersichtlich wird.

[15] Vgl. Schleuning (wie Fußnote 10), S. 106.

Beispiel 4

Des weiteren erhebt sich die Frage nach der Eignung zum Gebrauch des kombinatorischen Kernkomplexes einer Quadrupelfuge im Sinne des vierfachen Kontrapunktes. Johann Mattheson schreibt dazu: „Nun sind zwar dergleichen Vorschrifften keines Weges zu verwerffen; doch wird ein Lehrbegieriger gar wenig Licht daraus bekommen, wenn er nicht nach den Grundsätzen des Contrapunkts seine Themata so einzurichten trachtet, daß sie, so viel immer möglich, unten, oben, und in der Mitte dienen können [...]."[16] Mattheson ist klug genug, nicht kategorisch die Gesetze des vierfachen Kontrapunkts zu verlangen, aber er gibt eine Tendenz an. Sehen wir uns den von Nottebohm durch das Grundthema ergänzten vierfachen Themenkomplex an, so fällt auf, daß ausgerechnet das Grundthema nicht im Baß erscheinen kann, weil sein letzter Ton, der Grundton, der prominent per Tenorklausel auf der ersten Zählzeit des Taktes erreicht wird, zu einer Quarte mit einer höheren Stimme führen würde, die satztechnisch nicht akzeptabel ist.

Beispiel 5

4-fache Themkombination nach Nottebohm mit Grundthema als tiefster Stimme

[16] J. Mattheson, *Der vollkommene Capellmeister*, Hamburg 1739 (Reprint, hrsg. von M. Reimann, Kassel 1954), S. 443.

Im vermuteten Kombinationsteil aller vier Themen von Contrapunctus 14 müßte demnach die Präsentation des Grundthemas im Baß prinzipiell unterbleiben. Nottebohm notiert in seiner Aufreihung verschiedener Arten der Zusammenstellung aller vier Themen immerhin auch eine solche mit dem Grundthema im Baß:[17]

Beispiel 6

Aber dieses Beispiel Nottebohms kann nicht zählen, da erstens nie alle Stimmen gleichzeitig erklingen (Baß und Sopran mit seinem im fünften Ton veränderten B-A-C-H-Thema überlappen sich nicht) und zweitens das B-A-C-H-Thema und der von Nottebohm verschwiegene Schlußton des Hauptthemas („u.s.w.") dieser Fuge hier so auseinanderdriften, daß diese Kombination irrig sein muß. Darüber hinaus ist dieser Satz erst recht nicht in eine Molltonart zu versetzen (etwa in die Grundtonart d-Moll), da neben der Stimmenkollision auch der in Moll im kadenziellen Mikrokosmos ungebräuchliche Molldreiklang auf der II. Stufe (hier e-Moll) erreicht würde.

---

[17] Vgl. Nottebohm (wie Fußnote 4), S. 235.

Beispiel 7

4-fache Themenkombination nach Nottebohm
mit Grundthema im Bass, nach d-moll versetzt

Nun zeigen aber andere Fugen Bachs mit einem feierlichen Thema im *stile antico* nicht nur generell die Verwendung des Themas auch als Baßstimme, sondern speziell Baßeinsätze lassen sich gewissermaßen „standardmäßig" zum Zwecke einer abschließenden „Fundamentierung" beobachten. Als Beispiele seien folgende Baßeinsätze angeführt:

– Fuge in E-Dur BWV 878/2 aus dem Wohltemperierten Klavier II (44 Takte): 2 Themeneintritte in T. 36 und T. 40
– Chorfuge „Sicut locutus est" aus dem Magnificat BWV 243 (53 Takte): Themeneintritt in T. 44
– Chorfuge „Dona nobis pacem" aus der h-Moll-Messe BWV 232 (46 Takte): Einsatz in T. 35
– Fuge in C-Dur BWV 545 (111 Takte): Einsatz in T. 100
– Fuge in Es-Dur aus dem 3. Teil der *Clavier-Übung* BWV 552/2 (117 Takte): zwei Einsätze in T. 108 und T. 114
– Contrapunctus I aus der Kunst der Fuge (78 Takte): Einsatz in T. 56

Es ist daher sehr unwahrscheinlich, daß Bach in der Fuga a 3 Soggetti den Mangel, im Rahmen der Kombinationsphase aller vier Themen das Grundthema im Baß niemals zusammen mit den drei anderen präsentieren zu können, in Kauf genommen hätte. So etwas wäre eine artistische Notlösung.
Wie wenig zwingend Nottebohms Themenkombination letztlich ist, zeigt das folgende Experiment. Gibt man sich versuchsweise mit dem satztechnischen Niveau des von Nottebohm vorgeschlagenen Quadrupelkomplexes zufrieden, so eröffnen sich vielfältige Möglichkeiten, musikalische Materien aus Bachs kompositorischem Umfeld dem dreistimmigen Originalkomplex hinzuzufügen – zum Beispiel den Choral „Erhalt uns, Herr, bei deinem Wort":

Beispiel 8

Noch besser paßt das Fugenthema (Comes-Form) der Orgelfuge in f-Moll BWV 534; es erlaubt die Position in jeder Stimme, auch im Baß, es ist überdies mehr von der Varietas-Idee geprägt als Nottebohms Ergänzungsvorschlag und wäre daher am ehesten zur Kombination geeignet (wenn dieser Versuch nicht ein ironisches Spiel wäre).

Beispiel 9

Um schließlich noch zu zeigen, daß im barocken Stil allgemein vielerlei Möglichkeiten bestehen, fremde Materien, die nicht intendierterweise zusammengehören, zu verbinden, seien hier noch Kombinationen des Grundthemas der Kunst der Fuge mit anderen Bachschen Fugenthemen gezeigt:

Beispiel 10)

Durch diese Beispiele wird deutlich, daß Nottebohms Ergänzungsversuch neben seinen kompositorischen Schwächen auch keinesfalls ein „Alleinstellungsmerkmal" wie ein verlorenes Teil eines Puzzlespiels besitzt. Sein Versuch kann also nicht als Beweis für die Behauptung angesehen werden, daß durch eine halbwegs schlüssige Hinzufügung des Grundthemas zum überkommenen originalen thematischen Tripelkomplex die Zugehörigkeit der Fuga a 3 Soggetti zur Kunst der Fuge offensichtlich werde.

Auch Überlegungen zur Dramaturgie sind aufschlußreich: In der Kunst der Fuge gibt es drei Stücke, in denen das Grundthema, ggf. in Varianten, erst im weiteren Verlauf eintritt: Es sind die Contrapuncti 8, 9 und 10. In Contrapunctus 8 (Tripelfuge von 188 Takten) tritt das Grundthema (in Umkehrung und fragmentierter Gestalt) erstmals in T. 93 auf, in Contrapunctus 9 (alla Duodecima, Fuge über ein Kontrasubjekt zum Grundthema, bei Kombination mit diesem im doppelten Kontrapunkt der Duodezime, Länge 130 Takte) wird das Grundthema ab T. 34 hinzugefügt und in Contrapunctus 10 (alla Decima, Doppelfuge von 120 Takten) erklingt das Grundthema (als „zweites Thema" in Umkehrung und rhythmischer Variante, mit dem ersten dieser Fuge im doppelten Kontrapunkt der Dezime kombinierbar) erstmals im Rahmen der zweiten Exposition ab T. 23. Die Passagen, die das Grundthema enthalten, machen, wie ersichtlich, jeweils einen namhaften Prozentsatz der Sätze aus und bilden nicht nur eine kurze apotheotisch intendierte Coda.

Nun besteht der überlieferte authentische Teil der Fuga a 3 Soggetti bereits aus 239 Takten (!) einschließlich der noch von Bach angelegten dreifachen Themenkombination, und das erste Thema dieser Fuge, seine Umkehrung eingeschlossen, ist bereits 29 Mal erklungen (wenn man den unvollständigen synkopierten Einsatz in T. 211 mitzählt). Wie lang könnte oder sollte dann der Teil sein, der mehrere Einsätze des Grundthemas enthält, das unstrittig dem ersten Thema dieser Fuge sehr ähnelt? In Anbetracht der angeführten Beispiele fällt die Beantwortung dieser Frage schwer. In diesem Zusammenhang ist nicht auszuschließen, daß Nottebohms Idee vom Brucknerschen Prinzip, in manchen seiner Sinfonien das Hauptthema des ersten Satzes am Schluß des letzten noch einmal im Sinne einer Apotheose feierlich zu präsentieren, angeregt worden ist (zum Beispiel in seiner dritten, fünften oder siebten Sinfonie) und daher der Ästhetik des 19. Jahrhunderts zugerechnet werden muß. Zyklisch-finale Prinzipien dieser Art sind aber aus der Zeit Bachs nicht bekannt.

Zurück zu der im Titel gestellten Frage: Hatte Nottebohm recht? Diese Frage ist mit einem klaren Nein zu beantworten, sowohl hinsichtlich seiner Beurteilung des ersten Themas der Fuga a 3 Soggetti, als auch bezüglich seiner Behauptung eines Quadrupelkomplexes, weil dieser das unstrittig hohe Kompositionsniveau Bachs erheblich verfehlt. Bach hätte sich sicherlich nie mit einer artifiziellen und ästhetischen Notlösung wie der von Nottebohm vorgelegten zufriedengegeben. So sollten wir von der Vorstellung eines Quadrupelkomplexes Abstand nehmen, so lieb er uns auch geworden sein mag.

„Ehre dem würdigen Haupt, das einen so geweihten Namen trägt!" Zur Wiederentdeckung des Porträts von Wilhelm Friedrich Ernst Bach (1759–1845)

Von Brigitte Huber (München)

I. Der vergessene Enkel Johann Sebastian Bachs

Als am 23. April 1843 in Leipzig das von Felix Mendelssohn Bartholdy gestiftete Denkmal für den Thomaskantor Johann Sebastian Bach eingeweiht wurde,[1] hatte sich zu diesem Anlaß auch ein Gast eingefunden, dessen Anwesenheit der Veranstaltung besonderen Glanz verlieh – Wilhelm Friedrich Ernst Bach, der letzte noch lebende Enkel des Geehrten. Kein Wunder also, daß die Presse vor allem diesen Aspekt hervorhob.[2] Auch Robert Schumann berichtete in der *Neuen Zeitschrift für Musik* über die Denkmalsenthüllung:

Der Gefeierte des Tages war, außer Bach, der einzige seiner noch lebenden Enkel, ein noch rüstiger Greis von 84 Jahren mit schneeweißem Haar und ausdrucksvollen Zügen, der mit Frau und zwei Töchtern zur Feier von Berlin gekommen war. Niemand hatte von ihm gewusst, selbst Mendelssohn nicht, der so lange in Berlin gelebt, der sich gewiß nach Allem, was Bach betrifft, emsig umgethan – und der Mann lebte doch seit über 40 Jahren in Berlin. Über seine Lebensumstände konnten wir nichts Näheres erfahren, als dass er Capellmeister der Gemahlin Königs Friedrich des IIten war und

---

[1] Zur Geschichte des Denkmals siehe Stadtarchiv Leipzig, *Kap. 26 A Nr. 3* (*Acta Die Denksteine für Sebastian Bach betreffend*) sowie *Ein Denkstein für den alten Prachtkerl. Felix Mendelssohn Bartholdy und das alte Bach-Denkmal in Leipzig*, hrsg. von P. Wollny, Leipzig 2004. Offenbar empfanden die Zeitgenossen das Monument als künstlerisch wenig bedeutende Leistung; vgl. W. A. Lampasius, *F. Mendelssohn-Bartholdy. Ein Denkmal für seine Freunde*, Leipzig 1848, S. 152: „Das Denkmal, entworfen von Bendemann und Hübner, in Sandstein ausgeführt, ist allerdings kein glänzender Beweis genialer Erfindung, aber es erfüllt vollkommen seinen Zweck, die Nachwelt an den großen Meister zu erinnern […]."

[2] Berichte über die Feierlichkeiten finden sich in folgenden Zeitungen: *Leipziger Tageblatt und Anzeiger*, 26. 4. 1843; AMZ, 10. 5. 1843, Sp. 350; *Signale für die musikalische Welt* 1 (1843), Nr. 18, S. 133; *Illustrierte Zeitung* (Leipzig), 8. 7. 1843, S. 25 f.; *Euterpe. Ein musikalisches Monatsblatt für Deutschlands Volksschullehrer*, 1843, S. 128; *Das Pfennig-Magazin für Belehrung und Unterhaltung*, Neue Folge 1 (1843), Nr. 39, 30. 9. 1843, S. 305 f. (mit Abb.); *Tagesbericht für die Modenwelt*, 1843, Nr. 22, S. 44 (mit Abb.).

später eine Pension erhielt, die ihm eine sorgenfreie Existenz sicherte. Ehre dem würdigen Haupt, das einen so geweihten Namen trägt![3]

In der Tat war die Anwesenheit des Bach-Enkels dessen eigener Initiative zu verdanken. In einem Brief vom 10. März 1843 hatte er Felix Mendelssohn Bartholdy, den Initiator des Bach-Denkmals, angeschrieben und

um geneigteste Mittheilung [gebeten] über die zur Enthüllung dem J. S. Bach, meinem Groß-Vater, bestimmten Denkmals getroffenen oder noch zu treffenden Arrangements, namentlich auch Angabe des Tages und wohin event[uell] mich wegen Theilnahme an der Festlichkeit, für mich und möglichen Falls meine Familie, zu melden habe. Die Entschuldigung meiner Bitte werden Euer Hochgeboren in der mich nächstberühren-den Angelegenheit geneigtest finden.[4]

Mendelssohn lud den überraschend aufgetauchten Bach-Nachfahren um-gehend ein. Gleichzeitig versuchte er – geradezu elektrifiziert durch das von Wilhelm Friedrich Ernst Bach eigenhändig unterschriebene, ansonsten aber von fremder Hand gefertigte Schreiben – über seinen in Berlin lebenden Bru-der Paul nähere Auskünfte einzuholen:

Die Unterschrift ist von einer so alten, gütigen Hand, dass ich nicht zweifeln kann, die Sache habe ihre Richtigkeit, und es lebe wirklich in Berlin ein Enkel von Sebastian Bach. […] und wüsste überhaupt am liebsten durch einen Augenzeugen wie der Mann aussieht, ob er schon sehr alt u. schwach ist, ob er von seinem Großvater etwas beson-deres weiß oder besitzt &c. &c. &c. namentlich ob er Briefe oder Noten von ihm hat, oder anzugeben weiß, wohin sie gerathen sind &c. &c. Dieser Augenzeuge sei Du nun. Bitte, sowie Du einen freien Augenblick hast geh zu dem Mann, u. laß mich wissen, wie Du ihn findest. Sag ihm Du kämest, um eben jene Fragen, die ich schon an ihn gethan, zu wiederholen, frage dann außerdem, was Dir Dein eigenes Interesse für Sebastian, meine obigen Wünsche &c. &c. eingeben, u. theile mir sobald Du kannst darüber recht ausführliche Nachricht mit. Könnte ich durch diesen Zufall auf die Fährte der vielen, verlorenen, verschollenen Sachen kommen, das wäre prächtig.[5]

Leider ist die Antwort des Bruders nicht überliefert.[6]
Der weitere Gang der Dinge ist bekannt: Wilhelm Friedrich Ernst Bach reiste mit seiner Frau, den beiden Töchtern Caroline und Auguste sowie seinem zu-

[3] NZfM 18 (1843), S. 144.
[4] GB-Ob, *M. D. M. d. 40* (124).
[5] F. Mendelssohn Bartholdy an seinen Bruder Paul, 12. 3. 1843 (New York Public Lib-rary), zitiert nach Wollny (wie Fußnote 1), S. 41.
[6] Für freundliche Auskünfte zu Mendelssohns Briefwechsel danke ich Uta Wald, Editionsleiterin der Felix Mendelssohn Bartholdy Briefausgabe an der Universität Leipzig – Institut für Musikwissenschaft.

künftigen Schwiegersohn Wilhelm Ludwig Ritter[7] zur Denkmal-Einweihung und nahm als Ehrengast an dem von der Stadt gegebenen Festbankett teil.[8] Tief ergriffen bedankte sich der alte Herr eine Woche später brieflich bei Mendelssohn:

Ew. Hochwohlgeborn bitte ich höflichst, hiermit nochmals meinen allerergebensten tief gefühltesten Dank für alles Wohlwollen und alle Freundlichkeit und Theilnahme, welche Sie die Gewogenheit hatten, mir und meiner Familie zu erweisen, geneigtest entgegennehmen zu wollen. Empfangen Sie die Versicherung, daß die Erinnerung an jenen festlichen Tag mich für meine Lebenszeit beglückt und meiner Familie ein ruhm- und glorreiches Andenken stets gewähren wird, welches wir lediglich Ihrem besonderen Wohlwollen und Ihrer ausgezeichneten Güte danken müssen. Zu tief war ich ergriffen und erschüttert als das ich es vermagt hätte an jenem Tage irgendwie öffentlich darzulegen und anzuerkennen, welches Glück durch Ihr Wohlwollen über mich in meinem hohen Alter gekommen ist; möchten Sie mein Schweigen diesem zu Gute halten und es darin erklärt finden. […] Ich danke Ihnen im Namen meines unsterblichen Großvaters.[9]

Aus heutiger Sicht erscheint es kaum nachvollziehbar, daß die Existenz eines noch lebenden Enkels Johann Sebastian Bachs selbst in Berlin derart in Vergessenheit geraten konnte, während gleichzeitig dessen Musik durchaus zu hören war. Immerhin widmete sich die 1791 von Carl Fasch gegründete Sing-Akademie zu Berlin[10] zu diesem Zeitpunkt (1843) bereits seit fast 50 Jahren der Pflege Bachscher Musik: Schon 1794 hatte der Chor damit begonnen, die Motetten zu erarbeiten, und 1829 war unter Leitung des damals erst 20jährigen Felix Mendelssohn Bartholdy erstmals seit Bachs Tod wieder dessen *Matthäus-Passion* aufgeführt worden – ein Ereignis, das in der *Berliner Allgemeinen Musikalischen Zeitung* mit einer für damalige Verhältnisse gerade-

---

[7] Caroline Auguste Wilhelmine Bach heiratete Ritter am 30. Juni 1849 in Berlin. Der Bräutigam war Postdirektor in Brandenburg und hatte aus erster Ehe einen (1810 geborenen) Sohn. Vgl. H. Kock, *Genealogisches Lexikon der Familie Bach*, Gotha 1995, S. 39 und 179 sowie die Ausführungen weiter unten.

[8] M. Pape, *Mendelssohns Leipziger Orgelkonzert 1840. Ein Beitrag zur Bach-Pflege im 19. Jahrhundert*, Wiesbaden 1988, S. 37–40, zitiert zwei Briefe Bachs an Mendelssohn, die unmittelbar vor der Einweihung geschrieben wurden (10. 3. und 20. 4. 1843; beide GB-Ob).

[9] GB-Ob, *M. D. M. d. 43* (232), W. F. E. Bach an F. Mendelssohn Bartholdy, 1. Mai 1843. Auch dieser Brief wurde von Bach nur eigenhändig unterschrieben.

[10] Zur Geschichte der Sing-Akademie siehe G. Schünemann, *Die Singakademie zu Berlin 1791–1941*, Regensburg 1941; *Die Sing-Akademie zu Berlin. Festschrift zum 175jährigen Bestehen*, hrsg. von W. Bollert, Berlin 1966; G. Eberle, *200 Jahre Sing-Akademie zu Berlin. „Ein Kunstverein für die heilige Musik"*, Berlin 1991; *Die Sing-Akademie zu Berlin und ihre Direktoren*, hrsg. von G. Eberle und M. Rautenberg, Berlin 1998.

zu exzessiven Pressekampagne vorbereitet worden war.[11] Sollte Wilhelm Bach diesem Ereignis womöglich unerkannt beigewohnt haben? Wer war dieser letzte lebende männliche Nachfahre Johann Sebastian Bachs, von dessen Existenz selbst Bach-Verehrer 1843 nichts mehr wußten?[12]

Wilhelm Friedrich Ernst Bach wurde am 24. Mai 1759 in Bückeburg als erster von vier Söhnen des Johann Christoph Friedrich Bach,[13] des „Bückeburger Bachs", und seiner Ehefrau Lucia Elisabeth geb. Münchhausen geboren. Der Vater war seit 1749/50 Hofcembalist des Grafen Wilhelm zu Schaumburg-Lippe, weshalb die Familie Bach diesen auch um die Übernahme der Patenschaft für den Neugeborenen bat.[14] Die Mutter war die Tochter des Bückeburger Hoforganisten; sie hatte eine Ausbildung als Sängerin erhalten und durfte auch nach ihrer Verheiratung[15] weiterhin auftreten.[16] Seine erste musikalische Ausbildung erhielt der kleine Wilhelm durch den Bückeburger Kantor Christian Friedrich Geyer, schon bald jedoch kümmerte sich der Vater selbst darum. 1778 trat Johann Christoph Friedrich Bach mit seinem Ältesten eine Reise an, die zunächst zu seinem älteren Bruder Carl Philipp Emanuel nach

---

[11] Insgesamt erschienen sechs Artikel.

[12] Äußerst knappe, aber immerhin zeitgenössische Angaben zu W. F. E. Bach bietet Gerber NTL, Bd. 1, Sp. 223. Ein 1847 im *Neuen Nekrolog der Deutschen* erschienener Nachruf enthält teilweise sehr persönliche Details, die nur auf direkten Informationen aus der Familie basieren können; er muß deshalb als die aussagekräftigste Quelle zu W. F. E. Bachs Biographie gelten. Siehe U. Leisinger, *Johann Christoph Friedrich Bach. Briefe und Dokumente*, Hildesheim 2011 (LBB 9), S. 327–330. – Auch C. F. v. Ledebur, *Tonkünstler-Lexicon Berlin's von den ältesten Zeiten bis auf die Gegenwart*, Berlin 1861, S. 25 f., erwähnt den Bach-Enkel. Als Literatur aus jüngerer Zeit sind zu nennen K. Geiringer, *Die Musikerfamilie Bach. Leben und Wirken in drei Jahrhunderten*, München 1958, S. 524–532; A. Rockstoh, *Der Hofkapellmeister, Cembalist und Musiklehrer der Königlichen Familie. Zum 150. Todestag von Wilhelm Friedrich Ernst Bach, dem letzten musikalischen Enkel Johann Sebastian Bachs*, in: Neue Berlinische Musikzeitung 10 (1995), S. 97–102 sowie MGG², Personenteil, Bd. 1 (1999), Sp. 1547–1551 (M. Geck, U. Feld, U. Leisinger; mit Hinweis auf das verschollene Porträt W. F. E. Bachs) und M. Geck, *Die Bach-Söhne*, Hamburg 2010² (mit Abbildung des verschollenen Porträts).

[13] Zu J. C. F. Bach siehe auch U. Leisinger, *Johann Christoph Friedrich Bach (1732 bis 1795). Ein Komponist zwischen Barock und Klassik*, Bückeburg 1995 (Veröffentlichungen der niedersächsischen Archivverwaltung – Inventare und kleinere Schriften des Staatsarchivs in Bückeburg. 4.).

[14] Bitte um Übernahme der Patenschaft durch Graf Wilhelm, 24.5.1759 (Niedersächsisches Staatsarchiv Bückeburg [NSB], *F 2 Nr. 2642*), zitiert nach LBB 9, S. 64 f.

[15] Laut Kirchenbuch Bückeburg, S. 808, fand die Hochzeit am 8. Januar 1755 statt; zitiert nach LBB 9, S. 423.

[16] Die Bückeburger Hofkapelle galt als eines der herausragenden Ensembles in Europa.

Hamburg und schließlich über Holland nach London führte, wo seit 1762 der jüngere Bruder Johann Christian lebte. Beide hörten dort angeblich erstmals Musik von Gluck und Mozart und machten auch Bekanntschaft mit dem Hammerklavier (Fortepiano).[17] Während der Vater schon bald nach Bückeburg zurückkehrte, blieb Wilhelm in der Obhut seines Onkels.[18] Dank dessen Vermittlung betätigte er sich in London unter anderem als Klavierlehrer der königlichen Prinzen und Prinzessinnen; zugleich trat er auch als Komponist in Erscheinung: Im Dezember 1778 trug „*William Bach*", wie er sich seither nannte, in einem der von seinem Onkel gemeinsam mit Karl Friedrich Abel organisierten Konzerte in den Hanover Square Rooms eine eigene Komposition vor, seine *Grand Sonate pour le Pianoforte*.[19] Auch veröffentlichte er während seiner Londoner Zeit erste Kammermusikwerke.[20] Der Tod des Onkels Johann Christian im Jahr 1782 und die von diesem hinterlassenen hohen Schulden gaben Wilhelms Leben eine Wendung. Glaubt man dem schon erwähnten Nekrolog, so verlor er durch „die Beschlagnahmung seiner im Haus des Oheims, wo er in London wohnte, […] befindlichen Sachen von Seiten der Gerichtsbehörden die Mittel zu fernerem bequemen Aufenthalt, so daß ihm längeres Verweilen in England überhaupt verleidet wurde".[21] Er trat die Rückreise in die Heimat an, die jedoch von Konzertauftritten in Paris sowie in mehreren holländischen Städten unterbrochen wurde; auch besuchte er nochmals seinen Hamburger Onkel Carl Philipp Emanuel.[22]

---

[17] Johann Christian Bach hatte 1768 erstmals in einem Konzert ein Pianoforte als Soloinstrument genutzt. Vgl. Staatliches Institut für Musikforschung Preußischer Kulturbesitz – Musikinstrumenten-Museum, *Zur Geschichte des Pianoforte* (Infoblatt Nr. 3, 1982).

[18] Über die Dauer des Aufenthalts von W. F. E. Bach gibt es unterschiedliche Aussagen. Bach selbst schreibt in einem Brief vom 14. 5. 1830 an W. C. Müller in Bremen: „war 13 Jahre in London bei meinem Onkel Christian Bach", zitiert nach LBB 9, S. 324; er wäre demnach als Zehnjähriger nach London gekommen. Laut dem Nachruf auf Bach in der AMZ 5 (1846), Sp. 94, in dem das Geburtsjahr mit 1756 angegeben ist, kam er im „dreizehnten Jahre", also 1768/69, nach London. Der ebenfalls in LBB 9 (S. 327) zitierte Nekrolog spricht von einem „etwa acht Jahre" langen Aufenthalt, der somit um 1774 begonnen hätte. Tatsächlich begann die Reise im Frühsommer 1778; der Aufenthalt dauerte somit vier Jahre. Das Datum ergibt sich aus der Korrespondenz eines Bückeburger Musikers mit Graf Philipp Ernst; vgl. LBB 9, S. 85–87.

[19] Das Autograph befindet sich in GB-Lbl, *Add. Ms. 32042*.

[20] W. F. E. Bach, *Six sonatas for the harpsichord or piano forte, with an accompaniment for a violin and violoncello*, London 1780. Vgl. auch Geck (wie Fußnote 12), S. 132–135.

[21] Nekrolog; zitiert nach LBB 9, S. 327.

[22] W. F. E. Bach an W. C. Müller in Bremen, 14. 5. 1830 (PL-Kj), zitiert nach LBB 9, S. 323 f.

1785 trat Wilhelm Bach in dem nahe seinem Geburtsort Bückeburg gelege-
nen, zu Preußen gehörenden Städtchen Minden, in Erscheinung: In diesem
Jahr führte er dort seine Kantate „Colma, eine Episode aus den Gedichten
Oßians" auf und lud dazu auch die Bückeburger Fürstin Juliane ein.[23] 1786
komponierte er eine Geburtstagskantate für Friedrich den Großen und wenige
Monate später eine Trauermusik auf dessen Tod.[24] Während es in Bachs
Nekrolog heißt, er habe sich dort auf Veranlassung des preußischen Kammer-
präsidenten von Breitenbauch häuslich niedergelassen, berichtet der Flöten-
virtuose Friedrich Ludwig Dulon in seiner Autobiographie, Bach sei im Jahr
1787 „Musikdirektor" gewesen; tatsächlich ist Bachs Mindener Tätigkeit
nicht genau belegbar.[25]
Als im Juni 1788 der neue Landesherr Friedrich Wilhelm II. (reg. 1786–1797)
Minden besuchte, erklang zu Ehren des königlichen Gastes Bachs Huldigungs-
kantate „Westphalens Freude ihren vielgeliebten König bey sich zu sehen".[26]
Offensichtlich gefiel das Werk dem Monarchen so gut, daß er dem Komponisten „die Stelle eines zweiten Kapellmeisters" anbot.[27] Daß bei dieser Berufung der Name „Bach" besonderen Eindruck gemacht hatte und der junge
Monarch sogar an eine Familientradition anknüpfen wollte – unter seinem
Onkel Friedrich dem Großen war Carl Philipp Emanuel Bach erster Cembalist
bei Hofe gewesen (bis 1767)[28] und auch die Bach-Schüler Christoph Nichel-
mann, Johann Philipp Kirnberger und Johann Friedrich Agricola hatten hier
gewirkt, außerdem hatte Wilhelm Friedemann Bach seine letzten zehn Lebensjahre (bis 1784) in Berlin verlebt –, ist nicht anzunehmen.

[23] NSB, *F 1 A XXXV 20b J2*, Schreiben vom 27. 4. 1785; die Kantate erschien 1791 in
      gedruckter Form. Juliane zu Schaumburg-Lippe, die als ebenso energische wie
      umsichtige Landesmutter gilt, floh 1787 aus Bückeburg in das preußische Minden,
      nachdem der Landgraf von Hessen-Kassel nach dem Tod ihres Mannes Graf Philipp
      Ernst (reg. 1777–1787) die Grafschaft Schaumburg-Lippe besetzt hatte. Durch ihren
      Protest beim Reichshofrat und dank der Unterstützung Hannovers und Preußens
      erwirkte sie den Abzug der Truppen. Vgl. *Neue Deutsche Biographie*, Bd. 10, Berlin
      1974, S. 653 ff.
[24] Vgl. MGG², Personenteil, Bd. 1 (1999), Sp. 1548.
[25] Nekrolog; zitiert nach LBB 9, S. 328. Zu Dulon und Wilhelm Bach siehe J. Brand-
      horst, *Musikgeschichte der Stadt Minden. Studien zur städtischen Musikkultur
      bis zum Ende des 19. Jahrhunderts*, Hamburg und Eisenach 1991 (Schriften zur
      Musikwissenschaft aus Münster. 3.), S. 289–292, speziell S. 290 f.
[26] Die Kantate, in der die Nymphen der Weser und andere allegorische Figuren den
      hohen Herrn begrüßen (Text: Sophie Friederike Martini), ist als einziges Werk
      der Mindener Zeit erhalten. Martini war in Minden ansässig und schuf zahlreiche
      Gelegenheitsgedichte.
[27] Vgl. Nekrolog, zitiert nach LBB 9, S. 328.
[28] C. P. E. Bach hielt auch später Kontakt zum preußischen Hof. 1780 widmete er dem
      damaligen Kronprinzen Friedrich Wilhelm seine vier Orchestersinfonien Wq 183.

Wilhelm Bach wurde nach eigener Aussage „Lehrer der regierenden Königin [Friederike Luise (1751–1805)] und sämtlicher Geschwister des Königs".[29] Später trat er auch „in die Dienste der Königin Louise und blieb fortan von ihr geschätzt in ihrem Dienst".[30] Der „Kgl. Kammermusikus William Bach"[31] war vor allem den königlichen Kindern ein liebevoller Pädagoge,[32] der seinen Unterricht humorvoll zu gestalten wußte; sein Concerto buffo für Kinderinstrumente und Orchester beziehungsweise Klavier[33] mag dafür als musikalischer Beweis dienen.

1789 – im gleichen Jahr, in dem Wilhelm Bach nach Berlin kam – starb sein 1745 geborener Cousin Johann Adam August Bach,[34] der allerdings nicht als Musiker tätig gewesen war. Damit waren Vater und Sohn in Bückeburg beziehungsweise Berlin die beiden letzten noch lebenden männlichen Mitglieder der Bach-Familie. J. C. F. Bach brachte diese Tatsache in einem Schreiben an den Verleger Breitkopf zum Ausdruck:

Vor einigen Monaten habe ich die traurige Nachricht erhalten, daß mein Neveu der Licentiat auch Todes verblichen ist. Es scheint, der Würgeengel wollte sich recht in die Bachische Familie einnisten, und ist doch von meinem seel. Vater männlichen Geschlechts Niemand mehr über, als ich, und mein Sohn, welcher jetzt in Berlin ist, und welchem es da recht wohl geht […].[35]

Nach dem Tod des Bückeburger Bachs im Jahr 1795[36] war W. F. E. Bach nicht nur der letzte musikalisch aktive Sproß der Familie, sondern auch der letzte direkte männliche Nachkomme J. S. Bachs. Zwar verheiratete sich der mittler-

---

[29] W. F. E. Bach an W. C. Müller in Bremen, 14. 5. 1830; zitiert nach LBB 9, S. 323. 1790 übernahm Bach die Kapellmeisterstelle von Christian Kalkbrenner, der in die Dienste von Prinz Heinrich (1726–1802) trat.

[30] Nekrolog, zitiert nach LBB 9, S. 328. Da es im Geheimen Staatsarchiv Berlin keine Quellen zu W. F. E. Bachs beruflicher Tätigkeit in Berlin gibt, herrscht Unklarheit darüber, ob er eventuell auch für die Königinwitwe Elisabeth Christina tätig war; vgl. Kock (wie Fußnote 7), S. 291. Zu den musikalischen Aktivitäten von Königin Luise siehe W. Salmen, *Luise von Preußen (1776–1810). Musik, Tanz und Literatur im Leben einer Königin*, Hildesheim 2008.

[31] Seit seinem London-Aufenthalt benutzte W. F. E. Bach seinen Vornamen in anglisierter Form. Er behielt diese Gewohnheit – wie seine Todesanzeige belegt (siehe unten) – zeitlebens bei. Das obige Zitat ist dem Titel seiner 1791 gedruckten Komposition „Colma, eine Episode aus den Gedichten Oßians" entnommen.

[32] Auch der Nekrolog, zitiert nach LBB 9, S. 329f., berichtet von Bachs besonderer Kinderfreundlichkeit.

[33] Vgl. MGG², Personenteil, Bd. 1 (1999), Sp. 1548.

[34] J. A. A. Bach (1745–1789) war der älteste Sohn von Carl Philipp Emanuel Bach.

[35] J. C. F. Bach an H. Breitkopf sen., 11. 7. 1789 (D-DS); zitiert nach LBB 9, S. 242.

[36] F. Schlichtegroll, *Nekrolog auf das Jahr 1795*, Gotha 1797, S. 268–284; zitiert nach LBB 9, S. 285–293.

weile 39jährige 1798 noch, doch war ihm dauerhaft kein Stammhalter gegönnt. Seiner Ehe mit Charlotte Philippine Elerdt (gestorben 1801) entstammten die Töchter Caroline Auguste Wilhelmine (1800–1871) und Juliane Friederike Ernestine (1801–1807). Aus der 1802 mit Wilhelmine Susanna Albrecht geschlossenen zweiten Ehe ging die Tochter Auguste Wilhelmine (1805–1858) hervor. Der 1807 geborene Sohn Friedrich Wilhelm Ludwig wurde nur ein Jahr alt. Der männliche Zweig der Familie Bach stand somit vor dem Aussterben.[37]

Im August 1805 wurde Wilhelm Bach in die St. Johannis-Loge „Zu den drei Seraphim im Oriente zu Berlin" aufgenommen, die 1774 als Tochterloge der (1740 gegründeten) Berliner Großloge „Aux trois Globes" gestiftet worden war.[38] Bemerkenswert ist, daß er als Profession „Kapellmeister a. D." angab;[39] anscheinend hatte sich seine berufliche Situation noch vor der Flucht des preußischen Hofes aus Berlin im Jahr 1806 verändert. Der Freimaurer Bach schloß sich dem „Musicalischen Collegium" der Großloge an; das 1801 gegründete, etwa 30köpfige Ensemble trat bei festlichen Anlässen und den Mittwochsversammlungen auf.[40]

Napoleons Siege bei Jena und Auerstedt im Oktober 1806 sollten das Leben in Berlin grundlegend verändern. Wenige Tage, nachdem das Königspaar samt Hofstaat sowie wohlhabende Familien die Hauptstadt fluchtartig verlassen hatten, marschierten französische Truppen ein. Am 27. Oktober zog Kaiser Napoleon selbst durch das Brandenburger Tor – für Berlin begann eine zweijährige Besatzungszeit, die für die Bevölkerung zu einer harten Prüfung werden sollte. Einquartierungen und Kontributionen bedeuteten für die Bürger schwerste finanzielle Belastungen und ließen Produktion und Handel in

---

[37] Die Familie wohnte spätestens ab 1825 in der Linienstraße 113. Da es erst ab 1825 Adreßbücher für Berlin gibt, lassen sich mögliche frühere Wohnorte nicht nachweisen. 1795 wohnte W. F. E. Bach, damals noch Junggeselle, im „Wilkenitzschen Hauße" in der Leipziger Straße. Vgl. sein Schreiben an Fürstin Juliane in Bückeburg, 21. 11. 1795; siehe LBB 9, S. 282.

[38] Zur Geschichte der Freimaurer in Berlin vgl. I. Wirth (Hrsg.), *Freimaurer in Berlin. Gemälde, Plastik, Graphik, Kleinkunst*, Berlin 1973. Zur Geschichte von Bachs Berliner Loge vgl. J. J. van den Wyngaert, *Fest-Vortrag am Säcular-Stiftungs-Feste der Loge „Zu den drei Seraphim"*, Berlin 1874, sowie G. Schneider, *Festschrift zum 150. Stiftungsfest der St. Johannisloge Zu den drei Seraphim im Orient Berlin*, Berlin 1924.

[39] Geheimes Staatsarchiv Preußischer Kulturbesitz, Berlin (GSB), *F.M. 5.2 B 55 Nr. 254*, S. 19. Bach, der wohl schon in London Mitglied einer Freimaurer-Loge war, ist als Mitglied Nr. 189 verzeichnet.

[40] GSB, *F.M. 5.1.4 Nr. 3786* sowie *Nr. 3787*. Bach wird hier als Mitglied Nr. 30 geführt; die Akten enthalten auch Unterlagen zum Ablauf des Aufnahmerituals in das Musikalische Collegium. Welches Instrument Bach spielte, wird nicht erwähnt.

die Krise geraten. Arbeitslosigkeit und steigende Lebensmittelpreise stürzten die Bevölkerung zunehmend in eine allgemeine Notlage.[41] Mit der Flucht des Hofes war Bachs Wirken für die königliche Familie beendet. Es ist anzunehmen, daß er seine fünfköpfige Familie in den folgenden Jahren mit Unterrichtsstunden und kleinen Konzertauftritten[42] über Wasser hielt. Auf seine finanziellen Probleme in dieser Zeit gibt es nur einen indirekten Hinweis. Die Begründung für seinen Austritt aus der Freimaurer-Loge, die allerdings erst im Februar 1809 erfolgte, wirft ein Licht auf seine schwierige pekuniäre Lage: „Kann bis jetzt nur die Pflicht sich mit den Seinigen durchzubringen erfüllen, und muß daher selbst aufsagen, was nur mit den mindesten Unkosten verknüpft ist."[43]

Nachdem die französischen Truppen im Dezember 1808 endlich Berlin verlassen hatten, rückte preußisches Militär ein und sorgte für eine allmähliche Normalisierung der Verhältnisse. Der Hof, der unterdessen in Königsberg residiert hatte, kehrte erst im Dezember 1809 nach Berlin zurück. Ob Bach, der mittlerweile 50 Jahre alt war, nun nochmals eine musikalische Tätigkeit für Königin Luise übernahm, ist nicht bekannt.[44] Sicher ist hingegen, daß er nach ihrem überraschenden Tod im Jahr 1810 pensioniert wurde. Offensichtlich verbesserten sich damit seine finanziellen Verhältnisse,[45] denn noch im selben Jahr wurde er wieder Mitglied seiner Freimaurer-Loge[46] und engagierte sich

---

[41] W. Ribbe (Hrsg.), *Geschichte Berlins*, Bd. 1, München 1987, S. 422–456.

[42] Ob Bach möglicherweise an Konzerten im Salon von Mendelssohns Tante Sara Levy (1761–1854) teilgenommen hat, die wahrscheinlich eine Schülerin von Wilhelm Friedemann Bach gewesen war und mit der Familie Carl Philipp Emanuel Bachs in Verbindung stand, ist derzeit nicht geklärt. Wäre dies der Fall gewesen, wäre ihrem Neffen Felix die Existenz eines Bach-Enkels allerdings kaum unbekannt geblieben. Vgl. P. Wollny, *„Ein förmlicher Sebastian und Philipp Emanuel Bach-Kultus". Sara Levy und ihr musikalisches Wirken. Mit einer Dokumentensammlung zur musikalischen Familiengeschichte der Vorfahren von Felix Mendelssohn Bartholdy*, Wiesbaden 2010 (Beiträge zur Geschichte der Bach-Rezeption. 2.).

[43] GSB, Schreiben des Sekretärs des musikalischen Collegiums, 28. 2. 5809 [1809]; die französisch orientierte Loge berechnete die Jahreszahl seit Erschaffung der Welt, was nach biblischem Glauben 4000 Jahre vor Christi Geburt war.

[44] Die Interpretation, Bach habe sich, obwohl erst 51 Jahre alt, nach dem Tod der Königin „von allen Ämtern zurückgezogen", dürfte damit nur bedingt richtig sein.

[45] Nekrolog; zitiert nach LBB 9, S. 329. Dazu trug wohl auch eine lebenslange Pension bei, die ihm sein ehemaliger Schüler Prinz Heinrich (1781–1846) aussetzte.

[46] GSB, *F.M. 5.1.4 Nr. 3787.* Der neuerliche Eintritt erfolgte am 3. Juni 1810: „In der heutigen Versammlung des musicalischen Collegii wurde zuerst der W. E. Fr. Bach, eines der ältesten Mitglieder unseres musical. Vereins, welcher seiner Gesundheits Umstände wegen einige Zeit aus unserem Verein getreten war, wiederum feierlich eingeführt, und abermals mit dem Zeichen unsers Collegii bekleidet und hierauf

neuerlich im Musicalischen Collegium.[47] 1810 übernahm er sogar die Leitung eines Konzerts in der Großloge „Zu den drei Weltkugeln". Hatte Bach zunächst fremde Werke dirigieren sollen, so kamen schließlich zwei seiner eigenen Kompositionen zur Aufführung: „Columbus oder die Entdeckung von America", eine Kantate für zwei Stimmen, Chor und Orchester nach einem Text von Louise Brachmann[48] sowie sein „Vater unser" für Chor und Orchester (Text: Siegfried August Mahlmann[49]).

Wilhelm Bachs späte Jahre scheinen in Ruhe und Zufriedenheit verlaufen zu sein. Der bereits genannte Nekrolog beschreibt die letzten Lebensmonate: „B. erfreute sich einer eisernen unverwüstlichen Natur und eines für sein hohes Alter überaus kräftigen Körpers und regen Geistes. Er unternahm noch stundenlange Spaziergänge mit Lust und Freude."[50] Wilhelm Friedrich Ernst Bach starb am 25. Dezember 1845 im Alter von 86 Jahren. In den *Berlinischen Nachrichten* erschien vier Tage später folgende Todesanzeige:

Den heute früh am Schlagflusse erfolgten sanften Tod ihres Gatten und Vaters, des pensionierten Kapellmeisters William Bach, Musiklehrer der hochseligen Königin Luise von Preußen, im neunzigsten [sic!] Lebensjahre, zeigen ergebenst an
Berlin, den 25. Dezember 1845
die Hinterbliebenen.[51]

Wilhelm Friedrich Ernst Bach wurde auf dem II. Sophien-Friedhof der evangelischen Kirchengemeinde Sophien an der Bergstraße in Berlin-Mitte beerdigt (Grablage: IX-5-45+46). Das Grabkreuz trägt die Beschriftung „Hier ruht | in Gott | der letzte Enkel Johann Sebastian Bachs, | Wilhelm Bach, | Kapellmeister der Königin Louise und Musiklehrer ihrer Kinder […]".[52] Die

---

nach Mr. Sitte von sämtl. Anwesen. Bbr: begrüßt." Von finanziellen Schwierigkeiten ist nicht mehr die Rede.

[47] Ob zwei Lieder in der 1803 und 1814 erschienenen *Auswahl maurerischer Gesänge* tatsächlich von W. F. E. Bach stammen (vgl. MGG², Personenteil, Bd. 1, Sp. 1549), bedarf noch der Klärung.

[48] Die Schriftstellerin Karoline Marie Louise Brachmann (1777–1822) veröffentlichte 1798/99 erstmals einige Gedichte in Schillers *Horen* sowie in seinem *Musenalmanach*. Ihre Ballade „Kolumbus" war 1805 im *Journal für deutsche Frauen* erschienen.

[49] Die meist religiösen Gedichte des Leipziger Verlegers Mahlmann (1771–1826) waren beim Publikum sehr beliebt; sein „Vater unser" wurde von verschiedenen Komponisten vertont. Mahlmann war auch Freimaurer.

[50] Nekrolog; zitiert nach LBB 9, S. 330.

[51] *Berlinische Nachrichten von Staats- und gelehrten Sachen*, 29. 12. 1845.

[52] Der vollständige Text lautet: „Hier ruht in Gott der letzte Enkel Johann Sebastian Bachs, Wilhelm Bach, Kapellmeister der Königin Louise und Musiklehrer ihrer Kinder | *27. Mai 1759 †26. Dezb. 1845 | Ihm zur Seite die Tochter Auguste Bach | † 12. Febr. 1858 | 45 Jahre alt" (nach dieser Inschrift wäre die Tochter erst 1813 ge-

Inschrift definiert den Verstorbenen also vor allem über seinen berühmteren Großvater und erinnert erst in zweiter Linie an ihn als eigenständige Persönlichkeit.[53] Auch ein kurzer Nachruf in der *Allgemeinen Musikalischen Zeitung* läßt erkennen, daß Wilhelm Bachs Ableben ausschließlich wegen seiner Abstammung von Interesse war:

In Berlin starb der Capellmeister Wilhelm Bach, einer der letzten Sprösslinge der Sebast. Bach'schen Familie. 89 Jahre alt (geboren den 27. Mai 1756). Im dreizehnten Jahre kam er zu seinem Oheim Johann Christian Bach nach London; seit welcher Zeit er sich stets William Bach nannte; später kehrte er nach Berlin zurück und wurde hier als Capellmeister im Dienste der Königin angestellt. Seit längerer Zeit war er pensioniert.[54]

II. Wilhelm Friedrich Ernst Bach und seine Wahrnehmung in der Berliner Öffentlichkeit

Da es keine archivalischen Belege zu Bachs Tätigkeit am preußischen Hof gibt, kann diese nur aus verschiedenen Hinweisen erschlossen werden.[55] Wichtigste Sekundärquelle hierzu ist der erwähnte Nachruf auf Wilhelm Bach, der 1847 in der Publikationsreihe *Neuer Nekrolog der Deutschen* erschien und teilweise so persönliche Details enthält, daß die Ausführungen nur auf direkten Informationen aus der Familie basieren können. Der Text läßt anklingen, daß Bach sich 1789 eher zögerlich für Berlin entschied und hier sogleich eine massive Enttäuschung erleben mußte:

Wiewohl ungern, an ein freies, ungebundenes Leben gewöhnt, folgte er, gedrängt von seinem Freunden dem Rufe und übernahm, unbekannt mit den damaligen Verhältnissen des preuß. Hofes und indem er die Kapelle der Königin [Friederike Luise] mit der des Königs für identisch hielt, das Engagement der Königin […] Er verlor hierdurch die Aussicht auf Anstellung bei der Oper […].

---

boren). Wo Bachs erste Frau († 1801) sowie die gemeinsame Tochter aus dieser Ehe († 1807) und der aus zweiter Ehe stammende Sohn († 1808) bestattet wurden, wäre ebenso noch zu klären wie die Frage, ob das übergroße Kreuz erst in späteren Jahren von Verehrern Johann Sebastians Bachs gesetzt wurde. Für die letztgenannte Annahme spricht das fehlerhafte Geburtsdatum der Tochter.

[53] Die Inschrift erinnert an das Grab von August Goethe, dem Sohn des Dichterfürsten, auf dem Protestantischen Friedhof in Rom. Sein Grabstein trägt die vom Vater verfaßte Inschrift: „GOETHE FILIVS | PATRI | ANTEVERTENS | OBIIT | ANNOR[VM] XL | MDCCCXXX"; der Vorname des Verstorbenen bleibt ungenannt.

[54] AMZ 48 (1846), Nr. 5, Sp. 94.

[55] Für hilfreiche Unterstützung bei der Recherche im GSB danke ich Frau Anke Klare.

Auch wenn Bach den königlichen Kindern ein liebevoller Pädagoge war, so dürfte diese Aufgabe den ambitionierten Musiker – er war als junger Mann erfolgreich als Klavier- und Orgelsolist aufgetreten – nicht völlig befriedigt haben. Die Reduktion auf die Tätigkeit eines Musiklehrers verlangte ihm nur noch Kompositionen ab, die für den Unterricht geeignet waren; die Autographe gingen direkt an die königliche Bibliothek und blieben zumeist ungedruckt.[56] Auch hatte er kaum Möglichkeiten, sich als Virtuose in Szene zu setzen. Und so meint man aus dem Nekrolog auch dahingehend eine gewisse Resignation herauslesen zu können: „Zuweilen ließ er sich noch in Koncerten hören, gab aber das Orgelspiel gänzlich auf: nur in der Kapelle der Königin spielte er sie noch."[57]

Daß er auch von so manchem Berliner Kollegen nur als musikalisch nicht ernstzunehmender Nachfahre Johann Sebastian Bachs angesehen wurde, konnte Wilhelm Bach schon 1791 einem Artikel in J. F. Reichardt's *Musikalischem Kunstmagazin* entnehmen:

Seit zwey Jahrhunderten entsprangen aus der Bachschen Familie viele der größten Componisten, Organisten und Clavierspieler. Joh. Seb. Bach, der größte Künstler von allen, zeugte noch in der ersten Hälfte dieses Jahrhunderts vier Söhne, die alle große Meister wurden. Wer kennt nicht den hallischen, den berlinischen, den englischen (oder den mailändischen) und den bückeburger Bach? Alle diese hinterlassen keine Nachfolger – wenn man den Concertmeister Bach in Bückeburg ausnimmt, dessen Sohn Claviermeister bey der regierenden Königinn von Preussen ist – keine Nachfolger, die den grossen Nahmen auf die Nachwelt bringen […].[58]

Angesichts dieser Situation nimmt es nicht wunder, daß Bach sich nach dem überraschenden Tod des Bückeburger Hofkapellmeisters Franz Neubauer im Jahr 1795 – er war der Nachfolger von Wilhelm Bachs Vater gewesen – um dessen Stelle bewarb. Er begründete dies damit, daß bei ihm „seit dem Verluste meines guten Vaters sich die Sehnsucht sowohl mein Vaterland als auch die meinigen wieder zu sehen" eingestellt und „diese so gar das sonst ange-

---

[56] Mit Ausnahme seines „Vater unser" und der Kantate „Columbus" entstanden alle größeren Kompositionen vor 1800. Bachs nicht allzu umfangreiches Werk – das Internationale Quellenlexikon der Musik (RISM A/I) kennt derzeit nur 13 Nummern – ist dennoch erstaunlich vielseitig: Es umfaßt geistliche und weltliche Vokalmusik für unterschiedliche Besetzungen, Ballette, Singspiele, Kammermusik und Orchesterwerke. Seine für den Unterricht geeignete Klaviermusik publizierte Bach häufig in populären Sammelwerken (*Musikalisches Journal*, *Monats-Früchte für Klavier* usw.). Vgl. hierzu Geiringer (wie Fußnote 12), S. 529–532, der sich bisher am ausführlichsten mit den Kompositionen W. F. E. Bachs befaßt hat.

[57] Nekrolog, zitiert nach LBB 9, S. 328.

[58] J. F. Reichardt, *Musikalisches Kunstmagazin*, Berlin 1791, 8. Stück; zitiert nach LBB 9, S. 278.

nehme meiner hiesigen Lage ganz verdrängt" habe. „[…] denn nicht Wohl-
leben blos, sondern vergnügtes Leben, das ist das Ziel meiner Wünsche".[59]
Tatsächlich wäre ein Wechsel vor allem in musikalischer Hinsicht für ihn
ein Gewinn gewesen: In Bückeburg fand der Hofkapellmeister eine Wertschätzung,[60] die mit Bachs Berliner Situation nicht zu vergleichen war. Zudem hätte es keine intrigante Kollegenkonkurrenz[61] wie in Berlin gegeben. Die
Schaumburg-Lippische Kammermusik[62] galt als hervorragendes Ensemble
und neben der Beschaffung neuen Notenmaterials (inklusive eigener Kompositionen) hätte Bach auch die Gestaltung der regelmäßig sonntags und donners-
tags stattfindenden Kammerkonzerte oblegen. Doch es sollte nicht sein – als
Bachs Schreiben eintraf, war die Stelle bereits vergeben. Ein beruflicher Wechsel war ihm damit unmöglich.[63]
Wie schon erwähnt, mußte Wilhelm Bach während der Besetzung Berlins
durch die Franzosen ohne feste Anstellung für den Lebensunterhalt seiner
Familie sorgen. Er tat dies vermutlich mit Klavierstunden, aber auch mit
Konzertauftritten, für die er populäre Stücke komponierte.[64] 1808 mußte er
eine herbe öffentliche Kritik verkraften. Die *Allgemeine Musikalische Zeitung*
kommentierte die Aufführung zweier seiner Werke mit harschen Worten:

Am 19ten gaben die Hrn. W. Bach und Fischer,[65] der bekannte Bassist, eine sogenannte musik. Akademie im Theatersaal vor einer nicht zahlreichen Versammlung, deren

---

[59] NSB, *F 1 A XXXV 20 b Nr. J2*, W. F. E. Bach an Fürstin Juliane in Bückeburg, 21.11.
1795 (vgl. Fußnote 37).

[60] Vgl. dazu C. G. Horstig, *Nekrolog auf das Jahr 1795*, Gotha 1797; zitiert nach
LBB 9, S. 287: „Bachs [gemeint ist J. C. F. Bach, der Vater von W. F. E.] glück-
lichste Lebensjahre verflossen ihm unter dem ungetheilten Beyfalle seiner freund-
lichen Beschützer, des Grafen und seiner Familie, die ihn verehrten und in seiner
Composition Nahrung für Ohr und Seele fanden."

[61] Auch Mozart wurde bei seinem Berlin-Aufenthalt im Jahr 1789 Opfer von Konkur-
renzneid. Das von ihm erhoffte Treffen mit König Friedrich Wilhelm II. verhinderte
dessen Cellolehrer Jean Pierre Duport.

[62] J. N. Forkel, *Musikalischer Almanach für Deutschland auf das Jahr 1782*, Leipzig
1781, S. 130.

[63] NSB, *F 1 A XXXV 20b Nr. J2*, Fürstin Juliane an W. F. E. Bach, 10.12.1795.

[64] Einige dieser Kompositionen erschienen im Druck: *Der Theaterprinzipal*, 1808;
Berlinade oder Lindenlied, 1809; *Rheinweinlied*, 1809; *Der Dichter und der Komponist*; *Auf, muntrer Zecher*.

[65] Johann Ignaz Ludwig Fischer (1745–1825), dessen Karriere an der kurfürstlichen
Kapelle in Mannheim begonnen hatte, war einer der berühmtesten Bassisten seiner
Zeit. Er kam 1788 nach Berlin, wo er bis zu seiner Pensionierung 1815 an der Ita-
lienischen Oper wirkte. Fischer gehörte wie Bach den Freimaurern an. Zu weite-
ren biographischen Daten siehe MGG[2], Personenteil, Bd. 6 (2001), Sp. 2065–2067
(C. Schumann).

Erwartungen fast ganz und sehr unangenehm getäuscht wurden. Eine Introduction von W. Bach eröffnete das bunte Mancherley. Sie war, einige gefällige Partien abgerechnet, keineswegs in dem Geiste geschrieben, den man in diesem Fache der Komposition mit um so mehr Rechte jetzt verlangt, da er nicht nur an sich gross und schön, sondern auch in so vielen Werken dieser Art würdig ausgeprägt ist, und man also nicht einwenden kann, man verlange das Unausführbare oder doch höchst Seltene.

Auch Bachs Vertonung eines Librettos von Karl Alexander Herklots, *Der Theaterprinzipal*, fiel beim Rezensenten der AMZ durch:

Die Hoffnung eines besseren Genusses, den man sich noch von einer Cavertine von Righini […] versprach, ward vereitelt, um nur bald zum Intermezzo von W. Bach, vorgetragen von Hr. F. zu gelangen. Beim Lichte betrachtet war dies ein altes Theaterstück, das seit vielen Jahren geruht hatte, und ohne Hrn. F. wol schwerlich ans Tageslicht gezogen worden wäre. Es war nicht mehr und nichts weniger, als: der Theaterprinzipal, lyrische Posse von C. Herklotz,[66] in Musik gesetzt, einst von V. A. Weber, jetzt von W. Bach. Mit scenischem Apparat interessirt es allenfalls eine halbe Stunde; ohne denselben macht es nur Langeweile. […][67]

Der Kritiker spricht hier ein weiteres Problem an, mit dem sich der Komponist Wilhelm Bach konfrontiert sah: Seine noch ganz den Idealen der Ära Haydn und Mozart verpflichtete Musik entsprach nicht mehr dem Zeitgeschmack; Ludwig van Beethovens Musiksprache und schon bald auch die Carl Maria von Webers taten beim Berliner Publikum ihre Wirkung.[68]
Daß Bach 1812 erfolglos im Musikalischen Collegium der Freimaurer für das Amt des Zweiten Direktors kandidiert hatte und gegen seinen Mitbewerber Johann Philipp Samuel Schmidt (1779–1853) mit 5 zu 8 Stimmen unterlegen war, kränkte ihn möglicherweise auch.[69] Schmidt war nicht einmal Berufsmusiker, sondern eigentlich Jurist; in der Kriegszeit mittellos geworden, nutzte er sein musikalisches Talent und finanzierte seinen Lebensunterhalt durch das

---

[66] Der Berliner Jurist Karl Alexander Herklots (1759–1830) betätigte sich nicht nur als Übersetzer italienischer und französischer Singspiele, sondern verfaßte auch eigene Theaterstücke, Prologe und Gedichte.

[67] AMZ 10 (1808), Nr. 38, Sp. 604–606.

[68] Siehe O. Schrenk, *Berlin und die Musik. Zweihundert Jahre Musikleben in Berlin*, Berlin 1940.

[69] GSB, *F.M. 5.1.4 Nr. 3786* (Liste ohne Datum) sowie *Nr. 3787* (*III. Acten des musikalischen Collegii*, angelegt am 25.6.1810); hier wird unter Nr. 13 „Friedrich Bach, Kapellmeister" geführt. Im Mitgliederverzeichnis von 1818/19 finden sich zu Bach folgende Angaben: „4. Grad, 58 Jahre, Kapellmeister". Ich danke Klaus Röder, dem Großarchivar der Großen National-Mutterloge „Zu den drei Weltkugeln" Berlin, sowie Frau Lange (Geheimes Staatsarchiv Preußischer Kulturbesitz Berlin).

Erteilen von Klavierunterricht sowie durch Konzertauftritte, in denen er auch eigene Kompositionen aufführte.[70]

Betrachtet man Wilhelm Bachs Berliner Schicksalsweg, so kann man – unabhängig von der literaturwissenschaftlichen Diskussion – eine Parallele zur Titelfigur von E. T. A. Hoffmanns *Ritter Gluck. Eine Erinnerung aus dem Jahre 1809* ziehen. Sollte Hoffmann etwa durch die Bekanntschaft mit dem damals 50jährigen Bach-Enkel zu seiner phantastischen Erzählung inspiriert worden sein?[71] Die folgenden Sätze hätte auch Wilhelm Bach äußern können:

Zu meiner Qual bin ich verdammt, hier [in Berlin], wie ein abgeschiedener Geist, im öden Raume umher zu irren. […] Ja, öde ist's um mich her, denn kein verwandter Geist tritt auf mich zu. Ich stehe allein." [Der Autor: Aber die Künstler! die Komponisten!] „Weg damit! Sie kritteln und kritteln – verfeinern alles bis zur feinsten Meßlichkeit; wühlen alles durch, um nur einen armseligen Gedanken zu finden.

Auch die mystische Deutung von Musik (Einfluß der Freimaurerei?), die „gutmüthige Herzlichkeit" der Titelfigur und schließlich sogar die Beschreibung ihres Äußeren lassen an Wilhelm Bach denken:

Eine sanft gebogene Nase schloß sich an eine breite, offene Stirn; mit merklichen Erhöhungen über den buschigen, halbgrauen Augenbrauen, unter denen die Augen mit beinahe wildem, jugendlichem Feuer (der Mann mochte über funfzig seyn) hervorblitzten. Das weich geformte Kinn stand in seltsamem Kontrast mit dem geschlossenen Munde, und ein skurriles Lächeln, hervorgebracht durch das sonderbare Muskelspiel in den eingefallenen Wangen, schien sich aufzulehnen gegen den tiefen, melancholischen Ernst, der auf der Stirn ruhte. Nur wenige graue Löckchen lagen hinter den großen, vom Kopfe abstehenden Ohren.[72]

Keineswegs nur persönliche Bescheidenheit, sondern vor allem die geschilderten negativen Erfahrungen dürften die Ursache dafür gewesen sein, daß Bach sich nach 1810 immer mehr zurückzog und auch seine musikalisch

---

[70] Weitere biographische Details zu Schmidt siehe ADB, Bd. 31, Leipzig 1890, S. 747 f. sowie MGG², Personenteil, Bd. 14 (2005), Sp. 1455–1456 (D. Härtwig).

[71] Diese Gleichsetzung von Hoffmanns literarischer Figur des Ritters von Gluck mit W. F. E. Bach suggerierte nicht ohne Grund schon 1999 Hermann Max in seinem scherzhaft-biographischen Beitrag *Gedanken zur Musik der Bach-Familie nach Johann Sebastian. Zehn fingierte Briefe Wilhelm Friedrich Ernst Bachs an E. T. A. Hoffmann*, in: Die Gegenwart der musikalischen Vergangenheit, hrsg. von C. Wolff, Salzburg und Wien 1999, S. 108–140.

[72] Alle Zitate aus E. T. A. Hoffmann, *Ritter Gluck*, in: Fantasiestücke in Callot's Manier, Bamberg 1819, S. 7–28.

ausgebildeten Töchter in Berlin nicht auftreten ließ.[73] Eine Bestätigung dieser Einschätzung bietet ein 1832 von Wilhelm Bach an Louis Spohr – seit 1822 Hofkapellmeister in Kassel – geschriebener Brief, in dem er eine seiner Töchter für ein Engagement am Kasseler Theater empfahl: Sie sei „mit einer schönen hohen Sopran Stimme und musikalischen Talenten begabt", habe „ein vortheilhaftes Äußeres" und sei „in den jetzt lebenden Sprachen bewandert". Ausdrücklich betonte Bach, daß er diese Beurteilung keineswegs aus subjektiver väterlicher Sicht fälle, sondern „als aechter Musiker, der in diesem Augenblick hauptsächlich auf Talent Rücksicht nimmt". Der überraschend deutliche Satz, seine Tochter suche dieses Engagement, „indem es ihr zuwieder ist hier in ihrem Geburtsort aufzutreten",[74] impliziert eine negative Einschätzung der Berliner Verhältnisse, die wohl weniger die Meinung der Tochter als vielmehr die des Vaters ausdrückt.[75]

Vor diesem Hintergrund müssen die Fragen, wie W. F. E. Bach als Komponist wie auch als musikschaffender Enkel J. S. Bachs in Vergessenheit geraten konnte, folgendermaßen beantwortet werden:

– Der königlichen Familie und auch manchem seiner Musikkollegen bei Hof[76] war Bachs Herkunft bekannt, doch spielte sie hier keine Rolle, da ein musikgeschichtliches Interesse im heutigen Sinne noch nicht entwickelt war. Dies sollte sich erst mit dem Erscheinen von Johann Nikolaus Forkels Publikation *Ueber Johann Sebastian Bachs*

---

[73] Im Nekrolog, zitiert nach LBB 9, S. 328 heißt es dazu: „Seine übergroße […] Bescheidenheit und seine eigene Zurückgezogenheit sind die einzigen Gründe, daß den Töchtern die Oeffentlichkeit versagt blieb."

[74] Universitätsbibliothek Kassel – Landes- und Murhardsche Bibliothek der Stadt Kassel, *4° Ms. Hass. 287.*

[75] Laut Dennis Hopp, der anläßlich des Symposiums im Rahmen des 88. Bachfests der Neuen Bachgesellschaft e.V. in Detmold im Mai 2013 ein Referat mit dem Titel „Wilhelm Friedrich Ernst Bach (1759–1845) und das Musikleben in Berlin um 1800 – Eine Spurensuche" hielt, kam das angestrebte Engagement nicht zustande. Die Kasseler Oper wurde im April 1832 wegen politischer Unruhen geschlossen; bei der Wiedereröffnung 1833 war keine Bach-Tochter unter den Ensemble-Mitgliedern.

[76] Beispielsweise war Bachs Herkunft dem Ehepaar Spontini bekannt. Gaspare Spontini (1774–1851) war ab 1820 Generalmusikdirektor in Berlin, seine Frau Celeste war eine Freundin von Constanze Nissen-Mozart. Am 5. Oktober 1828 schrieb Constanze an Madame Spontini: „Sehr viel verlohr ich, daß ich nicht so glücklich war H. Bach zu sehen! deßen Vorfahren Mozart und ich, so hoch schätzen"; zitiert nach Internationale Stiftung Mozarteum Salzburg (Hrsg.), *Constanze Nissen-Mozart. TageBuch meines Brief Wechsels in Betref der Mozartischen Biographie (1828–1837)*, Bad Honnef 1998, S. 53. Spontini bemühte sich 1828 sehr darum, in Berlin Subskribenten für die von Constanze Nissen-Mozart auf den Markt gebrachte Biographie ihres ersten Mannes zu finden.

Leben, Kunst und Kunstwerke (Leipzig 1802) ändern, der frühesten selbständigen Bach-Biographie und zugleich der ersten musikhistorischen Monographie überhaupt.

– Wilhelm Bachs Kompositionen spielten in der „klassischen" Musikszene Berlins keine Rolle. Der „Klavierlehrer" trat allenfalls als Schöpfer populärer Unterhaltungsmusik ins öffentliche Bewußtsein.

– Wilhelm Bach trug zur allmählichen musikalischen Wiederentdeckung seines Großvaters nichts bei. Es ist nicht einmal bekannt, ob er Mendelssohns Aufführung der Matthäus-Passion 1829 als Zuhörer erlebt hat; daß er – 70jährig – daran als Orchestermusiker beteiligt gewesen sein könnte, darf man wohl ohnehin ausschließen. Dasselbe gilt für die ersten Aufführungen der Johannes-Passion (1833) und der h-Moll-Messe (1834) nach Johann Sebastians Bachs Tod durch die Sing-Akademie zu Berlin.

Unter diesen Prämissen wird nachvollziehbar, warum weder Carl Friedrich Zelter, der sich als Leiter der Sing-Akademie ab 1800 zwar mit der Musik Johann Sebastian Bachs befaßte, noch dem jungen Felix Mendelssohn Bartholdy die verwandtschaftliche Verbindung der beiden Bachs bekannt war.[77] Daß sich Wilhelm Bach bei der Denkmal-Einweihung für seinen Großvater 1843 in Leipzig überraschend selbst ins Spiel brachte, ist wohl seiner persönlichen Neugierde zuzuschreiben. Daß der 84jährige die rund 150 km weite Reise nach Leipzig überhaupt noch auf sich nehmen konnte, ermöglichte die im September 1841 eröffnete Eisenbahnlinie vom Anhalter Bahnhof in Berlin nach Köthen (Anhalt), die Anschluß an die (1840 eröffnete) Linie Magdeburg–Leipzig hatte.

III. Das Konterfei des letzten Bach-Enkels

Man darf unterstellen, daß die eingangs geschilderte Begegnung mit dem letzten lebenden Nachfahren Johann Sebastian Bachs für Felix Mendelssohn Bartholdy so eindrucksvoll war, daß er in der Folgezeit die Anfertigung von dessen Bildnis anregte. Während es im Normalfall eher unüblich ist, einen derart betagten Greis porträtieren zu lassen, bestand im Falle Wilhelm Friedrich Ernst Bachs ein musikhistorisches Interesse. Da eine Dokumentation der Denkmal-Einweihung 1843 und damit auch ihres Ehrengastes mittels Photographie noch nicht möglich war, blieb nur das Medium der Malerei. Und weil

---

[77] Zur Rezeption Bachscher Musik siehe C. Wolff, *Bach-Rezeption und Quellen. Aus der Frühzeit und im Umfeld des Königlichen Instituts für Kirchenmusik zu Berlin*, in: Jahrbuch SIM 1993, S. 79–87, hier speziell S. 79 f., sowie G. Eberle, „*Du hast mir Arbeit gemacht". Schwierigkeiten der Bach-Rezeption im Umkreis der Sing-Akademie zu Berlin*, ebenda, S. 88–97.

Bach in Berlin lebte und zudem altersbedingt Eile geboten war – immerhin war er bereits 84 Jahre alt –, lag es nahe, dafür einen dort ansässigen Künstler zu gewinnen. Aus Mendelssohns Sicht dürfte dafür vor allem Eduard Magnus (1799–1872) in Frage gekommen sein: Die beiden kannten sich schon seit langem; ihre Familien waren eng befreundet, ja sogar weitläufig verwandt.[78] Möglicherweise fanden entsprechende Gespräche während Magnus' Leipzig-Aufenthalt im Oktober 1843 statt.

Eduard Magnus, Sproß einer reichen Kaufmannsfamilie, hatte auf Wunsch des Vaters zunächst ein Medizinstudium begonnen, war dann aber schon bald an die Bauakademie gewechselt, um Architekt zu werden. Nach Privatunterricht bei dem Genre- und Historienmaler Karl Friedrich Hampe wurde er in die Akt-Klasse der Kunstakademie Berlin aufgenommen, genoß aber sonst keine weitere Ausbildung. Die endgültige Entscheidung, Maler zu werden, dürfte erst nach dem Tod des Vaters gefallen sein. Wesentlich für Magnus' künstlerischen Lebensweg war die Begegnung mit dem Maler Johann Jakob Schlesinger (1792–1855), der ab 1822 als Restaurator in der Gemäldesammlung des Königlichen Museums in Berlin tätig war.[79] Magnus schilderte seinen Werdegang selbst wie folgt:

> Durch den Umgang mit mehreren jungen Künstlern lernte ich in Öl malen, so gut sie selbst es mich lehren konnten, und naturalisierte nun bis zu meinem 24. Jahre, ward aber kleinlich und ängstlich, so daß ich Lust und Mut verlor und wohl den Stand gewechselt hätte, wenn ich damals nicht die Bekanntschaft des Malers Schlesinger gemacht hätte, der sich meiner auf die liebevollste Weise annahm und mich bald auf bessere Wege führte.[80]

Schlesinger, der selbst als Kopist und Porträtist tätig war, vermittelte dem begabten jungen Künstler die notwendigen technischen Fähigkeiten.

Magnus, der zeitlebens nie von seiner Malerei leben mußte, erhielt schon als junger Künstler zahlreiche Aufträge zu Bildnissen namhafter Berliner Persön-

---

[78] Magnus porträtierte zahlreiche Mitglieder der Familie Mendelssohn. Vgl. dazu L. Gläser, *Eduard Magnus. Ein Beitrag zur Berliner Bildnismalerei des 19. Jahrhunderts*, Berlin 1963, WV 41 sowie 128–140.

[79] Zu Schlesinger siehe U. Stehr, *Johann Jakob Schlesinger (1792–1855). Künstler – Kopist – Restaurator*, Berlin 2012. Schlesinger war der erste angestellte Restaurator der Gemäldegalerie des Königlichen Museums zu Berlin. Er war auch als Porträtmaler und Kopist tätig.

[80] Das Zitat stammt aus dem im Original nicht erhaltenen Lebenslauf, den Magnus bei seiner Aufnahme in die Berliner Kunstakademie einreichte; es ist erwähnt im Nachruf auf den Künstler im *Verzeichnis der Werke lebender Künstler, ausgestellt in den Sälen des Königl. Akademie-Gebäudes zu Berlin 1874. XLIX. Kunstausstellung der Königlichen Akademie der Künste*, Berlin 1874, S. III–IV.

lichkeiten, darunter etliche Musikschaffende;[81] die notwendigen Kontakte
bot der Salon seiner Mutter, in dem neben einflußreichen Kaufleuten, Bankiers
und hohen Beamten auch Gelehrte und Künstler verkehrten. Diese in jeder
Hinsicht komfortable Situation dürfte einen nicht unerheblichen Einfluß auf
die künstlerische Gestaltung seiner Porträts gehabt haben: Seine Bildnisse
beweisen eine große Feinfühligkeit des Malers. Die Darstellungen – häufig
handelt es sich nur um schlichte Brustbilder – konzentrieren sich ganz auf
die jeweilige Person, sie verzichten auf exaltierte Posen, Draperien, Hinter-
grundlandschaften usw. und zeichnen sich zugleich durch ihren Realismus
aus. Nicht verpflichtet, die Vorgaben kleinlicher Auftraggeber willfährig zu
erfüllen, konnte Magnus seine eigenen Vorstellungen umsetzen. Seine feine
Beobachtungsgabe wurde schon bald hoch geschätzt. Der Berliner Kunst-
historiker und Schriftsteller Franz Kugler etwa schrieb 1848, Magnus' Porträts
verbänden „die vollkommene Schlichtheit der Naturauffassung mit gemes-
senster, aecht künstlerischer Haltung […] er erreicht, ohne scheinbar auf
irgend einen besonders malerischen Effekt hinzustreben, doch stets die klarste
malerische Harmonie."[82] Irmgard Wirth kam 1990 zu einem ähnlichen, allerdings moderner formulierten Ergebnis, wenn sie davon sprach, Magnus habe
als Bildnismaler „die wohl feinste psychologische Einfühlungsgabe für sein
jeweiliges Gegenüber" gehabt.[83]

---

[81] H. Börsch-Supan, *Sankt Lukas und die heilige Cäcilie. Die Begegnung von Malerei und Musik zur Zeit Johann Gottfried Schadows in Berlin*, in: Die Sing-
Akademie zu Berlin und ihre Direktoren (wie Fußnote 10), S. 70–95, speziell S. 74
(dort Fußnote 23).

[82] Zitiert nach I. Wirth, *Berliner Malerei im 19. Jahrhundert. Von der Zeit Friedrichs
des Großen bis zum Ersten Weltkrieg*, Berlin 1990, S. 135.

[83] Obwohl Magnus als herausragender Berliner Porträtist seiner Zeit gelten muß, ist
die Literatur zu diesem Künstler äußerst mager: 1873 berichtete Bruno Meyer in der
Kunstchronik 33/34 (1873), S. 520–531 und 536–543, über die ein Jahr nach Mag-
nus' Tod veranstaltete Gedächtnisausstellung, die 100 Werke präsentierte; da ein
Katalog fehlt, läßt sich die Ausstellung nur zum Teil anhand der Korrespondenz mit
Leihgebern rekonstruieren (vorhanden im Historischen Archiv der Akademie der
Bildenden Künste, Berlin). A. Rosenberg, *Die Berliner Malerschule 1810–1879*,
Berlin 1879 befaßt sich u. a. auch mit Magnus. Das Werkverzeichnis von Gläser (wie
Fußnote 78) ist bis heute die einzige Monographie; sie ist allerdings mittlerweile
überarbeitungsbedürftig. In jüngerer Zeit unterzog Wirth (wie Fußnote 82),
S. 129–138, 381 sowie Abb. S. 171–181, Magnus einer genaueren Würdigung. 2012
erschien S. Ehringhaus und R. Kanz (Hrsg.), *Berliner Kunstbetrieb, Berliner Wirk-
lichkeit. Briefe des Malers Eduard Magnus von 1840 bis 1872*, Köln, Weimar, Wien
2012 (Bonner Beiträge zur Kunstgeschichte. 7.); es handelt sich um den Briefwechsel des Künstlers mit dem Weimarer Bibliotheksleiter Gustav Adolf Schöll.

Auch das jetzt wieder aufgefundene Porträt Wilhelm Friedrich Ernst Bachs – Magnus war in der mutmaßlichen Entstehungszeit 1843/45 bereits Mitglied der Berliner Akademie der Künste und wurde im Jahr 1844 dort Zweiter Professor[84] – ist von größtmöglicher Schlichtheit. Es zeigt den letzten Sproß der Musiker-Familie im kleinformatigen Brustbild (Öl auf Karton, 253 × 202 mm): Der alte Mann wendet sich ernsten Blicks geradewegs dem Betrachter zu. Er wirkt altersmüde. Seine Stirn ist leicht gekräuselt, die Augenbrauen sind etwas hochgezogen, schmale Lippen verschließen den Mund. Die ein wenig widerspenstig sich aufrichtenden, mehrheitlich grauen Haare sind zwar modisch kurz geschnitten, doch läßt die Frisur den einst getragenen Zopf noch gut erahnen. Unter einem grauen Rock mit breitem Kragen trägt der Dargestellte eine passende graue Weste. Über dem weißen Hemd mit umgestelltem Kragen hat er ein schwarzes Tuch zu einer breiten Schleife gebunden.

Die an seiner Kleidung orientierte Datierung des Gemäldes (1840/45) wird durch die Eckdaten „1843 – Einweihung des Leipziger Bach-Denkmals" und „1845 – Todesjahr Wilhelm Bachs" noch weiter präzisiert. Bach war demnach zum Zeitpunkt des Konterfeis rund 85 Jahre alt.

Der als Bildgrund benutzte Karton sowie das vom Künstler gewählte kleine Format[85] ersparten dem Greis langwierige und damit anstrengende Porträtsitzungen. Die Kleinformatigkeit dürfte dessen schon erwähnter persönlicher Bescheidenheit entgegengekommen sein, doch könnten hier auch Kostengründe eine Rolle gespielt haben.[86] Da das Gemälde in erster Linie ein dokumentarischer Bildbeleg sein sollte, war seine Größe nicht wichtig.

Das fertige Bildnis befand sich zunächst im Besitz Wilhelm Friedrich Ernst Bachs und kam spätestens 1862, nach dem Tod seiner Ehefrau Wilhelmine Susanna,[87] an sein einziges noch lebendes Kind, die Tochter Caroline. Nach deren Ableben im September 1871 gelangte das Porträt in den Besitz der Sing-Akademie zu Berlin. Deren Direktor August Eduard Grell (1800 bis

---

[84] Zahlreiche Dokumente zu dieser Tätigkeit befinden sich im Historischen Archiv der Akademie der Künste, Berlin; für umfangreiche Auskünfte zu Magnus danke ich der Archivleiterin Dr. Ulrike Möhlenbeck.

[85] Gläser (wie Fußnote 78), WV 11.

[86] Da nach gegenwärtigem Forschungsstand nicht geklärt werden kann, ob womöglich ein Dritter (Mendelssohn?) das Porträt bezahlt hat, muß davon ausgegangen werden, daß Bach selbst die anfallenden Kosten übernahm. Letztlich ist diese Frage jedoch nebensächlich.

[87] Wilhelmine Susanna Bach geb. Albrecht, die zweite Ehefrau, starb im Alter von 88 Jahren. Sie scheint nicht bei ihrem Ehemann und ihrer 1858 gestorbenen Tochter Auguste Wilhelmine im Berliner Familiengrab bestattet worden zu sein (vgl. die Beschriftung des Grabkreuzes); wahrscheinlich wurde sie am Wohnort ihrer Tochter beerdigt.

1886)[88] vermerkte auf der Bildrückseite neben biographischen Angaben zum Porträtierten auch die Provenienz des Gemäldes:

Wilhelm Bach
Portrait des hier in Berlin ansässig gewesenen letzten Enkels Bachs, des Kapellmeisters (bei der Königin Luise) Bach, Sohnes des Bückeburger Bach. Es ist angeblich von Eduard Magnus gemalt und von den Erben der jetzt verstorbenen Tochter des Kapellmeisters durch Fräulein Francke mir als Geschenk für die Sing Akademie in der Voraussetzung heute übergeben, daß es nebst einer Gypsbüste Seb Bachs gleichfalls von der Urenkelin herrührend (nach dem Leipziger Denkmal) von der Sing Akademie werde bewahrt u in Ehren gehalten werden.
Berlin den 25sten September 1871
Mit diesem Enkel ist Seb Bachs Familie ausgestorben.
Ed. Grell
Privatkapellmeister der verst. Königin Luise[89]

Das Bild kam somit direkt aus dem Besitz von Wilhelm Bachs Tochter aus erster Ehe, die bei ihrem Stiefsohn Ludwig Albrecht Hermann Ritter in Eberswalde gelebt hatte; dieser war wenige Monate vor ihr im März 1871 gestorben.[90]
Daß neben dem Porträt auch ein (heute verschollener) Abguß des Leipziger Bach-Denkmalporträts übergeben wurde, ist bemerkenswert. Offensichtlich hatte Wilhelm Bach diesen als Erinnerungsstück an die Denkmalenthüllung 1843 anfertigen lassen (oder auch geschenkt bekommen?). Der an die Sing-Akademie übergebene Teil des Nachlasses läßt somit noch einmal den engen Zusammenhang zwischen der Einweihung des Bach-Denkmals und der Entstehung des Porträts deutlich werden.
Wie die überwiegende Zahl von Eduard Magnus' Bildern ist auch das Porträt Wilhelm Bachs nicht signiert.[91] Die Beschriftung auf der Bildrückseite, deren

---

[88] Zu weitere biographischen Angaben siehe ADB 49 (1904), S. 540–542 sowie MGG², Personenteil, Bd. 7 (2002), Sp. 1578–1581 (C. Hust und W. Vierneisel).

[89] Grell wurde um 1825 selbst von Magnus porträtiert; vgl. Gläser (wie Fußnote 78), WV 38. Eine Abbildung dieses Porträts findet sich bei G. Eberle und M. Rautenberg, *Bildliche Zeugnisse über die Direktoren der Sing-Akademie*, in: Die Sing-Akademie zu Berlin und ihre Direktoren (wie Fußnote 10), S. 106.

[90] Kock (wie Fußnote 7), S. 39.

[91] Von den bei Gläser (wie Fußnote 78) genannten 225 Porträts sind nur 34 signiert. Archivische Belege für die Autorschaft Magnus' waren trotz intensiver Suche nicht zu finden. Eine vergleichende stilistische Einordnung in Magnus' Gesamtwerk ist schwierig, da sich nur wenige Gemälde in öffentlichem Besitz befinden. Werke von Magnus sind unter anderem in Museen in Berlin (Alte Nationalgalerie, Jüdisches Museum, Berlin-Museum, Instrumentenmuseum), Erfurt und Karlsruhe erhalten. Zu der nach Magnus' Tod veranstalteten Ausstellung in der Akademie gibt es keinen

Inhalt unmittelbar auf Aussagen der Tochter Wilhelm Bachs zurückgeht, ist
jedoch ein Argument, das für sich schwer genug wiegt. Da man zudem davon
ausgehen darf, daß die Anregung zu dem Porträt von Felix Mendelssohn
Bartholdy ausging, ist es wahrscheinlich, daß dieser auch den ihm besonders
nahestehenden Maler Magnus vorschlug. Im übrigen malte der Künstler 1845
auch zwei Porträts von Felix Mendelssohn Bartholdy.[92]

Es ist nicht mehr zu ermitteln, wo das Gemälde nach seiner Übergabe an die
Sing-Akademie aufbewahrt wurde. Mobilien-Inventare wurden nicht geführt
und auf den wenigen erhaltenen Ansichten von Räumlichkeiten der Sing-Akademie – recherchiert wurde im Stadtmuseum Berlin sowie beim Bildarchiv
Foto Marburg – ist weder das Bach-Porträt noch die Büste zu sehen. Wahrscheinlich hing es in der Direktorenwohnung, von deren Ausstattung es jedoch
keine Fotos gibt. Unklar ist auch, wie lange sich das Gemälde im Besitz der
Institution befand. Den wenigen Fakten steht eine Vielzahl von Fragen gegenüber: Die Tatsache, daß Georg Alfred Schumann,[93] seit 1900 Direktor der
Sing-Akademie zu Berlin, 1919 durch die Künstlerin Hannie Siebert[94] eine
Kopie von Wilhelm Bachs Porträt anfertigen ließ, die er dem 1907 eröffneten
und von ihm geförderten Bach-Museum in Eisenach schenkte, ist der letzte
konkrete Beleg für die Existenz des Originalbildes; die Kopie (Öl auf Pappe,
258 × 207 mm) überliefert auch die rückseitige Beschriftung des Originals.[95]
Ob sich das Original gut zwanzig Jahre später noch im Besitz der Sing-Akademie befand, ist fraglich. Anlaß zu diesen Zweifeln liefert Georg Schüne-
manns[96] 1941 erschienene Publikation über die Sing-Akademie zu Berlin, in

---

Katalog, dem man die Titel der Exponate entnehmen könnte; vgl. Meyer (wie Fußnote 83), S. 524.

[92] Vgl. Gläser (wie Fußnote 78), WV 135 (1. und 2. Fassung). Die Gemälde entstanden wohl während Mendelssohns Berlin-Aufenthalt zwischen Ende Oktober und
Anfang November 1845.

[93] Schumann (1866–1952) war von 1900 bis 1952 Direktor der Sing-Akademie zu Berlin und ab 1907 Mitglied der Preußischen Akademie der Künste (1918 Vizepräsident, 1934 Präsident). Gemeinsam mit Richard Strauss und anderen gründete er
die Genossenschaft der deutschen Tonsetzer (heute GEMA).

[94] Die Lebensdaten der anscheinend vorrangig als Illustratorin tätigen Künstlerin
konnten nicht ermittelt werden.

[95] Schumann engagierte sich maßgeblich für die Errichtung eines Museums in Johann
Sebastian Bachs angeblichem Geburtshaus in Eisenach. Für freundliche Auskünfte
zum Eisenacher Porträt danke ich Frau Margit Loos, Bibliothek des Bach-Hauses
Eisenach.

[96] Schünemann (1884–1945) wurde 1920 Professor und 1932 Direktor an der Berliner Musikhochschule. Nach der „Machtergreifung" durch die Nationalsozialisten
wurde er nach Denunziationen als Direktor der Hochschule „beurlaubt". Dennoch
wurde er direkt anschließend Leiter der Staatlichen Musikinstrumentensammlung.
Ab 1935 war er Direktor der Musikabteilung der Preußischen Staatsbibliothek. Wei-

der Wilhelm Bachs Konterfei abgebildet ist. Könnte die Bildunterschrift
– „nach einem zeitgenössischen Gemälde" – bedeuten, daß Schünemann dafür
nur noch die Kopie zur Verfügung stand?[97] Ging das Bild etwa schon in den
ersten Kriegsjahren 1940/41 verloren? Immerhin erlebte Berlin seit Juni 1940
zunehmend schwere Luftangriffe.[98] Oder verschwand es erst 1945 bei der
Enteignung des Sing-Akademie-Gebäudes durch die sowjetische Militärver-
waltung? Fiel es der Plünderung zum Opfer oder war es aus der Direktorenwohnung bewußt in Sicherheit gebracht worden? Wann und unter welchen
Umständen auch immer die Sing-Akademie ihres Bach-Bildnisses verlustig
gegangen sein mag – seit der Nachkriegszeit war über dessen Verbleib nichts
mehr bekannt.

IV. Die Wiederauffindung des Porträts

Im März 2012 entdeckte Dr. Richard Bauer, der ehemalige Leiter des Stadtarchivs München, das originale Porträt Wilhelm Friedrich Ernst Bachs im
Münchner Kunsthandel. Der mittlerweile verstorbene Händler Harry Beyer
erklärte ihm, daß er die Sing-Akademie zu Berlin im August 2010 wegen des
Bildes angeschrieben habe, allerdings sei sein Brief ohne Reaktion seitens
der Sing-Akademie geblieben; Beyer sah damit seine Händlerpflicht erfüllt.
Dr. Bauer erwarb daraufhin das Gemälde mit der Intention, die Rechtslage
zu klären und das Bild – sollte die Sing-Akademie tatsächlich kein Interesse
daran zeigen – einer anderen auf die Bach-Forschung spezialisierten Institution zu stiften.
Auf Veranlassung von Dr. Bauer begann die Autorin im Spätsommer 2012
mit Recherchen zur Entstehungsgeschichte des Bach-Porträts und seiner Provenienz. Sie nahm dafür Kontakt mit Bibliotheken und Archiven in Berlin,
Bückeburg, Kassel, Krakau und London sowie allen relevanten Institutionen
in Leipzig, Berlin und Eisenach auf. In Berlin suchte sie dabei auch das Gespräch mit der Sing-Akademie. Es stellte sich heraus, daß der Brief Harry
Beyers tatsächlich bei der Sing-Akademie eingegangen, aus heute nicht mehr
nachvollziehbaren Gründen jedoch unbeantwortet geblieben war.

---

tere biographische Angaben siehe MGG², Personenteil, Bd. 15 (2006), Sp. 342 f.
(D. Schenk)

[97] Vgl. G. Schünemann, *Die Singakademie zu Berlin* (wie Fußnote 10), S. 164.

[98] Bis zum Ende des Zweiten Weltkriegs erlebte Berlin 310 Luftangriffe. Das Gebäude
der Sing-Akademie wurde im November 1943 schwer getroffen; die umfangreichen
historischen Notenbestände waren zu diesem Zeitpunkt bereits nach Schloß Ullers-
dorf in Schlesien ausgelagert. Sechs Gemälde aus dem Bestand der Sing-Akademie,
die nach Moskau verbracht und schon 1958 der Regierung der DDR übergeben
worden waren, kehrten 1997 an die Sing-Akademie zurück; vgl. dazu Eberle und
Rautenberg (wie Fußnote 10).

Daraufhin entschloß sich Dr. Bauer, das Bild der Sing-Akademie zu Berlin unentgeltlich zurückzuübereignen. Er verband mit seiner Rückgabe allerdings den Wunsch, daß diese das Porträt dem Bach-Archiv Leipzig als Dauerleihgabe zur Verfügung stelle. Diesem Wunsch wollte sich die Sing-Akademie nicht verschließen. Da weder Wilhelm Bach noch seine Töchter persönliche Verbindungen mit der Sing-Akademie gehabt hatten (auch Fräulein Francke war niemals Mitglied), erscheint es angemessen, daß der letzte musikalisch tätige Nachfahre Johann Sebastian Bachs in der „Schatzkammer" des Leipziger Bach-Museums neben weiteren originalen Bildnissen seiner Familie eine neue Heimat findet.[99]

Nachdem mittlerweile die Rahmenbedingungen einer Dauerleihgabe zwischen Berlin und Leipzig geklärt werden konnten, wurde das Gemälde am 6. Dezember 2015 in Leipzig im Rahmen eines Festakts von Dr. Bauer an Vertreter der Sing-Akademie zu Berlin übergeben, die es umgehend an Prof. Dr. Peter Wollny, den Direktor des Bach-Archivs Leipzig, weiterreichen.

Mit der Wiederentdeckung des Bildes hat sich auch für die Bach-Stadt Leipzig ein Kreis geschlossen – bei der Einweihung des Denkmals für seinen Großvater 1843 erschien Wilhelm Friedrich Ernst Bach dort ein letztes Mal in der breiteren öffentlichen Wahrnehmung. Rund 170 Jahre später findet sein Porträt, dessen Entstehung ursächlich mit diesem Ereignis verknüpft war, dort nun eine dauerhafte Bleibe. Leipzig ist somit zum zweiten Mal Schauplatz der Wiederentdeckung des letzten Bach-Enkels.

---

[99] Die Sammlung Kulukundis (Dauerleihgabe im Bach-Archiv Leipzig) enthält mehrere Autographe von W. F. E. Bach.

Abb. 1. Eduard Magnus (?),
Porträt des etwa 85jährigen Wilhelm Friedrich Ernst Bach, 1843/45

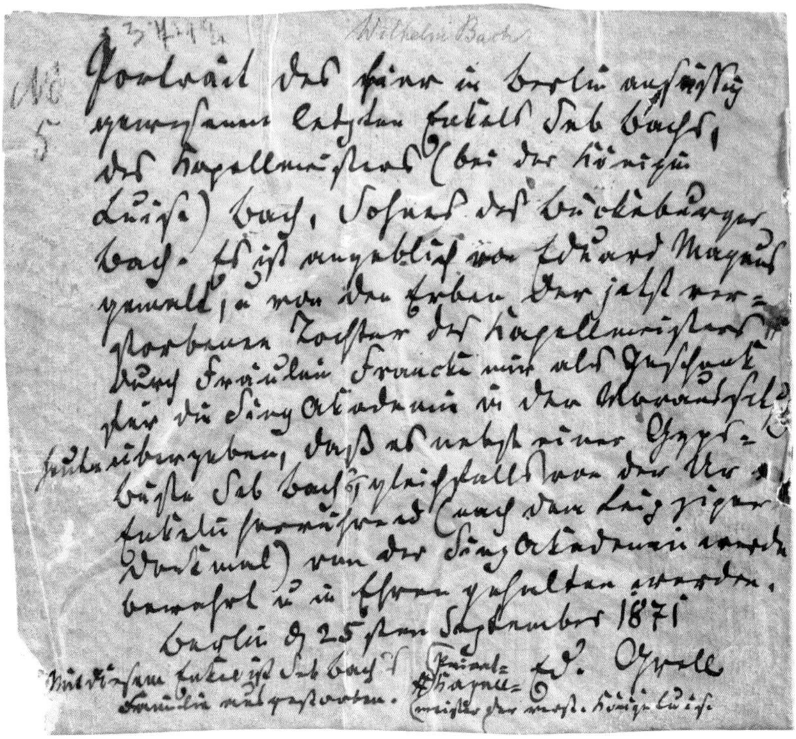

Abb. 2. Rückseite des Porträts mit Angaben zur Provenienz

Abb. 3. Heinrich Anton Dähling, Luise und Friedrich Wilhelm III. mit den Kindern
Alexandrine, Charlotta, Kronprinz Friedrich Wilhelm, Wilhelm und Karl, 1806

Neue Erkenntnisse zu Robert Schumanns Bach-Rezeption

Von Russell Stinson (Batesville, Arkansas)

Robert Schumann gilt als einer der größten Bach-Verehrer in der Musikgeschichte. Er selbst gestand den fundamentalen Einfluß Bachs auf sein eigenes musikalisches Schaffen ein und verarbeitete natürlich Aspekte von dessen Stil in seinen eigenen Kompositionen. Doch er setzte sich auch auf unterschiedliche Weise für Bachs Musik ein. Als Herausgeber der *Neuen Zeitschrift für Musik* zum Beispiel betreute er ein Periodikum, in dem Bachs Musik regelmäßig von verschiedenen Kritikern – darunter natürlich auch von ihm selbst – besprochen wurde. Als Dirigent leitete er Aufführungen von Bachs Johannes- und Matthäus-Passion. Und als vielseitiger Advokat in Sachen Bach war er Gründungsmitglied der Bach-Gesellschaft, deren zentrale Mission es war, die erste Gesamtausgabe von Bachs Werken vorzulegen.

Diese Fakten liefern den Hintergrund, vor dem wir ein Dokument aus dem mittleren 19. Jahrhundert betrachten wollen, das erst vor wenigen Jahren veröffentlicht wurde – es handelt sich um das „Rheinland"-Tagebuch des Komponisten und Dirigenten Woldemar Bargiel (1828–1897).[1] Bargiel war der Halbbruder von Clara Schumann und ist heute vor allem für seine Ausgabe von Bachs vierstimmigen Chorälen bekannt. Er begegnete Schumann aufgrund der familiären Verbindung zum ersten Mal im Jahr 1839 und traf mit ihm im Verlauf der folgenden vierzehn Jahre sporadisch zusammen. Auf Schumanns Anraten schrieb er sich am Leipziger Konservatorium ein – er nahm 1846 sein Studium auf und schloß es 1850 ab, – und Schumann war es auch, der den jungen Mann 1853 zu den „hochaufstrebenden Künstlern der jüngsten Zeit" zählte.[2] Im Juni 1852 luden die Schumanns Bargiel nach Düsseldorf ein, wo er ihnen im Juli und August des Jahres einen etwa vierwöchigen Besuch abstattete. Während seines gesamten Aufenthalts führte Bargiel ausführlich Tagebuch. Der Eintrag für den 23. Juli beginnt wie folgt:

---

[1] Siehe *An den Rhein und weiter: Woldemar Bargiel zu Gast bei Robert und Clara Schumann. Ein Tagebuch von 1852*, hrsg. von E. Schmiedel und J. Draheim, Sinzig 2011. Biographische Informationen zu Bargiel, besonders mit Bezug auf Robert und Clara Schumann, finden sich auf S. 9–20.

[2] Siehe Schumanns Aufsatz *Neue Bahnen*, veröffentlicht in der Ausgabe vom 28. Oktober 1853 der NZfM, Wiederabdruck in *Gesammelte Schriften über Musik und Musiker von Robert Schumann*, 5. Auflage, hrsg. von M. Kreisig, Leipzig 1914, Bd. 2, S. 301 f.

Am Morgen, nachdem ich einige Notizen geschrieben, machte ich mit Schumann einen Spaziergang nach dem jenseitigen Ufer des Rheins, kehrten in einem dortigen Wirthshaus zum Vater Rhein ein. Die Unterhaltung ist gewöhnlich zwischen mir und Schumann nicht lebhaft, wie das wohl bei uns natürlich ist; doch wird selten was ganz Gleichgültiges und Unbedeutendes besprochen. So waren mir auch mehrere Äußerungen von Schumann interessant. Wir sprachen über Bach. Schumann rieth mir sehr, mich mit auf die Ausgaben der Bachgesellschaft zu subscribiren. Bach sei der primus omnium und man könne wohl, ohne sich von der Menge der Schätze überwältigen zu lassen, ihn studiren.

Den ersten Band der Bachgesellschaft habe er in ein Paar Tagen durchgesehen. Schumann hatte vor einiger Zeit hier in Düsseldorf zum ersten Male die Johannis Passion zur Aufführung gebracht und meinte, daß es durchaus ein Vorurtheil sei, daß sie der Mathaeus Passion nicht gleich kommen solle, was auch meine volle Überzeugung ist. Ja, daß er sogar die Johannis Passion noch als tiefer und trauriger ansehe, auch sei die Behandlung in ihr viel bedeutender, da in der Mathaeus P.[assion] meistentheils der zweite Chor nur mit Ausrufungen dazwischen greife. Der erste Chor in der Johannis P.[assion] sei ein außerordentliches Meisterwerk. Als ich sagte, daß Beethoven über Bach gesagt: Bach sei kein Bach, sondern ein Meer, meinte er, Beethoven habe ihn doch nicht gehörig erkennen können, da er zu sehr mit eigner Produktion beschäftigt war, und zu seiner Zeit von Bach nur das [wohl]temperirte Klavier und einige Motetten bekannt waren.[3]

Die in diesem Ausschnitt enthaltenen Mitteilungen werfen neues Licht auf Schumanns Bach-Rezeption, vor allem mit Bezug auf die Johannes- und die Matthäus-Passion. Vor allem ermöglichen sie ein besseres Verständnis von Bargiels Unternehmungen im Kontext der Bach-Rezeption und regen Fragen zu Beethovens berühmtem Wortspiel auf „Bach" an. Zunächst aber sollte es uns angesichts von Schumanns Begeisterung für Bachs Schaffen sowie des Umstands, daß er Bargiel bereits 1848 die autographe Partitur seiner *Sechs Fugen über den Namen BACH* op. 60 geschenkt hatte, keineswegs überraschen, daß Schumann und Bargiel den großen Komponisten als Gesprächsthema wählten; das großzügige Geschenk läßt vermuten, daß Schumann in Sachen Bach bereits seit Jahren als Mentor seines jungen Verwandten gewirkt hatte. Andererseits impliziert Bargiels „volle Überzeugung" bezüglich der Johannes- und der Matthäus-Passion, daß auch er 1852 längst zu den Bach-Kennern zählte.[4] Hierzu trug vielleicht bei, daß er in der „Sebastianstadt" Leipzig gelebt

---

3 *An den Rhein und weiter* (wie Fußnote 1), S. 39 f.
4 Bargiels „volle Überzeugung" könnte zwei unterschiedliche Dinge bedeuten: Entweder war auch er der Meinung, daß es sich bei der Matthäus-Passion um die bessere Komposition handelte, oder er pflichtete Schumann lediglich darin bei, daß gegenüber der Johannes-Passion eine ungerechtfertigte Voreingenommenheit bestand. Für die erstgenannte Möglichkeit spricht, daß Bargiel 1870 eine Aufführung der Matthäus-Passion in Rotterdam leitete – das erste Mal, daß das Werk in den Niederlanden erklang. Siehe *An den Rhein und weiter* (wie Fußnote 1), S. 13.

hatte, einer Stadt, die die wohl ausgeprägteste Bach-Tradition pflegte (und wo natürlich Bach einen Großteil seines beruflichen Lebens verbracht hatte). Hinzu kam, daß einer von Bargiels Lehrern am Leipziger Konservatorium Moritz Hauptmann gewesen war, ein Kollege Schumanns und neben diesem einer der Mitbegründer der Bachgesellschaft; Hauptmann hatte außerdem genau wie Bach als Thomaskantor gewirkt. Jedenfalls folgte Bargiel schon bald Schumanns Rat, auf die Gesamtausgabe der Bachgesellschaft zu subskribieren, denn sein Name erscheint auf der Subskribentenliste bereits ab dem 1853 erschienenen dritten Band und ist dort bis Band 13/1 zu finden, der 1864 veröffentlicht wurde – ein Jahr bevor Bargiel Deutschland verließ und in die Niederlande zog.[5]

Im Rahmen ihres Gesprächs bezeichnete Schumann Bach auch als den „primus omnium" unter den Komponisten und behauptete (zu Recht natürlich), daß eine angemessene Einschätzung von Bachs Bedeutung nicht möglich sei ohne die profunde Kenntnis eines großen Teils seiner Werke. Hierin entspricht Schumanns zweite Feststellung seiner Kritik an Beethovens Bach-Rezeption, die weiter unten diskutiert wird. Was Schumanns Behauptung betrifft, daß Bach der größte aller Komponisten sei, so hatte er dies bereits in der Vergangenheit wiederholt geäußert. 1842 hatte er an Johann Georg Herzog (1822 bis 1909) in einer vertraulichen Kritik an dessen Kompositionen für die Orgel geschrieben: „Sie scheinen auf der Orgel vorzugsweise heimisch. – Dies ist ein großer Vortheil, und der grösste Componist der Welt hat ja für sie die meisten seiner herrlichsten Sachen geschrieben."[6]

Bargiels Schilderung fährt mit einem Satz über Schumanns Durchsicht des ersten Bandes der Gesamtausgabe der Bachgesellschaft fort. Der von Moritz Hauptmann edierte Band enthält zehn Kirchenkantaten (BWV 1–10) und wurde 1851 bei Breitkopf & Härtel veröffentlicht. Schumann hatte den 300 Seiten starken Band in seiner typischen obsessiven Manier in nur zwei Tagen durchgearbeitet. Auch hier wird Bargiels Bericht von einer unabhängigen Quelle ergänzt, und zwar in einem von Schumann im Mai 1852 verfaßten Brief an den Verleger Hermann Härtel, in dem er diesem zu dem Band gratuliert („die Ausgabe [ist] ein Muster in jeder Hinsicht"), zugleich aber auf zwei falsche Noten im sechsten Satz von BWV 4 („Christ lag in Todesbanden") hinweist.[7]

[5] Bargiel ist auch als Subskribent von Bd. 21 (1874) genannt.

[6] Brief vom 4. August 1842. Siehe *Robert Schumanns Briefe. Neue Folge*, hrsg. von F. G. Jansen, Leipzig 1904, S. 217.

[7] Brief vom 24. Mai 1852. Siehe *Robert Schumanns Briefe* (wie Fußnote 6), S. 473. Schumann entdeckte eine falsche Lesart in Takt 38 der Continuo-Stimme des vorletzten Satzes und schrieb an Härtel: „Nur ein paar falsche Noten hab' ich gefunden. S. 123, Syst. 4, Tact 4 müssen die drei letzten Baß-Noten heißen [an dieser Stelle fügte er die korrekte Lesart ein]". Schumanns Zahlung an Breitkopf & Härtel für

Der größte Teil von Bargiels Aufzeichnungen betrifft Schumanns Gedanken zur Johannes- und zur Matthäus-Passion. Wir wissen nicht, wann genau Schumann diese Kompositionen kennengelernt hat, aber am 4. April 1841 hörten er und Clara Felix Mendelssohns Aufführung der Matthäus-Passion in der Leipziger Thomaskirche; die Einnahmen dieses Konzerts sollten der Errichtung eines Bach-Denkmals in der Stadt zugutekommen. Nach dem Eintrag „Johannes-Passion v. Bach" zu urteilen, den Schumann am 13. Mai 1842 in seinem Haushaltsbuch vermerkte, beschäftigte er sich etwa ein Jahr später intensiv mit der Partitur dieses Werks.[8] Und wahrscheinlich war es ebenfalls die Johannes-Passion, die Schumann und Clara zwei Monate zuvor mit Begeisterung studierten, als er in ihrem „Hochzeits-Tagebuch" vermerkte: „wir spielten aus der Passion v. Bach, sie schwärmt darin."[9]

Schumanns Beschäftigung mit und Interesse an den beiden Werken erstreckte sich über das folgende Jahrzehnt. Im Winter 1843 zum Beispiel veröffentlichte er in der *Neuen Zeitschrift für Musik* einen ausführlichen Beitrag seines ostfriesischen Kollegen Eduard Krüger mit dem Titel „Die beiden Bach'schen Passionen."[10] Als Gründer und Dirigent des Dresdner Vereins für Chorgesang scheint Schumann von 1848 bis 1850 zahlreiche öffentliche oder halböffentliche Aufführungen von Chören aus der Johannes-Passion – besonders des Eingangs- und des Schlußchors – geleitet zu haben, wenn auch lediglich mit Klavierbegleitung.[11] Und schließlich dirigierte er als Künstlerischer Direktor des Düsseldorfer Musikvereins dort öffentliche Aufführungen der Johannes-Passion (April 1851) und der Matthäus-Passion (April 1852) mit Orchesterbegleitung.[12] Beide Aufführungen fanden im Einklang mit dem liturgischen Jahr am Palmsonntag statt, wenn auch nicht in einer Kirche sondern

---

diesen Band ist in den Haushaltsbüchern vermerkt. Siehe *Robert Schumann. Tagebücher*, hrsg. von G. Eismann und G. Nauhaus, Leipzig 1971–1982, Bd. 3, S. 588.

[8] Siehe *Robert Schumann. Tagebücher* (wie Fußnote 7), Bd. 2, S. 158, sowie Bd. 3, S. 214.

[9] Eintrag vom 6. März 1842. Siehe *Robert Schumann. Tagebücher* (wie Fußnote 7), Bd. 2, S. 211.

[10] Krügers Artikel erschien in sieben Fortsetzungen vom 20. Februar bis zum 16. März.

[11] Siehe B. Bischoff, *Das Bach-Bild Robert Schumanns*, in: Bach und die Nachwelt, Bd. 1, hrsg. von M. Heinemann und H.-J. Hinrichsen, Laaber 1997, S. 421–499, besonders S. 472–475.

[12] Eine ausführliche Besprechung der von Schumann für diese Aufführung vorbereiteten Fassung der Johannes-Passion findet sich bei M. Wendt, *Fanfaren für Bach und andere Besetzungsprobleme – Schumanns Düsseldorfer Erstaufführung der Johannes-Passion*, in: Vom Klang der Zeit: Besetzung, Bearbeitung und Aufführungspraxis bei Johann Sebastian Bach. Klaus Hofmann zum 65. Geburtstag, hrsg. von U. Bartels und U. Wolf, Wiesbaden 2004, S. 156–179. Eine in jüngerer Zeit eingespielte CD von Schumanns Bearbeitung unter der Leitung von Hermann Max und

im Konzertsaal. Die Johannes-Passion erklang damals in Düsseldorf zum ersten Mal.[13] Schumann kannte diese Werke daher aus praktischer ebenso wie aus analytischer Perspektive. Seine von Bargiel erwähnte Bevorzugung der Johannes-Passion wird von drei unabhängigen Quellen bestätigt, von denen eine auch Bargiels Behauptung über Schumanns Vorbehalte gegenüber der Doppelchörigkeit der Matthäus-Passion unterstützt. Die erste von diesen Quellen ist ein Brief, den Schumann am 2. April 1849, drei Tage vor seiner ersten Probe der Johannes-Passion in Dresden, an den Hamburger Musikdirektor Georg Dietrich Otten schrieb:

Kennen Sie die Bachsche Johannis-Passion, die sogenannte kleine? Gewiß! Aber finden Sie sie nicht um Vieles kühner, gewaltiger, poetischer, als die nach d. Evang. Matthäus? Mir scheint die letzte um 5–6 Jahre früher geschrieben, nicht frei von Breiten, und dann überhaupt über das Maß lang – die andere dagegen wie gedrängt, wie durchaus genial, namentlich in den Chören, und von welcher Kunst! – Käme doch über solche Sachen die Welt ins Klare![14]

Bei der zweiten Quelle handelt es sich um einen Brief Schumanns an Joseph Euler, den Verwaltungsdirektor des Düsseldorfer Musikvereins, den Schumann im Sommer 1850 etwa drei Wochen vor seinem Umzug von Dresden nach Düsseldorf entwarf. Bei diesem Anlaß machte er einige Vorschläge für das Repertoire der kommenden Konzertsaison: „Mit dem Gesangverein zuerst zu studieren gedachte ich vielleicht die Johannespassion von Bach (die kleinere, aber nicht minder schöne)."[15]
Die dritte Quelle ist ein Schreiben, das Schumann einige Wochen nach der Düsseldorfer Aufführung der Johannes-Passion verfaßte und das an niemand anderen gerichtet war als Moritz Hauptmann, der in seiner Kapazität als Leipziger Thomaskantor Schumann für das Konzert einen Satz von Orchesterstimmen geliehen hatte. Der Brief beginnt wie folgt:

---

mit erläuternden Anmerkungen von Thomas Synofzik erschien 2007 bei dem Label cpo.

[13] Die Matthäus-Passion war im März 1850 in Düsseldorf unter der Leitung von Ferdinand Hiller aufgeführt worden. Siehe R. Großimlinghaus, *Aus Liebe zur Musik. Zwei Jahrhunderte Musikleben in Düsseldorf*, Düsseldorf 1989, S. 41, zitiert in Anmerkung 70 des Online-Essays von M. Wendt, *Bach und Händel in der Rezeption Robert Schumanns*, Vortrag, gehalten am Tag der mitteldeutschen Barockmusik 2001 in Zwickau, Zugang auf der Website der Robert-Schumann-Gesamtausgabe (www.schumann-ga.de). Siehe auch Dok VI, S. 650.

[14] *Robert Schumanns Briefe* (wie Fußnote 6), S. 300 f.; siehe auch Dok VI, S. 290.

[15] Brief vom 6. August 1850. Siehe Wendt, *Fanfaren für Bach* (wie Fußnote 12), S. 156 f.

Mit vielem Dank folgen die Stimmen zur Johannespassion zurück: sie haben mir gute
Dienste geleistet – und vor Allem die Musik vollständig und mit Orchester zu hören,
was war das für ein Fest! Es scheint mir kaum zweifelhaft, daß die Johannespassion
die *spätere*, in der Zeit höchster Meisterschaft geschrieben ist; in der anderen spürt
man, dächte ich, mehr Zeiteinflüsse, wie auch in ihr der Stoff überhaupt noch nicht
überwältigt erscheint. Aber die Leute denken freilich, die Doppelchöre machen's.[16]

Diese Briefe behandeln zusammen mit der entsprechenden Passage aus Bargiels Tagebuch eine Reihe von Schumanns Rezeption der Johannes- und der
Matthäus-Passion betreffenden Aspekten, die bisher weder in der Bach- noch
in der Schumann-Literatur hinreichend diskutiert worden sind. Als Erstes
schrieb Schumann eine Besprechung von Mendelssohns Aufführung der
Matthäus-Passion im Jahr 1841, und in dieser knappen und recht allgemein
gehaltenen Kritik ist keinerlei Andeutung irgendwelcher Vorbehalte gegenüber dieser Komposition zu spüren. Vielmehr brachte er hier seine unein-
geschränkte Bewunderung und Wertschätzung sowohl der Komposition als
auch der Interpretation Mendelssohns zum Ausdruck.[17] Da mit diesem Konzert
die finanziellen Mittel für die Errichtung eines Bach-Denkmals in Leipzig
gewonnen werden sollten und Schumann dieses Unterfangen uneingeschränkt
unterstützte, könnte es natürlich sein, daß ihm jegliche negativen Kommentare
unangemessen erschienen wären.
Es ist jedoch belegt, daß die Schumanns das Konzert bereits in der Pause
verließen und daß zumindest Clara keinesfalls zufrieden war. Wie sie im
Hochzeitstagebuch notierte:

In der Thomaskirche gab *Mendelssohn* die *Passions*-Musik von *Bach*, zur Errichtung
eines Denkmals für selben, wie er es schon voriges Jahr einmal gethan. Wir hatten
einen schlechten Platz, hörten die Musik nur schwach, und gingen daher nach dem
ersten Theil. In Berlin hatte mir diese Musik viel mehr Genuß verschafft, was wohl
theilweise mit am Local lag, das ganz für solche Musik geeignet ist, während dies
in der Thomaskirche durchaus nicht der Fall ist, da sie viel zu hoch ist.[18]

---

[16] Brief vom 8. Mai 1851. Siehe H. Erler, *Robert Schumann's Leben: Aus seinen
Briefen geschildert*, Berlin 1887, Bd. 2, S. 144 f.

[17] Schumanns Besprechung erschien in der Ausgabe vom 8. April 1841 der *Leipziger
Allgemeinen Zeitung*. Reprint in *Gesammelte Schriften über Musik und Musiker*
(wie Fußnote 2), Bd. 2, S. 360.

[18] Tagebucheintrag für den 5. bis 11. April 1841. Siehe *Robert Schumann. Tagebücher* (wie Fußnote 7), Bd. 2, S. 158. Siehe auch Dok VI, S. 647. Bei Mendelssohns
Benefizkonzert „voriges Jahr" handelte es sich um sein Recital mit ausschließlich
Bachscher Orgelmusik. Eine umfassende Besprechung findet sich bei M. Pape, *Mendelssohns Leipziger Orgelkonzert 1840. Ein Beitrag zur Bach-Pflege im 19. Jahrhundert*, Wiesbaden 1988.

Bei der hier von Clara angeführten Berliner Darbietung der Matthäus-Passion handelt es sich um die am 9. März 1837 in der dortigen Sing-Akademie gegebene Aufführung unter der Leitung von Karl Friedrich Rungenhagen.[19] Ganz gleich ob ihrer Behauptung, daß die hohe Position der Chorempore in der Thomaskirche sich auf das Hören der Musik unten im Hauptschiff negativ auswirkte (und noch auswirkt), irgendwelcher Wert beizumessen ist – es ist jedenfalls verständlich, daß eine Aufführung in einem Konzertsaal wie dem der Sing-Akademie besser zu hören und zu goutieren war.[20] Allerdings ist ihrem Tagebuch zu entnehmen, daß sie auch bei dieser Gelegenheit das Konzert bereits in der Pause verließ, da sie das Stück unerträglich lang und langsam fand: „Alle Tag ein Chor daraus und es wird mir gefallen, doch die ganzen 77 Chöre im Lento und Adagio auf einmal, das hab ich noch nicht gelernt aushalten. Nach dem ersten Theil ging ich fort".[21] Clara übertrieb natürlich, da die gesamte Matthäus-Passion weniger als zwanzig Chorsätze enthält[22] und sie nicht, wie es üblich ist, zwischen freien Chören und Chorälen unterschied. Stattdessen sah sie in diesem Werk, oder zumindest in Rungenhagens Interpretation, eine lange Reihe von recht langsamen Chorsätzen. Die von Schumann in seinem Brief an Otten zum Ausdruck gebrachten starken Vorbehalte bezüglich der Länge der Matthäus-Passion könnten daher mit der Meinung seiner Frau zu tun haben – auch wenn die Fassung, die sie in Leipzig hörten, wesentlich gekürzt war und anstelle der üblichen drei Stunden nur etwa zweieinhalb dauerte.[23]

Größeren Einfluß auf Schumanns Rezeption der Johannes- und der Matthäus-Passion hatte zweifellos der Emdener Lehrer, Dirigent und Organist Eduard

[19] Zu Rungenhagen und der Matthäus-Passion siehe M. Geck, *Die Wiederentdeckung der Matthäuspassion im 19. Jahrhundert*, Regensburg 1967, S. 128; sowie C. Applegate, *Bach in Berlin: Nation and Culture in Mendelssohn's Revival of the St. Matthew Passion*, Ithaca/NY 2005, S. 238. Zu Rungenhagens Aufführung des Werks in der Sing-Akademie im Jahr 1843 siehe Dok VI, S. 650.

[20] Hier erscheint es angemessen zu zitieren, wie einer der angesehensten amerikanischen Bach-Forscher des 20. Jahrhunderts einmal die architektonische Anlage der Thomaskirche beschrieb: „Die Thomaskirche ist ein großes Gebäude: Etwa 80 Fuß breit und 140 Fuß lang, außerdem 140 Fuß hoch im Hauptschiff; damit ist sie etwas schmaler als die Carnegie Hall, aber genauso lang und um Einiges höher"; siehe *J. S. Bach: The Passion According to St. John – Vocal Score Edited and with an Introduction by Arthur Mendel*, New York 1951, Fußnote auf S. ix.

[21] *Robert Schumann. Tagebücher* (wie Fußnote 7), Bd. 2, S. 513, Fußnote 463.

[22] Es ist ein amüsanter Zufall, daß die von ihr genannte Anzahl der Sätze (77) von den gezählten Nummern im BWV nur um einen Satz abweicht.

[23] Mendelssohns legendäre Aufführung des Werks im Jahr 1829 in der Sing-Akademie war allerdings noch kürzer. Siehe R. L. Todd, *Mendelssohn: A Life in Music*, New York 2003, S. 411 f.

Krüger.[24] Krüger schrieb unter Schumanns Ägide regelmäßig für die *Neue Zeitschrift für Musik* und lieferte im Dezember 1842 für das Blatt eine vergleichende Studie mit dem Titel „Die beiden Bach'schen Passionen", deren Schluß die folgende Aussage enthält: „Die Absicht dieser zerstreuten Bemerkungen ... ist nur diese gewesen, auf die eigenthümliche Größe beider Passionen, und manche unbeachtete Vorzüge der Johannispassion hinzuweisen."[25] Die wesentlichen Unterschiede zwischen den beiden Werken faßte Krüger wie folgt zusammen:

> Die Matthäuspassion ist im Ganzen heiterer, freier, gesunder gehalten und ausgearbeitet [...] sie ist naiver, grandioser und künstlerisch vollendeter und darum auch im Ganzen und Großen wirksamer und der Aufnahme des Publicums geeigneter [...] Was [der Johannes-Passion] aber an äußerem Glanze und leichter Verständlichkeit abgeht, ersetzt sie an Tiefe und Neuheit der Empfindung; wenn sie weit mehr als die andere Passion ein entgegenkommendes, vorgebildetes Gemüth des Hörenden voraussetzt, so giebt sie dagegen auch einen unendlichen Reichthum der tiefsinnigsten musikalischen Auffassung, ein wogendes Meer von dunkler unbekannter Herrlichkeit, eine Darstellung unerhörter Ereignisse, wie sie keine Kunst außer der Musik, keine Musik außer der Bach'schen geben kann.[26]

Wie Schumann brachte Krüger also eine generelle Vorliebe für die Johannes-Passion zum Ausdruck. Seine Beschreibung des Werks als besonders „tiefsinnig" entspricht Schumanns Charakterisierung der Komposition nicht nur gegenüber Bargiel, sondern auch gegenüber dem Dichter und Musikkritiker Wolfgang Müller, der der Familie Schumann während ihrer Zeit in Düsseldorf auch als Hausarzt zur Seite stand. In einem Schreiben an Müller, das er am Tag nach seiner dortigen Aufführung des Werks verfaßte, brachte Schumann seine Hoffnung zum Ausdruck, daß das Konzert in einer der Zeitungen besprochen würde, mit denen Müller in Verbindung stand. Nachdem er Müller über die Aufführungsgeschichte des Werks in Kenntnis gesetzt hatte, schrieb Schumann: „Daß die Aufmerksamkeit der deutschen Kunstwelt auf dieses, eins der tiefsinnigsten und vollendetsten Werke Bach's hingelenkt würde, dazu möchte auch ich beitragen, und auch durch Ihre Hand."[27] Vielleicht sollte man diese Bemerkung aber auch nicht überbewerten, da „tief" und „tiefsinnig" zu Schumanns bevorzugten Adjektiven zählten, wenn es um die Beschreibung von Bachs Musik ging.[28]

---

[24] Zu Krügers Rezeption von Bachs Orgelwerken siehe R. Stinson, *J. S. Bach at His Royal Instrument: Essays on His Organ Works*, New York 2012, S. 61–66.

[25] NZfM 18, Nr. 22 (16. März 1843), S. 87.

[26] NZfM 18, Nr. 19 (6. März 1843), S. 73.

[27] Brief vom 14. April 1851, zitiert am Ende von Wendt, *Bach und Händel in der Rezeption Robert Schumanns* (wie Fußnote 13).

[28] Siehe Stinson, *J. S. Bach at His Royal Instrument* (wie Fußnote 24), S. 59.

Doch Krügers Artikel, den Schumann offenbar genügend schätzte, um ihn im Zusammenhang seiner Düsseldorfer Aufführung der Johannes-Passion zu konsultieren,[29] hat seine Gedanken über verschiedene Aspekte dieser beiden Kompositionen sicherlich beeinflußt. Einer dieser Aspekte war die Länge der Matthäus-Passion, die Krüger für kritisierenswert hielt: „Das erste Theil hat […] eine kirchliche Feier für sich ausgemacht, da das Ganze mit seiner fast 5stündigen Dauer auch starke Hörer verzehren könnte."[30] Ob Krügers Erwähnung einer Länge von fünf Stunden nun eine absichtliche Übertreibung war oder nicht – die Aufführung der Matthäus-Passion dauert etwa drei Stunden, während die Johannes-Passion zwei Stunden beansprucht. Tatsächlich war, wie Schumanns Brief an Otten zu entnehmen ist, die Johannes-Passion im Vergleich kurz genug, um den Beinamen „die kleine" zu erwerben. Wichtiger noch: Wie Schumanns Brief an Otten zu entnehmen ist, spürte er in den kleineren Dimensionen der Johannes-Passion ein rascheres und drängenderes Tempogefühl („die andere dagegen wie gedrängt").

Ein von Krüger betonter Aspekt der Johannes-Passion ist das größere Gewicht, das Bach im Vergleich zu den Chorälen den freien Chorsätzen zumaß, vor allem denen, die sich im zweiten Teil um die Verurteilung Jesu gruppieren; in diesen kurzen Turba-Sätzen verhöhnen die Juden Jesus als ihren König und fordern seine Kreuzigung. Daß Schumann diese Chöre bereits bewunderte, bevor er Krügers Artikel las, bestätigt seine im Oktober 1842 veröffentlichte Kritik von Carl Loewes Oratorium *Johann Huss*; sie enthält folgende Bemerkung, die sich auf einen Satz aus Loewes Werk bezieht: „Aus der Bachschen Passionsmusik nach dem Evangelisten Johannis erinnern wir uns seines ähnlichen, freilich noch kunstvolleren, über die Worte ‚Kreuzige'."[31] Trotzdem aber muß Krügers detaillierte Besprechung dieser kurzen Chorsätze aus Bachs Johannes-Passion, in denen dieser Elemente von „Humor" wie auch von „Negativität" entdeckte,[32] Schumanns Interesse geweckt haben. Schließlich schätzte er laut seinem Brief an Otten die freien Chöre ganz besonders.

Der ausgedehnteste und wohl auch großartigste dieser Sätze ist der Eröffnungschor, den Schumann – wie Bargiel berichtet – als „ein außerordentliches Meisterwerk" betrachtete. Dies ist kaum überraschend, wenn man den erstaunlich reichen musikalischen und dramatischen Inhalt dieses Satzes bedenkt, den Schumann in seinen Dresdner Jahren auch regelmäßig dirigiert zu haben

[29] Siehe Wendt, *Fanfaren für Bach* (wie Fußnote 12), S. 174.

[30] NZfM 18, Nr. 20 (9. März 1843), S. 78.

[31] Schumann bezog sich hier eindeutig auf Satz 36 und möglicherweise auf Satz 44, der im wesentlichen dieselben Worte und dieselbe Musik enthält.

[32] NZfM 18, Nr. 22, S. 86.

scheint. Auch Krüger schenkte diesem Chor besondere Beachtung, und seine lebhafte Darstellung mag Schumanns Interesse noch verstärkt haben:

Die Einleitung ist düster, schwierig, mystisch: die dunkeln Wogen der schwebenden Septenakkorde klingen an wie oceanischer Wellenklang, in dem alle süßen Wasser verschlungen wirbeln: wir fühlen uns im Grenzenlosen, wo die Unterschiede des Irdischen verschwunden sind. Aus diesem geheimnißvollen Gemurmel hebt sich der fragende Gesang hervor: „Herr, zeige uns, daß du Gottes Sohn bist".[33]

Allerdings hat Schumann keineswegs allen Argumenten Krügers zugestimmt. Zum Beispiel waren sie unterschiedlicher Meinung bezüglich der Chronologie: Schumann (siehe seine Briefe an Otten und Hauptmann) war der festen Überzeugung, daß die Johannes-Passion das spätere Werk sei, während Krüger beiläufig schrieb, die Matthäus-Passion sei „wahrscheinlich später geschrieben".[34] Wie sich inzwischen herausgestellt hat, hatte Krüger Recht; heute wissen wir, daß die Johannes-Passion 1724 und die Matthäus-Passion 1727 oder 1729 komponiert wurde. Schumann hielt die Johannes-Passion für das überlegene Werk und ordnete sie daher einer späteren Phase von Bachs künstlerischer Entwicklung zu, einer „Zeit höchster Meisterschaft" (Brief an Hauptmann). Seiner Meinung nach zeigte die Matthäus-Passion mehr Spuren der „Zeiteinflüsse" (Brief an Hauptmann) und war als Kunstwerk einfach nicht so „genial" (Brief an Otten). Mit den „Zeiteinflüssen" in der Matthäus-Passion meinte Schumann höchstwahrscheinlich die Bevorzugung von Solo-Rezitativen und Da-Capo-Arien – ein Aspekt dieses Werks, der sich der barocken Gattung der Opera seria annähert.[35]

Noch wichtiger ist, daß, während Krüger die größere Popularität der Matthäus-Passion Qualitäten wie ihrer allseits spürbaren Großartigkeit zuschrieb, Schumann seltsamerweise in Bachs Verwendung von zwei Chören in diesem Werk lediglich eine Art publikumswirksamen Kunstgriff sah („Aber die Leute …"; Brief an Hauptmann). Und Bargiels Tagebuch ist zu entnehmen, daß Schumann besonders darüber verärgert war, wie die „Ausrufungen" des zweiten Chores dazu neigten zu „unterbrechen", womit er wohl meinte, daß

---

[33] Ebenda, S. 85. Man vergleiche Krügers Beschreibung mit der von John Butt, der im Programmtext seiner jüngst mit dem Dunedin Consort eingespielten Johannes-Passion schreibt: „Der Eröffnungschor ‚Herr, unser Herrscher' […] ist wohl unbestreitbar das turbulenteste Stück, das [Bach] je geschrieben hat; hier wird der triumphale Text von der malmenden Dissonanz der Musik gänzlich verwandelt. Wenn Jesus tatsächlich als der wahre Sohn Gottes gezeigt werden soll, so sind die Mittel, mit denen dies erreicht wird, wahrhaft qualvoll." Siehe *Johann Sebastian Bach: St. John Passion* (Linn, CKD 419).

[34] NZfM 18, Nr. 22, S. 85.

[35] Siehe hierzu auch Bischoff, *Das Bach-Bild Robert Schumanns* (wie Fußnote 11), S. 474.

sie den allgemeinen Fluß der Musik unterbrachen. Es gibt einige Sätze in der Matthäus-Passion, von denen man sagen könnte, daß der zweite Chor dort eine Unterbrechung dieser Art darstellt (siehe, nach der Numerierung des BWV, die Sätze 1, 26, 33, 70, 77 und 78), doch am offensichtlichsten trifft dies auf den Eingangschor zu – einen Satz, darauf sei hingewiesen, der gemeinsam mit dem Kopfsatz der Johannes-Passion gewöhnlich zu Bachs herausragendsten Leistungen gezählt wird. Während hier der erste Chor seinen trauervollen Text singt („Kommt, ihr Töchter, helft mir klagen"), unterbricht der zweite ständig mit einer Reihe von Fragen („Wen? Wie? Was? Wohin?"); musikalisch betrachtet, schreitet der erste Chor in relativ gleichförmiger Bewegung und klar umrissenen Phrasen voran und der zweite wirft dazwischen in homophonem Satz jeweils nur ein einzelnes Wort ein.[36] Wenn die Annahme zutrifft, daß Schumann sich hier spezifisch auf den Chordialog innerhalb des Eröffnungschors bezieht, so wandte er sich gegen einen Aspekt dieses Satzes, der von praktisch jedem anderen Kommentator der Musikgeschichte für seine musikalische und dramatische Brillanz gepriesen worden ist. Wie jemand von solch vollendetem musikalischem Geschmack wie Robert Schumann Bachs Vorgehensweise in diesem Satz beanstanden konnte, ist wirklich unerklärlich.

Der Auszug aus Bargiels Tagebuch endet mit einem langen Satz über Bach und Beethoven. Während Schumann einerseits Bargiel drängte, möglichst viel von Bachs Musik kennenzulernen, spielte er andererseits Beethovens Bedeutung für die Bach- Rezeption herunter. Indem er andeutete, daß Beethovens Kenntnis der Bachschen Musik der seinen kläglich unterlegen war, schrieb Schumann dessen relative Ignoranz zwei Faktoren zu – Beethovens Konzentration auf seine eigene Musik und die vergleichsweise kleine Zahl von Kompositionen Bachs, die zu Beethovens Lebzeiten „bekannt" waren, womit er sich wohl auf die Werke bezog, die zu der Zeit veröffentlicht waren. Beethoven selbst stimmte Schumanns erster Kritik im Grunde zu, wenn er 1824 dem Thüringer Harfenbauer Johann Andreas Stumpff gegenüber bemerkte, die Musiker ihrer Zeit müßten Bach studieren, wenn sie ihn zu neuem Leben erwecken wollten, allerdings fehle ihnen die Zeit.[37] Seine zweite Kritik formulierte Schumann, nachdem er Beethoven in der *Neuen Zeitschrift für Musik* einmal als Bach-„Sachkundigen" bezeichnet hatte; der Kontext hier war Beethovens begeisterte Unterstützung des von dem Verlagshaus Hoffmeister & Kühnel formulierten Plans für eine „Oeuvres completes"-Ausgabe von Bachs

---

[36] Eine ähnliche Art von Dialog begegnet uns in der Alt-Arie „Sehet, Jesus hat die Hand, uns zu fassen ausgespannt" (Satz 70), allerdings spielt sich der Dialog hier zwischen einem Solisten und dem zweiten Chor ab. Ein vergleichbarer Satz aus der Johannes-Passion ist die Baß-Arie „Eilt, ihr angefochtnen Seelen" (Satz 48).

[37] „Ja, wenn man ihn studieren wird und dazu hat man nicht Zeit"; siehe A. W. Thayer, *Ludwig van Beethoven's Leben*, Leipzig 1907–1917, Bd. 5, S. 125 f.

Musik (die sich allerdings als keineswegs vollständig erweisen sollte).[38] Mit
dieser Titulierung versuchte Schumann, öffentliche Unterstützung für die geplante Ausgabe der Bachgesellschaft zu gewinnen, daher wohl der vergleichsweise positive Ton. Wenn er behauptete, daß die einzigen zu Beethovens Lebzeiten bekannten Werke Bachs das Wohltemperierte Klavier und einige wenige
Motetten seien, so war dies natürlich eine grobe Verallgemeinerung.

Was Schumanns Angriff auf Beethoven letztlich auslöste, war Bargiels Erwähnung von Beethovens gefeiertem Wortspiel auf „Bach", das übrigens vor
Karl Gottlieb Freudenbergs 1870 in Breslau veröffentlichten *Erinnerungen*
eines alten Organisten in keiner anderen Quelle auftauchte.[39] Freudenberg
(1797–1869) hatte Beethoven im Sommer 1825 in Wien besucht und dessen
Gedanken zu verschiedenen älteren und zeitgenössischen Komponisten festgehalten. Die Passage über Bach lautet: „Seb. Bach hielt Beethoven sehr in
Ehren; nicht Bach, sondern Meer sollte er heißen, wegen seines unendlichen
unausschöpfbaren Reichtums von Toncombinationen und Harmonien. Bach
sei das Ideal der Organisten."[40]

Daß Bargiel Beethovens Wortspiel bereits 1852 kannte, bezeugt dessen mündliche Überlieferung nahezu zwei Jahrzehnte vor der Veröffentlichung von
Freudenbergs Buch. Wer war Bargiels Quelle? Sicherlich nicht Beethoven
selbst, der bereits ein Jahr vor Bargiels Geburt starb, und sicherlich auch
nicht Freudenberg, da es keinerlei Hinweis gibt, daß die beiden sich jemals
begegnet sind oder in derselben Region lebten. Am ehesten ist anzunehmen,
daß Bargiel von Beethovens Wortspiel durch den Pianisten Ignaz Moscheles
(1794–1870) erfuhr, der zu seinen Professoren am Leipziger Konservatorium
zählte und in Wien viele Jahre lang einer von Beethovens eng vertrauten Kollegen (und sein eifriger Schüler) gewesen war; zudem war Moscheles selbst
ein großer Verehrer Bachs.[41] Wer immer Bargiels Quelle gewesen ist – es ent-
steht der Verdacht, daß Beethoven dieses Wortspiel mit vielen seiner Bekannten teilte, besonders mit denen, die Bachs Musik favorisierten, und daß
keiner von diesen sich die Mühe gemacht hat, es für die Nachwelt aufzuzeich-
nen. Inwieweit diese Bekannten das Wortspiel wiederum ihren Bekannten mit-
teilten (und so weiter), läßt sich natürlich nicht feststellen.

Zusammenfassend kann ich nur hoffen, daß meine hier mitgeteilten Beobachtungen unser Verständnis der Rezeption von Bachs Musik im 19. Jahrhundert

---

[38] Siehe Teil 2 von Schumanns Essay *Fragmente aus Leipzig*, erschienen in der Ausgabe der NZfM vom 7. März 1837; Wiederabdruck in *Gesammelte Schriften über*
Musik und Musiker (wie Fußnote 2), Bd. 1, S. 311–315. Siehe auch Dok VI, S. 402.

[39] Siehe Thayer (wie Fußnote 37), Bd. 5, S. 222 f.

[40] Freudenberg, S. 42, zitiert nach Thayer (wie Fußnote 37).

[41] Es sei darauf hingewiesen, daß Beethovens Wortspiel in der wichtigsten biographischen Quelle zu Moscheles (*Aus Moscheles' Leben: Nach Briefen und Tagebüchern*,
hrsg. von C. Moscheles, Leipzig 1872) keine Erwähnung findet.

und speziell in Bezug auf Robert Schumann und seinen Kreis ein wenig vertieft hat. Als eine Art Coda möchte ich mit einem Wortspiel auf Bach schließen, das von Schumann selbst stammt. Er trug es im Herbst 1841 in das gemeinsam mit Clara geführte Hochzeitstagebuch ein, nachdem sich das Paar – trotz Claras beherzter Traktierung der Pedale – erfolglos an der Orgel in der Leipziger Johanniskirche versucht hatte. Es überrascht wohl kaum, daß zu ihrem Repertoire auch Musik von Roberts Lieblingskomponist gehörte:

Einmal spielten wir auch Orgel in der St. Johanniskirche; eine schreckliche Erinnerung; denn wir behandelten sie nicht eben meisterhaft und Klara konnte in den Bach'schen Fugen nie über den zweiten [...] Eintritt hinüber, als stände sie an einem breiten Bach – Wir wollen es aber nächstens wieder versuchen; das Instrument ist doch gar zu herrlich.[42]

Übersetzung: Stephanie Wollny

---

[42] Tagebucheintrag, 27. September bis 24. Oktober 1841. Siehe *Robert Schumann. Tagebücher* (wie Fußnote 7), Bd. 2, S. 188. – Mein Dank gilt Prof. Seow-Chin Ong (University of Louisville) für Auskünfte zu Beethovens Bach-Rezeption und meiner Schwiegertochter Birgit Stinson für Hilfe bei den deutschen Texten.

Ein unbekannter Besuch Joseph Haydns
auf der Leipziger Thomasschule*

Von Andreas Glöckner (Leipzig)

Im Jahre 1773 berichtete Carl Philipp Emanuel Bach, daß er schon in frühen Jahren das besondere Glück hatte,

in der Nähe das Vortreflichste von aller Art von Musik zu hören und sehr viele Bekanntschaften mit Meistern vom ersten Range zu machen, und zum Theil ihre Freundschaft zu erhalten. In meiner Jugend hatte ich diesen Vortheil schon in Leipzig, denn es reisete nicht leicht ein Meister in der Musik durch diesen Ort, ohne meinen Vater kennen zu lernen und sich vor ihm hören zu lassen. Die Grösse dieses meines Vaters in der Komposition, im Orgel und Clavierspielen, welche ihm eigen war, war viel zu bekannt, als daß ein Musikus vom Ansehen, die Gelegenheit, wenn es nur möglich war, hätte vorbey lassen sollen, diesen grossen Mann näher kennen zu lernen.[1]

Die Mitteilung des zweitältesten Bach-Sohnes ist hinreichend bekannt und muß nicht näher kommentiert werden. Leipzig war stets ein magischer Anziehungspunkt für Musiker und Komponisten von Rang und Namen. Wer nach Leipzig kam, besuchte die renommierte Thomasschule mit der Dienstwohnung des Thomaskantors. Auch eine Stippvisite in Breitkopfs Verlagshaus „Zum goldenen Bären" am Alten Neumarkt und der Besuch des Gewandhauses gehörten zum Pflichtprogramm eines musisch gebildeten Reisenden. Der legendäre Besuch Wolfgang Amadeus Mozarts auf der Thomasschule am 21. oder 22. April des Jahres 1789 zum Ende der Amtszeit des Thomaskantors Johann Friedrich Doles ist durch mehrere Quellen belegt.[2] Hingegen sind Hinweise auf weitere, ebenso prominente Alumneums-Besucher eher rar – zumindest für die angrenzenden Jahre.
Über ein weitgehend unbeachtet gebliebenes Dokument soll im folgenden berichtet werden: Der Verfasser der hier ausgewerteten, nur in wenigen Exemplaren nachgewiesenen Schrift ist der Pfarrer Carl Traugott (Pistotheus) Neumann, geboren 1780 in Bischofswerda. Neumann wurde im Mai 1796 Alumnus der Thomasschule, an der er bis zu Ostern 1801 verblieb. Am 1. Mai 1800 hielt er auf der Thomasschule zur Verabschiedung von vier seiner Kommilitonen

---

* Der Vortrag wurde am 3. Dezember 2014 zum 80. Geburtstag Hans-Joachim Schulzes gehalten und ist dem Jubilar in Dankbarkeit gewidmet.
[1] Aus der Autobiographie Carl Philipp Emanuel Bachs; siehe Dok III, Nr. 779.
[2] Siehe H.-J. Schulze, „*So ein Chor haben wir in Wien nicht"*. *Mozarts Begegnung mit dem Leipziger Thomanerchor und den Motetten Johann Sebastian Bachs*, in: Mozart in Kursachsen, hrsg. von B. Richter, Leipzig 1991, S. 50–62.

eine „in deutschen Versen ausgearbeitete Rede", in der „die schönen Hoffnungen wohlangewandter Jugend geschildert wurden."[3] Am 22. April 1801 wurde Neumann an der Universität Leipzig immatrikuliert, 1809 übernahm er ein Pfarramt in Großerkmannsdorf, 1816 wurde er Pfarrer in Schönau bei Zwickau und starb hier 1817.

Neumann verdanken wir einen höchst aufschlußreichen Bericht über seine Zeit an der Thomasschule.[4] Die 32 Seiten umfassende Schrift erschien im Todesjahr des emeritierten Thomaskantors Johann Adam Hiller. Lesenswert sind vor allem Neumanns Ausführungen zur Persönlichkeit und zu den pädagogischen Prinzipien des Verstorbenen (S. 16–20):

Es gehörte unter seine Maximen, die Schüler mit Vertrauen und freundlicher Liebe zu behandeln, und in ihnen den Menschen und künftigen Bürger des Staats zu achten. Von jeher haßte er den Grundsatz, welcher die Untergebnen, zur Erhaltung des Respekts, in strenger und scheuer Ferne zu halten, sie selten einer freundlicheren Rede, viel weniger eines fortwährenden liebreichen Umgangs, zu | würdigen räth: ein Grundsatz, den, Gottlob! zu unsern Zeiten lange kein Oberer jedes Standes mehr billigte. Dem zu Folge war er oft und gern unter uns, wie ein Vater unter seinen Kindern; seine Miene war freundlich, sein Ton sanft, und kaum, wenn er zürnen mußte, empfindlich. Mit väterlicher Liebe rügte er die Fehler seiner Zöglinge, nicht öffentlich, nicht bitter, nicht mit Schmähungen, die nicht nur nie Etwas fruchten, sondern im Gegentheil erbittern und allen Muth zur Besserung ersticken; sondern auf seiner Stube, durch liebreiche Vorstellungen und Bitten; und erst wenn diese an einem unwürdigen Subjekte verschwendet waren, dann strafte er öffentlich und strenge, und sorgte, daß das räudige Schaaf nicht das ganze Häuflein gefährdte. Ich bin gewiß, daß er auf diese Art manchen Irrenden der Tugend und dem Wohle der bürgerlichen Gesellschaft erhalten oder wiedergegeben hat, und daß Mancher noch für diese kluge Mäßigung seine Asche segnet. Und wenn dieses einsichtsvolle Betragen nicht bei Jedem, den die Thomasschule erzog, diese wohlthätige Wirkung hatte, so dürfte man diesem wohl mit Recht | allein zuschreiben müssen. Er begnügte sich nicht, sich uns nur in seinem wöchentlichen Inspektorate, bei Tische, und bei dem gewöhnlichen Früh- und Abendgebete, zu zeigen; sondern ehe wir es vermutheten, trat er, im Sommer, in unsere Zellen, erkundigte sich nach unserm Studiren, gab uns gelegentliche Belehrung und Ermahnung, fragte nach der Eintheilung unsrer Zeit, und sorgte, daß diese nicht mit *schädlicher* Lectüre verderbt ward.*) Selbst des Abends in der zehnten Stunde durchwandelte er, mit dem Lichte in der Hand, die Tabulate und sah sorgsam auf Ordnung und Anstand. Im Winter kam er oft zu uns ins Cönakel, gieng zu dem und jenem, redete mit ihm freundlich, und gab ihm gute Rathschläge. Oder er versammelte

---

[3] *Leipziger gelehrtes Tagebuch auf das Jahr 1800. Leipzig in Commission der Weidmannischen Buchhandlung*, S. 59.

[4] C. Neumann, *Johann Adam Hiller. Eine bescheidene Würdigung seiner Verdienste als Mensch, Künstler und Schulmann. Seinen zahlreichen Schülern und Freunden gewidmet nebst einer Rede gesprochen an seinem Grabe*, Leipzig 1804 (siehe ferner *Leipziger gelehrtes Tagebuch auf das Jahr 1804*, S. 124 f.).

uns um sich, unterhielt sich mit uns traulich, erzählte uns bald Etwas aus seiner eig-
nen Lebensgeschichte, oder aus dem Leben andrer | merkwürdiger, lebender und ge-
storbener, Männer, und suchte uns so unvermerkt manche gute Lehre, manche richtige
Ansicht des Menschen und der menschlichen Handlungen zu geben. Ich wüste mich
nicht zu erinnern, daß Vater Hiller (diesen Namen gab ihm gern jedes Herz) durch
diese liebreiche Herablassung den kleinsten Verlust an seinem Respekte erlitten
hätte; wohl aber weiß ich, daß er dadurch die größte Liebe und Achtung seiner Unter-
gebenen gewann. Und ich darf kühn Jeden aufrufen, der zu Hiller's Zeiten auf der
Thomasschule lebte, ob er sich nicht mit Entzücken der schönen Stunden erinnert, die
er in Hiller's lehrreichem und väterlichen Umgange zubrachte.**) Selbst in den musi-
kalischen | Lehrstunden zeigte er sich in keiner andern Gestalt.

Bald nach dem Antritte seines Amtes nahm er Verbesserungen in der musikalischen
Einrichtung des Alumnäums vor, die er seinen Idealen und Wünschen, und dem, was
es seiner innern, sehr günstigen, Verfassung nach seyn konnte, nicht ganz ähnlich
fand. Er bildete sich Sänger und Instrumentalisten, die er zur besseren Ausführung
der Kirchenmusiken, Motetten und Choräle brauchen konnte; und fortwährend war
dies seine erste und angenehmste Sorge, die ihm auch die Freude machte, zu sehen,
daß die Alumnen bald ohne fremde Hülfe kleine Concerte geben konnten. Welche
Fortschritte das Alumnäum unter seiner Leitung in der Vocal- und Instrumentalmusik
gemacht hat, davon sind die Einwohner Leipzigs, und auswärtige, durch Stand und
Würden erhabene, Personen, und selbst nahmhafte Musikgelehrte, ein *Mozart, Joseph
Haydn, Naumann, Reichardt, Himmel* und Andre, welche diese Anstalt, während
des Hierseyns, ihrer Aufmerksamkeit würdigten, Zeuge.

  *) Er machte selbst den Versuch, uns *nüzliche* deutsche Bücher in die Hände zu
     geben, und legte deshalb, größtentheils aus eignen Mitteln, eine kleine Bibliothek
     an, die aber leider! keine Unterstützung fand, und so nach einiger Zeit einging.

**) Auf diese abendlichen Unterhaltungen deutet der Anfang der folgenden Grabrede.
     Daß Hiller auch hierin, so wie in mancher Hinsicht, verkannt und gemißdeutet
     ward, darüber klagt er selbst: „Armer Hiller!" spricht er, „was half es dir nun,
     daß du dich mit deinen Kindern in trauliche Unterhaltungen einließest, und bis-
     weilen durch eine launige Erzählung, durch einen hingeworfenen scherzhaften
     Einfall, sie zum ernsten Nachdenken über Sittlichkeit und Unsittlichkeit, Recht
     und Unrecht bringen wolltest? das war ja unerhörte Neuerung! u. s. w."

In unserem Zusammenhang interessieren insbesondere jene „nahmhaften
Musikgelehrten", die nach Leipzig reisten und die Thomasschule besuchten:
Wolfgang Amadeus Mozart, Johann Gottlieb Naumann, Johann Friedrich
Reichardt, Friedrich Heinrich Himmel – und was vor allem überrascht: Joseph
Haydn. Dessen Besuch auf der Thomasschule war der Forschung bislang weit-
gehend unbekannt.

Johann Adam Hiller, ein kontaktfreudiger, extrovertierter und weltoffener
Musiker, hatte in Leipzig und anderen Städten vielfältige freundschaftliche
Begegnungen mit namhaften Komponisten und Literaten seiner Zeit:

In Dresden und Leipzig, und bei seinem Aufenthalte in Berlin, Breslau, Carolath, Curland u. s. w. erwarb er sich die Freundschaft nicht nur der berühmtesten Musikgelehrten und Tonkünstler, sondern auch manches, in der politischen und literarischen Welt großen, Mannes, eines *Lessing, Garve, Engel* u. s. w., mit denen er nachher im vertrauten Briefwechsel stand.[5]

Johann Gottlieb Naumanns Beziehung zu Hiller ist durch sein Schülerverhältnis zu dem nur um 14 Jahre älteren Lehrer mehrfach belegt. So berichtet Johann Friedrich Rochlitz 1804 in seinem Nachruf auf Hiller:

Nicht Wenige, selbst Männer die ihn als Künstler weit übertrafen, sandten ihm ihre Arbeiten zu, sein Urtheil und seine Verbesserungen zu erhalten; und H. verwendete einen beträchtlichen Theil seiner Zeit und Kräfte, ihren Wünschen Genüge zu leisten. Ich will auch hier nur Einen nennen: Naumann, der selbst in spätern männlichen Jahren, da er von mehrern Nationen nur gerühmt zu werden gewohnt war, „Vater Hillern" seine Arbeiten zuschickte, und dessen, oft strengen Tadel benutzte. Die Oper ist schön, sehr schön, schrieb ihm z. B. Hiller, als er die Cora zurück gab: wenn der Komponist nur überall gut deklamirt hätte, seine Rondos lassen wollte, und in manchen Sätzen das Ende finden könnte – Und nun wurden mehrere Bogen Belege, und Vorschläge zu Verbesserungen beygebracht. Vater Hiller hat mich ein wenig stark mitgenommen – fing sich Naumanns nächster Brief an: „dafür bist du auch mein lieber Sohn, an dem ich Wohlgefallen habe, und den sie hören" – war Hillers Antwort.[6]

In einem Brief vom 19. Juni 1793 würdigte Naumann das kurz zuvor erschienene *Allgemeine Choral-Melodienbuch für Kirchen und Schulen* seines verehrten Lehrers, indem er bemerkte:

Gott seegne Ihr Unternehmen und lohne Ihren Fleiß, lieber würdiger Vater Hiller! Die Nachwelt wird und muß es Ihnen noch danken, daß Sie sich der armen Kirchenmusik, und besonders des erhabenen ehrwürdigen Chorals so eifrig annehmen. Ich habe mich recht gelabt an den herrlichen einfachen Melodien, und an den ungesuchten, aber eben deswegen schönen und kraftvollen Harmonien, die Sie mit so viel Einsicht und der Sache angemessen beygefügt haben.[7]

Naumanns direkte Begegnung mit Hiller auf der Thomasschule wird durch eine weitere Quelle belegt, die sogleich noch zu erörtern ist.
Von Johann Friedrich Reichardt wissen wir, dass er Johann Adam Hiller und dessen Singspielkompositionen sehr verehrte. 1771 soll er in Leipzig Jura und Philosophie studiert haben. In der Universitätsmatrikel ist er allerdings nicht

---

[5] Siehe Neumann (wie Fußnote 4), S. 6 (Fußnote).
[6] AMZ 6 (1804), Nr. 52 (29. September 1804), Sp. 869.
[7] AMZ 3 (1801), Intelligenz-Blatt Nr. 9 (Juni 1801), Sp. 35 (Bekanntmachung eines neuen Choralbuchs auf Pränumeration). Der von Hiller zitierte Brief Naumanns ist nicht erhalten.

nachgewiesen. In Leipzig wurde er von Johann Adam Hiller gastfreundlich aufgenommen. Hiller leitete zu dieser Zeit eine Singschule, aus der einige namhafte Sängerinnen hervorgegangen sind. Am 27. Dezember 1788 wandte er sich von Breslau aus an Reichardt mit der Bitte, er möge sich zusammen mit Naumann bei König Friedrich Wilhelm II. für ihn verwenden wegen einer Position an der Berliner Singschule. Dies sei ihm jetzt wichtiger, als in Leipzig auf die Nachfolge des „eisenfesten D[oles]" zu spekulieren. Der immer noch amtierende Thomaskantor würde – ungeachtet der Bemühungen des Bürgermeisters Carl Wilhelm Müller – nicht von seinem Stuhl weichen wollen.[8] Für Naumanns und Reichardts Besuch bei Hiller gibt es indes einen weiteren Quellenbeleg. So schreibt 1800 der vormalige Alumnus Johann Christian Barthel[9] über seinen Aufenthalt an der Leipziger Thomasschule:

Als ein Knabe von 14 Jahren hatte ich das ausgezeichnete Glück beim Capellmeister Hiller mit einigen berühmten Musikern und Componisten zu spielen, welche sich in der Ostermesse 1790 bei ihm versammelt hatten, um die, damals von Hillern ausgezogenen Hassi- | schen Arien[10] zu hören, unter andern mit Reichardt, Naumann, Türk, Schuster und Andern. Vater Hiller, so nannten ihn die Herrn, mußte den Tact schlagen. Wie artig![11]

Nicht allein zu Johann Sebastian Bachs Amtszeit war die renommierte Thomasschule mit der Wohnung des Kantors ein magischer Anziehungspunkt (vergleichbar „einem Taubenhause u. deßen Lebhaftigkeit")[12] für Musiker von Rang und Namen, sondern auch in späteren Jahren.

Widmen wir uns nun dem prominentesten Musiker, der außer Mozart die Thomasschule besuchte: Joseph Haydn. Wie aus dem eingangs zitierten Bericht Carl Traugott Neumanns hervorgeht, gehörte Haydn zu denjenigen Komponisten, „welche diese Anstalt, während des Hierseyns, ihrer Aufmerksamkeit würdigten". Ein Datum für Haydns Besuch nennt Neumann allerdings nicht. Dieses ergibt sich aus einer weiteren Quelle: Auf der Rückseite des be-

---

[8] D-B, *Mus. ep. J. A. Hiller 8*. Siehe *Johann Adam Hiller. Mein Leben. Autobiographie, Briefe und Nekrologe*, hrsg. und kommentiert von M. Lehmstedt, Leipzig 2004, S. 92–94.

[9] Barthel wurde im Dezember 1789 Alumnus der Thomasschule und blieb hier bis zum Oktober 1793.

[10] Gemeint sind zur Aufführung abgeschriebene Arien.

[11] J. C. Barthel, *Meine Biographie. Zu meiner eigenen Erholung und angenehmen Rückerinnerung kurz aufgezeichnet den 13. Jan. 1800*, in: Altenburger Blätter. Wöchentliche Mittheilungen für das Herzogthum Sachsen-Altenburg, Jg. 4, Altenburg 1833, Nr. 26 (Freitag, den 28. Juni 1833), S. 145 f.

[12] C. P. E. Bach in seinem Brief vom 13. Januar 1775 an J. N. Forkel; siehe Dok III, Nr. 803.

kannten Haydn-Porträts von Johann Carl Rösler (1775–1845)[13] befindet sich folgender eigenhändiger Vermerk von Johann Friedrich Rochlitz (siehe auch Abb. 1):[14]

Joseph Haÿdn's Bildniss
gemalt in Wien nach dem Leben und förmlichen Sitzungen des Meisters von Rösler, im Jahr 1799, kurz nach Haÿdn's 2tem Aufenthalt in London, u. ihm so ähnlich, dass ich ihn den ich kurz vorher auf der Durchreise in Leipzig gesprochen hatte, auf den ersten Blick erkannte, ehe ich eine Ahnung davon gehabt, wen das Bild vorstellen solle – Rochlitz.[15]

Haydn verließ London am 15. August 1795. Auf seiner Rückreise besuchte er (Rochlitz zufolge) auch Leipzig. Der Französische Bürgerkrieg hatte inzwischen auch die Rheingegend unsicher gemacht. Daher entschied Haydn sich für die östliche Reiseroute über Hamburg, Leipzig, Dresden und Passau. In Dresden plante er, Johann Gottlieb Naumann aufzusuchen. Doch ‧vergebens, denn dieser weilte gerade nicht in der Stadt.[16] Das genaue Datum von Haydns Ankunft in Wien ist unbekannt. Er verließ die Hansestadt Hamburg am 22. August 1795, wie einer lokalen Zeitungsmeldung vom Vortag zu entnehmen ist:

Hamburg, den 21 August.
Gestern kam der Fürstl. Esterhasysche Kapellmeister, Herr Joseph Haydn, aus London hier an. Alle Verehrer der vortreflichen und überall mit dem allgemeinsten Beyfall aufgenommenen Compositionen dieses würdigen und in der That großen Tonkünstlers, werden es bedauern, daß der Aufenthalt desselben in Hamburg von so kurzer Dauer ist, da er schon morgen seine Reise nach Wien fortsetzen wird.[17]

In Hamburg wollte der Wiener Gast mit Carl Philipp Emanuel Bach zusammentreffen – jedoch vergebens, denn dieser hatte inzwischen das Zeitliche gesegnet.

---

[13] Für diesen Hinweis bin ich Armin Raab (Köln) zu herzlichem Dank verpflichtet.
[14] Rochlitz besuchte das Thomasalumnat von November 1781 bis zum 26. März 1788.
[15] Siehe Abb. 1. Wiedergegeben bei L. Somfai, *Joseph Haydn. Sein Leben in zeitgenössischen Bildern*, Kassel 1966, S. 216.
[16] A. C. Dies, *Biographische Nachrichten von Joseph Haydn. Nach mündlichen Erzählungen desselben entworfen und herausgegeben*, Wien 1810, S. 157 f.
[17] *Staats- und Gelehrte Zeitung des Hamburgischen unparteyischen Correspondenten. Anno 1795.* (Am Sonnabend, den 22. August.), Nr. 134. Zu Haydns Aufenthalt in Hamburg siehe R. von Zahn, *Musikpflege in Hamburg um 1800. Der Wandel des Konzertwesens und der Kirchenmusik zwischen dem Tode Carl Philipp Emanuel Bachs und dem Tode Christian Friedrich Gottlieb Schwenkes*, Hamburg 1991, S. 65–67.

Haydn reiste dießmal in der Absicht über | Hamburg zurück, um C. P. E. Bach persönlich kennen zu lernen. Er kam zu spät; Bach war todt, und von der Familie fand er nur eine Tochter am Leben.[18]

Die genannte Tochter war Anna Carolina Philippina Bach. Sie zeigte dem prominenten Besucher wohl mehrere Manuskripte aus dem Besitz ihres Vaters Carl Philipp Emanuel und ihres Großvaters Johann Sebastian. Diese hatte sie kurz zuvor von ihrer Mutter Johanna Maria Bach (geb. Dannemann)[19] geerbt – darunter ein so wertvolles Autograph wie das der Messe in h-Moll.[20] Eine Partiturkopie des Werkes[21] war später (um 1804) in Haydns Besitz. In dessen Nachlaß befanden sich indes auch zahlreiche Kompositionen Carl Philipp Emanuel Bachs – darunter solche in Abschriften des Hamburger Hauptkopisten Johann Heinrich Michel. Haydn hatte sie 1795 aus der Hansestadt mitgebracht: etwa das Konzert für Cembalo und Fortepiano in Es-Dur (Wq 47), das Quartett in D-Dur (Wq 94), das Quartett in a-Moll (Wq 93), die Fantasie für Cembalo und Violine in fis-Moll (Wq 80) und die Fantasie für Cembalo in fis-Moll (Wq 67).[22] Vielleicht war es gerade jene Hamburger Begegnung, die ihn veranlaßte, die Leipziger Thomasschule mit der ehemaligen Dienstwohnung Bachs auf seiner Rückreise nach Wien zu besuchen.

Auf Haydns Zusammentreffen mit Hiller weist indirekt noch eine weitere Quelle. So bemerkt Johann Friedrich Rochlitz 1804:

Seine [Hillers] alte Vorliebe für Hasse und Graun blieb ihm zwar; doch wurde sie heftig erschüttert, als Mozarts Witwe mit ihres Gatten Handschrift des Requiem nach Leipzig kam. Hier war H. ausser sich vor Freude. Er legte sogleich eine deutsche Uebersetzung unter, veranstaltete eine feyerliche Aufführung dieses unvergänglichen Werks, und wiederholte es hernach in den Kirchen von Zeit zu Zeit.[23]

---

[18] Dies (wie Fußnote 16), S. 157 f.

[19] † 19./20. Juli 1795. Siehe auch U. Leisinger, *Die „Bachsche Auction" von 1789*, BJ 1991, S. 97 f.

[20] *P 180.*

[21] A-Ee, *N 1518 a, KIR 1449.* Vgl. C. Blanken, *Die Bach-Quellen in Wien und Alt-Österreich. Katalog*, 2 Bde. Hildesheim 2011 (LBB 10), S. 3 f.; U. Leisinger, *Haydns Exemplar von Bachs h-Moll-Messe und die Messe in c-Moll von Wolfgang Amadeus Mozart*, in: BACH – Beiträge zur Rezeptionsgeschichte, Interpretationsgeschichte und Pädagogik, Drei Symposien im Rahmen des 83. Bachfestes der Neuen Bachgesellschaft in Salzburg 2008. Bericht, hrsg. von T. Hochradner und U. Leisinger, Freiburg 2010, S. 75–81.

[22] Blanken (wie Fußnote 21), Bd. 2, S. 698–703.

[23] In seinem Brief vom 28. September 1796 schrieb Hiller an den Lexikographen Ernst Ludwig Gerber: „Kämen Sie doch bald einmal zu uns, daß ich Ihnen das letzte, aber größte Werk Mozarts, sein *Requiem*, von meinen Schülern aufgeführt, könnte hören lassen! Wundern würden Sie sich, wenn Sie meine Trompeter, Pauker, Wald-

Constanze Mozart gastierte 1795/96 zweimal im Leipziger Gewandhaus: Am 11. November 1795 und am 20. April 1796.[24] In jenen Zeitraum fällt demnach auch ihre Begegnung mit Johann Adam Hiller. Von letzterem weiß Rochlitz nun fortfahrend zu berichten:

Auch Jos. Haydns Messen, die ihm jetzt erst[25] bekannt wurden, waren ihm sehr lieb; besonders setzte er sich die, nun jetzt als No. 4. gedruckte,[26] aus den Stimmen eigenhändig in Partitur, und aus dieser, um sie sich ganz zu eigen zu machen, wieder in Stimmen aus. Auf die Partitur schrieb er mit gewaltiger Frakturschrift: *Opus summum viri summi* J. Haydn.[27]

Die Messen Josephs Haydns wurden vom Thomanerchor nun offenbar häufiger aufgeführt. Im Bestand der seit Ende des Zweiten Weltkriegs verschollenen älteren Notenbibliothek der Leipziger Thomasschule befanden sich davon jedenfalls zahlreiche frühe Handschriften und Drucke.[28] In Hillers Nachlaßkatalog (1805) sind außerdem einige Messen, das „Stabat mater" und einzelne Chöre Haydns verzeichnet.[29]

Gekrönt wurde die Haydn-Pflege des Thomanerchors wohl am 20. Dezember 1801: An diesem 4. Adventssonntag sangen sie die „Jahreszeiten" unter der Leitung von Hillers Substitut August Eberhard Müller im Leipziger Theater. Johann Friedrich Rochlitz bemerkte in seiner Rezension der ersten Leipziger Aufführung:

Dadurch, dass Hr. Musikd. Müller das ganze Stück mit den Sängern selbst einstudirt und öftere, äusserst genaue Proben mit der gesammten Gesellschaft des Orchesters und

---

hornisten, Oboisten, Klarinettisten, Fagottisten, Geiger und Baßspieler, alle in schwarzen Röcken sähen, wobey ich immer noch ein Chor von 24 Sängern übrig behalte; sogar die Posaunen werden jetzt in der Kirche von Schülern geblasen. Zu meiner großen Freude muß ich noch sagen, daß die, welche blasende Instrumente treiben, die Gesündesten unter den Schülern sind." Siehe Gerber NTL, Bd. 2, Sp. 674.

24   A. Dörffel, *Geschichte der Gewandhausconzerte zu Leipzig vom 25. November 1781 bis 25. November 1881*, Leipzig 1884, S. 195.

25   Also 1795/96.

26   Gemeint ist hiermit Haydns „Schöpfungsmesse" in B-Dur (Hob. XXII:13), die bei Breitkopf & Härtel als „No. IV." im Jahre 1804 im Druck erschien.

27   „Ein herausragendes Werk eines herausragenden Mannes Joseph Haydn"; siehe AMZ 6 (1804), Nr. 51 (19. September 1804), Sp. 857–858.

28   Vgl. A. Glöckner, *Die ältere Notenbibliothek der Thomasschule zu Leipzig. Verzeichnis eines weitgehend verschollenen Bestands*, Hildesheim 2011 (LBB 11), S. 148 f.

29   *Erste Fortsetzung des Catalogs geschriebener, meist seltener Musikalien, auch theoretischer Werke, welche im Bureau des Musique von Hoffmeister et Kühnel zu haben sind. NB Größtentheils aus J. A. Hiller's Nachlaß*, Leipzig [1805], S. 6, 12.

der Sänger gehalten hatte; durch Hochachtung aller Theilnehmenden gegen den würdigen Haydn und Liebe auch zu diesem seinem Werke wurde es möglich, dies ungemein schwierige Werk so vortrefflich zu geben, als es von der sehr zahlreichen Gesellschaft gegeben wurde. Die Chöre, auf welche hier bey weitem das meiste ankommt, waren mit ohngefähr vierzig Sängern der Thomasschule besezt; die Tenor- und Basspartie ebenfalls mit zwey sehr wackern Sängern dieses Instituts, die Sopranpartie hatte Dem. Weimann aus Halle übernommen. Sie ist als eine schätzbare Sängerin schon bekannt und zeichnet sich vorzüglich durch die Eigenschaften aus, um die es hier vor allem zu thun ist: durch eine reine, volltönende Stimme, durch einfachen, aber gebildeten Vortrag, und durch unwandelbare Sicherheit und Festigkeit.[30]

Immerhin sangen 40 Sänger des Thomanerchores das anspruchsvolle Oratorium. Die genannte Sopranistin war Johanna Elisabeth Weinmann (geb. 1770), die älteste Tochter des Halleschen Kapellmeisters Johann Christoph Gottfried Weinmann. Für die Thomaner war es eine der ersten großen Oratorienaufführungen außerhalb ihres eigentlichen Wirkungskreises: Ein öffentliches Konzert im Leipziger Theater unter der Leitung ihres Kantors. Und dazu noch mit dem unlängst in Wien uraufgeführten Oratorium „Die Jahreszeiten".

---

[30] AMZ 4 (1802), Nr. 15 (6. Januar 1802), Sp. 242–243.

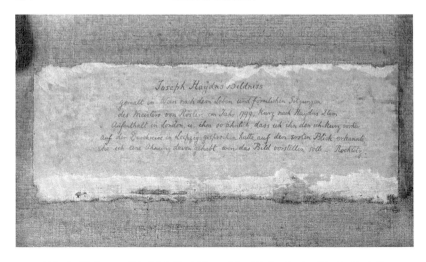

Abb. 1. Notiz von Friedrich Rochlitz auf der Rückseite des Haydn-Porträts
von Johann Carl Rösler

Kantor Kühnhausen und *Concertmeister* Simonetti
Weggefährten der Bach-Familie?

Von Hans-Joachim Schulze (Leipzig)

Als Bach-Stadt ist Celle bis heute umstritten. Anleitungen für Pilgerreisen auf den Spuren Johann Sebastian Bachs sowie Abhandlungen über einschlägige Orgeln sparen die seit langem zu Niedersachsen gehörende Stadt vorsichtshalber aus. Anlaß zu derartiger Zurückhaltung geben neuere Auffassungen über eine mehrdeutig formulierte Passage im sogenannten Nekrolog von 1750/51, die Bachs Lüneburger Schulzeit betrifft:

Auch hatte er von hier aus Gelegenheit, sich durch öftere Anhörung einer damals berühmten Capelle, welche der Hertzog von Zelle unterhielt, und die mehrentheils aus Frantzosen bestand, im Frantzösischen Geschmacke, welcher, in dasigen Landen, in der Zeit was ganz Neues war, fest zu setzen.[1]

Daß die Begegnungen mit der als neu geltenden Spielweise der Franzosen in Celle stattgefunden hätten, behauptet der Nekrolog nicht, schließt es allerdings auch nicht aus. Ob Johann Sebastian Bach sich gegenüber Familie und Freunden jemals definitiv zu dieser Frage geäußert hat, wissen wir nicht. Johann Adam Hillers Neufassung des Nekrologs bewahrt 1784 jedenfalls noch die vage Formulierung seiner Vorlage,[2] während es 1790 in Ernst Ludwig Gerbers Tonkünstler-Lexikon bereits heißt:

Zugleich lernte er durch fleißiges Anhören der Herzogl. Kapelle zu Celle, welche größtentheils aus Franzosen bestand, den damaligen französischen Geschmack als etwas Neues, kennen.[3]

Ähnlich äußert sich Friedrich Carl Gottlob Hirsching 1794 in seinem *Historisch-literarischen Handbuch berühmter und denkwürdiger Personen*:

Insbesondere bildete er sich zu Zelle, bey der herzoglichen Capelle, die größtentheils aus Franzosen bestand.[4]

Einen vorläufigen Schlußpunkt setzt Johann Nikolaus Forkel 1802 in seiner Programmschrift *Ueber Johann Sebastian Bachs Leben, Kunst und Kunstwerke*, indem er ohne Umschweife behauptet:

---

[1] Dok III Nr. 666 (S. 82).
[2] Dok III Nr. 895 (S. 397).
[3] Dok III Nr. 948 (S. 466).
[4] Dok III Nr. 987.

In dieser Absicht [aktuelle Entwicklungen aufzunehmen] reisete er als Schüler von
Lüneburg aus nicht nur mehrere Mahle nach Hamburg, […] sondern auch bisweilen
nach Celle, um die dortige, meistens aus Franzosen bestehende Kapelle, und den französischen Geschmack, der damals in diesen Gegenden noch etwas Neues war, kennen
zu lernen.[5]

Zunehmende Ungenauigkeit hat so die ursprüngliche bloße Andeutung in
den Rang einer definitiven Feststellung erhoben, an der die Bach-Biographik
seither nahezu zwei Jahrhunderte lang festgehalten hat. Zweifel an der Richtigkeit des Behaupteten meldete erst der russische Musikforscher Michail
S. Druskin (1905–1991) im Blick auf die beträchtliche Wegstrecke zwischen
Lüneburg und Celle an.[6] Die damit eingeleitete Suche nach einem näher gelegenen Ort der Begegnung führte zunächst nach Dannenberg/Elbe, wo der
Hof des Herzogs Georg Wilhelm von Braunschweig-Lüneburg sich des öfteren
zur Sommerszeit aufhielt,[7] wenig später jedoch zurück nach Lüneburg. Mittel-
lerweile hat die Forschung sich auf das als Nebenresidenz fungierende Stadtschloß in Lüneburg[8] geeinigt[9] und auf die daraus resultierende Chance, daß
der junge Bach seine musikalische Weiterbildung ohne Schulversäumnisse
hätte bewerkstelligen können. Allerdings kollidiert diese allzu plausible
Interpretation mit der Formulierung „von hier aus" im Text des Nekrologs.
Somit sollte bis zur Auffindung neuer Belege zumindest die Möglichkeit offen-
gelassen werden, daß Bach doch von Lüneburg aus die etwa zwei Tagereisen
entfernte Residenzstadt Celle aufgesucht haben könnte.
Im Blick auf Bezugspersonen, die Bach den Weg zur „Anhörung" der Hofkapelle geebnet haben könnten, hat die Forschung unterschiedliche Hypothesen entwickelt. Diese sollen hier nicht referiert oder diskutiert werden. Vielmehr gilt es eine Person etwas näher zu beleuchten, die in den bisherigen
Überlegungen keine Rolle gespielt hat: Johann Georg Kühnhausen, von 1661

---

[5] A. a. O., S. 5; Dok VII, S. 18.

[6] Mündliche Mitteilung, später auch übernommen in ders., *Iogann Sebast'jan Bach*,
Moskau 1982, S. 21 f. Vgl. H.-J. Schulze, *Der französische Einfluß im Instrumentalwerk J. S. Bachs*, in: Der Einfluß der französischen Musik auf die Komponisten der
ersten Hälfte des 18. Jahrhunderts. Konferenzbericht der IX. Wiss. Arbeitstagung
Blankenburg/Harz, 26. Juni bis 28. Juni 1981, Blankenburg/Michaelstein 1982 (Studien zur Aufführungspraxis und Interpretation von Instrumentalmusik des 18. Jahrhunderts. Heft 16.), S. 57–63, hier S. 58 und 62.

[7] Ebenda, S. 58 und 62 (Hinweis von C. Wolff).

[8] BJ 1985, S. 107 (C. Wolff).

[9] Vgl. etwa K. Küster, *Der junge Bach*, Stuttgart 1996, S. 114 f., M. Geck, *Bach. Leben
und Werk*, Reinbek 2000, S. 55 f., A. Forchert, *Johann Sebastian Bach und seine
Zeit*, Laaber 2002, S. 59, C. Wolff, *Johann Sebastian Bach*, Frankfurt/M. 2000, aktualisierte Neuausgabe 2005, S. 71 f.

an 53 Jahre als Stadtkantor in Celle tätig und 1714 dort verstorben (begraben 25. August).[10]
Daß Johann Georg Kühnhausen noch nie als möglicher Vermittler berücksichtigt worden ist, hat wohl hauptsächlich mit dem Fehlen biographischer Anknüpfungspunkte zu tun. Die bislang greifbaren Daten umschließen den Zeitraum von 1660 bis 1714, enthalten jedoch keinen Hinweis auf Herkunft und Ausbildung Kühnhausens. Dieser läßt sich ab Oktober 1660 als Mitwirkender in der Hofkapelle nachweisen, deren Dienstherr zu jener Zeit Herzog Christian Ludwig von Braunschweig-Lüneburg (1622–1665) war, der 1648 zur Regierung gelangte älteste Sohn von Herzog Georg (1583–1641).[11] Am 2. Januar 1661 wurde Kühnhausen als Hofmusicus und Sänger fest angestellt, bat jedoch bereits am 17. Juli desselben Jahres um die Erlaubnis, zusätzlich als Kantor an der Lateinschule tätig werden zu dürfen, da der bisherige Amtsinhaber zum Konrektor avanciert sei. Nach der Genehmigung dieses Antrags[12] wandte Kühnhausen sich offenbar mehr und mehr seiner neuen Aufgabe zu, während die Nachweise über seine Tätigkeit in der Hofkapelle 1663 enden.[13] Die von Herzog Georg Wilhelm (1624–1705) bald nach 1665 eingeleitete Neuausrichtung des Ensembles durch das Engagement französischer Musiker hat Kühnhausen somit nicht mehr mitvollzogen. Dagegen kam es unter seiner Ägide im Zusammenwirken von Schülerchor, Stadtorganist und 1676 neugegründeter Ratsmusik zu einer Blüte der Kirchenmusik, wie Celle sie vordem nicht erlebt hatte und auch danach nicht wieder erfahren sollte. In dieser Periode könnte auch Kühnhausens Passionsmusik nach Matthäus[14] entstanden sein, die dem Komponisten einen angemessenen Platz in der Musikgeschichte gesichert hat.

[10] Das folgende nach W. Wolffheim, *Mitteilungen zur Geschichte der Hofmusik in Celle (1635–1706) und über Arnold M. Brunckhorst*, in: Festschrift zum 90. Geburtstage [von] Rochus Freiherrn von Liliencron, Leipzig 1910, S. 421–429; G. Linnemann, *Celler Musikgeschichte bis zum Beginn des 19. Jahrhunderts*, Celle 1935, besonders S. 137–144; H. Müller, *Biographisch-bibliographisches Lexikon Celler Musiker*, Celle 2003 (Celler Beiträge zur Landes- und Kulturgeschichte. 31.).

[11] Nachfolger Herzog Georgs war zunächst dessen älterer Bruder Friedrich (1574 bis 1648), der ohne leibliche Nachkommen verstarb.

[12] Eine Probelektion in der Schule fand am 30. August 1661 statt, die Kantoratsprobe folgte am 2. September.

[13] Am 30. April 1663 heiratete Kühnhausen; nach dem Tod seiner Frau folgte am 2. Mai 1678 eine zweite Heirat.

[14] Zu dieser vgl. A. Adrio, *Die Matthäus-Passion von J. G. Kühnhausen (Celle um 1700)*, in: Festschrift Arnold Schering zum sechzigsten Geburtstag, Berlin 1937, S. 24–35; W. Braun, *Die mitteldeutsche Choralpassion im achtzehnten Jahrhundert*, Berlin 1960, sowie Linnemann (wie Fußnote 10).

Als Kantor an einer Lateinschule hätte Kühnhausen von Rechts wegen ein Universitätsstudium nachweisen müssen; ein entsprechender Matrikeleintrag hätte Rückschlüsse auf Alter und Herkunft ermöglicht. Da die Suche in einschlägigen Veröffentlichungen[15] erfolglos verlief, mußte „Kommissar Zufall" helfen. Die *NOVA | LITERARIA | GERMANIÆ | […] | ANNI MDCCIV. | Collecta HAMBURGI. | […] | Lipsiæ & Francofurti | apud CHRISTIANUM LIEBEZEIT.* enthalten auf S. 156 ff. einen *Cellæ* überschriebenen Abschnitt, in dem es auf S. 160 heißt:

Io. Georg Kühnhausen. Vargula Erfordensis, Cantor, vocatus 1661. natus 1636. d. 26. Sept.

Kühnhausen ist also ein gebürtiger Thüringer; die Angabe „Vargula Erfordensis" weist auf das heutige Großvargula bei Langensalza, das als Enklave zu Erfurt gehörte. Seine Geburt in der traditionsreichen Gemeinde[16] fiel in das Pestjahr 1636, in dem ein Großteil der Einwohnerschaft der Seuche zum Opfer fiel.

Der vorstehende Nachweis erlaubt drei Mutmaßungen:
1. Als Bewohner der zu Erfurt gehörigen Enklave Vargula dürfte J. G. Kühnhausen Verbindungen in die Stadt unterhalten, vielleicht auch seine Ausbildung ganz oder teilweise dort genossen haben. In diesem Zusammenhang könnte es zu Kontakten mit Erfurter Angehörigen der „musicalisch-Bachischen Familie"[17] gekommen sein.
2. Wenn Johann Sebastian Bach in seiner Lüneburger Zeit 1700–1702 tatsächlich nach Celle gewandert sein sollte, könnte er auf der Basis landsmannschaftlicher Unterstützung bei Kühnhausen ein Unterkommen gefunden,[18] durch diesen vielleicht auch noch andere Förderung erfahren haben.
3. Kühnhausens Passionsmusik nach Matthäus wäre im Blick auf mögliche Thüringer Wurzeln zu untersuchen. Ein positives Ergebnis würde die Einbeziehung des Werkes in Werner Brauns Studie über die „Mitteldeutsche Choralpassion" zusätzlich rechtfertigen.[19]

*

---

[15] Matrikeln der Universitäten Altdorf, Erfurt, Frankfurt/O., Helmstedt, Jena, Leipzig, Wittenberg.

[16] Zur Geschichte von Großvargula vgl. Zedler, Bd. 46 (1745), Sp. 576–593.

[17] Vgl. zu diesen H. Brück, *Die Brüder Johann, Christoph und Heinrich Bach und die „Erffurthische musicalische Compagnie"*, BJ 1990, S. 71–77, sowie dies., *Die Erfurter Bach-Familien von 1635 bis 1805*, BJ 1996, S. 101–131.

[18] Zur Wohnungssituation der Celler Musiker vgl. C. Meyer-Rasch, *Kleine Chronik der Kalandgasse*, Celle 1951, bes. S. 50 f.

[19] Braun (wie Fußnote 14), passim.

Im Unterschied zu dem überaus bodenständigen Celler Kantor Kühnhausen hat unser zweiter Kandidat für die Kategorie „mögliche Begegnungen" zumindest in seiner ersten Lebenshälfte eine bewegte Karriere vorzuweisen. Daß diese sich nicht in allen Einzelheiten verfolgen läßt und insbesondere in bezug auf die musikalische Ausbildung alles im dunkeln bleibt, hat mit der mangelnden Bereitschaft des Angesprochenen zu tun, Johann Gottfried Walthers Vorarbeiten für sein Musiklexikon mit biographischen Auskünften zu unterstützen.[20] Nicht einmal der vollständige Name wurde allgemein bekannt: mit wenigen Ausnahmen[21] blieb es bei *Sig.re Simonetti* oder *Concertmeister Simonetti*. Erst 1956 wurden in einer von Karl Büchsel (1885–1965) vorgelegten genealogischen Arbeit[22] Namen und Daten zusammengeführt. Demnach entstammt Johann Wilhelm Simonetti mit seinen neun – sämtlich in Berlin geborenen – Geschwistern[23] der Ehe des Stukkateurs Giovanni Simonetti (1652–1716) mit Euphrosine geb. Hofkuntz (1659–1738). Der aus Graubünden gebürtige Vater hatte es durch Mitwirkung an zahlreichen Bauten in Berlin, Brandenburg und darüber hinaus[24] zu Wohlstand und Ansehen gebracht; als er sich in seiner Spätzeit wegen Differenzen mit dem Baumeister Johann Friedrich Eosander (1669–1728) von der Arbeit am Berliner Schloß zurückzog, wurde ihm sein Gehalt bis mindestens 1713 weitergezahlt.[25]

Über die frühen Jahre des am 11. Dezember 1690 getauften Sohnes Johann Wilhelm ist nichts bekannt. Dies betrifft auch dessen geigerische Ausbildung, für die vielleicht ein Mitglied der Berliner Hofkapelle verantwortlich zeich-

---

[20] Vgl. *Johann Gottfried Walther, Briefe*, hrsg. von Klaus Beckmann und Hans-Joachim Schulze, Leipzig 1987, S. 62, 104, 116.

[21] Zu nennen sind neben den einschlägigen Kirchenbüchern das Hausbesitzerverzeichnis von Bayreuth (vgl. Fußnote 38) sowie *Das Wolfenbütteler Adreßbuch von 1725* (Reprint, hrsg. von Paul Zimmermann, Leipzig 1929).

[22] K. Büchsel, *Bilder aus der Geschichte der Familie Büchsel und der ihr verwandten Familien* [Privatdruck], Göttingen 1956, hier S. 37–50: Die Familie Simonetti. Hinweis auf die seltene Schrift bei H. Storz, *Dr. Christian Ernst Simonetti und ein „skandaleuses Gerücht" aus der Gründungszeit der Göttinger Universität, 1. Teil*, in: Göttinger Jahrbuch 61 (2013), S. 127–154. Vgl. auch K. Büchsel, *Büchsel, des Stammes Bichsel, aus Goldbach in der Schweiz*, in: Deutsches Geschlechterbuch (Genealogisches Handbuch Bürgerlicher Familien) 104 (1939), S. 69–105, 641–660 (S. 648–651: Ahnenreihe Simonetti).

[23] Christian Ernst Simonetti (1700–1782) ist der jüngste Bruder.

[24] 1686/87 schuf er die im Zweiten Weltkrieg zerstörte Stuckdecke der Alten Handelsbörse in Leipzig.

[25] Zu G. Simonetti vgl. H. Ladendorf, *Der Bildhauer und Baumeister Andreas Schlüter. Beiträge zu seiner Biographie und zur Berliner Kunstgeschichte seiner Zeit*, Berlin 1935 (Forschungen zur deutschen Kunstgeschichte. 2.), S. 74f., 76, 101, sowie H. Heckmann, *Baumeister des Barock und Rokoko in Brandenburg-Preussen*, Berlin 1998, S. 106–116.

nete.[26] Am 28. April 1711 bezog Johann Wilhelm Simonetti die Universität Jena, möglicherweise nach einem längeren Schulbesuch, der um Ostern (5. April) des genannten Jahres abgeschlossen worden sein könnte. Schon bald muß er das Jurastudium abgebrochen haben, um sich der Musik zu widmen.[27] Ob er in den wenigen Monaten seines Aufenthalts in Jena mit dem seit 1709 auch als Universitätsorganist[28] tätigen Johann Nikolaus Bach (1669–1753) in Verbindung getreten ist, entzieht sich unserer Kenntnis. Schon am 25. Oktober 1711 ist Simonetti in Gera nachweisbar,[29] und im folgenden Jahr erscheint er mit der Dienstbezeichnung „Secretarius" in einer Liste der Hofkapellmitglieder.[30]

Der Tod des Preußenkönigs Friedrich I. am 25. Februar 1713 und die diesem folgenden einschneidenden Veränderungen am Berliner Hof mögen Simonetti zu vorübergehender Rückkehr in seine Vaterstadt veranlaßt haben. Eine wohl um die Jahreswende 1713/14 in Angriff genommene Reise nach dem Süden führte zu einer – möglicherweise unverhofften – Begegnung mit Gottfried Heinrich Stölzel (1690–1749). Denn dieser, der eben noch Berufungen als Kapellmeister nach Gera und Zeitz ausgeschlagen hatte, war zu jener Zeit fest entschlossen, Italien zu erreichen.

Er [Stölzel] trat daher zu Ende des 1713 Jahrs würklich die Reise dahin an, und ginge von Gera über Hof, Bayreuth, Nürnberg auf Augspurg zu. […] Die in Böhmen, Wien und zu Regenspurg wütende Pest versperte ihm durch die Guarantaine den sehnlichen Eingang in den Garten der Welt, oder das lustige Italien, als welche er an den Venetianischen Grenzen in dem Lazaret zu *Premolano*[31] erstlich acht Tage allein, und hernach, weil der von Berlin ankommende Hr. *Simonetti* bey seinem Eintritt ins Lazaret ihm aus Spaß den Handschuh zugeworfen, noch andere sieben Wochen mit ihm aushalten muste.[32]

---

[26] Vgl. C. Sachs, *Musik und Oper am kurbrandenburgischen Hof*, Berlin 1910, S. 180 ff.: Personalien der Hofkapelle unter Friedrich III. (I.), Instrumentisten.

[27] Das Testament der Eltern nennt ihn (noch) „Stud. jur."; vgl. Büchsel 1956 (wie Fußnote 22).

[28] Vgl. BJ 2004, S. 166–168 (M. Maul) und BJ 2014, S. 196 f. (H.-J. Schulze).

[29] B. Koska, *Die Geraer Hofkapelle zu Beginn des 18. Jahrhunderts*, Beeskow 2013, S. 128.

[30] H. R. Jung, *Musik und Musiker im Reußenland*, Weimar/Jena 2007, S. 288. Am 11. Dezember 1712 erhält Simonetti ein Geschenk von 4 Talern (Jung, S. 289; Koska, wie Fußnote 29, S. 142).

[31] Primolano an der Brenta.

[32] L. C. Mizler, *Musikalische Bibliothek, Des vierten Bandes Erster Theil*, Leipzig 1754, S. 143–157 (Nachruf auf Gottfried Heinrich Stölzel), hier S. 146. Eine kürzere Schilderung seiner Italienreise liefert Stölzel in seiner 1719 für Johann Matthesons *Grundlage einer Ehren-Pforte* (Hamburg 1740; Neudruck Berlin 1910) verfaßten Autobiographie (hier S. 344 f.). Als Gesamtdauer seines Italienaufenthalts nennt er

Spätestens nach Ankunft und Aufenthalt in Venedig gingen Stölzel und Simonetti für längere Zeit getrennte Wege. Stölzel reiste nach Florenz, im September (1714) nach Rom, sodann zurück nach Florenz, von dort nach Pisa
und Livorno und nochmals nach Florenz,

> wo Hr. *Simonetti*, so unterdessen von Venedig eine Reise nach Lissabon gethan, wieder
> angekommen, und mit welchem er über *Bologna*, Venedig und Trient nach Inspruck
> gereiset, und daselbst eine geraume Zeit stille gelegen ... In dem Hause des Herrn
> Concertmeisters Wielands, wo er mit seinem Reisegefehrden wohnte, war täglich die
> ganze Music beysammen, der trefliche Violinist Hr. Forstmeyer und Herr Hofer aus
> Wien. Von Inspruck thaten sie durch Bayern auf dem Inn- und Donaustrom die ange-
> nehmste Reise von der Welt nach Lintz, wo sie sich nur einige Tage aufhielten, solche
> Zeit aber unter lauter Musik zubrachten, weil sie daselbst die grösten Musikliebhaber
> von der Welt antrafen.[33]

Stölzels weiterer Weg führte von Linz über Budweis nach Prag, und, nach
mehrjährigem Aufenthalt in der „Goldenen Stadt", im Herbst 1717 nach Bayreuth. Simonetti taucht in der Reiseschilderung nicht wieder auf; sein Verbleib
in der Folgezeit – etwa ab Frühjahr 1715 – ist ungeklärt. Erst für 1717 liegt
wieder ein Nachweis vor, erneut als Teil eines biographischen Abrisses und
merkwürdigerweise ohne archivalische Belege wie Anstellungsunterlagen oder
Kammerrechnungen des betreffenden Hofes. Im *Leben Johann Christian
Hertels ehemaligen Concertmeisters am Sachs. Eisenachischen und Meck-
lenburg-Strelitzischen Hofe. Entworfen von desselben Sohne, Hrn. Johann
Wilhelm Hertel,*[34] *Hochfürstl. Mecklenburg-Schwerinischen Hofcomponisten*
heißt es, daß der Hof zu Sachsen-Merseburg dem jungen Johann Christian
Hertel (1697–1754) eine weitere Ausbildung auf der Viola da Gamba nach
Wahl angeboten habe – entweder in Frankreich oder in Darmstadt bei „dem
berühmten Hrn. Heß". Hertel entschied sich für Ernst Christian Hesse
(1676–1762) und reise 1717 nach Darmstadt.

---

hier „ein Jahr und etliche Monath", was mutatis mutandis auch für Simonetti gelten
dürfte.

[33] Mizler (wie Fußnote 32), S. 149. Bei den genannten Musikern handelt es sich um
Philipp Nerius Wieland (als Kammerdiener und Kammermusikus nachweisbar
1709–1715), Franz Forstmayr (als Musikus und Kammerdiener nachweisbar
1707–1717; wahrscheinlich identisch mit dem 1702–1708 in Berlin belegten Violin-
spieler Forstmeyer, vgl. Sachs, wie Fußnote 26, S. 185) sowie Jacob Hoffer (Violinist
der Hofkapelle Wien ab 1698, † 14. 8. 1737); vgl. W. Senn, *Musik und Theater am
Hof zu Innsbruck. Geschichte der Hofkapelle vom 15. Jahrhundert bis zu deren
Auflösung im Jahre 1749*, Innsbruck 1954, S. 314, 315 (zu Forstmayr und Wieland).
sowie Eitner Q, Bd. 5, Leipzig 1901, S. 169 (zu Hoffer).

[34] 1727–1789.

Er machte hier mit den Herren Capellmeistern Graupner und Grünewald, und mit dem Hrn. Concertmeister Simonetti Bekanntschaft. Durch die besondere Zuneigung, die der Herr Simonetti für ihn hatte, bekam er nicht nur die Erlaubniß, in der damahligen Oper die Violin mit zu spielen, sondern es wurde ihm auch die zwote Stelle nach dem Hrn. Simonetti mit einem ansehnlichen Gehalt angetragen, für welche Gnade er aber unterthänigst dankte.[35]

Simonettis Beschäftigung in der Hofkapelle von Hessen-Darmstadt könnte mit den vom 28. April bis zum 7. Mai 1717 dauernden Einzugsfeierlichkeiten für den Erbprinzen zusammenhängen. Prinz Ludwig, der nachmalige Landgraf Ludwig VIII. (5. April 1691–17. Oktober 1768), hatte sich am 5. April 1717 mit Charlotte Christine von Hanau-Lichtenberg (2. Mai 1700–1. Juli 1726) vermählt. Aufgeführt wurde aus diesem Anlaß ein von Christoph Graupner komponiertes, leider verlorenes „Divertissement", dessen von Georg Christian Lehms verfaßter Text in 600 Exemplaren gedruckt worden war.[36]

1718 erhielt Johann Christian Hertel den Befehl, nach Merseburg zurückzukommen; im selben Jahr ist Simonetti in Bayreuth zu finden. Hier heiratete er am 14. März 1718 die Sängerin Christiane Elisabeth verwitwete Ernst geborene Döbricht.[37] Von 1718 bis 1721 (16. Oktober) ist er als Besitzer des Hauses Ludwigstr. 10 belegt.[38] Am 5. November 1718 richtete der als *Directeur des plaisirs* am kurfürstlichen Hof zu Dresden tätige Baron Johann Siegmund von Mordaxt an Markgraf Georg Wilhelm von Brandenburg-Bayreuth

[35] F. W. Marpurg, *Historisch-Kritische Beyträge zur Aufnahme der Musik. III. Band. Erstes Stück*, Berlin 1757, S. 46 ff., hier S. 50. Mit den „Capellmeistern" sind Christoph Graupner (1683–1760) und Gottfried Grünewald (1673–1739) gemeint. Zum – nur noch fragmentarisch greifbaren – Darmstädter Opernrepertoire vgl. R. Brockpähler, *Handbuch zur Geschichte der Barockoper in Deutschland*, Emsdetten 1964, S. 126 f. und 128 f., sowie E. Noack, *Musikgeschichte Darmstadts vom Mittelalter bis zur Goethezeit*, Mainz 1967 (Beiträge zur Mittelrheinischen Musikgeschichte. 8.), S. 182–186.

[36] Noack (wie Fußnote 35), S. 176 und 183.

[37] Geboren in Weißenfels (27. April 1690), als Opern- und Konzertsängerin nachweisbar in Leipzig (1705, 1708), Naumburg/S. (1706), Braunschweig (1708), Weißenfels (1709), Zeitz (1712) und Coburg (1714), in erster Ehe verheiratet (Leipzig, 15. Februar 1711) mit dem Tanzmeister Heinrich Adrian Ernst (begraben 27. Januar 1717 Bayreuth). Daten nach M. Maul, *Barockoper in Leipzig (1693–1720)*, Freiburg/B. 2009 (Freiburger Beiträge zur Musikgeschichte. 12.), S. 1105–1107.

[38] H. Fischer, *Häuserbuch der Stadt Bayreuth. Ein Beitrag zur städtischen Entwicklungsgeschichte*, Bd. III, Bayreuth 1991, S. 1252. Hinweis auf diesen wichtigen Beleg bei Irene Hegen, Verfasserin des Kapitels *Bayreuth* in: S. Leopold und B. Pelker, *Süddeutsche Hofkapellen im 18. Jahrhundert. Eine Bestandsaufnahme*, Heidelberg 2010 (Schriften zur Südwestdeutschen Hofmusik. 1.) – http://www.hofmusik.de/PDF/SSH1.pdf –, S. 36.

(16. November 1678–18. Dezember 1726) die Bitte, die Sängerin „Ernestine Simonetti" in Dresden gastieren zu lassen.[39] Der Markgraf lehnte das Ersuchen mit der Begründung ab, daß jene „bey einer hier nechst bevorstehenden opera ohnumbgänglich zu employren und so dann zur Zeit dess Carnevals eine Ihr allschon zugetheilte starke Partie zu versehen hat, von welcher sie nicht mehr dispensiert werden kann", und bot einen späteren Termin unter der Bedingung an, daß die Sängerin bald nach Neujahr 1719 wieder nach Bayreuth zurückkäme. Mit der „hier nechst bevorstehenden opera" könnte Stölzels Oper „Diomedes" gemeint sein, die 1718 am Geburtstag des Markgrafen aufgeführt wurde.[40]

Welche Umstände den Wechsel des Ehepaares Simonetti von Bayreuth an den Hof von Braunschweig-Wolfenbüttel veranlaßt haben, ist nicht bekannt. Auch der Zeitpunkt läßt sich nicht exakt bestimmen. Im Februar 1721 erscheint unter den Mitwirkenden in Georg Caspar Schürmanns „Singe-Spiel" *Heinrich der Vogler* („Zweyter Theil") „Mad. Simonetti".[41] Der im selben Jahr erschienene (vielleicht aber schon Ende 1720 gedruckte) Hofkalender nennt im Abschnitt „Hochfürstl. Capelle" unter den Sängerinnen an erster Stelle „Madam. N. N. Simonettin. Erste Sängerin bey Fürstl. Hoff-Capell", unter den Instrumentisten, ebenfalls an erster Stelle, „Herr N. N. Simonetti, Concert-Meister".[42] Was die Neuberufung beider Musiker für die folgenden eineinhalb Jahrzehnte bedeutete, läßt Johann Joachim Christoph Bode (1730–1793) noch 1773 durchblicken, wenn er vom „goldnen Zeitalter der Braunschweigischen Kapelle, […] den Zeiten der Graune und Simonettis" spricht.[43]

---

[39] L. Schiedermair, *Bayreuther Festspiele im Zeitalter des Absolutismus. Studien zur Geschichte der deutschen Oper*, Leipzig 1908, S. 29. „Ernestine" war wohl die Kurzbezeichnung für die Sängerin seit ihrer Heirat mit H. A. Ernst.

[40] Zu einer Sammlung von fünf Arien aus dieser Oper – darunter „Bist du bei mir" (BWV 508) – vgl. A. Glöckner, *Neues zum Thema Bach und die Oper seiner Zeit*, BJ 2002, S. 172–174. Die Identifizierung von BWV 508 als Teil von Stölzels „Diomedes" geht auf Peter Huth (Berlin) zurück; eine von ihm angekündigte Veröffentlichung ist bisher nicht zustande gekommen. Zum Bayreuther Repertoire der Jahre 1718 bis 1721 vgl. Schiedermair (wie Fußnote 39), S. 64 ff., Brockpähler (wie Fußnote 35), S. 64, sowie H.-J. Bauer, *Barockoper in Bayreuth*, Laaber 1982 (Thurnauer Schriften zum Musiktheater. 7.), S. 69 ff.

[41] F. Chrysander, *Geschichte der Braunschweig-Wolfenbüttelschen Capelle und Oper vom sechzehnten bis zum achtzehnten Jahrhundert*, in: Jahrbücher für musikalische Wissenschaft 1 (1863), S. 147–286, hier S. 271, sowie G. F. Schmidt, *Die frühdeutsche Oper und die musikdramatische Kunst Georg Caspar Schürmann's*, Regensburg 1933, Bd. I, S. 148 f., 238.

[42] Schmidt (wie Fußnote 41), Bd. I, S. 124, 125.

[43] *Carl Burney's der Musik Doctors Tagebuch seiner Musikalischen Reisen. Dritter Band. Durch Böhmen, Sachsen, Brandenburg, Hamburg und Holland. Aus dem Englischen übersetzt*, Hamburg 1773, S. 260 (Fußnote des Übersetzers).

Die umfangreiche Aufführungsstatistik der Jahre 1720 bis 1735 kann hier nicht des näheren diskutiert werden.[44] Wenigstens erwähnt sei die in neuerer Zeit erwogene Möglichkeit, daß mit einem für den Braunschweiger Hof wirkenden Textdichter „Simonetti" nicht automatisch der spätere Göttinger Theologe Christian Ernst Simonetti[45] gemeint sein muß (wenngleich dieser sich vor dem Beginn seiner Theologenlaufbahn durchaus als Opernlibrettist betätigt haben kann), sondern auch an Johann Wilhelm Simonetti zu denken wäre.[46]

Einschneidende Ereignisse in den Braunschweiger Jahren des Ehepaares Simonetti waren die Todesfälle der Regenten (Herzöge von Braunschweig-Wolfenbüttel). August Wilhelm (* 8. März 1662) verstarb am 23. März 1731 (Karfreitag).[47] Zehn Tage später (2. April) verzeichnen die Kammerrechnungen unter der Rubrik „An Extraordinairen Ausgaben" die Ausreichung von 40 Talern an „Concertmeister Simonetti u. dessen Frau", sicherlich für Trauerkleidung.[48] Trauermusiken, vorwiegend oder auch gänzlich aus der Feder von Carl Heinrich Graun, wurden erst zwei Monate später aufgeführt: Am 25. Mai je ein Oratorium vor beziehungsweise nach der Abführungs-Predigt („Ach wie nichtig, ach wie flüchtig" sowie „Laß auf deinen Tod mich trauen"), am 27. Mai je ein Oratorium vor beziehungsweise nach der Leichen-Predigt („Unser keiner lebt ihm selber" sowie „Der, so den Herrn Jesum hat auferwecket").[49]

August Wilhelms Nachfolger Ludwig Rudolph (* 22. Juli 1671) verstarb kinderlos am 1. März 1735. Zehn Tage später (11. März) verzeichnen die Kammerrechnungen „Extraordinaire Ausgaben", explizit für Trauerkleidung: „Concert

---

[44] Vgl. die Übersichten bei Schmidt (wie Fußnote 41), Bd. I, S. 146–163, und Brockpähler (wie Fußnote 35), S. 93–96.

[45] Vgl. Fußnote 22 sowie Schmidt (wie Fußnote 41), Bd. II, S. 26–28.

[46] Dies betrifft insbesondere Schürmanns Oper *Ludovicus Pius* (1726); vgl. Schmidt (wie Fußnote 41), Bd. I, S. 256 f. Hierzu C. Seebald, *Libretti vom „Mittelalter". Entdeckungen von Historie in der (nord)deutschen und europäischen Oper*, Tübingen 2009 (Frühe Neuzeit. 134.), S. 230 und Fußnote 510, nach einer Hamburger Magisterarbeit von Nils Niemann (1995; hier S. 37 f.). Ein von Schmidt erwähntes Textbuchexemplar zu *Ludovicus Pius* enthält den handschriftlichen Zusatz „Simonetti". Zu Schürmanns Oper *Justinus* (August 1725; Schmidt, Bd. I, S. 255 f.) vermerkt J. C. Gottscheds *Nöthiger Vorrath zur Geschichte der deutschen Dramatischen Dichtkunst*, Leipzig 1757, S. 302: *Iustinus*. Braunschw. von *Simonetti*.

[47] In zeitlicher Nähe verbuchen die Kammerrechnungen: „Auf Ostern 1731 die Fürstl. Capelle bezahlt. […] Concert-Meister Simonetti vor Sich und Seine Frau 200 Thl." sowie an anderer Stelle „Dem Concert-Meister Simonetti laut Rechnung 18 Thl." (Schmidt, wie Fußnote 41, Bd. I, S. 127, 128).

[48] Schmidt (wie Fußnote 41), Bd. I, S. 128.

[49] C. Henzel, *Graun-Werkverzeichnis (GraunWV). Bd. I. Verzeichnis der Werke der Brüder Johann Gottlieb und Carl Heinrich Graun*, Beeskow 2006, S. 566–569: Bv:VIII:3 bis Bv:VIII:6.

Meister Simonetti 20 Thl., Sängerin Simonetti 20 Thl.".[50] Auch diesmal lieferte Graun eine Trauermusik: „Die trostreiche Angst der Christen ‚Erhöre
mich, wenn ich rufe'".[51]
Auf Ludwig Rudolph folgte dessen Schwiegersohn Ferdinand Albrecht II.
(* 19. Mai 1680), dem nur eine kurze Regierungszeit beschieden war; er starb
am 13. September 1735. Schon wenige Wochen nach der Übernahme der
Amtsgeschäfte hatte Ferdinand Albrecht sich mit Fragen der Auflösung beziehungsweise Verkleinerung der Hofkapelle beschäftigt und sich am 30. April
an den erst am 26. März 1733 ernannten Kapelldirektor Philipp von Münch
gewandt um zu erfahren, welche Musiker „abgehen" sollten und welche man
„von neuem annehmen" könne. Münch reagierte am selben Tag mit der Bitte
um Entlassung und erhielt am 9. Mai seinen Abschied. Kapellmeister Schürmann legte einen „Capell-Etat wie er diese letzte Zeit gewesen" vor. *Madam.*
und *Mons.* Simonetti sind dort mit zusammen 800 Talern verzeichnet; weiter
heißt es „Denenselben jede Messe aus der Chatoul 100 Thlr. sind 200 [Thl.],
item Saitengeld 10 [Thl.]."[52] Ein gutes Dutzend Musiker erhielt aufgrund eines
Dekrets vom 2. Juni 1735 anläßlich der Entlassung Reisegeld; das Ehepaar Simonetti gehörte nicht dazu.[53] Trotzdem müssen beide Wolfenbüttel nach relativ
kurzer Zeit verlassen und Nachfolgern Platz gemacht haben. Auf die Konzert-
meisterstelle rückte der schon seit 1721 als Mitglied der Hofkapelle nachweis-
bare Geiger August Leplat nach, als Sängerin wurde Sophia Amalia Verocai
geb. Kayser angestellt.[54]
Mehr Glück als die Simonettis hatte Carl Heinrich Graun. Dieser war um
Weihnachten 1725 nach Braunschweig gekommen, hatte sich mit Erfolg als
Sänger und als Komponist präsentiert und wurde im Folgejahr zum Vizeka-
pellmeister ernannt.[55]

---

[50] Schmidt (wie Fußnote 41), Bd. I, S. 120.

[51] Henzel (wie Fußnote 49), S. 564 f.: Bv:VIII:2.

[52] Chrysander (wie Fußnote 41), S. 284 f.; vgl. auch Schmidt (wie Fußnote 41), Bd. I,
    S. 131.

[53] Schmidt (wie Fußnote 41), Bd. I, S. 132.

[54] Schmidt (wie Fußnote 41), Bd. I, S. 131 bzw. S. 57 (Fußnote) und 78. Die von Schmidt
    (S. 57 und 132) angekündigten „Neuen Beiträge" mit vollständiger Verzeichnung
    der einschlägigen Personalia sind nicht erschienen. Zur Person der Sängerin, einer
    Tochter des umstrittenen Musikers Johann Kayser, vgl. *Magdeburger Telemann-Stu-
    dien IV* (1973), S. 75 f. (W. Maertens).

[55] (J. F. Agricola?), Lebenslauf C. H. Grauns, hier zitiert nach J. N. Forkel, *Musika-
    lisch-kritische Bibliothek*, Bd. III, Gotha 1779, S. 293–295. In seinem „Vorbericht
    des Übersetzers" (Berlin, 2. Mai 1757) der *Anleitung zur Singkunst* [nach Pier Fran-
    cesco Tosi], Berlin 1757, S. VIII, zählt J. F. Agricola die „Simonettinn" mit unter die
    „braven Sänger und Sängerinnen aus unserer Nation".

In allen darauf folgenden Opern recitirte er mit. Wenn sie auch gleich nicht von seiner eigenen Composition waren; so setzte er doch immer das, was er und was die Madame Simonetti, eine sehr gute und damals dem Range nach die erste Sängerinn auf dem Braunschweigischen Theater, zu singen hatten, von neuem.

Außer Opern komponierte Graun viele Serenaden, Kirchenstücke, Kantaten und Passionsmusiken,

Auch die Trauermusik seines ersten Herrn, des Herzogs August Wilhelm, welcher im Jahr 1731. starb. […] Der folgende Herzog Ludwig Rudolph bestätigte ihn in seinem Amte, und in seiner Besoldung. Ein gleiches that der wieder auf diesen folgende Herzog Ferdinand Albrecht. Von diesem aber bat sich ihn der damalige Kronprinz, jetzt glorwürdigst regierender König von Preußen, ohne Hrn. Grauns eigenes Vorwissen, in seine Dienste aus.

Ferdinand Albrecht entsprach der Bitte des Kronprinzen, entließ Graun förmlich und dieser trat 1735 seine Stelle in Rheinsberg an. Von Grauns ehemaligen Kollegen ist zwei Jahre später im Briefwechsel des Kronprinzen mit seiner Schwester Wilhelmine Friederike Sophie (1709–1758), der Markgräfin von Brandenburg-Bayreuth, die Rede. Anfang Dezember 1737 schreibt Wilhelmine an Friedrich:

Der König [Friedrich Wilhelm I.] soll ganz der Musik verfallen sein. Er hat Simonetti angestellt und die Königin [Sophia Dorothea, 1687–1757] dahin gebracht, dessen Frau anzunehmen. Seine Stimmung muß völlig verändert sein. Bitte schreibe mir, ob das wahr ist, denn Simonetti hat sich dessen gerühmt.[56]

Friedrichs Dementi folgt am 10. Dezember 1737:

Nein, liebste Schwester, alles, was Simonetti und seine Frau sagen und was man sonst Dir von den Sängerinnen geschrieben hat, die ich aus Italien hätte kommen lassen, alles ist völlig falsch. Der König liebt die Musik nicht mehr als früher. Er begnügt sich mit seinen elenden Oboisten, die, wie Du weißt, feine Ohren nicht befriedigen können. Die Königin wollte allerdings die Simonetti annehmen, denn sie und ihr Gatte sind stellungslos; aber dabei ist es geblieben.[57]

Den wahren Zustand referiert offenbar Ernst Ludwig Gerbers Tonkünstler-Lexikon, in dem es – sicherlich auf handschriftlichen Ergänzungen Johann Gottfried Walthers für die geplante Neuauflage seines *Musicalischen Lexicons* von 1732 fußend – heißt:

[56] *Friedrich der Große und Wilhelmine von Baireuth. Bd. I: Jugendbriefe 1728–1740*, hrsg. und eingeleitet von Gustav Berthold Volz. Deutsch von Friedrich von Oppeln-Bronikowski, Leipzig 1924, S. 365. Im zuständigen Bd. 27/1 der *Œuvres de Frédéric le Grand*, hrsg. von Johann David Erdmann Preuss, Berlin 1856 ff. nicht enthalten.
[57] Ebenda, S. 366.

Simonetti (*Sgr.*) Conzertmeister in der Kapelle des Herzogs von Braunschweig, ums Jahr 1730; privatisirte ums Jahr 1740 zu Berlin und gab daselbst Unterricht auf der Violin.
Simonetti (*Sigra.*) Sängerin am Herzogl. Braunschweigischen Operntheater ums Jahr 1732, zur Zeit, als Graun daselbst die Direktion übernommen hatte. Sie war die erste und beste Sängerin ihrer Zeit, auf dem dasigen Theater.[58]

Vom „musikalischen Sonnenaufgang" in Berlin nach dem Tod des „Soldaten-königs" am 31. Mai 1740 konnten die Simonettis offenbar nicht profitieren. Als Fünfzigjährige hatten sie keine Aussicht auf eine Neuanstellung am Hof, hätten wohl auch den einsetzenden stilistischen Wandel nicht oder nur unzureichend mitvollziehen können. Ob und gegebenenfalls inwieweit sie dem musikalischen Umfeld Carl Philipp Emanuel Bachs zugerechnet werden können, läßt sich derzeit nicht sagen. Bedenklich erscheint insbesondere, daß Johann Wilhelm Simonetti 1740 an einer prominenten Unternehmung des Thronfolgers beteiligt war, daß sein Name in den offiziellen Dokumenten jedoch nicht genannt wird und nur in zweitrangigen Quellen erscheint.
In einer Nachschrift zu seiner *Grundlage einer Ehren-Pforte* schreibt Johann Mattheson unter Berufung auf einen Brief aus Berlin vom 15. Juli 1740:

Der jüngere Herr Graun reiset künfftigen Montag nach Welschland, um 4. Sängerinnen und 6. Sänger zur Königl. Preußischen Capelle anzunehmen. Der König hat ihm befohlen, mit einer jeden Person biß auf zweytausend Thaler jährlicher Einkünffte zu schliessen. Er nimmt wirklich sechstausend Thaler an Wechselbriefen mit sich, zur Bestreitung der Reise- und andrer Kosten.[59]

Carl Mennickes 1906 gedruckte Dissertation zitiert Unterlagen vom 7. Juli 1740 zur „Italienischen Reyse" des Capellmeisters Graun, in denen ausschließlich dessen Name erscheint.[60] Daß Graun die Reise nicht allein angetreten hatte, wurde erst durch einen von Wilibald Nagel veröffentlichten Brief aus der Korrespondenz von Johann Friedrich Armand von Uffenbach (1687 bis 1755) bekannt, in dem ein Herr von Gerresheim am 15. November 1740 aus Berlin berichtete:

Die *retour* des H. Capellmstrs ist also noch nicht zu *determini*ren, indeßen hat er doch den mit sich genommenen *Concert* Mstr. *Simonetti* mit 2 Sängerinnen, welche diese Woche noch hier erwartet werden von *Venedig* abgesandt.[61]

---

[58] Gerber ATL, Bd. II (1792), Sp. 522.

[59] Mattheson, *Grundlage einer Ehren-Pforte* (wie Fußnote 32), S. 428.

[60] C. Mennicke, *Hasse und die Brüder Graun als Symphoniker. Nebst Biographien und thematischen Katalogen*, Leipzig 1906, S. 458. Den gleichen Informationsstand vertreten Agricolas Graun-Biographie (vgl. Fußnote 55) und andere Unterlagen zur Berliner Musikgeschichte.

[61] SIMG 13 (1911/12), S. 103. Der Briefschreiber ist der 1733 geadelte Hessen-Darmstädtische Legationsrat Wilhelm Christian von Gerresheim (* 1705, nachweisbar

Eine zweite Quelle bemerkt unter dem 22. Juli 1740:

> Den 19. sind die beyde Herren *Musici* Graun und Simonetti mit 6000 rtl. Reisegeld nach Italien abgegangen, um von da 4 Castraten, überdem 1 Baßisten, 1 Tenoristen, und 4 Cantatricen mitzubringen, auch wegen des Gehalts für die Person bis auf 2000 rtl. zu accordiren.[62]

Am 17. Oktober 1740 heißt es hier, daß Graun wegen anstehender Verpflichtungen in Berlin seine „retour" beschleunigen solle:

> Er bringt zugleich Sängerinnen und Virtuosen mit, welche volkommen nach I. M. *genie* seyn. Der Herr Simonetti bleibet aber bis Weynachten zurück, weilen die Castraten, die er in I. M. Dienst engagirt, sich ausgebethen haben, die *Opera* in Venedig noch mit beyzuwohnen, welches ihnen auch accordiret. Der Herr Simonetti aber, welcher die Castraten mitbringen solle, darauf warten muß.[63]

Was Graun veranlaßt hat, seinen „alten Bekannten" Simonetti nach Italien mitzunehmen – offenbar auf eigene Kosten – wissen wir nicht; möglicherweise verfügte Simonetti über profunde Sprachkenntnisse beziehungsweise über Erfahrungen bezüglich des Kunstbetriebs in südlichen Ländern Europas. Unbekannt bleibt auch, ob der partielle Mißerfolg der kostspieligen Expedition[64] – die meisten mitgebrachten Gesangssolisten wurden nach relativ kurzer Zeit wieder abgedankt – sich auf Simonettis Stellung in Berlin ausgewirkt hat.

Auf eine sicherlich in die Zeit nach 1740, also nach der Rückkehr von der Italienreise reichende Unterrichtstätigkeit Simonettis weist eine Bemerkung in der Biographie des Berliner Juristen und Amateurmusikers Johann Otto Uhde (1725–1766). Nach der Übersiedelung der Familie Uhde aus dem ostpreußischen Insterburg nach Berlin Ende 1739 wurde Minister Franz Wilhelm von Happe (1687–1760),[65] in dessen Privatkonzerten Uhde zuweilen als Geiger mitwirkte, auf die musikalischen Fähigkeiten des Jünglings aufmerksam:

---

noch 1760), wohl ein Sohn des Berliner Hofarztes Adolph Wilhelm Gerresheim (1655–1716) und Neffe des Theologen Johann Wilhelm Gerresheim (1653–1699). Zu seinen Besitztümern vgl. E. Consentius, *Alt-Berlin Anno 1740*, Berlin 1911, S. 35, 65 f.

[62] *Berliner geschriebene Zeitungen aus dem Jahre 1740. Der Regierungsanfang Friedrichs des Großen*, hrsg. und erläutert von R. Wolff, Berlin 1912 (Schriften des Vereins für die Geschichte Berlins. Heft XLIV.), S. 57. Wortlaut und Daten ähneln stark der bei Mattheson wiedergegebenen Mitteilung.

[63] Ebenda, S. 102.

[64] Vgl. das bei Mennicke (wie Fußnote 60), S. 458 f., wiedergegebene Mattheson-Zitat.

[65] Widmungsempfänger der 1748 veranstalteten Neuausgabe von Wilhelm Friedemann Bachs Cembalosonate Es-Dur Fk 5 (Dok II, Nr. 567, und Nachtrag Dok V, S. 298).

so riethen Sie ihm, in Nebenstunden noch weitern Unterricht in der Musik zu nehmen: welches denn auch, und zwar auf der Violine, bey dem ehemaligen Herzogl. Braunschweigischen Concertmeister Herrn Simonetti, der damals in Berlin wohnete, und auf dem Claviere, bald darauf auch in der Composition bey dem Königl. Kammermusicus Herrn Christoph Schafrath, geschahe.[66]

Johann Wilhelm Simonetti könnte also im Frühjahr 1744 durchaus noch in Berlin gelebt haben. Ob dies auch für seine Gattin gilt, müssen künftige Untersuchungen klären. Zu suchen ist ja noch immer nach einer Sängerin, die anstelle der im Herbst 1741 nicht reisefähigen Anna Magdalena Bach den schwierigen Sopranpart der Kantate „O holder Tag, erwünschte Zeit" (BWV 210; BC G 44) anläßlich der am 19. September 1741 gefeierten Hochzeit von Dr. Georg Ernst Stahl und Johanna Elisabeth Schrader übernommen haben könnte.[67]

Irgendwann in der Folgezeit beendete Simonetti seine Musiklehrertätigkeit in Berlin[68] und übernahm als Pächter das nordwestlich von Frankfurt/O. gelegene und der Stadt unterstehende Gut Booßen. Hier starb er in hohem Alter am 19. März 1776.[69]

---

[66] *Lebenslauf des Herrn Johann Otto Uhde, Königl. Preuß. Kammergerichts- und Criminalraths, und Hofrichters*, in: J. A. Hiller, Wöchentliche Nachrichten und Anmerkungen die Musik betreffend, [Jahrgang II], Neunzehntes Stück. Leipzig, den 9ten November 1767, hier S. 144 f. Die Universität Frankfurt/Oder bezog Uhde nicht 1743, sondern am 18. April 1744; sein Schulbesuch in Berlin (und damit der Unterricht bei Simonetti) kann also noch bis Ostern 1744 (Ostersonntag: 29. März) gedauert haben. Zu Uhdes musikalischem Nachlaß vgl. P. Wollny, *Anmerkungen zu einigen Berliner Kopisten im Umkreis der Amalien-Bibliothek*, Jahrbuch SIM 1998, S. 143–162, hier S. 154.

[67] M. Maul, *„Dein Ruhm wird wie ein Demantstein, ja wie ein fester Stahl beständig sein". Neues über die Beziehungen zwischen den Familien Stahl und Bach*, BJ 2001, S. 7–22.

[68] Vielleicht wurden bei dieser Gelegenheit Musikalien an Interessenten verkauft oder verschenkt. Zu Fragen der Quellenüberlieferung vgl. Maul (wie Fußnote 37), S. 364. Zu einem Violinkonzert in g-Moll (D-Dl, *Mus. 2449-O-1* [olim *Cx 857*]) sowie einem verschollenen Kammermusikwerk vgl. K. Musketa, *Werke italienischer Komponisten im Inventarverzeichnis der Zerbster Concert-Stube von 1743*, in: Johann Friedrich Fasch und der italienische Stil. Bericht über die Internationale Wiss. Konferenz am 4. und 5. April 2003 im Rahmen der 8. Internationalen Fasch-Festtage, Dessau 2003 (Fasch-Studien. IX.), S. 47–66 (bes. S. 57, 64), sowie G. Poppe (Hrsg.), *Schranck No: II. Das erhaltene Instrumentalmusikrepertoire der Dresdner Hofkapelle aus den ersten beiden Dritteln des 18. Jahrhunderts*, Beeskow 2012 (Forum Mitteldeutsche Barockmusik. 2.), S. 129.

[69] Büchsel 1956 (wie Fußnote 22).

Gottfried Albin de Wette als Gewährsmann für Orgeldispositionen der Bach-Zeit im Weimarer Landgebiet

Von Albrecht Lobenstein (Erfurt)

Die Hauptquelle

Die *Historischen Nachrichten* des Gottfried Albin de Wette,[1] vorrangig die Mitteilungen zu den Orgeln der Weimarer Stadt-, der Schloß- und der Jakobskirche, sind für historiographische Rückblicke eine belastbare Stütze, auch wenn sie zur Klärung der Situation während Bachs Weimarer Zeit nur bedingt beitragen, weil sie ein späteres Stadium spiegeln. Unter de Wettes Schriften von musikgeschichtlichem Belang verdient ein Manuskript ebenfalls Beachtung. Es trägt den Titel

Das Weimarische evangelische Zion oder Nachricht von den sämtlichen evangelischen Predigern in der Residenzstadt Weimar von der Reformation an bis auf unsere Zeiten nebst einem kurzen Anfange einiger Herrn Schullehrer an dasigem Fürstl. Gymnasio – Ferner Nachricht von den sämtlichen evangelischen Predigern innen benannter Örter nebst noch andern Glück- und Unglücksfällen jeder Gemeinde von der Reformation an bis auf jetzige Zeiten. Herausgeg. von Godofredo Albino de Wette, past. et adjunct. Melling.[2]

Die vier Halblederbände im handlichen Quartformat sind eine Fundgrube für Forschungen zur Orts-, Kirchen- und Musikgeschichte. Wie an den seit 1974 in den Buchdeckeln geführten Benutzungsnachweisen ersichtlich ist, werden sie gelegentlich zurate gezogen. Als Quelle für organologische Studien blieben sie aber bisher fast ungenutzt.

In seinen Aufzeichnungen stellt sich der Autor auch selbst vor.[3] Er wurde am 15. März 1697 in Synderstedt geboren, wo sein Vater Johann Heinrich de Wette Pastor und Adjunctus gewesen war, bevor er nach Berka wechselte. Nachdem Gottfried Albin 1722 die Universität in Jena verlassen hatte, unter-

---

[1] G. A. de Wette, *Historische Nachrichten Von der beruehmten Residentz-Stadt Weimar*, Weimar 1737; ders., *Historischer Nachrichten Von der Beruehmten Residentz-Stadt Weimar Anderer Theil*, Jena 1739.

[2] Thüringisches Hauptstaatsarchiv Weimar (im folgenden ThHStAW), Historische Schriften und Drucke *F 170–173* (vier Bände, foliiert und paginiert); im folgenden zitiert als Wette Zion I–IV. Der Titel, der in den einzelnen Bänden variiert, wurde hier aus dem Findbuch übernommen. Die zitierten Stellen weise ich anhand der jüngeren und umfangreicheren Blattzählung nach.

[3] Wette Zion II, Bl. 19 r–20 v und Wette Zion III, Bl. 190 v.

richtete er erst privat; 1727 trat er in den Schuldienst, 1737 kam er als Seminarist und Kollaborator an die Jacobskirche in Weimar und 1740 wurde er Diakon in Dornburg. 1746 folgte er schließlich einem Ruf nach Mellingen, einem ilmaufwärts in südöstlicher Richtung, wie er es selbst schreibt, an der von den Handelswegen Nürnberg-Hamburg und Vogtland-Mühlhausen genutzten Landstraße eineinhalb Stunden von der Residenzstadt entfernt gelegenen weimarschen Amtsort. Dort verwaltete er neben seinem Pfarramt auch einen Schulaufsichtsbezirk, bis er 1768 im Alter von 71 Jahren verstarb.

Den Stoff für das *Weimarische Zion* trug de Wette über einen längeren Zeitraum zusammen. Die unterschiedlichen Papiersorten, die als Schriftträger Verwendung fanden, legen nahe, daß auch die Niederschrift, wie sie uns heute vorliegt, über mehrere Etappen entstand. 1755 war eine vierteilige Fassung fertiggestellt, erinnerte sich de Wettes Sohn später.[4] Ein Vermerk des Assessors der Landesregierung auf dem Titelblatt des zweiten Teils bestätigt diesen Zeitpunkt. Darüber hinaus blieb der Chronist aber unermüdlich bemüht, die Sammlung um weitere Nachrichten zu vermehren. Er korrigierte den Haupttext und erweiterte ihn um Randbemerkungen. Der jüngste eigenhändige Eintrag datiert 1767. Vermutlich war das Werk noch immer für den Druck vorgesehen, ein Plan, der wohl erst vom Tod des Verfassers vereitelt wurde und auch posthum, wie es mit der Lebensgeschichte der Herzöge zu Sachsen noch 1770 gelang,[5] nicht mehr erfolgte. Weitere, jüngere Anmerkungen von unbekannter Hand sind Zeugnisse der Benutzung und Rezeption. Schließlich ist jeder Teil noch mit Orts- und Namensregister, Seiten- und Blattzahlen ausgestattet und in stabilen Buchdeckeln und Lederrücken für den Gebrauch gebunden worden.

Kerndaten der von de Wette geführten Objekte

De Wette beschreibt oder erwähnt 54 Orgeln und Positive in Landgemeinden des Herzogtums Sachsen-Weimar. Von 39 Objekten führt er die Register namentlich auf. Darüber hinaus gibt er nur numerische Hinweise auf die Dis-

---

[4] Schreiben des Johann August de Wette vom 24. Juli 1806, in: *Acta Regiminis | Die | neuerbaute Kirche zu Kiliansroda und deren | Einweihung betr. | Desgleichen | Was wegen Erkaufung eines Manuscripts von | dem Pastor de Wette zu Mannstedt, unter dem | Titel: Das Weimarische Evangelische Zion, ergan- | gen betr. | Weimar 1806*, ThHStAW, Konsitorialsachen, B 3807g, Bl. 10.

[5] G. A. de Wette, *Kurzgefaßte LebensGeschichte der Herzoge zu Sachsen, welche vom Churfuerst Johann Friedrich an, bis auf den Herzog Ernst August Constantin, zu Weimar regieret haben* [...], Weimar 1770.

positionen. Gelegentlich sind auch der Erbauer und die Bauzeit genannt. Der auf die Kerndaten beschränkte Überblick gewährt einen ersten Eindruck vom Umfang des organologisch relevanten Materials:[6]

Apolda, Martinskirche: II/P/22 (III, 115 v)[7]
Ballstedt: nach 1703, 8 (IV, 72 v)
Berka: II/P/14, für 30 Register vorbereitet (II, 159 v)
Buchfart: 1714, I/P/7 (II, 117 v)
Denstedt: 1662, I/P/11 (III, 39 r)
Döbritschen: 1741, I/6 (II, 104 v – 105 r)
Frankendorf: 1729, Positiv, I/3, später ein Neubau, I/P/6, 1750 um Oktavbaß erweitert, I/P/7 (II, 93 v)
Gaberndorf: II/P/13 (IV, 84 v)
Gelmeroda: (Conrad) Vockerodt 1718, I/P/7 (II, 122 v)
Groß-Cromsdorf (Kromsdorf-Nord): Trebs,[8] I/P/8 (III, 22 r)
Großromstedt: nach 1713, II (III, 234 r)[9]
Großschwabhausen: I/P/7 (II, 101 r)
Hermstedt: Positiv aus Oßmannstedt, nach 1718 erweitert, I/P/8 (III, 125 r)
Hirschroda: (Heinrich Nicolaus) Trebs 1743 (III, 193 r)
Hohlstedt: 1729, 6 (II, 97 v)
Kapellendorf: Johann Conrad Weißhaupt 1698, I/P/10 (II, 77 v)
Klein-Cromsdorf (Kromsdorf-Süd): (Conrad) Vockerodt 1723, I/P/9 (III, 31 v)
Krippendorff: nach 1733, II/(P)/15 (III, 229 r)
Legefeld: (Johann Georg) Francke, I/P/8 (II, 122 r)
Lehnstedt: 1714, (I)/P/12 (II, 66 v)
Magdala: (Heinrich Nicolaus) Trebs 1745, II/P/18, davon noch sieben Stimmen „blind" (II, 33 r)
Mattstedt: II/P/16, davon noch zwei Vakanzen (III, 72 v)
Mellingen: 1595 Positiv, 1632 Neubau, später erweitert, I/P/11 (II, 15 r)
Niedergrunstedt: 1700, I/P/10 (II, 136 v)

---

[6] In diesem Abschnitt sind Erläuterungen in runden Klammern angegeben. Dazu gehören auch die Nachweise der aus dem Weimarischen Zion zitierten Stellen. Hier bezeichnet die römische Zahl den Band, die arabische das Blatt.

[7] Siehe auch D. Vogt, *Die Orgeln der Martinskirche*, in: Apoldaer Heimat 25 (2007), S. 11–18.

[8] Bei dieser Gelegenheit sei auch auf die abweichenden Namensformen (z. B. „Tröbs") der eigenhändigen Unterschriften des Heinrich Nicolaus Trebs in den Schriftstücken zum Privilegienstreit mit Johann Michael Molau hingewiesen, in: *Privilegium | dem Orgelmacher Tröbßen | ertheilet, und was der | Orgelmacher Molau zu Gr. | Brembach darwieder | vorgestellet […]*, ThHStAW, *Polizeisachen, B 7441.*

[9] Michael Molau rechnet diese Orgel 1725 unter seine Werke, was im Attestat des Organisten bestätigt wird. Vgl. Privilegienstreit (wie Fußnote 8), Bl. 25, 39.

Niederroßla: II/P/21 (III, 65 r)[10]
Obergrunstedt: (Heinrich Nicolaus) Trebs 1731, I/P/7 (II, 138 r)
Oberroßla: (Heinrich Nicolaus) Trebs 1729, I/P/10 (III, 68 v)
Oberweimar: (Johann Christoph) Thielemann, I/P/10 (II, 44 v)
Oßmannstedt: II/P/15 (III, 56 v–57 r)
Roda: II (II, 199 r)
Rödigsdorf: (Conrad) Vockerodt 1733, I/P/10 (III, 47 r)
Saalborn: nach 1718, I/P/7 (II, 164 r)[11]
Saufeld (Thangelstedt): I/P/6 (II, 168 v)
Schöten: I/P/9 (III, 124 r)
Schwabsdorf: (Johann Georg) Francke 1702, I/5 (III, 45 v)
Stobra: 8 (III, 125 v)
Synderstedt: 1718, I/P/7 (II, 110 v)
Tannroda, Marienkirche: 1663, I/P/11, kurze Octave (II, 172 r)
Taubach: 1709, I/P/11 (II, 28 v)
Tiefurt: Positiv, 1716 um ein Register erweitert, I/P/6 (II, 14 r)
Tröbsdorf: 1712, I/P/8 (IV, 86 r)
Troistedt: (Johann Georg) Schröter 1734, I/P/12, davon eine freie Schleife (II, 135 r)
Tromlitz: 1702, I/5 (II, 111 r)
Ulrichshalben: I/4 (III, 58 r)
Umpferstedt: (Conrad) Vockerodt 1711, II/P/16 (II, 59 r–59 v)
Wiegendorf: nach 1739, I/5 (II, 60 v)
Zottelstedt: II/P/16 (III, 73 r).

In Sulzbach stand ein kleines Werk (III, 237 r). Unterpörlitz hatte „eine feine und gantz reparirte Kirche, nebst einer guten Orgel" (II, 199 v). Beim Brand in Naschhausen (1741) konnte die Orgel gerettet werden (III, 194 r). Mechelroda erwarb 1734 ein Positiv (II, 33 r), Daasdorf am Berge hat eine kleine Orgel aus Bindersleben gekauft (IV, 90 v).[12] Graitschen besaß keine Orgel (III, 266 r). Für die neue Kirche in Pfiffelbach wurde ebenfalls eine neue Orgel angeschafft (III, 77 v). Hier mußte Heinrich Nicolaus Trebs, wie in Oberroßla und Wickerstedt auch, gedrängt werden, Vorschüsse abzuleisten und sich verpflichten, die Arbeiten noch bis zum Winter des Jahres 1728 abzuschließen,[13] was ihm, den Zeitangaben de Wettes nach, nicht mehr gelingen konnte.

---

[10] Herrn Burkhardt Weber aus Gaberndorf verdanke ich den Hinweis, daß Heinrich Nicolaus Trebs um 1730 eine Disposition von Johann Gottfried Walther in Niederroßla verwirklicht hat.

[11] Laut einer im Turmknopf hinterlegten Urkunde soll die Orgel erst 1723 fertiggestellt worden sein. Diese Auskunft verdanke ich Frau Dr. Kerstin Vogel aus Saalborn.

[12] Nach M. P. Bertram, *Bilterslyebin – Geschichte des Dorfes Bindersleben bei Erfurt*, Bindersleben 1904, S. 79, war in Bindersleben 1683 ein Positiv erworben worden, das hier bis 1751 verblieb.

[13] Bericht des Amtmannes von Roßla, Johann Gottfried Bergherr, an Herzog Wilhelm Ernst gerichtet, 29. Juli 1728, in: *Canzley Acta | den | Orgel-Bau zu Ober Roßla,*

Wie aus den Aufzeichnungen de Wettes ersichtlich ist, hatte Heinrich Nicolaus Trebs, der das Privileg in Sachsen-Weimar gegen Michael Molau erfolgreich verteidigte,[14] auch andere Konkurrenten zu fürchten, darunter Johann Georg Francke und mehrmals Conrad Vockerodt. Deshalb läßt sich aus dem Vorrecht nicht zwangsläufig auf die Urheberschaft an den Orgelbauten, deren Provenienz nicht überliefert ist, schließen.

Manchmal äußert sich de Wette zur Qualität der Ausführung oder zum Zustand, teilt Preise oder Stifter mit. Daneben gewinnen wir noch eine Vorstellung des Großromstedter Prospektes mit seinem Schnitzwerk und den Inschriften auf den Spruchbändern.

Die Orgeln der Residenzstadt und der Landstädte Buttelstädt,[15] Buttstedt (Peter Herold/Johann Georg Finke 1701, II/23)[16] und Rastenberg (Johann Friedrich Wender 1686–1687, II/16)[17] finden wir hier nicht. Bedeutende Werke in weiteren Orten sind nicht genannt, darunter beispielsweise die Orgeln in Kiliansroda (Bartholomeus Heineman 1730, I/8)[18] und Sohnstedt (Franz

---

Wickerstedt und Pfiffelbach | betr. | 1728, ohne Seiten- und Blattzählung, ThHStAW, *Konsitorialsachen, B 4205 e.*

[14] Vgl. Privilegienstreit (wie Fußnote 8).

[15] Von de Wette in den *Historischen Nachrichten* 1739 (siehe Fußnote 1), S. 213 erwähnt. L. Hempel, *Die Orgel in der Buttelstedter Nikolaikirche*, in: Weimarer Heimat, Heft 15 (2001), S. 32, nennt Johann Conrad Weißhaupt und datiert 1704. A. W. Gottschalg berichtet in der *Urania. Musik-Zeitschrift für Alle, welche das Wohl der Kirche besonders zu fördern haben* […], Jg. 15 (1858), hrsg. von G. W. Körner, Erfurt, S. 14, daß Carl Friedrich Peternell „eine umfassende Orgelreparatur, die fast einem Neubaue glich, vollendet" habe. Diese Anlage, in die Peternell vorgefundene Elemente integrierte, darunter eine Windlade und einen Großteil des Pfeifenwerks, auch ehemalige Prospektpfeifen, die auf Weißhaupt zurückgehen dürften, ist substantiell und strukturell noch weitgehend erhalten.

[16] Siehe hierzu H. Schmidt-Mannheim, *Die Peter-Heroldt-Orgel in Buttstädt. Auf den Spuren von Johann Tobias und Johann Ludwig Krebs*, in: Acta Organologica 28 (2004), S. 155–188.

[17] Zu dieser Orgel siehe: A. Lobenstein, *Orgeln, Glocken und Kantoren – Kirchenmusik in Rastenberg,* in: Rastenberg anno 2014 – 50 Jahre Kirchfest der neuen Zeit – „Vom Kiliansfest zum Kirschfest" (Schriftenreihe des Heimatvereins Rastenberg. 9.), Rastenberg 2014, S. 147–157, speziell S. 149–151. Das Attestat des Bürgermeisters Johann Jacob Hoffmann für den Orgelbauer Johann Michael Molau besagt, daß dieser die Rastenberger Orgel „1715 *in totum* reparirt" habe, in: Privilegienstreit (wie Fußnote 8), Bl. 40.

[18] Kontrakt vom 27. Dezember 1730, in: *Consistorial-Acta der Chilianßrodischen Gemeinde die Concession in die Anschaffung eines Orgelwerckgens in ihre Kirche betreffend*, 1729–1730, Landeskirchenarchiv Eisenach (im Folgenden: LKAE), Inspektion Blankenhain, *K 32*, Bl. 11.

Volckland 1721, II/14)[19]. Nachrichten über die Arbeiten in der Johannes-Baptista-Kirche von Ramsla, für die die Gesamtkammer des Herzogshauses 1710/11 eine Beisteuer verbucht hat,[20] sucht man ebenfalls vergeblich.

Kritik

Die Befundbeschreibungen, darunter die Dispositionen, sind nicht datiert. Weil das Manuskript, wie es der Landesregierung 1755 vorgelegt wurde, als abgeschlossen gegolten haben muß, können nur die Nachträge jüngere Auskünfte enthalten. Inwiefern sich die Angaben aus den asynchron niedergeschriebenen Daten zu den jeweiligen Objekten aufeinander beziehen lassen, wird im konkreten Fall zu beurteilen sein. Fraglich ist auch, ob die Angaben den Status spiegeln, der zur Zeit der jeweiligen Niederschrift bestand oder ob sie vielleicht schon aus älteren Quellen, etwa über bauzeitliche Zustände, übernommen wurden. Oft läßt sich über den Kontext, den Vergleich mit anderen Schriftquellen oder am erhaltenen Sachzeugnis der Zeitraum enger stecken, wie es im Rahmen der Einzeldarstellungen von Objekten innerhalb der ehemaligen Superintendentur Weimar, auf die dieser Beitrag die Aufmerksamkeit lenkt, praktiziert wird.

Einzeldarstellungen

Das Herzogtum Sachsen-Weimar war in die Superintendenturen Apolda, Bürgel, Buttstädt, Dornburg, Ilmenau und Weimar gegliedert. Die Betreuung von Orgelbaumaßnahmen oblag dem jeweils in der Superintendentur zuständigen Inspektionskollegium, das sich aus geistlichen und weltlichen Vertretern

---

[19] Siehe A. Lobenstein, *Orgelbarock im Erfurter Landgebiet – Zum Verbleib ausgewählter Werke des Franz Volckland (1696–1779)*, in: Aus der Arbeit des Thüringischen Landesamtes für Denkmalpflege und Archäologie 2006, Altenburg und Erfurt 2006, S. 56–60, 111–112. In einem Schreiben vom 12. Juni 1725 nennt Johann Michael Molau Orte, in denen er die Orgeln zu stimmen habe: Buttstädt, Eßleben, Großbrembach, Großromstedt, Guthmannshausen, Hardisleben, Heygendorf, Krautheim, Mannstedt, Olbersleben, Rastenberg, Stadt-Sulza, Teutleben, Wormstedt und Wermsdorf (wahrscheinlich ist Nermsdorf gemeint). Der Schulmeister Johann Andreas Wurzel berichtet 1725, die Mannstedter Orgel sei „vor 20 Jahren" erbaut worden. Siehe Privilegienstreit (wie Fußnote 8), speziell Bl. 25, 44.

[20] Nach R. Jauernig, *Johann Sebastian Bach in Weimar. Neue Forschungsergebnisse aus Weimarer Quellen*, in: Johann Sebastian Bach in Thüringen. Festgabe zum Gedenkjahr 1950, hrsg. von H. Besseler und G. Kraft, Weimar 1950, S. 49–105, speziell S. 82.

und wenigstens einer sachkundigen Persönlichkeit zusammensetzte. In Apolda beispielsweise ist eine Arbeit von dem ansässigen Kantor, dem Superintendenten und den Bürgermeistern der Stadt geprüft worden.[21] In Taubach standen dem Generalsuperintendenten Johann Georg Lairitz, der die Superintendentur Weimar verwaltete, neben Autoritäten des Ortes auch der Hof-, Konsistorial- und Forstrat Christian Wilhelm Löscher und Hoforganist Johann Sebastian Bach zur Seite.[22] De Wette nennt Lairitz und Löscher im Zusammenhang mit dem Orgelneubau in Tröbsdorf (1712) ebenfalls. In dieser Übereinstimmung deutet sich eine personelle Beständigkeit im Inspektionskollegium an, die durchaus ermutigen kann, Bachs Beteiligung auch in Tröbsdorf und darüber hinaus in anderen Orten der Superintendentur Weimar[23] zu suchen. Jedenfalls geht die Motivation, Objekte der ehemaligen Superintendentur Weimar eingehender vorzustellen, von der Überzeugung aus, daß Bach die Orgeln, die während seiner Weimarer Zeit in den Kirchen der stadtnahen, ohne Anstrengung zu Fuß erreichbaren Umgebung vorhanden waren, gebaut oder bearbeitet wurden, zumindest kannte, möglicherweise sogar auf deren Beschaffenheit Einfluß nahm. Leider ist über Entstehung, Gestalt und Verbleib der Instrumente – von Taubach einmal abgesehen – bisher noch fast nichts bekannt geworden.

Von der Kirche Unser-lieben-Frauen in Buchfart, das von Weimar einen knapp zweistündigen Fußmarsch entfernt gelegen ist, berichtet de Wette, sie sei „1714. mit einem neuen Wercke von 7. *Reg*istern versehen" worden:

Sub Bass	16.	Fuß
Grob gedackt	8.	Fuß
Klein gedackt	4	Fuß
princip.	2	Fuß
octav	4.	Fuß
Qvinta	2½	Fuß
Mixtur	3.	fach
1 Trimulant[24]		

Demnach verfügte die einmanualige Orgel über sechs klingende Stimmen im Manual- und eine im Pedalwerk. 1780 hat der Hoforgelbauer Christian Wilhelm Christoph Trebs „das Werckgen", das in der Zwischenzeit schwer beschädigt

---

[21] Nach Vogt (wie Fußnote 7), S. 13.

[22] Vgl. Dok I, Nr 84; Dok II, Nr. 50, 50 a.

[23] Ich orientiere mich am zweiten Teil der *Historischen Nachrichten* (siehe Fußnote 1), S. 269–282, wo de Wette die Superintendenturen mit den jeweils zugehörigen Orten anführt.

[24] Wette Zion II, Bl. 117 r. Disposition am Rand.

worden war, „wieder in guten Standt gesetzet".[25] 1791 bemängelte Johann
Georg Görbing den Zustand der alten Bälge, „etwas über 6 Fuß lang und halb
so breit", um für neue zu werben.[26] Nachdem Görbing die Orgel 1819 überarbeitet hatte, notierte Johann Gottlob Töpfer, der mit der Revision beauftragt
war, eine Quinte in 1 ⅓'- statt der 2 ⅔'-Lage und einen zusätzlichen Octavbaß
8'.[27] 1829 baute Wilhelm Salfelder eine neue Orgel mit neun Stimmen im
Manual- und drei im Pedalwerk, die ebenfalls von Töpfer revidiert wurde.[28]
Die gegenwärtige Anlage geht auf einen Neubau des Emil Heerwagen (II/12)
zurück.

Gelmeroda ist vom Residenzschloß aus in südwestlicher Richtung zu Fuß
in weniger als einer Stunde zu erreichen. In Bachs Weimarer Zeit fiel eine
Umgestaltung der Kirche. Eine neue Orgel befand sich ebenfalls schon in Arbeit, nach de Wette „ein feines Orgel werck mit 7.6. registern, so 1718 von
Herrn Vockerodt aus Kahla verfertiget worden", „so aus folgenden *Reg*istern
bestehet":

1) principal   2 Fuß.
2) Grob Gedackt   8. Fuß
3) Qvintathoen   8 _
4) *Floete*   4 _
5) Qvinta   3 _
6) Mixtur   3 _ [fach]
7) Sub Bass   16 _
8) *Tremulant*[29]

Die Aufstellung zeigt sechs klingende Stimmen im Manual- und eine im Pedalwerk. 1787 und 1809 veranschlagte Johann Georg Görbing Reparaturen.
1826 stattete Johann Gottlob Rautenhaus im Zuge umfassenderer Arbeiten den

[25] *Unterthänig gehorsamer Bericht an die Kirchenkommission*, 24. November 1780,
in: Kirchen Commiss. Acta | Die Reparatur des Orgelwercks | zu Buchfarth […] betr.
| Weimar | ao 1780. | bis | 1792, LKAE, Inspektion Blankenhain, *B 495*, Bl. 4.

[26] J. G. Görbing, *Unterthäniger Anschlag | über die Orgel Reparatur zu Buchfahrt |
welche allein die Bälge betreffen.*, 30. Januar 1791, in: Akte Buchfart (wie Fußnote
25), Bl. 7.

[27] Töpfers Bezeichnungen des offenen Vierfußes als Principal und des Zweifußes als
Octave sind bloß nominale Differenzen zu den Überlieferungen de Wettes. Siehe
den Revisionsbericht von J. G. Töpfer vom 16. Oktober 1819 (Abschrift), in: *Acta
Com. eccl. | die Reparatur der Orgel zu | Buchfahrt betr.*, LKAE, Inspektion Blan-
kenhain, *B 496*, Bl. 8–10.

[28] Revisionsbericht von J. G. Töpfer vom 23. September 1829 (Abschrift), in: Akte
Buchfart (wie Fußnote 27), Bl. 44.

[29] Wette Zion II, Bl. 122 v. Disposition am Rand.

Quintatön mit neuen Kernen aus.[30] Im selben Jahr nahm Wilhelm Salfelder den mit de Wette noch immer gleichlautenden Bestand auf, darüber hinaus zwei Bälge, die Mixtur, die auf der Einfuß-Lage basierte und den Prospekt, in dem die Quinte stand.[31] Der Befund von 1884 erwähnt, daß beiden Teilwerken das Cis der großen Octave fehlte. Die alte Anlage war zwar noch erhalten geblieben, aber auch vom Verschleiß und von Beschädigungen, die von den Arbeiten am Baukörper verursacht worden sein könnten, gezeichnet.[32] 1888 stellte Hermann Kopp einen Neubau fertig.[33] Gegenwärtig beherbergt die Kirche eine Orgel von Klaus Kopetzki.

Für die Magdalenenkirche in Lehnstedt, dem ilmaufwärts einen nur zweistündigen Fußmarsch von Weimar entfernt gelegenen Dorf, ist in den herzoglichen Kammerrechnungen 1711/1712 eine Beisteuer „zum verbesserten Orgelwerk" verzeichnet.[34] Johann Poppo Bach amtierte zu dieser Zeit hier als Pfarrer. Erweckt seine Erwähnung im „Ursprung der musicalisch-Bachischen Familie"[35] als Bruder des Braunschweiger Kantors Stephan Bach nicht den Eindruck, daß der Verfasser ihn kannte? De Wette berichtet: „Ein feines Orgelwerck so *anno* 1714 verfertiget und auf die 112 rthl. ohne andern aufwand kosten soll ist darinnen befindlich und soll es aus folgenden *Regi*stern bestehen als:"

1)	Qvintathön	8. Fuß
2)	Spitz-Flöte	[4']
3)	Klein Gedackt	4. Fuß
4)	Sesqvialter	
5)	Posaunen Bass	
6)	Sub-Bass	[16']
7)	Koppel	
8)	principal	4. Fuß

---

[30] Ein umfangreicher Bestand an Dokumenten zu diesen Vorgängen und ein Schriftwechsel zur Qualität der Arbeiten von Johann Gottlob Rautenhaus, in den auch Töpfer einbezogen war, befindet sich in: *Kirchen-Commissions-Acta | Die Reparatur der Orgel in der Kirche | zu Gelmeroda betr. | [...], Weimar | 1787. bis 1829,* LKAE, Inspektion Weimar mit Mellingen und Neumark, *G 61.*

[31] W. Salfelder, *Zu einem Reparatur und Kosten-Anschlage der Orgel | zu Gelmeroda* [...], 13. September 1826, in: Akte Gelmeroda (wie Fußnote 30), Bl. 20.

[32] *Gutachten | des Schullehrers August Vockrodt | in Mellingen über die Orgel in | Gelmeroda.,* 5. März 1884, in: *Acten | der | Großhrzgl. S. Kirch-Inspektion | des | Amtsbezirks Weimar | betreffend | den Orgelbau in Gelmeroda, | Jahr 1884.,* LKAE, Inspektion Weimar mit Mellingen und Neumark, *G 62,* Bl. 5.

[33] A. W. Gottschalg, *Gutachten über | den Orgelbau in | Gelmeroda,* 17. März 1888 (Abschrift), in: Akte Gelmeroda (wie Fußnote 30), Bl. 32–33.

[34] Nach Jauernig (wie Fußnote 20), S. 82.

[35] Siehe Dok I, S. 256. De Wette stellt die Lehnstedter Bache vor, Johann Bach in Zion II, Bl. 193 r und Johann Poppo Bach ebenda, Bl. 69 r.

9)	Grobgedackt	8. Fuß
10)	Qvinta	[2⅔']
11)	Mixtur	
12)	octav	2 Fuß
13)	principal Bass	[8']
14)	*Tremulant*[36]	

Neun klingende Stimmen sind in dem einen Manual- und drei im Pedalwerk zu zählen. Nach einem Inventarverzeichnis befand sich die Orgel 1771 noch in einem „guten Stande".[37] Gegen Ende des 18. Jahrhunderts brannte der Ort. Ein Chronist berichtet, daß am Sonntag, dem 17. Oktober 1784, 31 Häuser, ohne Scheunen und Ställe gezählt, und der Turm der Kirche in Flammen standen.[38] Der Brand kann den Turm jedoch nicht gänzlich verheert haben. Sonst wäre die Glocke aus dem 15. Jahrhundert, die de Wette auch aufgenommen hatte, nicht erhalten geblieben. Jedenfalls wurde dieser Schicksalsschlag zum Anlaß genommen, das Kirchengebäude und seine Einrichtung umfänglich zu erneuern. Ein Orgelbauer hinterließ 1802, vor den Blicken der Auftraggeber verborgen, die Klage darüber, daß er auf Geheiß des Herrn Kantor Schenk und der Gemeinde die alten Laden wieder verwenden und die Disposition wieder so herstellen mußte, wie sie vor dem Brande gewesen war.[39] Ein Jahrhundert später wurde des schlechten Zustands wegen ein Neubau erwogen, der jedoch nicht zur Ausführung kam.[40] Die gegenwärtige Anlage spiegelt einen bewegten Werdegang. Auf den Laden stehen Pfeifen aus Holz, Orgelmetall und Zink, Metallpfeifen mit geriebenen oder gepreßten Labien, offene Pfeifen mit Expressionen, gedeckte mit geschnitzten oder gedrechselten Spundgriffen in einer Struktur, die im 20. Jahrhundert gefügt worden ist. Zum ursprünglichen Bestand sind noch der Gehäuseprospekt, die Windladen (C,D–c¹/c³), die Ton- und Registertrakturen, die Bälge und wahrscheinlich auch die hölzernen Pfeifenreihen des Gedackt 8', des Gedackt 4' und des Subbasses zu zählen.

---

[36] Wette Zion II, Bl. 66 v–67 r.

[37] „Ist eine Orgel darinn mit 12. Registern, und annoch in guten Stande." Zitiert nach: *Inventarium | der Kirche Lehnstedt, | 1771*, LKAE, Inspektion Weimar mit Mellingen und Neumark, *L 62*, erste Innenseite.

[38] Wette Zion II, Bl. 67 r, Randbemerkung von fremder Hand.

[39] Bleistifteintrag auf der Innenseite einer Gehäusewandung des Mittelturmes, unterschrieben mit den Initialen „J. C. A. Ge.", die als Johann Christian Adam Gerhard sinnvoll aufzulösen wären.

[40] Zu diesem Vorhaben siehe: *Acten | der | Großhrzgl. S. Kirch-Inspektion | des | Amtsbezirks Weimar | betr. | Gesuch der Kirchgemeinde Lehnstedt um Ge- | währung einer Landkollekte zum Bau einer | neuen Orgel und Verschönerung des Innern | der Kirche daselbst | Jahr 1883*, LKAE, Inspektion Weimar mit Mellingen und Neumark, *L 68*.

Am 4. April 1703 signierten Johann Georg Fincke und sein Geselle Johann Christoph Thielemann in der Peter-und-Paul-Kirche von Oberweimar einen Windkasten.[41] Demnach fiel der Orgelbau, möglicherweise auch die Fertigstellung, in Bachs erste Weimarer Zeit. Bach und Fincke dürften sich hier, keine halbe Stunde voneinander entfernt, erstmals begegnet sein.[42] Im zweiten Teil seiner *Historischen Nachrichten* hatte de Wette noch berichtet, es sei 1668 „ein fein Positiv mit 5. Registern und Vogel-Gesang […] vor 32. Fl. Meißnischer Wehrung erkaufft worden von Johann Osan, Orgelmachern in Rinckleben".[43] Im *Weimarischen Zion* streicht er die Notiz, „daß ein schönes und unvergleichliches Orgelwerck darinnen befindlich", um ausführlicher zu werden:

Ein feines Orgelwerck so Herr *Thielemann* Hof- und Land Orgelmacher zu Gotha verfertiget ist auch in obberührter Kirchen zu finden, und bestehet aus folgenden Stücken als

1)	principal	4.	Fuß
2)	Groß Gedackt	8	_
3)	octav	2	_
4)	Sesqvialtera	2	_ [fach]
5)	Trompeten Bass	8	_
6)	Qvintaden	4	Fuß
7)	Qvinta	2	_
8)	Gedacht	4	_
9)	Mixtur	3	fach
10)	Sub Bass	16	Fuß.
11)	Tremulant. NB alles von Metall		

ausgenommen die 2 Bässe so von Holtz.[44]

---

[41] „Johan Georg Fincke orgel und Instrument macher in Jena wohnhafft und Christoph Tielman orgelmacher gesell anno 1703 den 4. April"; zitiert nach J. Stade (Orgelbau Waltershausen GmbH), *Angebot für die Restaurierung der Orgel in der Ev. Kirche zu Oberweimar*, 27. August 2009, o. S.

[42] Diese These widerspricht M. Maul, *Johann Sebastian Bachs Besuche in der Residenzstadt Gera*, BJ 2004, S. 101–119, speziell S. 109–110, der die frühe Bekanntschaft der beiden noch bezweifelt.

[43] Wette, Historische Nachrichten 1739 (wie Fußnote 1), S. 329. Später zitiert von [A. W.] G[ottschalg], *Zur Geschichte des Orgelbaus. Bemerkenswerte Orgeldispositionen etc. aus alter und neuer Zeit. 1. Disposition der Schloßorgel in Weimar, auf welcher Seb. Bach von 1708–1717 gespielt hat*, in: Urania. Musik-Zeitschrift für Orgelbau, Orgel- und Harmoniumspiel, sowie für musikalische Theorie, kirchliche, instruktive Gesang- und Clavier-Musik 49 (1892), hrsg. von A. W. Gottschalg, S. 50–51.

[44] Wette Zion II, Bl. 44 v–45 r.

Die Aufstellung der zehn klingenden Stimmen eines Manual- und des Pedalwerks scheint an den Registerzugbezeichnungen staffelweise aufgenommen
worden zu sein. Demnach müßte der Quintatön direkt hinter dem Prästant
und vor dem Großgedackt gestanden und somit in der Achtfußlage geklungen
haben. Möglicherweise ist de Wette, wie bezüglich der tatsächlich dreifüßi-
gen Quinte übrigens auch, bei der Übertragung der Tonlage ein Fehler unter-
laufen. Unter dieser Voraussetzung indiziert die offenbar unveränderte Plazie-
rung der Pfeifenreihen, daß hier die bauzeitliche Disposition und kein späterer
Status, wie er etwa nach möglichen Veränderungen im Zuge der Umgestaltung des Innenraumes 1733 anzunehmen wäre, wiedergegeben ist. Fraglich
bleibt, ob tatsächlich keine Koppel ausgewiesen war.

Nach Reparaturen hinterließen Johann Georg Görbing 1812 und Johann
Wilhelm Brenner 1840 ihre Namen im Instrument. Als Adalbert Förtsch 1872
eine neue Orgel baute, verwendete er brauchbare Teile wieder.[45] Seitdem war
auch dieser Klangkörper mehreren Eingriffen ausgesetzt. An barocker Substanz blieben noch der Prospekt, der als Mittelteil in das nachträglich erweiterte Gehäuse integriert ist, die ehemalige Manuallade, jetzt für das zweite
Manualwerk genutzt, ein Wellenbrett, Teile der Registertraktur, der Subbaß,
der, möglicherweise im Zusammenhang mit einer Winddruckerhöhung, höher
aufgeschnitten wurde, und Einzelpfeifen in verschiedenen Registern erhalten.
Die Zuordnung der Pedalladen, die zwar noch nicht über das Cis der großen
Octave verfügen, dafür aber nicht zwei, sondern vier Registerschleifen Raum
geben, sowie der Stiefelblöcke eines ehemaligen Zungenbasses ist ungesichert.
Die Bemerkung de Wettes, daß alle Pfeifen des Manualwerks aus Metall gearbeitet waren, durchkreuzt die Vermutung, das alte Gedackt aus Holz mit geschnitzten Spundgriffen könnte ebenfalls noch barockzeitlichen Ursprungs
sein.

Die Kammerrechnungen von 1712 weisen eine Zuwendung „zum verbesserten
Orgelwerk" in Oßmannstedt aus,[46] die möglicherweise in den Neubau floß,
der von de Wette beschrieben ist. Zuvor hätte die Peterskirche nur „ein Kleines
Werckgen" beherbergt, „welches aber 1718. nach Hermannstedt [Hermstedt]
verkaufft"[47] worden sei. Die neue Orgel sei hingegen ein „starckes Werk",[48]
„es ist nemlich 4. Fuß stark mit 2 Claviren, in Haupt Manual 7. Klangbare

---

[45] Nach C. Prüfer und A.W. G[ottschalg], *Zwei neue Orgelwerke von A. Förtsch in Blankenhain*, in: Urania. Musik-Zeitschrift für Alle, welche das Wohl der Kirche besonders zu fördern haben, Jg. 29 (1872), hrsg. von A.W. Gottschalg, S. 99–104, speziell S. 102–104.

[46] Nach Jauernig (wie Fußnote 20), S. 82.

[47] Wette Zion III, Bl. 56 v.

[48] Ebenda, Bl. 58 r.

Stimen, in Positiv aber 5 Stimmen und 3. Bässe."[49] Nachdem erst Johann Christoph Dinger, später Christian Wilhelm Christoph Trebst und 1801 Ludwig Wilhelm Hähner die Orgel in ihre Obhut genommen hatten, lehnte 1805 Johann Benjamin Witzmann wegen erheblicher Wurmfraßschäden eine weitere Reparatur ab und warb für den Neubau (II/21), den er 1810, als auch am Baukörper umfangreich gearbeitet wurde, verwirklichen konnte.[50]

Der Ortschronist von Millingsdorf berichtet, daß seine Gemeinde 1812 die alte Oßmannstedter Orgel von Witzmann gekauft habe und daß Johann Georg Francke als Erbauer und das Jahr 1717 durch Inschriften bezeugt sowie mehrere Orgelteile auch von Johann Friedrich Schulze signiert seien.[51] In Millingsdorf treffen wir noch heute auf einen erheblichen Anteil an barocker Substanz. Die Notiz auf der Rückseite des Manualvorsatzbrettes, auf die sich der Chronist auch berief, ist inzwischen verblichen und stellenweise überschrieben worden.[52] Auf dem rechtsseitigen Windkanal zum Hauptwerk befindet sich die Signatur des Johann Friedrich Schulze.[53] Er war als Lehrling Witzmanns am Neubau in Oßmannstedt beteiligt gewesen. Sollte ihm die Umsetzung der alten Orgel nach Millingsdorf anvertraut worden sein, dann begegnen wir hier seiner ersten selbständigen Arbeit. Allerdings ging die letzte Rate 1818 an die Witwe Witzmann, wie es der Chronist mitteilt.
Dem gegenwärtigen Bestand nach zu urteilen, ist in Millingsdorf nur ein einmanualiges Werk aufgebaut worden. Sieben Stimmen stehen im Manual-

---

[49] Ebenda, Bl. 57 r.

[50] Reparaturgeschichte nach den chronikalischen Mitteilungen im Schreiben der Gemeindevertreter in Oßmannstedt an den Justizrath, Amtmann und Kirchenkommissar Büttner in Niederroßla vom 8. Mai 1811, der von der Notwendigkeit des Neubaus überzeugt werden sollte, in: *KirchenCommissions Akten | die Herstellung einer neuen Orgel | in der Kirche zu Oßmannstedt | betr. | […] 1810. | 1811. | 1846*, LKAE, Inspektion Apolda, O 188, Bl. 10. In dieser Akte befinden sich auch eine Abschrift des Kontrakts mit Johann Benjamin Witzmann vom 21. März 1809 (lose Einlage, unpaginiert) und eine Abschrift der *Disposition zur Erbauung der Neuen Orgel*, datiert auf den 21. Mai 1809 (Bl. 18–19). Zur Gestalt dieser Orgel verweise ich auf A. Lobenstein, *Zur ästhetischen und empirischen Position des Orgelbauers Johann Friedrich Schulze in der Rastenberger Liebfrauenkirche*, in: Damit die Gemeinde zu Rastenberg […] sich des Vortrefflichen, welches die Orgel bietet, auch wirklich erfreuen könne, Rastenberg 2011 (Schriftenreihe des Heimatvereins Rastenberg. 2.), S. 133–167, speziell S. 136–137.

[51] H. Appel, *Chronik von Millingsdorf*, 1962, maschinenschriftlich. Ich danke Frau Ilona Romankiewicz aus Millingsdorf, die mir eine Kopie der entsprechenden Seite überlassen hat.

[52] Ich lese: „1717 ist dieses Orgelwergk gemacht | von Johann Georg F". Die Notiz endet mit einer Ergänzung von anderer Hand, die sich nicht sinnvoll auflösen läßt.

[53] Bleistiftsignatur: „Joh. Friedrich Schultze".

und drei im Pedalwerk, was mit dem alten Oßmannstedter Haupt- und Pedalwerk, wie de Wette es beschreibt, numerisch übereinstimmt. Neben den Windladen dürften auch die beiden Bälge und die Registertraktur, unter Umständen
auch der Gehäuseprospekt[54] aus Oßmannstedt übernommen worden sein.
Oberhalb der Spielarmaturen, jetzt vom Vorsatzbrett verdeckt, vermittelt ein
Papieretikett mit der Aufschrift „Tremulant" noch die Art einer alten Register-
zugbezeichnung. Die Disposition ist inzwischen mehrmals verändert worden.
Barockes Pfeifenwerk blieb zwar in größerem Umfang erhalten, wurde aber
umgestellt und bearbeitet, so daß kein Register mehr als authentisch gelten
kann. Zu beiden Seiten der Orgel stützt jeweils ein ehemaliger hölzerner
Posaunenbecher die Tonne.

Den bedeutendsten Hinweis auf die einstige Gestalt der Orgel erhalten wir
von einem musikalischen Gewährsmann, der erwähnt, daß das Millingsdorfer
Manual von H_1 bis c^3 reichte.[55] Diese Behauptung wird von einer Bestandsaufnahme im Jahr 1940 noch gestützt.[56] Heute sind Manualklaviatur, Tontrak-
tur, Pfeifenwerk und Raster für den Manualumfang mit 48 Tönen von C, D bis
c^3 eingerichtet. Gleichwohl zähle ich Stockbohrungen für 49 verschiedene
Töne,[57] die bezeugen, daß das Manualwerk schon seit seiner Erbauung in
Oßmannstedt über einen erweiterten Umfang verfügt hatte.

Die Millingsdorfer Pedalklaviatur, die -traktur, die -pfeifen und -stöcke reichen gegenwärtig von C, D bis c^1, umfassen also 24 Töne. Früher korrespon-
dierte der Pedalumfang aber mit dem Manualumfang. An den Bohrungen im

---

[54] Höhe: 3,95 m; Breite: 2,41 m; Tiefe, bis Westgiebel: 1,91 m. Gehäuseprospekte, die
zwar eine zweimanualige Orgel beherbergen, aber nur eine einmanualige repräsen-
tieren, treffen wir auch an Werken von Franz Volckland (1696–1779), beispielsweise
in Ollendorf und Sohnstedt, an. Zweifel an der Übernahme des Gehäuseprospekts
kommen angesichts der Beobachtung auf, daß die Millingsdorfer Frontstöcke für
die Gruppierung 7/12/9/12/7, die Stöcke auf den Laden aber für 12/8/9/8/12 gebohrt sind.

[55] Siehe W. Nichterlein, *Zur heimatlichen Orgelgeschichte*, in: Kalender für Ortsge-
schichte und Heimatkunde im Kreise Eckartsberga, Jg. 14 (1909), S. 61–78, speziell
S. 76.

[56] *Fragebogen A über den Bestand an Orgeln in der Provinz Sachsen*, datiert den
21. November 1940, Registratur im Landeskirchenamt der Evangelischen Kirche
in Mitteldeutschland, Außenstelle Magdeburg.

[57] Um die Ventile oder Kanzellen zu zählen, hätte ich verquollene Verspundungen und
vernagelte Verschalungen respektwidrig aufbrechen müssen. Es ist anzunehmen,
daß ihre Anzahl der Anzahl der Stockbohrungen entspricht. Bei dieser Gelegenheit sei beispielshalber erinnert, daß meine Beobachtungen am Sachzeugnis, die
mir am 3. April 2013 und am 28. Januar 2014 in Millingsdorf gelangen, hier und
andernorts in dem Milieu fußen, das wir im Rahmen von Feldstudien in Kauf zu
nehmen gewöhnt sind. Die genauere Aufnahme und Bewertung des gegenwärtigen
Bestands würde günstigere Bedingungen voraussetzen.

Pulpetenbrett zeigt sich, daß auch an der stillgelegten Kanzelle der Manuallade ein Koppelventil angelegt ist. Demnach war das Pedal ursprünglich für einen Umfang von mindestens 25, in Diskantrichtung möglicherweise sogar noch weiteren Tönen eingerichtet.[58]

Der Umstand, daß zeitgenössische Abschriften Bachscher Orgelwerke, deren Autographe nicht mehr vorhanden sind, zwar das Kontra-H voraussetzen,[59] jedoch noch keine Orgel in Bachs näherem Umfeld bekannt geworden war, die die Taste für diesen Ton bot, reizte zu verschiedenen Erklärungsversuchen. Vorrangig neigte man dazu, die Überlieferung nicht für verbindlich zu halten.[60] In Bezug auf die Pièce d'Orgue (BWV 572) hat Siegbert Rampe eine ursprüngliche Bestimmung für Pedalclavichord oder -cembalo mit entsprechenden Umfängen für wahrscheinlich gehalten.[61] Daneben muß nun auch in Betracht gezogen werden, daß die in der Abschrift von Johann Gottfried Walther überlieferte frühe Fassung dieses Werkes, die den Gebrauch des Pedals erst ab Takt 176 ausweist,[62] an der Oßmannstedter Orgel uneingeschränkt zu verwirklichen war. Walthers Abschrift wird in den Zeitraum zwischen 1714 und 1717 datiert,[63] in den die für 1717 überlieferte Fertigstellung der Orgel fiel. Somit eröffnen die neu gewonnenen instrumentenkundlichen und entstehungsgeschichtlichen Daten die Möglichkeit einer direkten Beziehung der Komposition zu einem konkreten Instrument. Leider gewinnen wir aus de Wettes Angaben zur Disposition nur den aufführungspraktischen Hinweis, daß ein Manualwechsel möglich wäre.

---

[58] Die Bohrungen in den Pulpetenbrettern sind nur abschnittsweise sichtbar.

[59] Zu BWV 564 siehe NBA IV/5–6 Krit. Bericht (D. Kilian, 1979), S. 492; zu BWV 566 (E-Dur-Fassung) ebenda, S. 531; zu BWV 572 siehe NBA IV/7 Krit. Bericht (D. Kilian, 1988), S. 194.

[60] Diese Lesart begann wohl mit Hermann Keller, der sich in seinem Buch *Die Orgelwerke Bachs – Ein Beitrag zu ihrer Geschichte, Form, Deutung und Wiedergabe*, Leipzig 1948, S. 75, zum Kontra-H in BWV 572 dahingehend äußert, daß es nicht ausführbar sei. Sie setzte sich unter anderem über die Kritischen Berichte der NBA (wie Fußnote 59) fort.

[61] Vgl. S. Rampe, *Kompositionen für Saitenclaviere mit obligatem Pedal unter Johann Sebastian Bachs Clavier- und Orgelwerken*, in: Cöthener Bach-Hefte 8. Beiträge zum Kolloquium „Kammermusik und Orgel im höfischen Umkreis – Das Pedalcembalo", Köthen 1998, S. 143–185, speziell S. 169–171.

[62] Nach S. Rampe, *Bachs Piece d'Orgve G-Dur BWV 572: Gedanken zu ihrer Konzeption*, in: Bachs Musik für Tasteninstrumente. Bericht über das 4. Dortmunder Bach-Symposium 2002, hrsg. von M. Geck, Dortmund 2003, S. 333–370, speziell S. 335.

[63] Nach K. Beißwenger, *Zur Chronologie der Notenhandschriften Johann Gottfried Walthers*, in: Acht kleine Präludien und Studien über BACH. Georg von Dadelsen zum 70. Geburtstag, Wiesbaden 1992, S. 11–39, speziell S. 22 und 27.

Der zeitliche Rahmen um den Orgelneubau in der Ursulakirche von Taubach
Anfang des 18. Jahrhunderts läßt sich anhand der Aufzeichnungen im Kirchenbuch[64] genau stecken: Am 5. Juli 1709 ist Heinrich Nicolaus Trebs beauftragt, und am 26. Oktober 1710 ist seine Arbeit vom Inspektionskollegium,
dem Bach angehöre, geprüft und geweiht worden. Dem Bericht vom Vertrags-
schluß schließt sich eine Disposition an, die im Nachhinein von derselben
Hand, aber mit breiterer Feder und dunklerer Tinte, verändert worden ist. (Die
Nachträge sind hier durch Fettdruck gekennzeichnet.)

Die *Disposition* der Orgel besteht

1	Principal	4 fuß von guten Zinn
2	Gedact	8 fuß von holtz.
3	Q[u]inta	3 fuß von Metall
4	Octava	2 fuß von Metall.
5	T[r]itonus	1 ⅗ fuß von Metall.
6	Super octav	1 fuß von Metall
7	Mixtur	dreyfach von Metall.
8	**Quintathön**	**halb Metall und halb holtz 8 Fuß**

Bässe
1	Sup Bass	16 fuß von holtz
2	Waldt flöth Bass	2 fuß ⎫
3	~~Schweitzer Bass~~	~~2 fuß~~ ⎬ von Metall.
	Principal Bass	**8 Fuß von holtz.**

Stern Cymbel, *Tremulant*, *Capell* zum *pedal* und zwey bälge 9 Schuh lang und
4 ½ Schuh breit.[65]

Auf derselben Seite folgt nun, unterhalb eines doppelten Trennungsstrichs,
die Aufstellung der Einweihungskosten, die in Schriftzug, Federstrich und
Tönung den Änderungen in der Disposition gleicht. Demnach sind die Inskrip-
tionen ebenfalls nach der Weihe vorgenommen worden. Wahrscheinlich war
eine von den vertraglichen Vereinbarungen in zwei Positionen abweichende
Disposition verwirklicht worden, sei es auf Veranlassung oder auf eigene
Verantwortung des Orgelbauers, wohl aber mit der Zustimmung der Prüfer.[66]

---

[64] *Kirchenbuch Taubach auf 1595–1741*, S. 22–23, Pfarrarchiv Mellingen. Siehe auch
Jauernig (wie Fußnote 20), S. 82–83, und Dok II, Nr. 50 a. In demselben Kirchen-
buch ist übrigens auch vermerkt, daß Johann Bernhard Rücker 1680 ein Positiv aus
Tiefengruben nach Taubach umgesetzt hatte.

[65] Zitiert nach dem Kirchenbuch (wie Fußnote 64), S. 23. Faksimile dieser Seite in:
H. R. Jung, *Johann Sebastian Bach in Weimar 1708 bis 1717*, Weimar 1985, S. 51.

[66] Bachs günstiges Zeugnis für Trebs, das auf den 16. Februar 1711 datiert ist, bezieht
sich entweder nur auf diesen Orgelbau oder aber auf alle Arbeiten, die der Orgelbauer bis dato im Herzogtum geleistet hatte. Siehe Dok I, Nr. 84.

Der Bericht des Gerichtsschöffen Michael Gottschalg, der Zeuge des Vertrags-
schlusses, der Probe und Weihe war, enthält statt der Superoctave 1' ein Kleingedackt 4' und statt des achtfüßigen, einen vierfüßigen Quintatön.[67] Die Aufzeichnungen de Wettes bestätigen das Kleingedackt 4', andererseits aber auch
die im Kirchenbuch geführte Achtfußlage des Quintatöns. Darüber hinaus
führt er die Terz im Manual und die Waldflöte im Pedal nicht mehr, dafür
aber eine Flöte 2' und eine Posaune 16'. De Wette teilt also die Disposition
eines späteren Zeitpunkts mit:

Sie bestehet auß folgenden *Reg*istern:

1)	principal	4.	Fuß,	von guten Zinn.
2)	Grobgedackt	8.	Fuß,	von Holtz.
3)	Kleingedackt	4.	Fuß,	von Zinn.
4)	Qvintathön	8.	Fuß,	halb Met. u. halb Holtz.
5)	Qvinta	3.	Fuß	von Metall.
6)	octav	2.	Fuß	von Metall.
7)	Flöte	2	Fuß	von Metall.
8)	Mixtur, dreyfach			von Metall.

Bässe
1)	Sub-Bass	16	Fuß	von Holtz.
2)	principal Bass	8	Fuß	von Holtz.
3)	posaun-Bass	16.	Fuß	von Holtz.

Item
Stern, *Cymbel*, *Tremulant*, *Coppel* von *Petal* ans Manual, 1 *Clavier*,
2 Bälge 9 Schuh lang und 4 ½ Schuh breit.[68]

Entweder hat de Wette, den nur ein Spaziergang von Taubach trennte, den
Bestand selbst aufgenommen, oder er hat eine Vorlage zitiert. Jedenfalls er-
mutigt die um Kenntnisse der inwendigen Gestalt bereicherte Überlieferung
uns zu der Annahme, daß die Namen nach der Reihenfolge der Register auf
den Laden wiedergegeben sind. Unter dieser Voraussetzung bestätigen die
Brüche der Körperlängen zwischen der dritten und fünften Pfeifenreihe, daß
die Achtfußlage des Quintatön und das Kleingedackt nicht zur ursprünglichen
Konzeption gehört hatten. Sollte der Posaunenbaß tatsächlich auf dem letzten
Stock platziert gewesen sein, wo er für ein regelmäßiges Stimmen nur über
die Rückseite erreichbar war, dann müßte die Orgel frei im Raum gestanden
haben. Bemerkenswert ist die Ähnlichkeit mit der Haupt- und Pedalwerks-

---

[67] Nach Dok II, Nr. 50. Als ich das Pfarramt in Mellingen 2013 besuchte, um das Dokument einzusehen, war es nicht zu finden. Möglicherweise spiegeln die beiden
Quellen verschiedene Stadien der Ausführung wider.

[68] Wette Zion II, Bl. 28 v–29 r.

disposition in der Weimarer Jacobikirche, wo Heinrich Nicolaus Trebs 1721 eine Orgel mit 18 klingenden Stimmen für zwei Manuale und Pedal gebaut hat. Die Taubacher Orgel wurde beim Abbruch der Kirche aufgegeben.[69]

Die Christopheruskirche in Tiefurt liegt einen halbstündigen Fußmarsch vom Stadtschloß entfernt. Baukörper und Einrichtung wurden zwischen 1710 und 1725 weitgehend umgestaltet. Ein 1716 datiertes herzogliches Wappen, das sich an der unteren Nordempore befindet, erinnert an das landesherrliche Patronat und bezeugt den Zeitpunkt, zu dem die Emporen spätestens errichtet waren. Mitglieder der Hofkapelle könnten hier musiziert haben. Eine Orgel war vorhanden. De Wette berichtet, „erst hatte mann nur ein Kleines positiv, welches 1716. noch mit einem *Register* ist versehen worden, und bestehet aus 1) princip. 2 Fus 2) *octave* 2 Fus [sic], 3) *Cympel* 2 Fus [sic], 4) Kleingedackt 4. Fus, 5) Grobgedackt 8. Fus, 6) Subbaß 16. Fus".[70] Das Positiv wird um das Pedalwerk erweitert worden sein. Nehmen wir de Wette beim Wort, gibt er die Disposition von 1716 wieder, die bis zum Zeitpunkt seiner Niederschrift noch bestand. Allerdings ist die dreifach besetzte Zweifußlage zu bezweifeln. Ein offener Vierfuß[71] und eine zweifache Cymbel wären schlüssiger. Ein Inventar von 1743, nach dem sich das Instrument in einem „guten Stande" befand, zählt acht Register, ohne diese namentlich aufzuführen.[72] Möglicherweise sind eine Pedalkoppel und ein Cymbelstern oder ein Tremulant mit hinzugerechnet worden. Über den Verbleib wissen wir nichts. Alexander Wilhelm Gottschalg, der von 1847 bis 1870 Kantor in Tiefurt war, verfügte über ein zweimanualiges Instrument.[73] 1908, nachdem die zweite Westempore abgetragen war, begann Emil Heerwagen, eine neue Orgel zu bauen. Er sollte einen alten Violonbaß übernehmen.[74] Inzwischen ist in die Disposition dieses Werkes mehrmals eingegriffen worden.

---

[69] Dok II, Nr. 50 a, Anmerkung.

[70] Wette Zion III, Bl. 14 r.

[71] Vgl. de Wettes Mitteilungen zu Buchfart, in denen er den offenen Zweifuß als Principal und den offenen Vierfuß als Octave bezeichnet.

[72] *Tiefurthisches | Kirchen-Inventarium | auf Hoch- Fürstl. gnädigsten Befehl auß- | gesetzt und von den dermahligen | Pastore, M. Johann Heinrich | Müller, dem Hochfürstl. Ober- | Consitorio eingehän- | diget worden, | den 26ten Febr., 1743,* LKAE, Inspektion Weimar mit Mellingen und Neumark, *T 57,* unpaginiert.

[73] Vgl. M. von Hintzenstern, *Franz Liszt und sein „legendarischer Kantor". Zur Zusammenarbeit mit A. W. Gottschalg,* in: Musik und Kirche 56 (1986), S. 115–120, speziell S. 116.

[74] Umfangreicher Schriftverkehr zu diesen Vorgängen in der Akte *Kircheninspections- | Acten | die Reparaturen an der Kirche, einschließ- | lich der Neuherrichtung einer Orgel | zu Tiefurt betr.* [...] *Weimar 1840. | 1844. | – 1909,* LKAE, Inspektion Weimar mit Mellingen und Neumark, *T 59,* Bl. 32–67.

Von Tröbsdorf teilt de Wette mit, „die erste Orgel, welche gantz neu gemacht", sei am Trinitatisfest 1712 durch den Generalsuperintendenten Johann Georg Lairitz im Beisein des Hof-, Konsistorial- und Forstrats Löscher

solenniter, bey einer *inaugurations* predigt, eingeweyhet worden. Sie bestehet aus folgenden Stimen und *Registern*:

1)	principal	2.	Fuß.
2)	Grobgedackt	8.	_
3)	Nachthorn	4	_
4)	Nassart Floet	3	_
5)	octava	1	_
6)	Mixtur	3	fach
7)	octaven Bass	8.	Fuß
8)	Sub Bass	16	_
9)	2. *Cymbel* Sterne		
10)	*Tremulant.*[75]		

Die Quelle stellt uns eine einmanualige Orgel mit Pedal vor. De Wettes Datierung der Weihe deckt sich mit den Angaben eines Ortschronisten. Dieser berichtet allerdings weiter, daß erst 1737 „eine neue Windlade zu beiden Bässen" und der Octavbaß eingesetzt worden sowie noch andere Erweiterungen geschehen seien, die er nicht konkret benennt.[76] Demnach hätte de Wette nicht die ursprüngliche Disposition von 1712, sondern einen Befund nach 1737 verzeichnet. Bestand tatsächlich keine Möglichkeit, die Register des Manualwerks auch mit dem nachgerüsteten Pedal anzuspielen?

In der zweiten Hälfte des 18. Jahrhunderts ist im Zusammenhang mit der Umgestaltung des Kircheninneren vermutlich auch an der Orgel gearbeitet worden. Nach weiteren Maßnahmen am Baukörper waren 1825 umfangreichere Reparaturen nötig, darunter die Erneuerung der 24 Spunde des Subbasses.[77] Das Pedal verfügte also noch über 24 Tasten und Kanzellen, sicher

---

[75] Wette Zion IV, Bl. 86 r.

[76] „1737 wurde verschiedenes in die Orgel eingebaut, so ein Oktavbaß und eine neue Windlade zu beiden Bässen." Zitiert nach: Gemeinde Tröbsdorf, Ortschronik 876–1964, Stadtarchiv Weimar, *15 11-0/90*, S. 2.

[77] Nach dem *Anschlag | über die nöthige Reparatur der Orgel | in der Kirche zu Tröbsdorf* des Orgelbauers Rautenhauß aus „*Gehra*", 1. November 1825, in: *Acta Com. eccl. | die Reparatur der Tröbsdorfer | Orgel durch den Orgelbauer | Rautenhauß betr. | Weimar | 1826. 1827*, LKAE, Inspektion Weimar mit Mellingen und Neumark, *T 90*, Bl. 7 und der Kopie eines Schreibens desselben Orgelbauers an das Oberkonsistorium, datiert Leutenthal, den 30. Oktober 1826, in: ebenda, Bl. 2. Weil Rautenhauß während der Arbeiten erkrankte, mußte der Orgelbauer Wilhelm Ernst Kirchhoff aus Herressen die Reparatur zum Abschluß bringen.

für den Umfang von C, D bis c¹. 1852 erwarb die Gemeinde die alte Orgel aus der Bonifatiuskirche in Niederzimmern,[78] die nach einem Neubau nicht mehr benötigt wurde. Die Stellage, der Gehäuseprospekt und die Windladen der gegenwärtigen Anlage (II/14) dürften noch auf diesen Ankauf zurückgehen. Die Spielarmaturen, die Tontrakturen, die Registertrakturen des hinter dem Hauptwerk plazierten so genannten Oberwerks und der überwiegende Teil des Pfeifenwerks tragen die Kennzeichen von Werken der Schulze-Witzmann-Schule. Im Pedalwerk ist auf einem Überstock nachträglich eine Flöte disponiert worden.

Von Umpferstedt, das nur einen gut einstündigen Fußmarsch von Weimar entfernt liegt, berichtet de Wette, 1711 wurde

von Vockerodten, damahligen Orgelmacher zu berlstädt ein artiges Werck mit zwey Claviren und folgenden *reg*istern hienein verfertiget, als:

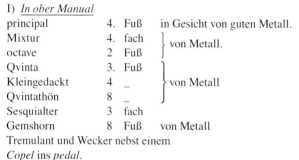

I) *In ober Manual*

principal	4.	Fuß	in Gesicht von guten Metall.
Mixtur	4.	fach	von Metall.
octave	2	Fuß	
Qvinta	3.	Fuß	von Metall
Kleingedackt	4	_	
Qvintathön	8	_	
Sesquialter	3	fach	
Gemshorn	8	Fuß	von Metall

Tremulant und Wecker nebst einem
Copel ins *pedal*.

II) *In unter Manual*

Gemshorn	8	Fuß	von Metall
octave	2	_	
Flöthe	4	_	
Cymbel	2	fach	
Gedackt	8	Fuß	von Holtz und

ein *Copel* ins *pedal*.

In *pedal* sind die Bässe

Octaven Bass	8	Fuß	von Holtz.[79]
Sub-Bass	16	_	
Bosaunen Bass	16	_	

---

[78] „1852 Ankauf einer neuen Orgel, welche bisher in der Sankt Bonifazius Kirche zu Zimmern gestanden hat. Die Orgel kostet 300 Reichstaler." Zitiert nach: Chronik Tröbsdorf (wie Fußnote 76), S. 9.

[79] Wette Zion II, Bl. 59 r–59 v.

1727 wurde das Gehäuse farblich gefaßt.[80] Ein Inventar von 1744 bestätigt neben der Anzahl der Werke und Register auch das von de Wette angegebene Baujahr.[81] Johann Gottlob Töpfer fand noch 1836 dieselbe Disposition wie de Wette vor. In seinen Aufzeichnungen ist die Flöte 4' als Spitzflöte bezeichnet und ein Winddruck von 39 Grad angegeben.[82] Töpfer plante den Umbau. Johann August Poppe, August und Ludwig Witzmann und Johann Christian Gerhard reichten Angebote ein. Auf die Empfehlung Töpfers kamen die Brüder Witzmann zum Zuge.[83] Nach zwei weiteren Neubauten ist keine barocke Substanz mehr erhalten.

Die Beschäftigung mit der Orgelgeschichte der Marienkirche in Berka an der Ilm zeigt nicht nur, daß die Bach zugeschriebene Disposition mit 28 klingenden Registern für einen nicht näher bezeichneten Ort namens „Berga"[84] zweifelsfrei diesem Ort zuzuordnen ist, sondern auch, daß hier die Absicht bestand, den Entwurf tatsächlich zu verwirklichen. De Wette berichtet, daß „vor ein schönes Orgel werck a 30. Registern" gesorgt worden sei. Anscheinend hat er den geplanten 28 klingenden Registern die beiden Koppeln noch hinzugerechnet. Er schränkt ein, sie hätten „aber noch nicht alle ihre vollkommenheit erreicht" und nennt 14 klingende Stimmen.[85] Die von Heinrich Nicolaus Trebs zusammen mit seinem Sohn Christian Wilhelm Christoph und seinem Gesellen Christian Immanuel Schweinefleisch zwischen 1740 und 1743 nach einer schöpferisch interpretierenden Auswahl von Johann Caspar Vogler verwirklichte Fassung[86] entsprach bloß einer vorläufigen Station nach

---

[80] Wette Zion II, Bl. 60 v.

[81] Zur Orgel: „Ist eine vorhanden, mit 2 Claviren, 14 Registern u. 3 Bässen, so ao. [überstrichen] 1711 gesetzet und übergeben worden." Zitiert nach: *Umpferstädtisches Kirch-Inventarium*, 7. August 1744, LKAE, Inspektion Weimar mit Mellingen und Neumark, *U 123*, Bl. 1.

[82] J. G. Töpfer, *Entwurf zur Reparatur der Orgel in Umpferstedt*, 9. Juni 1836 (Abschrift), in: *Acta | Inspectionis ecclesiae | betref. | mehrere an der Kirche, zu Umpferstedt, | vorzunehmende Reparaturen, sowie die an | der dasigen Orgel zu machenden Herstellungen. [...] Jahr 1834*, LKAE, Inspektion Weimar mit Mellingen und Neumark, *U 126*, Bl. 53–54.

[83] Schreiben des Kirchenvorstandes an die Kircheninspektion, 15. Dezember 1837, in: Akte Umpferstedt (wie Fußnote 82), Bl. 61. In dieser Akte sind auch die Anschläge der genannten Orgelbauer (Bl. 50, 52, 55) enthalten. Hier erfahren wir auch, daß die alte Orgel drei Bälge hatte.

[84] Nach Dok II, Nr. 515.

[85] Wette Zion II, Bl. 159 r. Siehe dazu: C. Wolff und M. Zepf, *Die Orgeln J. S. Bachs*, Leipzig 2006, S. 34, die die Disposition aus dieser Quelle übernahmen.

[86] Vgl. L. Häfner, *Neue Erkenntnisse zur „Berkaer Bach-Orgel"*, BJ 2006, S. 291–293. Ich danke Herrn Häfner für den Hinweis auf den Zettel, der Heinrich Nicolaus Trebs, seinen Sohn Christian Wilhelm Christoph und seinen Gesellen Christian

einem Teilstück des Weges, auf dem man vorübergehend mit minimalen Mitteln auskommen mußte: ein Hauptwerk mit Principal-Pyramide für das acht- und sechzehnfüßige Plenum, ein Brustpositiv mit Echo-, Begleit- und Solofunktion[87] und ein Pedalwerk, das mit den nötigsten Bässen und einer Koppel ausgestattet war. De Wettes Kommentar spiegelt sein Vertrauen in die spätere Ergänzung – eine Aussicht, die voraussetzt, daß das Gehäuse, die Windladen, möglicherweise auch die Windanlage und die Registertraktur für die umfangreichere Anlage vorbereitet waren. Dafür sprechen auch die jüngeren Befunde. Johann Georg Görbing bot 1804 die Überarbeitung von vier Bälgen, davon zwei mit gerahmten und zwei mit massiven Platten, von 12 Fuß Länge und 6 Fuß Breite, also einer Anlage beachtlicher Größe, an.[88] 1833 wurden Johann Christian Gerhard, die Gebrüder Hesse, Carl Ludolf, Johann Friedrich Schulze und die Gebrüder Witzmann aufgefordert, den umfassenden Umbau zu veranschlagen. Sie trafen auf eine Disposition von 17 klingenden Registern, darunter die 14 von de Wette genannten mit einer Abweichung vermutlich lediglich nominaler Art.[89] Das Hauptwerk war um eine Gambe und eine Hohlflöte und das Positiv um eine Vox Humana erweitert, deren Urheber nicht aktenkundig geworden ist. Die Orgel klang einen halben Ton unter dem damals gültigen Chorton.[90] Auf den Laden des Pedalwerks befanden sich noch zwei Vakanzen, „eine breite und eine schmale", auf den Laden des Hauptwerks noch fünf und denen des Positivs noch drei „unbebaute oder vacante Stellen".[91] Demnach waren die Laden für eine Disposition von insgesamt 27 klingenden Stimmen eingerichtet gewesen, 13 im Hauptwerk, neun im Positiv und fünf im Pedalwerk, was den Dimensionen des Bach zugeschrie-

---

       Immanuel Schweinefleisch als Erbauer ausweist. Er soll sich zusammen mit anderen Dokumenten in einer Truhe in der Kirche befinden.

[87]   Das Fehlen zurückhaltender Begleitregister im Hauptwerk wirft die Frage auf, ob das Brustwerk mit geteilten Schleifen ausgestattet oder der Sesquialter nur in der Diskanthälfte ausgeführt war.

[88]   Zitiert nach J. G. Görbing, *Anschlag | über eine Reparatur an hisigen Orgel | Bälgen in der Kirche zu Bercka*, 28. April 1804, in: *Acta, | die Reparatur an der hiesigen | Orgel betr. | Fürstl. S. KirchenComission | zu Berka | Ao 1804*, Bl. 1–2 (LKAE, Inspektion Blankenhain, *B 89*). Möglicherweise waren zwei Bälge von der Vorgängerorgel übernommen worden.

[89]   Statt des Flötenbasses ist ein Octavbaß genannt.

[90]   Nach August und Louis Witzmann, *Anschlag über die Orgel-Reparatur in Berka an d Ilm*, 20. August 1833, in: *Acta | die Reparatur der Orgel | zu Berka a/I. betr. | Kirchen-Inspection das. | 1833. | 1834.*, Bl. 5–6 (LKAE, Inspektion Blankenhain, *B 90*).

[91]   Nach Johann Michael Hesse, *Bau Anschlag. | Zu einer Haupt-Repratur, der Orgel in der Kirche | zu Berka an der Ilm.*, 5. März 1834 (Abschrift), in: Akte Berka (wie Fußnote 90), Bl. 18–23.

benen Entwurfs weitgehend entspricht. Eine Transmission könnte die abweichende Zählung der Pedalstimmen erklären.[92] Der Plan, die ursprünglichen Vorstellungen zu vollenden, bestand im 19. Jahrhundert offenbar nicht mehr. 1833 wurde Johann Friedrich Schulze mit dem Umbau beauftragt. Johann Gottlob Töpfer, der die 1837 fertiggestellte Arbeit revidierte, berichtet, daß „das Werk beinahe einer neuen Orgel gleichkommt; denn außer Gehäuse, Windladen (welche wesentliche Veränderungen erfahren haben) und Bälgen nebst einem ganz kleinen Theile des Pfeifwerks ist alles andere neu verfertigt worden".[93] Ein Gutachten von 1909 erwähnt zwanzig klingende Stimmen und zwei Manuale mit Umfängen von C bis c^3, die das Cis der großen Octave entbehrten.[94] Demnach waren die alten Laden noch vorhanden. 1922 baute Friedrich Wilhelm Böttcher (II/22) und 1991 die Firma Rudolf Böhm (II/26) jeweils eine neue Orgel hinter den barocken Gehäuseprospekt.[95]

Darüber hinaus hat de Wette im Gebiet der Superintendentur Weimar noch weitere Dispositionen aufgenommen, die von Bach schon vorgefunden worden sein könnten. Über Denstedt schreibt er:

Die Orgel die anno 1662 angeschaffet worden, hat folgende *Regi*ster 1) *principal* 4. Fuß 2) Grobgedackt 8. 3) Klein Gedackt 4. 4) *Qvintathön* 5) *Sesqvialter* 3. 6) *Mixtur* 3. 7) *octav* 2. 8) *Qvinta* 3. 9) *Bosaunen* Bass. 16. 10) SubBass. 8. [sic] hernacher *Cymbel*, *Tremulant*; *Trompet* 4. alle von *Metall*.[96]

In der zweiten Dekade des 19. Jahrhunderts stellte Johann Georg Görbing die alte Orgel aus Büßleben in Denstedt auf.[97] Seit 1860 beherbergt die Kirche

---

[92] Weil Subbaß, Octavbaß und Posaune im Pedalwerk als Pfeifenreihen vorhanden waren, kommt als transmittierte Stimme nur die Trompete in Betracht.

[93] Revisionsbericht des Johann Gottlob Töpfer vom 22. Juli 1837 (Abschrift), in: Akte Berka (wie Fußnote 90), Bl. 47–48. Der kleine Teil wiederverwendeter Pfeifen war von Schulze bearbeitet und neu intoniert worden.

[94] Hugo Hartung, *Gutachten über den Zustand der Kirchenorgel | in Berka a/Ilm*, 3. Mai 1909, in: *Acten | der | Großherzogl. Sächs. Kircheninspection | zu | Blankenhain | betreffend | die Reparirung der Berkaer | Kirchenorgel. | 1883*, unpaginiert (LKAE, Inspektion Blankenhain, *B 91*).

[95] Die Register, die sich im Zuge des letzten Neubaus erübrigt hatten, wurden veräußert. Darunter befanden sich noch gedeckte Metallpfeifen, die dem Gedackt oder dem Nachthorn der Trebs-Orgel entnommen worden sein könnten. Ich danke Herrn Stephan Krause (Bad Berka/Waltershausen) für das freundliche und aufschlußreiche Gespräch am 18. Februar 2014 zu diesem Sachverhalt. Die in *Ars Organi* 62/4 (Dezember 2014), S. A2, zum Verkauf angebotenen Register stammen ihrer Faktur nach nicht von Trebs, sondern von Johann Friedrich Schulze.

[96] Wette Zion III, Bl. 39 r.

[97] Das geht aus einem undatierten Schreiben von Herbert von Hintzenstern an das Institut für Denkmalpflege in Erfurt hervor; siehe: Thüringisches Landesamt für

ein Werk der Firma Orgelbau-Anstalt Carl & August Peternell, das von Franz Liszt geschätzt wurde.[98]

Für die Kirche auf dem Kirchberg von Mellingen wurde 1595 „ein Kleines positiv" angeschafft und „*Gabriel Mehringen* zum erstern Organisten darzu" bestellt. „Anno 1632 aber besorgte man an deßen Stelle ein größeres so auch noch biß dato stehet und 7. *Regi*ster auf der Lade hat, als *principal* 4. Fuß, die Mixtur 3. fach, die Qvinte, Kleingedackt, Spitzflöthe, Qvinta-Thön 8. Fuß und grob gedackt 8. Fuß, nebst einen nach der Zeit angehängten 16. füßgen Sub-Baß, wie nicht weniger ein *Regal*, welches durch ein Coppel gezogen wird, wie auch ein Flöthen, *Cornet* und Posaunen Baß nur 2 Fuß, so *pedaliter* gespielet werden, und fast unbrauchbar sind."[99]

De Wettes Angaben sollten hier, am Ort seines Wirkens, als verläßlich gelten. Ob Anfang des zweiten Viertels des 18. Jahrhunderts, im Zuge der Neugestaltung des Kirchenschiffes, auch an der Orgel gearbeitet wurde, ist nicht überliefert. Die gegenwärtige Anlage geht auf einen Neubau des Johann Benjamin Witzmann von 1807 zurück.

[Die] Orgel in Niedergrunstedt wurde anno 1700 angeschaffet, und hat folgende *Regi*ster:

1)	*principal*	4	Fuß.
2)	Grob Gedackt	8	_
3)	Still, Gedackt	8	_
4)	Qvinta	3.	Fuß.
5)	Octava	2	Fuß
6)	*Superoctava*	1	Fuß
7)	*Sesqvialter*	2	fach
8)	Mixtur	3	_
9)	octa*ven* Bass	8	Fuß
10)	Sub Bass	16.	Fuß
11)	zwey *Cymbel* Sterne		
12)	*Tremulant*"[100]		

Denkmalpflege und Archäologie, Bau- und Kunstdenkmalpflege, Objektakte Denstedt, *Reg. 71.017-0003*. Daß das von Hintzenstern aus einer Chronik zitierte „Bisleben" als Büßleben aufzulösen ist, wird von der Tatsache gestützt, daß um dieselbe Zeit hier eine Orgel zum Kauf angeboten wurde. Vgl. *Allgemeiner Anzeiger oder Allgemeines Intelligenz-Blatt* [...], Gotha 1812, Sp. 3058–3059 (Nr. 297, Montag, den 2. November 1812).

[98] Vgl. M. von Hintzenstern, *Franz Liszt war Gast dieser Königin. Die Peternell-Orgel der Kirche in Denstedt bei Weimar*, in: Ars Organi. Internationale Zeitschrift für das Orgelwesen 34 (1986), S. 144–146.

[99] Wette Zion II, Bl. 15 r.

[100] Ebenda, Bl. 136 v.

Die Kirche sei „anno 1727. und 1728 nicht nur *rep*ariret; sondern auch erweitert" und „mit einer ~~schönen feinen~~ Orgel"[101] ausgestattet worden. Die Gestaltung und Einrichtung des Baukörpers müßte 1729, mit der Ausmalung, als abgeschlossen gegolten haben.[102] Ob de Wette tatsächlich die von ihm datierte oder aber eine jüngere Situation wiedergibt, wäre noch zu klären. Gegenwärtig beherbergt die Mauritiuskirche eine Orgel, deren Substanz auf einen Neubau des Carl August Witzmann zurückgeht.

Zu S c h w a b s d o r f gibt de Wette an: „Anno. 1702. Wurde eine neue Orgel in solcher Kirche angeschaffet, so aus 5. [korrigiert aus 6] *Registern* bestehet und von den Buttelstedischen Orgelmacher Francken verfertiget worden":

Diese Register sind folgende alß

1) Grobgedackt   8   Fuß
2) principal   2   _
3) Qvintathön   2   _ [sic]
4) Mixtur   2   _ [sic]
5) octav   2   _ [sic][103]

Seine Überlieferungen – so unzuverlässig sie in Bezug auf die Fußtonlagen hier auch sein mögen – vermitteln zumindest einen Eindruck vom strukturellen Aufbau des Instruments, das ohne Pedal auskam. Heute erinnert man sich hier zwar an eine kleine Orgel, die noch in den 1970er Jahren geklungen haben soll, weiß aber nichts über deren Verbleib.[104]

Zur Michaeliskirche in Tannroda lesen wir:

So fehlt es ihr auch an einen feinem Orgelwercke nicht, und bestehet es aus folgenden *Regi*stern als:

1) principal   2) Octave
3) Groß Gedackt   4) Klein Gedackt.
5) Qvinta Thön   6) Super octave
7) Mixtur   8) Sesqvialter.

---

[101] Ebenda, Bl. 138 r.

[102] Nach den Ausführungen zur Geschichte und gegenwärtigen Ausstattung der Kirche in: *Stadt Weimar. Stadterweiterung und Ortsteile*, bearbeitet von R. Müller, Altenburg 2009 (Kulturdenkmale in Thüringen, Bd. 4: Stadt Weimar, Teil 2), S. 1004 bis 1008.

[103] Wette Zion III, Bl. 45 v, Disposition am Rand. Hier ist der Haupttext von unbekannter Hand, die Randbemerkung jedoch von de Wette geschrieben worden.

[104] Ich danke Herrn Eckhard Baier, dem Gebietsreferenten des Thüringischen Landesamts für Denkmalpflege und Archäologie, für diese Auskunft vom 5. April 2015.

  9) Sub-Bass   10) Cymbel Stern
11:12) zweene Schnarrwercke, eins in *Manual*; das andere in *pedal*. Sie wurde 1663.
    erbauet, hat aber Kurtz octav in *Manual* und *pedal*.[105]

Neun klingende Stimmen standen im Manual- und zwei im Pedalwerk. 1826
stattete Johann Friedrich Schulze den ein Jahr zuvor fertiggestellten Kirchen-
neubau mit einer neuen Orgel aus. Das 1886 von Adam Eifert erbaute Instrument[106] ist inzwischen teilweise umdisponiert worden.

Die Orgel in der Kirche von Ulrichshalben wird von de Wette mit folgenden Registern beschrieben: „1) *principal* 4. Fuß 2) Mixtur 1 Fuß 3) Quinta
2 fuß [sic] 4) Klein Gedackt 8 fuß. [sic] *Vogelgesang. Tremul.* und Paucke."[107]
Der Hoforgelbauer Johann Georg Schenk zählte 1791 fünf Register und
attestierte einen schlechten Zustand. Sein Anschlag enthält die Erweiterung
um ein Pedalklavier mit einem achtfüßigen Octavbaß und den Neubau zweier
Bälge. 1803 baute Johann Benjamin Witzmann hier eine neue Orgel,[108] die
später, wie es das Firmenschild von Emil Heerwagen am Spieltisch andeutet,
von diesem bearbeitet worden ist.

Andere Dispositionen sind zeitlich noch nicht genauer einzuordnen. Deshalb
läßt sich auch nicht sagen, ob die einmanualige Orgel in Großkromsdorf
vom Vater Heinrich Nicolaus Trebs oder seinem Sohn Christian Wilhelm
Christoph gebaut worden war. De Wette schreibt:

---

[105] Wette Zion II, Bl. 172 r–v. De Wette nennt die Michaeliskirche irrtümlich Marien-
    kirche. Ludwig Compenius, der 1657 und 1658 in der Weimarer Schloßkirche und
    1667 in der Apoldaer Martinskirche arbeitete sowie den Titel eines fürstlich-säch-
    sischen, zu Weimar und Naumburg bestallten Orgelmachermeisters trug, mit dem
    das Vorrecht verbunden war, Neubauten auszuführen, kommt auch als Erbauer der
    Orgeln in Denstedt (1662) und Tannroda (1663) in Betracht.

[106] Vgl. die Notizen in *Urania. Musik-Zeitschrift für Orgelbau und Orgelspiel* 43
    (1886), hrsg. von A.W. Gottschalg, S. 62, und *Zeitschrift für Instrumentenbau* 6
    (1885/86), hrsg. von P. de Witt, S. 362–363. In einem undatierten gedruckten, bis
    Opus 175 geführten Werkverzeichnis unter dem Titel *Orgelbau-Fabrik | AD.
    EIFERT NACHF. | INH. JOH. EIFERT | STADTILM | Thüringen: Verzeichnis der
    von dem Großherzoglich Sächs. Hoforgelbauer Ad. Eifert | Stadtilm i. Th. | in
    den Jahren von 1871 bis incl. 1908 neu erbauten Orgeln* […], mit maschinen-
    schriftlichen Nachträgen bis Opus 183, ist die Tannrodaer Orgel unter der Nr. 49
    geführt.

[107] Wette Zion III, Bl. 58r.

[108] Anschlag des Johann Georg Schenk vom 8. Oktober 1791 (Abschrift) in: *Akte* […]
    die Reparatur der Orgel zu Ulrichshalben […] *betr.*, LKAE, Inspektion Weimar,
    U 85, Bl. 1, und Kontrakt mit Johann Benjamin Witzmann vom 14. April 1803,
    ebenda, Bl. 25–27.

Das einige füge ich noch an, daß das in der Kirche befindliche und von Herrn Trebs in Weimar verfertigte Kleine Orgelwerck in nachfolgenden *Regi*stern bestehet als,

1)	Principal	2.	Fuß
2)	Grobgedackt	8.	Fuß
3)	Kleingedackt	4.	Fuß
4)	Mixtur	3.	Fuß [recte: fach]
5)	Sub-Bass	[1]6.	Fuß
6)	octav	4.	Fuß
7)	Qvinta	4.	Fuß
8)	Flöte	4.	Fuß
	Cymbel und *Tremulant*.[109]		

In Legefeld könnte es Anfang des 18. Jahrhunderts, als die Kirche umgebaut und vergrößert worden ist, auch einen Orgelneubau gegeben haben. De Wette berichtet: „Sonst hat auch diese Kirche ein feines orgel werck das aus 10. *Regi*stern bestehet und von Herrn Francken aus Buttelstedt verfertiget worden" ist;

die Register sind diese

1)	principal	4	Fuß
2)	Grobgedackt	8	Fuß
3)	Qvintathoen	8	_
4)	Klein Gedackt	4	_
5)	Qvinta	3	_
6)	octava	2	_
7)	Mixtur	3	fach
8)	Sub Bass	16	Fuß
9)	Cymbel Stern.		
10)	Tremulant.[110]		

Die nach einem Brand neu aufgebaute Kirche beherbergt seit 1842 eine Orgel der Brüder August und Ludwig Witzmann.[111]

Von Mattstedt teilt de Wette mit:

---

109 Wette Zion III, Bl. 22 r.
110 Wette Zion II, Bl. 122 r, Disposition am Rand.
111 Nach der Rechnung zum Neubau der Orgel in Legefeld 1840–1849 und der Schuldverschreibung vom 15. Juli 1842, in: *Akten des Gemeindevorstandes zu Legefeld betreffend: Kirchen- und Friedhofsangelegenheiten*, ohne Blatt- und Seitenzählung, Stadtarchiv Weimar, *15 10-3/313*.

Die Orgel dieses Orts betreffend so hat sie 2 Clavire mit folgenden Stimmen

1)	Principal	4.	Fuß.
2)	Qvinta		
3)	Octav	2	_
4)	Mixtur		
5)	Gedackt	8	_
6)	Gedackt	4	_
7)	T[r]itonus		
8)	Principal	2	_
9)	Wald Flöth.		
10)	Quinta Thön.		
11)	Nachthorn		
12)	Sesqvialter		
13)	Cymbel und Glocken Stern.		
14)	Tremuland		
15)	principal Bass		
16)	Sub-Bass		
17)	Pos*aunen* Bass		
18)	Coppel zu beyden Claviren		
19)	Coppel zum Petal		

Trompet und *Gems*horn soll noch künfftig dazugesetzt werden.[112]

Damit ist eine Disposition von 15 klingenden Stimmen überliefert – sieben im Hauptwerk (1–7), fünf im Positiv (8–12) und drei im Pedalwerk (15–17) –, die noch ergänzt werden sollte. In der gegenwärtigen Anlage, die Ludwig Wilhelm Hähner zugeschrieben und auf 1797–1798 datiert ist,[113] inzwischen aber mehrmals verändert wurde, dürften die Oberwerkslade, in der das Cis nicht angelegt ist, sowie Gedackt 8' und 4' noch auf den von de Wette überlieferten Bestand zurückgehen.

T h a n g e l s t e d t wird von de Wette noch unter dem historischen Namen S a u - f e l d geführt. Über die Orgel berichtet er:

Ein Kleines werck findet sich in dieser Kirche so aus folgenden Registern bestehet als

1)	Principal	4.	Fuß.
2)	Grob getackt	8.	Fuß.
3)	Octav	2	_
4)	Qvint	1½	_

---

[112] Wette Zion III, Bl. 72 v.

[113] Artikel *Hähner*, in: Lexikon norddeutscher Orgelbauer, Bd. 1 (Thüringen und Umgebung), Berlin 2009, S. 101.

5)   Mixtur   3. fach.
6)   Sub-Bass   16. Fuß   7) Tremulandt und
8) 7) Ein Klein Getackt 4. Fuß   Zimpel Stern, nebst 2
     gutn gespan bälgen[114]

Die einmanualige Orgel wurde, nachdem Johann Wilhelm Salfelder und Johann Friedrich Schulze 1825 Neubauten veranschlagt hatten[115] und Schulze zum Zuge gekommen war,[116] nach Kiliansroda verkauft. In Thangelstedt zählte Adam Eifert 1906 sein 146. Werk (II/10).[117]

Von Zottelstedt lesen wir:

Was die Orgel anbelanget so bestehet sie aus 2 Claviren.

Zu dem Oberwercke gehoert:
1)   principal   4 Fuß
2)   Gedact   8 _
3)   octav   8 Fuß
4)   octav   2 _
5)   Qvinta   3 _
6)   *Tertia*
7)   Re[g]al   2 _
8)   Mixtur   3 fach

In Unterwercke
1)   Gedackt   4 Fuß
2)   Qvintathön   8 _
3)   Flöt   4 _
4)   Dito   2 _
5)   octav   2 _
6)   Mixtur   2 fach

Darzu kommen folgende Züge als
1)   Sub-Bass   8 Fuß
2)   posaunen Bass   8 _

---

[114] Wette Zion II, Bl. 168 v.

[115] Johann Wilhelm Salfelder, *Disposition | einer neuen Orgel für die Kirche zu Than-gelstedt*, 16. April 1827, in: *Acta | der Kirchen-Commission zu Than- | gelstedt, | den Orgelbau und die damit ver- | bundene Reparatur des Kirchen-| daches betr. | 1825. | 1826. | 1827.*, LKAE, Inspektion Blankenhain, *T 179*, Bl. 14–15. Johann Friedrich Schulze, *Disposition | einer neuen Orgel*, undatiert (um 1825), ebenda, Bl. 3.

[116] Zu dieser Orgel siehe: Lobenstein (wie Fußnote 17), S. 152–153.

[117] Nach dem Werkverzeichnis (siehe Fußnote 106).

3) Tremulant
4) Cymbel
5) Coppel, Manual, *pedal*.[118]

Der Prospekt, wie er sich heute präsentiert, zeigt, daß in der zweiten Hälfte des 18. Jahrhunderts eine neue Orgel gebaut worden ist. Die Erwähnung „der nunmehr hergestellten Orgel" in einer Schriftquelle von 1782,[119] die sich offenbar auf eine kurz zuvor abgeschlossene Arbeit bezieht, stützt diese These. Der gegenwärtige Klangkörper trägt die Kennzeichen der Schulze-Witzmann-Schule. Er dürfte um die Mitte des 19. Jahrhunderts entstanden sein. Ein Teil der Disposition ist inzwischen verändert worden.

Allgemeines

Während die Angaben de Wettes, aus denen wir eine Vorstellung von den beständigeren Elementen und Strukturen, der Anzahl der Werke und Register oder vom Tonumfang gewinnen, eine weitgehend stabile Grundlage für organologische Vergleiche bilden, gelten darüber hinausgehende Interpretationen, die in den Nomina der Register fußen, unter dem Vorbehalt genauerer Datierungen.

Die instrumentale Ausgangslage, die der Bestand an Orgeln im Herzogtum Sachsen-Weimar im frühen 18. Jahrhunderts bot, nahm sich noch – schauen wir auch auf angrenzende Regionen mit städtischen Strukturen, wie sie beispielsweise im Erfurter Gebiet gegeben waren – bescheiden aus. Zwei Manuale konnte Bach in der Weimarer Schloß-, der Stadtkirche, später auch in Oßmannstedt und Umpferstedt sowie, außerhalb der Superintendentur, in Apolda, Buttstädt und Rastenberg antreffen. Die zweimanualigen Orgeln in Berka, Gaberndorf, Krippendorf, Magdala, Niederroßla, in der Weimarer Jakobskirche und wahrscheinlich auch in Großromstedt, Mattstedt, Roda und Zottelstedt entstanden nach Bachs Weimarer Zeit. Wie sich in Berka gezeigt hat und wohl auch auf Magdala und Mattstedt zutrifft, konnten die ursprünglichen Pläne nie in vollem Umfang verwirklicht werden.

An den Aufzeichnungen zu Apolda, Gaberndorf, Niederroßla und Umpferstedt ist zu erkennen, daß das Hauptwerk, anders als in Berka, vom oberen Manual aus angespielt wurde. In Apolda ist ein Rückpositiv belegt, das, wie

---

[118] Wette Zion III, Bl. 73 r–v.

[119] Zitiert aus einem Schreiben der Konsistorialbeamten Johann Gottfried Herder, Ferdinand Christoph Dietrich und Carl Johann Georg Büttner an Herzog Carl August vom 19. April 1782, in: *Wiederherstellungsarbeiten an Kirchen- und Schulbauten des Landes, 1769–1827*, Bl. 77 (ThHStAW, *Konsitorialsachen, B 3942ᵃ*).

es die Trakturführung erfordert, mit dem unteren Manual verbunden sein mußte.[120]

Unter den kleineren Orgeln, die hier ihrer zeitlichen und räumlichen Relevanz wegen eingehender vorgestellt worden sind, spiegeln die älteren in Denstedt, Mellingen und Tannroda noch eine deutliche Neigung zur Farbigkeit wider. Die jüngeren in Buchfart, Gelmeroda, Großkromsdorf, Legefeld, Lehnstedt, Niedergrunstedt, Oberweimar, Schwabsdorf, Thangelstedt, Taubach, Tiefurt, Tröbsdorf und Ulrichshalben besaßen eine unauffälligere Ausstattung: ein Manual, Dispositionen, die sich um einen offenen Zwei- oder Vierfuß gruppierten und vier, fünf, sechs, sieben, acht, allerdings nicht mehr als zwölf klingende Stimmen umfassten, entweder kein (wie in Schwabsdorf und Ulrichshalben) oder ein subalternes Pedal mit gedecktem Sechzehnfuß, das gegebenenfalls sogar erst nachgerüstet worden war. Erweiterungen um achtfüßige Principalbäße scheinen das stilistische Potential dieser sparsamen Gefüge, besonders deutlich in Taubach und Tröbsdorf, durchbrochen zu haben. Wo de Wette keine Pedalkoppel angibt, könnten die Trakturen zumindest nach Art des angehängten Pedals miteinander verbunden gewesen sein. Fast jede dieser kleinen Orgeln verfügte zum Zeitpunkt der Aufnahme neben dem achtfüßigen Gedackt auch über einen gedeckten Vierfuß, in zweifüßigen Orgeln, wie in Tröbsdorf, als Nachthorn weit mensuriert und in Gelmeroda von der weiten und offenen Flöte vertreten, wo sie zugleich die Vierfußebene des Plenums stellten. Ab fünf, beinahe regelmäßig ab acht Stimmen ist ein Quintatön und ab zehn Registern ist meist auch eine Zungenstimme genannt. Umpferstedt besaß in jedem Manualwerk ein Gemshorn. In Mattstedt war es geplant. Für Berka sah es Bach später vor. Eine Gambe war zu Bachs Weimarer Zeit offenbar in keiner Orgel des näheren Landgebiets disponiert. Außerhalb der Superintendentur finden wir sie in Buttstädt, innerhalb erst um 1730 in Niederroßla. Wahrscheinlich war jede der angeführten Orgeln mit einem Tremulanten ausgestattet.

Auch wenn Christoph Junge und seine Schüler im thüringischen Raum schon hölzerne Gedackte gebaut hatten, war es hier doch üblich, metallene herzustellen. Sonst hätte Bach sich nicht veranlaßt sehen müssen, in Mühlhausen seinen Wunsch nach Holzpfeifen zu erklären.[121] Vor diesem Hintergrund könnten die hölzernen Gedackte, die in Taubach und Umpferstedt belegt und in Lehnstedt, Millingsdorf und Oberweimar erhalten sind, Bachs Einflußnahme indizieren.

---

[120] Nach Vogt (wie Fußnote 7), S. 12.

[121] Dok I, Nr. 83. Das Gedackt, das ausdrücklich auch für die „Music" bestimmt war, mußte der jeweils erforderlichen Stimmtonhöhe und Temperierung häufiger angepaßt werden. Eine hölzerne Pfeife läßt sich an ihren Stempeln mit Griffen schadloser stimmen, als eine metallene an ihren Hüten.

Aussichten

De Wettes Angaben sind, obwohl sie der Interpretation und Verifizierung bedürfen, geeignet, der Forschung einen neuen Ansatz zu geben. Lag in diesem
Beitrag die Aufmerksamkeit noch auf Kostproben aus Bachs unmittelbarem
Umfeld innerhalb der ehemaligen Superintendentur Weimar, verspricht eine
umfassendere Erschließung der Quelle, ebenfalls ergiebig zu sein, sei es für
die konkrete, ortsbezogene Geschichtsschreibung, sei es für die Würdigung
des Herzogtums als Orgellandschaft. Gelegentlich fallen uns im Zuge unserer
Recherchen weitere Zeugnisse zu, die sich auch an anderen Orten verwerten
lassen, wo wir geglaubt hatten, die Quellen seien versiegt. Beispielsweise
erfahren wir aus der Korrespondenz der Regierung mit dem Rastenberger
Rat wie nebenbei, daß Johann Friedrich Wender 1683 und 1684 an den Arbeiten von Christoph Junge in der Weimarer Stadtkirche beteiligt war und außerdem die Orgel der Schloßkirche repariert hatte,[122] bevor ihm 1686 der Neubau
in Rastenberg anvertraut worden ist.

---

[122] „Dem Durchlauchtigsten Fürsten und Herrn, Herrn *Wilhelm Ernsten* Herzogen
zu Sachsen, Jülich Cleve und Berck [...] Unsern gnädigsten regierenden Landes
Fürsten und Herrn, ist gehorsamst fürgetragen worden, Was Ihr wegen Verfertig-
und Verdingung eines Neüen Orgelwercks, in die Kirche zu Rastenbergk, unterthänigst anhero gelangen laßen, haben auch nach beschehenen Vortrag den Orgelmacher Johann Friedrich Wendern, welcher sowohl die Orgel in hiesiger Fürstl.
Schloßkirchen von neuen *repariret*, und sehr wohl angerichtet, Alß auch das Neüe
Orgelwerck in der Stadt-Kirchen alhier fertigen helffen, theils darüber Vernommen, welcher nach dessen Vorstellung die Orgel zu Rastenberg ümb eben das
Geld zu machen sich erkläret, Gestalt er denn zudem ende beygefügten Abriß
darzu eingehändiget". Zitiert nach einem „Datum Weimar zur Wilhelmsburg den
31. Octor 1685. Fürstl. S. verordnete Praesident Räthe und Assess. des gesamten
Ober-Consistorii daselbst" unterzeichneten Schreiben an den Rastenberger Rat,
in: *Bau- und Reparaturarbeiten an Kirche, Orgel, Pfarrhaus, Schule sowie am
Friedhof und im Glockenturm 1685–1808*, Kreisarchiv Sömmerda, *Stadt Rastenberg 1497*, Bl. 9. Eine Zusammenarbeit Junges und Wenders läßt sich schon für
1676 in Mühlhausen vermuten. Siehe dazu Lobenstein (wie Fußnote 17), S. 150.

Ein Orgelbauer „unter dem Einfluß Andreas Werckmeisters" Zacharias Hildebrandts Orgelkontrakte für Störmthal und Liebertwolkwitz[1]

Von Lynn Edwards Butler (Vancouver, BC)

Bis in die jüngste Vergangenheit bestand in Bezug auf die von Zacharias Hildebrandt gebauten Orgeln in Störmthal und Liebertwolkwitz eine paradoxe Situation. Dieser unterzeichnete am 10. Januar 1724 einen Vertrag für den Bau eines einmanualigen Instruments in Liebertwolkwitz – weniger als zwei Monate, nachdem Johann Sebastian Bach die von ihm in der frisch renovierten Kirche im nur wenige Kilometer entfernten Störmthal errichtete Orgel geprüft und eingeweiht hatte. Während die Orgel in Störmthal bis heute existiert, weithin bekannt ist und in ihrem exzellenten Erhaltungszustand von Orgelkennern und Musikfreunden gleichermaßen geschätzt wird, ist die Orgel von Liebertwolkwitz gänzlich verschwunden. Allerdings ist der Vertrag für die Orgel in Liebertwolkwitz noch vorhanden, während man annehmen mußte, daß der für das Störmthaler Instrument verloren war. Kürzlich wurde jedoch eine Abschrift der Übereinkunft zwischen Hildebrandt und dem Besitzer der Rittergüter Störmthal und Liebertwolkwitz, Statz Hilmor von Fullen, unter Urkunden aufgefunden, die von Fullens Verwalter bewahrt hatte. Diese Entdeckung erlaubt uns, die beiden Verträge und die zugehörigen Projekte miteinander zu vergleichen (siehe Anhang 1).

Der Vertrag zwischen Zacharias Hildebrandt, Orgelbauer in Freiberg, und Statz Hilmor von Fullen, Ritter des Heiligen Römischen Reiches, Königlich Polnischer und Kurfürstlich Sächsischer Kammerherr in Störmthal, Markkleeberg und Liebertwolkwitz sowie Oberhofgerichts-Assessor, wurde am 7. August 1722 unterzeichnet. Hildebrandt verpflichtete sich, für 400 Taler eine einmanualige Orgel mit 14 klingenden Stimmen (einschließlich Tremulant) zu bauen.[2] Er erklärte sich bereit, das Material zu stellen und die Lohnkosten für sämtliche Arbeiter (außer dem Maurer) zu übernehmen, „bestes geschlagenes Englisches Zinn" sowie „tüchtiges" Metall und Holz zu verwenden, das Gehäuse „sauber nach architektonischer Arth" zu konstruieren und mit „feiner Bildhauer Arbeith" zu verzieren, zwei „tüchtige Bälge, jeden mit einer Falte, von Tännen Holz" zu liefern und die Orgel binnen eines Jahres

---

[1] Dieser Beitrag führt die von Peter Williams mit seinem Aufsatz *J. S. Bach – Orgelsachverständiger unter dem Einfluß Andreas Werckmeisters?*, BJ 1982, S. 131–142, angestoßene Diskussion fort.

[2] Hauptstaatsarchiv Dresden (im folgenden: HSTAD), *12613, Gerichtsbücher* (im folgenden: GB) *Leipzig Nr. 161*, fol. 382 r–386 r.

fertigzustellen. Von Fullen verpflichtete sich seinerseits, zwei Wagen mit jeweils drei Pferden zu schicken, um Hildebrandts Werkzeuge abholen zu lassen,
die von Freiberg über Grimma und Leipzig nach Liebertwolkwitz trans-
portiert würden, wo Hildebrandt eine Werkstatt und ein Wohnquartier zugewiesen bekäme; außerdem wurden ihm zwei Klafter Holz und zwei Scheffel
Korn zugesagt. Ferner würde von Fullen den Transport der fertiggestellten
Pfeifen und Orgelteile von Liebertwolkwitz nach Störmthal übernehmen und
für die Zeit, in der die Orgel dort zusammengesetzt würde, in Störmthal ein
Quartier stellen. Wie den Rechnungsbüchern der Kirche zu entnehmen ist,
ergab die am Dienstag, dem 2. November 1723 durchgeführte Prüfung, daß
Hildebrandt über die Vertragsbestimmungen hinaus drei Ergänzungen vorgenommen hatte: ein „Cornet mit 3.fachen Pfeiffen" und eine Windkoppel (auf
Wunsch von Fullens) sowie „2. blinde Felder mit Pfeiffen im Gesichte, und
noch andere großen Pfeiffen im Gesichte im Principal".[3] Die Orgel wurde von
„dem berühmten Fürstlich Anhaltischen-Cöthenischen Capellmeister und
Directore Music: auch Cantore zu Leipzig, Herrn Johann Sebastian Bachen,
übernommen, examiniret, und probiret, auch vor tüchtig und beständig erkannt, und gerühmet".[4] Hildebrandt erhielt zusätzlich 40 Taler „zu Verstär-
ckung des OrgelWerckes",[5] und Bach führte „bey öffentlichen Gottesdienste
und Einweyhung besagter Orgel" seine Kantate „Höchsterwünschtes Freudenfest" BWV 194 auf.[6] Am Montag, dem 8. November 1723 wurden Hildebrandt
die noch ausstehenden 100 Taler seines Honorars ausgezahlt[7]; außerdem erhielt er von seinem Auftraggeber ein offizielles Zeugnis:

---

[3] Dok II, Nr. 163. Nach U. Dähnert, Der Orgel- und Instrumentenbauer Zacharias
Hildebrandt, Leipzig 1962, S. 158, waren drei der größten Prospektpfeifen und die
oberen Pfeifenfelder stumm.

[4] Dok II, Nr. 163.

[5] Ebenda.

[6] Dok II, Nr. 164. Der Kopftitel der autographen Partitur lautet: „J. J. Concerto. Concerto Bey Einweihung der Orgel in Störmthal a 3 Hautb[ois] 2 Violin[i] Viola e
4 Voci col Organo" (P 43). Für diese Einweihung parodierte Bach eine weltliche
Kantate aus Köthen (BWV 194 a). Die Störmthaler Kantate BWV 194 hat zwölf
Sätze (zwei Choralsätze wurden ergänzt) und besteht aus zwei Teilen, die wahrscheinlich vor und nach der Predigt erklangen. Der Textdichter der zehn madrigali-
schen Sätze ist nicht bekannt. Weitere Leipziger Aufführungen der Kantate fanden
1724, 1726 (in einer überarbeiteten und gekürzten Fassung) und 1731 statt.

[7] „Ein Hundert Thaler sind mir vollends zur Vergnügung der in diesen Contract
veraccordirten Vier Hundert Thaler dato nebenst denen versprochenen Zwey Clafftern Scheiten, und Zwey Scheffel Korn, richtig bezahlet, und ich also völlig conten-
tiret worden; Worüber hierdurch quittire und verzicht leiste. Störmthal, den 8. No-
vembr: Anno 1723. Zacharias Hildebrandt Orgelmacher". Hildebrandt hatte die
ersten 150 Taler am 22. Oktober 1722 sowie jeweils 50 Taler am 31. Dezember 1722,

Von Endes unterschriebenen wird Krafft dieses, der Wahrheit zu Steur, *attestir*et, daß H. Zacharias Hildebrand, Orgelmacher, das ihm in hiesige Kirche zuverfertigen verdungene ganz Neue Orgel Werck, dem mit ihm getroffenen *Contract* gemäß, gut und tüchtig erbauet, auch über dieses noch mit einigen angenehmen Registern dergestallt verstärcket, daß bey geschehener *examination* und übernahme derselben ein vollkommenes Vergnügen daran befunden worden, auch deßen hierbey angewandter fleiß zu rühmen ist. Zu deßen Uhrkund und mehrere beglaubigung dieses *Attestat* demselben hierüber ausgestellet worden. So geschehen Störmthal, den *8. Novembris, Anno.* 1723.

L.S.   Statz Hilmor von Fullen. etc.
                        durch: Fullischen Gerichtshalter
                        Johann Christoph Purschwiz[8]

Peter Wollny, dessen Beitrag im BJ 1997 eine Abbildung des originalen Texthefts der Orgelweihe enthält, vermutet, daß der Gottesdienst am Sonntag, dem 31. Oktober 1723 gehalten wurde, da für diesen Tag in Leipzig keine Kantatenaufführung dokumentiert ist.[9] (Bis dahin war angenommen worden, daß die Orgelweihe am selben Tag wie die Prüfung des Instruments stattfand, also am Dienstag, dem 2. November 1723.) In Anbetracht der Tatsache, daß von Fullen am Montag, dem 8. November die abschließende Zahlung leistete und das Zeugnis ausstellte, käme für den Einweihungsgottesdienst auch der nachfolgende Sonntag (7. November) in Betracht.[10]

Im nahen Liebertwolkwitz – einem Dorf, das ebenfalls unter von Fullens Patronat stand – erklärte Hildebrandt sich bereit, eine einmanualige Orgel mit 15 klingenden Stimmen (einschließlich Tremulant und Windkoppel) zu bauen. Den Vertrag unterschrieb allerdings nicht von Fullen, vielmehr wurde er von drei Bürgermeistern und Vertretern der großen und kleinen Gemeinde in Liebertwolkwitz unterzeichnet.[11] Von Fullen, mit dessen Wissen und Zustimmung der Vertrag aufgesetzt worden war, steuerte zu der Summe von 460 Talern einen Zuschuß von 50 Talern bei und stellte auch wieder die Unterkunft

---

   am 3. April 1723 und am 11. Juni 1723 erhalten. HSTAD, *12613, GB Leipzig Nr.161*, fol. 386 r.

[8] HSTAD, *12613, GB Leipzig Nr.161*, fol. 477 r–v. Ich danke Hans-Joachim Schulze für den Hinweis, daß ein Johann Friedrich Purschwitz, wohl ein Sohn von Johann Christoph Purschwitz, sich am 8. Januar 1729 in die Matrikel der Thomasschule einschrieb.

[9] P. Wollny, *Neue Bach-Funde*, BJ 1997, S. 7–50, speziell S. 21–26.

[10] In diesem Fall hätte – da Bach sich an diesem Tag nicht gleichzeitig in Leipzig aufgehalten haben kann – die Erstaufführung von „O Ewigkeit, du Donnerwort" BWV 60 wohl von einem Präfekten dirigiert werden müssen.

[11] Bach-Archiv Leipzig, *Rara II 204*, fol. 1r–9r. (Der Kontrakt ist auf den 10. Januar 1724 datiert.) Mein Dank gilt Peter Wollny, der mich auf diesen Vertrag aufmerksam gemacht hat.

für Hildebrandt und seine Gehilfen. Wie in Störmthal erklärte Hildebrandt sich auch dieses Mal bereit, sämtliche Materialien auf eigene Kosten zu besorgen – Englisches Zinn, Metall, Holz, Leder, Leim, Schmiedearbeiten, Kohle, Messing und Messingdraht – und Handwerker wie „Bildhauer, Tischler, Schlößer, Gürttler, Nadler" einzustellen. (Eine Ausnahme bildete der Maurer, auch war Hildebrandt nicht verantwortlich für die Bemalung der Orgel, für den Bau der Chorempore, auf der die Orgel ihren Platz finden würde, und für den Bretterverschlag der Balgkammer.) Er erklärte, das Gehäuse „nach architektonischer Arth" konstruieren zu wollen, es mit feinen Schnitzereien zu verzieren und zwei einfaltige Bälge aus Tannenholz zu liefern. Von Fullen verpflichtete sich, für den weiteren Transport des Baumaterials zu sorgen oder diesen zu bezahlen, wenn das Material bis auf drei Meilen von Liebertwolkwitz herangeschafft war; außerdem wollte er sich um die für die Errichtung und Fertigstellung der Orgel benötigten Arbeiter kümmern, einschließlich eines Bälgetreters. Ebenfalls wie in Störmthal gab Hildebrandt auch für dieses Instrument die übliche Garantie, in der er versprach, auf eigene Kosten alle Schäden zu reparieren, die innerhalb eines Jahres nach der Orgelprüfung aufträten; als ein letztes verpflichtete er sich, am Ende des Garantiejahres die Orgel ein weiteres Mal zu stimmen.

Nachdem er am Dienstag, dem 24. Juli 1725 die letzten ihm zustehenden 7 Taler, 7 Groschen und 6 Pfennige erhalten hatte, erklärte Hildebrandt sich ohne weitere Forderungen mit den 460 Talern, die ihm ausbezahlt worden waren, „völlig befriediget".[12] Es hat also den Anschein als habe Hildebrandt über die vertraglich vereinbarten Stimmen hinaus keine weiteren Register eingebaut. Berichte über eine Orgelprüfung oder -weihe sind nicht erhalten; in Anbetracht der vergleichbaren Bedingungen ist es jedoch durchaus möglich – wenn nicht gar wahrscheinlich –, daß Bach auch die Orgel in Liebertwolkwitz prüfte und einweihte. Unglücklicherweise fiel die Orgel – ebenso wie das gesamte Inventar der Kirche – den napoleonischen Kriegen zum Opfer (die Kirche wurde 1813 in Brand gesetzt und völlig zerstört).

Wie zu erwarten, unterscheiden die Verträge – und Projekte – von Störmthal und Liebertwolkwitz sich lediglich in einigen wenigen Aspekten. So waren die Dispositionen nicht absolut identisch und die Orgeln dürften auch unterschiedlich konstruiert gewesen sein. Dem Störmthaler Vertrag ist zu entnehmen, daß

---

[12] „Vor das neu verfertigte Orgel Werck ver*accordi*rten Summa derer Vier Hundert und Sechzig Thaler völlig befriediget worden, und nicht das geringste weiter zu fodern hätte, zugleich eine beständige ewige Verzicht geleistet […]"; Bach-Archiv Leipzig, *Rara II 204*, fol. 14 v. Hildebrandt erhielt 100 Taler im Januar 1724, am Johannistag 1724 zahlte von Fullen ihm 50 Taler und zu Weihnachten 1724 erhielt er 92 Taler, 16 Groschen und 6 Pfennige; Ostern 1725 zahlte man ihm 100 Taler, weitere 100 Taler zu Pfingsten und die letzten 7 Taler, 7 Groschen und 6 Pfennige am 24. Juli 1725. Bach-Archiv Leipzig, *Rara II 204*, fol. 10 v–14 v.

der Entwurf des (ausgesprochen eleganten) Orgelprospekts von dem Leipziger Architekten Johann David Schatz stammte.[13] Der Vertrag von Liebertwolkwitz verrät nicht, wer den Orgelprospekt entworfen hat, sondern kon-
statiert lediglich, daß dieser nach der vorgegebenen Zeichnung ausgeführt
wurde. In Störmthal baute Hildebrandt die tiefsten neun Pfeifen des Prinzipal
8' aus Holz und plazierte sie innerhalb des Gehäuses. In Liebertwolkwitz
hingegen wurden sämtliche Pfeifen des Prinzipal 8' aus hochwertigem eng-
lischem Zinn gefertigt und standen daher wohl im Prospekt, wie es auch bei
Hildebrandts nächstem Orgelprojekt in Lengefeld der Fall war.[14] In Störmthal wurde Hildebrandt wie erwähnt von dem Patronatsherrn von Fullen ent-
lohnt, während er in Liebertwolkwitz überwiegend von der ansässigen Gemeinde bezahlt wurde. Er erklärte sich bereit, die Störmthaler Orgel für
400 Taler zu errichten, erhielt aber weitere 40 Taler für zusätzliche Einbauten.
In Liebertwolkwitz, wo ihm die vorhandene Orgel zur freien Verfügung überlassen wurde, gab es keine Ergänzungen zu dem vereinbarten Projekt und
Hildebrandt erhielt deshalb nur die vertraglich festgelegten 460 Taler. Nach
der Vollendung des Störmthaler Projekts stellte von Fullen Hildebrandt ein
Zeugnis aus, für Liebertwolkwitz hingegen gibt es nicht nur keinerlei Hinweis
auf eine Prüfung oder Weihe, auch nach den Spuren eines Zeugnisses suchen
wir vergeblich. Hildebrandt hatte versprochen, die Störmthaler Orgel innerhalb eines Jahres zu erbauen, für die Orgel von Liebertwolkwitz hingegen
wurden ihm sechzehn Monate gewährt. Beide Instrumente scheinen mehr
oder weniger pünktlich fertiggestellt worden zu sein. Bachs Orgelprüfung in
Störmthal fand nur sechs Wochen nach dem Jahrestag der Vertragsunterzeich-
nung statt, während die Orgel in Liebertwolkwitz im Juli geprüft worden zu

---

[13] Ich danke Manuel Bärwald für seine Hilfe bei der Identifizierung des Architekten;
der Kontrakt erwähnt nur dessen Nachnamen und dieser ist schwer zu lesen. David
Schatz (1667–1750) war Architekt und Landschaftsgestalter; als sein Meisterwerk
gilt Schloß Burgscheidungen. Er entwarf zudem die Salvatorkirche in Gera und
überwachte in den Jahren 1717–1720 deren Bau; in dieser Kirche errichtete Johann Georg Finke 1720–1722 eine neue Orgel, die Bach 1725 prüfte (Kirche und
Orgel wurden 1780 während eines Stadtbrandes zerstört). Siehe *Allgemeines Lexikon der Bildenden Künstler von der Antike bis zur Gegenwart*, begründet von
U. Thieme und F. Becker, fortgeführt von H. Vollmer, Leipzig 1907–1950, Bd. 29
(1935), S. 588 f.

[14] In Lengefeld (Erzgebirge), wo Hildebrandt unmittelbar nach Fertigstellung der
Orgel in Liebertwolkwitz 1725–1726 eine zweimanualige Orgel baute, befinden
sich sämtliche 48 Pfeifen des Prinzipals 8' im Prospekt. Vgl. K. Pomp, *Die Hilde-
brandt-Orgel in der Kirche zu Lengefeld*, in: Mitteilungen des Landesvereins Sächsischer Heimatschutz 21 (1932), S. 142; Dähnert (wie Fußnote 3), S. 165; siehe auch
H. Schütz und K. Wegscheider, *Die Restaurierung und Teilrekonstruktion des Pfeifenwerks*, in: Die Zacharias-Hildebrandt-Orgel zu Lengefeld, hrsg. von H. Hodick
und P. Pfeiffer, Dresden 2014, S. 72.

sein scheint, mithin etwa zehn Wochen nach dem für den Abschluß der Arbeiten vereinbarten Datum. Mit anderen Worten: Zwischen den beiden Verträgen bestanden kleinere Unterschiede, im wesentlichen aber waren sie nahezu gleichlautend.

Die Aufträge für den Bau der Orgeln in Störmthal and Liebertwolkwitz waren für Hildebrandt von größter Bedeutung, handelte es sich doch um die ersten Vertragsabschlüsse für neu zu bauende Orgeln, die er sich als selbständiger Orgelbauer sichern konnte, nachdem er nicht mehr bei Gottfried Silbermann angestellt war. (Tatsächlich unterschrieb er den Störmthaler Kontrakt, obwohl er damit gegen seinen Gesellenvertrag verstieß, den er im Dezember 1713 abgeschlossen hatte, und Silbermann verklagte ihn umgehend wegen Vertragsbruchs.[15]) Ulrich Dähnert beruft sich auf „Intrigen", die Hildebrandt laut Silbermann in Störmthal angezettelt haben sollte, und folgert daraus, daß Hildebrandt mit größter Wahrscheinlichkeit seinen vormaligen Arbeitgeber im Preis unterbot, um die Zusage für dieses Projekt zu erhalten.[16] Allerdings finden sich in den Verträgen Hinweise auf eine andere Methode, die Hildebrandt einsetzte, um sich den Zuschlag zu sichern.

Erstaunlicherweise enthalten die beiden Dokumente detaillierte, mehrere Seiten umfassende Beschreibungen, wie die einzelnen Teile der Orgel konstruiert würden – welche Materialien benutzt würden und welche Verfahren zur Anwendung kämen sowie welche Ergebnisse zu erwarten wären. (Die in dem ersten Vertrag – für Störmthal – enthaltenen Beschreibungen scheinen verbatim in den zweiten – für die Orgel in Liebertwolkwitz – übertragen worden zu sein.) Es ist daher recht überraschend, festzustellen, daß zahlreiche Formulierungen sich als nahezu wörtliche Zitate aus Andreas Werckmeisters *Orgel-Probe* erweisen (im folgenden: *OP*; siehe auch Anhang 2).[17] So ver-

---

[15]   Hildebrandt hatte sich verpflichtet, nach seiner Gesellenzeit bei Silbermann weder in Sachsen noch im Elsaß zu arbeiten. Nachdem er verklagt worden war, gelang es ihm, Silbermann einen „Wechselkontrakt" zu entlocken, die ihm erlaubte, weiterhin in Sachsen tätig zu sein, allerdings gegen eine Gebühr. Hildebrandt verstieß aber auch gegen die Konditionen dieser Vereinbarung und Silbermann zögerte nicht, ihn erneut zu verklagen. Die erbitterte Fehde wurde schließlich im Dezember 1724 beigelegt. Zu Einzelheiten siehe Dähnert (wie Fußnote 3), S. 26–30 und S. 33–42.

[16]   Silbermanns Honorare für einmanualige Orgeln scheinen im Laufe der Zeit gesunken zu sein. In Pfaffroda (1715), Niederschöna (1716), St. Johannis in Freiberg (1719) und Chemnitz (1722) erhielt er 600, 550, 525 bzw. 500 Taler, während ihm in Dittersbach 1726 lediglich 400 Taler ausbezahlt wurden. W. Müller, *Gottfried Silbermann, Persönlichkeit und Werk. Eine Dokumentation,* Frankfurt 1982, S. 201.

[17]   A. Werckmeister, *Erweiterte und verbesserte Orgel-Probe*, Quedlinburg 1698, Reprint, hrsg. von D.-R. Moser, Kassel 1970 (Documenta musicologica, Erste Reihe: Druckschriften-Faksimiles, Bd. 30). Werckmeisters *Orgel-Probe,* eine Abhandlung, die Anleitungen für die Prüfung und damit implizit auch für den Bau von Orgeln

sprach Hildebrandt, die Orgel werde mit „einer guten und wohlklingenden *Harmonie* und *Temperatur*" ausgestattet (*OP*, S. 79, Vorwort).[18] Das Pfeifen-werk werde gerade und nicht zu dicht stehen; es werde „nicht zu dünne aus-gearbeitet", ordentlich gelötet, gut ansprechen und rein klingen [*OP*, S. 4–5, 6, 21]. Auf die Schnarrwerke werde Hildebrandt besondere Sorgfalt verwenden, so daß die Stiefel in den Pfeifenstöcken gut fixiert seien und die Kehlen („Mundstücke") wie auch die Zungenblätter in den Stiefeln genügend Platz hätten (*OP*, S. 8–9). Er werde sie „fein gleichlautend intoniren", so daß sie leicht und schnell ansprächen (*OP*, S. 35, 36). Der Tremulant würde so konstru-iert, daß er sanft bebe, damit er „den Schlag und Mensur fein beständig halte, und das Werck nicht dämpfe" (*OP*, S. 37). Das Manual würde „nicht zu hart, faul und windzeh, auch nicht gar zu gelinde" zu traktieren sein. Ferner ver-sprach Hildebrandt, daß die Tasten bei feuchtem Wetter nicht stecken bleiben würden (*OP*, S. 21). Auch würden die Pedal- und Manual-Klaviaturen genau übereinander ausgerichtet (*OP*, S. 21). Die Bälge würden weit genug aufgehen und „einen feinen sanfften langsamen Gang" haben, „den Wind fein schnell in sich ziehen und wohl halten". Sie würden wohl beledert, „fleißig verwahret", mit Gegengewichten „recht *aequiri*ret", und „wohl zu treten" sein sowie „glei-chen Wind geben" (*OP*, S. 3–4, 46). Die Windladen würden „von reinen, guten Eichenen Holz mit Fleiß" gearbeitet sein, mit dicken Stöcken und stark genug, und die Löcher würden akkurat gebohrt und rein ausgebrannt. Windladen, Kanäle und Bälge würden mit Leim ausgegossen und „wohl verwahrt" werden (*OP*, S. 10, 14). Es werde besonders darauf geachtet, „daß der Wind beständig sey, und durch die Haupt *Ventile*, Register, oder sonsten durch die *Cancel*len nicht durchsteche, oder durch die *Ventile* streiche" (*OP*, S. 11, 12). Die Ventile würden von gutem Holz gemacht, stark genug, daß „sie sich nicht verwerffen können"; sie würden mit Leder bezogen und dieses so behandelt, daß es „fein gleich und glatt auffliege" (*OP*, S. 12). Auch würden die Ventile so gelegt, „daß man im Nothfall dazu kommen kann" (*OP*, S. 13). Die Spunde würde Hilde-brandt akkurat und stark genug fertigen, er würde sie beledern, damit sie gut schließen, „daß sie den Wind nicht gehen laßen" (*OP*, S. 13). Tasten und Kla-

---

enthält, erschien zuerst 1681 im Druck. Das Werk wurde 1698 überarbeitet, erwei-tert und wieder aufgelegt; bereits 1716 erschien eine neue Auflage. Weitere Auflagen gab es in Deutschland in den Jahren 1754 (Leipzig) und 1783. Die Angaben im vorliegenden Beitrag beziehen sich auf die Ausgabe von 1698.

18   Während der Renovierung durch Hermann Eule Orgelbau Bautzen im Jahr 2008 wurde die Orgel in den originalen Chorton versetzt (462 Hz bei 15 °C) und mit einer 1/6-Komma mitteltönigen Stimmung versehen. Die Orgel-Continuostimme für „Höchsterwünschtes Freudenfest" BWV 194 stand wohl in As-Dur, welches, wie Bruce Haynes ausgeführt hat, vermutlich eine verwendbare Tonart war. Siehe B. Haynes, *Beyond Temperament: Non-Keyboard Intonation in the 17th and 18th Centuries*, in: Early Music 19 (1991), S. 364, Fußnote 42.

viaturrahmen, Wellenbretter und Abstrakten, die Registermechanik mit ihren Winkeln und Zugstangen würden „fein ordentlich und nicht zu dichte an einander" sein und „von gutem reinen Holz starck genug" gebaut, besonders die Wellen, welche „fein zu richten" wären und „nicht zu dichte zusammen, auch nicht zu nahe an dem Brethe" zu liegen kämen (*OP*, S. 15–16). Die Stifte, „woran die Abstracten hangen", würde er „fein disponirlich lang" machen (*OP*, S. 16). Die Registraturen würde er so einrichten, daß „sie sich wohl ziehen laßen, nicht zu hartt, auch nicht zu gelinde", daß sie aber auch „sich nicht überziehen laßen" (*OP*, S. 16). Er versprach, die Dämme, zwischen denen die Register zu liegen kämen, „von einerley Holze zu arbeithen, und recht zu verkehren". (*OP*, S. 10). Er werde „die Gewehr nach der Übergabe auff *Ein* ganzes Jahr" leisten (*OP*, S. 71). „In *Summa* alles und jedes, was hierbey nöthig, und zur Zierde, und zu einer annehmlichen *Harmonie* des ganzen Werckes gereichen kann, und mag, und wie es nur Nahmen hatt, daran nicht zu verabsäumen, sondern dergestalt zuverfertigen, daß er Ruhm und Ehre davon haben, auch solches bey erfolgender *Probe* tüchtig und gut befunden werden möge."

Peter Williams hat gezeigt, daß Orgelprüfer – darunter auch Johann Sebastian Bach – für die Standardanforderungen des Orgelbaus sowie die entsprechende Terminologie auf Werckmeisters *Orgel-Probe* zurückgriffen.[19] Ich habe an anderer Stelle beschrieben, wie die *Orgel-Probe* als Grundlage für mindestens ein knappes und wohl strukturiertes Regelwerk einer Orgelprüfung verwendet wurde (*Requisita eines vollkommenen und beständigen Orgel-Wercks*), das von Orgelexperten verschiedentlich für die Prüfung von Silbermanns Orgeln benutzt wurde.[20] Doch mit Hildebrandts Verträgen für die Orgeln von Störmthal und Liebertwolkwitz liegt ein Fall vor, wo die *Orgel-Probe* nicht von einem Orgelexperten oder Kirchenbediensteten herangezogen wurde, sondern von einem Orgelbauer. Ganz besonderes Gewicht liegt dabei auf der Verläßlichkeit der von diesem Orgelbauer angewandten Methoden sowie auf der hohen Qualität und Haltbarkeit der von ihm eingesetzten Materialien.

Hildebrandt beschrieb seine Techniken und Methoden anscheinend deshalb so detailliert, weil er hier versuchte, sich einen ersten Vertrag als selbständiger Orgelbaumeister zu sichern. Er wird dabei das von Silbermann ausgestellte Zeugnis mit sich geführt haben, in dem dieser ihm entsprechend ihrer Vereinbarung zugesichert hat, ihn „in der Orgelmacher-Kunst, treulich und fleisig zu

---

[19] Siehe Williams 1982 (wie Fußnote 1); ders., *J. S. Bach: Organ Expert or Reader of Werckmeister?*, in: Journal of the American Musical Instrument Society 11 (1985), S. 38–54; sowie ders., *Noch einmal: J. S. Bach – Orgelsachverständiger unter dem Einfluß Andreas Werckmeisters?*, BJ 1986, S. 123–125.

[20] Siehe L. Edwards Butler, *Requisites for a Perfect and Durable Organ: Examinations of Silbermann Organs Using Werckmeister's* Orgel-Probe, in: Music and Its Questions: Essays in Honor of Peter Williams, hrsg. von T. Donahue, Richmond/VA 2007, S. 101–116.

informiren, und ihn in solcher Wißenschafft zu perfectioniren."[21] Vielleicht zeigte er von Fullen auch eine Abschrift des Berichts, den Silbermann, Johann Samuel Beyer (Kantor und Musikdirektor am Freiberger Dom) und Elias Lindner (Domorganist zu Freiberg) am 16. Mai 1722 nach der erfolgreichen Prüfung von Hildebrandts Meisterstück, der zweimanualigen, 21 Stimmen umfassenden Orgel in Langhennersdorf (einem etwa acht Kilometer von Freiberg entfernt gelegenen Ort) verfaßt hatten.[22] Von Fullen wird sicherlich Hildebrandts langjährige Verbindung mit Silbermann berücksichtigt haben: Über einen Zeitraum von rund acht Jahren, von 1713 bis 1720 oder 1721, hatte dieser seinem Meister bei etwa elf Projekten assistiert, beginnend mit der großen dreimanualigen Orgel für den Freiberger Dom und einschließlich der zweimanualigen Orgeln in Großkmehlen, Freiberg (Jacobikirche) und Dresden (Sophienkirche) sowie der einmanualigen Orgeln in Pfaffroda, Oberbobritzsch und Niederschöna und schließlich der Freiberger Johanniskirche.[23] Von Fullen könnte Silbermann (und vielleicht auch Hildebrandt) kennengelernt haben, als er den Orgelbau an der Georgenkirche in Rötha verhandelte;[24] vielleicht war ihm bewußt, daß der Röthaer Vertrag von Silbermann und Hildebrandt gemeinsam unterzeichnet war. Von Fullen hatte sich bereits wegen einer neuen Orgel in Störmthal an Silbermann gewandt und von diesem ein Angebot samt Disposition erhalten. Hildebrandt, so scheint es, unterbot nicht nur seinen vormaligen Mentor, um den Vertrag für sich zu gewinnen, sondern unternahm zudem große Anstrengungen, um von Fullen zu versichern, daß die Orgel „tüchtig und beständig" sein würde, was Bach dann bestätigte, als er die vollendete Orgel prüfte. Aber es muß auch sehr beruhigend – und überzeugend – gewirkt haben, daß ein angehender Orgelbauer sich die Mühe machte, so ausführlich zu beschreiben, wie er in Störmthal (und später in Liebertwolkwitz) gemäß dem bekannt hohen Standard eines Andreas Werckmeister vorgehen würde. (Es ist auch möglich, allerdings meiner Meinung nach eher unwahrscheinlich, daß von Fullen selbst darauf bestand, daß die Orgel nach den bei Werckmeister beschriebenen Qualitätsprinzipien gebaut werde, um so die Arbeitsqualität des erst seit kurzem unabhängigen Orgelbauers zu gewährleisten.)

Es kam häufiger vor, daß Orgelprüfberichte sich auf die bei Werckmeister beschriebenen Prinzipien bezogen; selten, wenn nicht gar einmalig, ist hingegen, daß schon der Vertrag für den Bau einer Orgel solch großen Wert auf sie legt.

---

[21] Dähnert (wie Fußnote 3), S. 18.

[22] Siehe Müller (wie Fußnote 16), S. 80 f.

[23] Obwohl er (gemeinsam mit Silbermann) den Kontrakt für die Orgel in der Röthaer Georgenkirche unterzeichnet hat, scheint Hildebrandt an dem Bau nicht mitgewirkt zu haben. (Sein Name erscheint nicht im Prüfbericht.) Müller (wie Fußnote 16), S. 80, Fußnote 309.

[24] Dähnert (wie Fußnote 3), S. 25.

Es ist daher sicherlich nicht unwesentlich, daß eine ähnliche Bindung an Werckmeister auch in dem Vertrag zu beobachten ist, den Gottfried Silbermann am 8. Oktober 1710 für die große Orgel im Freiberger Dom unterzeichnete. Es handelte sich hier um Silbermanns ersten in Sachsen geschlossenen Vertrag – die Orgel in seinem Heimatort Frauenstein hatte er gebaut, ohne einen Kontrakt zu unterzeichnen – und auch dieser enthielt Hinweise (wenn auch nur wenige und kurze) auf spezifische Techniken und Attribute des Orgelbaus, die bei Werckmeister beschrieben sind. Silbermann versprach, jedes Register würde „gar leicht" zu ziehen sein (*OP*, S. 24); er werde die Manuale so konstruieren, daß sie „gantz lindte" spielen und „kein solch geklappere" verursachten (*OP*, S. 21); er wolle Pfeifen bauen, die gleichermaßen in der Höhe wie in der Tiefe „auf den Augenblick ansprechen" (*OP*, S. 23), Bälge verfertigen, die sich „gantz sanffte," ohne „gepoltere und schwancken" aufziehen ließen (*OP*, S. 3) und das Pfeifenwerk so aufstellen, daß „mann zu jeder Pfeiffe, wenn darbey etwas fehlet, leichtlich kommen" könne (*OP*, S. 4); schließlich werde er die Mensuren so einrichten, daß jedes Werk seinen eigenen Charakter und Klang hätte (*OP*, S. 53), „damit das Werck mit seinen Klang die Kirche, wenn gleich die gantze Gemeinde beysammen, erfüllen, auch seinen *Effect* haben und durch dringen" könne (*OP*, S. 34–35).[25] Auch hier also – genau wie sein eigener Lehrling es einige Jahre später tun würde – unternahm ein junger Orgelbauer, der sich etablieren wollte, große Anstrengungen, ausführlich darzustellen, nach welchen Maßstäben er sein Instrument zu bauen gedachte.[26]

Es scheint also, als habe Werckmeisters Abhandlung nicht nur den Standard gesetzt, nach dem „einige Organisten, so zu Probirung eines Orgelwercks" und „denen Vorstehern, so etwan Orgeln machen oder renoviren lassen wollen", vollendete Orgeln beurteilen konnten,[27] sondern auch die Maßstäbe etabliert, mit deren Hilfe ein aufstrebender junger Orgelbauer seinen Auftraggebern gegenüber seine Qualitäten unter Beweis stellen konnte.

---

[25] Müller (wie Fußnote 16), S. 416–418. Siehe auch Edwards Butler (wie Fußnote 20), S. 101–116.

[26] Silbermann genoß schließlich als Orgelbauer einen solch ausgezeichneten Ruf, daß viele seiner späteren Instrumente nach ihrer Vollendung nicht einmal geprüft wurden.

[27] A. Werckmeister, *Orgel-Probe* (1698), Titelseite.

Anhang 1: Synopse der Orgelbaukontrakte in Störmthal and Liebertwolkwitz

Störmthal (datiert 7. August 1722, unterzeichnet von Hildebrandt und Statz Hilmor von Fullen)	Liebertwolkwitz (datiert 10. Januar 1724, unterzeichnet von Hildebrandt und der Großen und Kleinen Gemeinde in Liebertwolkwitz)
Im Nahmen GOTTES!	Im Nahmen GOTTES!
Zuwißen, denen von nöthen, Daß zwischen dem Hoch wohlge-bohrnen Herrn, Herrn Statz Hilmorr von Fullen, des Heil: Röm: Reichs Rittern etc. auff Störmthall, Marck Kleberg, und Liebert Wolckiz etc. König: Pohln: und Churfürst: Sächß: *Cammer* Junckern, und Oberhoff Gerichts *Assessoris* etc. als Kirchen *Patron* zu Störmthal, an einen, und Herrn Zacharien Hildebranden, Orgelmachern von Freyberg, am andern Theil, wegen Erbauung eines neuen Orgel Wercks in der Kirche zu Störmthal, nachfölgender *Contract* abgehandelt, und beschloßen worden;	Zuwißen, denen von nöthen, Daß zwischen Herrn Zacharien Hildebranden, Orgelmachern, und Bürgern von Freyberg, an einen, und der Großen und Kleinen Gemeinde, wie auch Häußlern zu Liebert-Wolckwiz, am andern Theil, mit Vorwissen und Genehmhaltung des Hochwohlgebohrnen Herrn, Herrn Statz Hilmorr von Fullen, des Heil: Röm: Reichs Heldens, auff Störmthal, Marck Kleberg, und Liebert Wolckwiz etc. Königl. Pohln. und Churfürstl. Sächß: *Cammer*herrn, und Oberhoff Gerichts *Assessoris*, als Erb- Lehn- und Gerichts Herr, wie auch Kirchen *Patroni* alhier zu Liebert Wolckwiz, wegen Erbauung eines neuen Orgel Werckes in der Kirche hieselbst, nachfölgen-der *Contract* abgehandelt, und beschloßen worden;
Es verspricht nehmlich ermelter H. Hildebrand binnen *dato* und *Einen* Jahre, nachbeschriebenen Maßen ein tüchtiges Orgel Werck mit Einem *Manual*, und einen *Pedal-Clavier* in die Kirche zu Störmthal zufertigen, und in daßelbe fürnehmlich einzubringen:	Es verspricht nehmlich ermelter H. Hildebrand binnen *dato*, und gel: Gott! Pfingsten des 1725.sten Jahres, nachbeschriebener Maßen ein tüchtiges Orgel Werck, mit *Einem Manual*, und Einen *Pedal-Clavier*, in die Kirche zu Liebert Wolckwietz zufertigen, und in daßelbe fürnehmlich einzubringen, nachfölgende *Register*, und zwar,

Störmthal (datiert 7. August 1722, unterzeichnet von Hildebrandt und Statz Hilmor von Fullen)	Liebertwolkwitz (datiert 10. Januar 1724, unterzeichnet von Hildebrandt und der Großen und Kleinen Gemeinde in Liebertwolkwitz)

Ins Manual
 nachfolgende *Register*, als:
 1.) *Principal, Acht* Fuß, und zwar die Tieffe *octava* vom Holz, die übrigen *drey octaven* aber von Englischen Zinn, ins Gesichte;
 2.) *octav*, oder *Prestant*, Vier Fuß von Englischen Zinn, die Tieffe *octava* ins Gesichte,
 3.) Grobgedacktes, *Acht* Fuß, die Tieffe *octava* von Holz, das übrige von tüchtigen *Metall*,
 4.) *Quinta-dehna, Acht* Fuß, von Englischen Zinn,
 5.) Rohr Flöte, *Vier* Fuß von *Metall*,
 6.) Nasat, *Drey* Fuß von *Metall*,
 7.) *octava, Zwey* Fuß von Zinn,
 8.) *Tertia,* Zwey Fuß von Zinn.
 9.) *Quinta, Anderthalb* Fuß von Zinn,
 10.) Sufflöt, *Ein* Fuß von Zinn,
 11.) Mixtur, Dreyfach von Zinn, und die gröste *Anderthalb* Fuß.
 12.) *Tremulant,*
 	
      Ins Pedal:
 13.) *Sub Bass, Sechszehen* Fus von Holz, und
 14.) *Posaunen-Bass, Sechszehen* Fuß, die Mund Stücke von *Metall,* die *Corpora* von Holz.
         Summa
 Vierzehen Klingende Stimmen inclus: Tremulants,
	Ins Manual:
	 1.) *Principal, Acht* Fuß, und dieses durchgehends von Englischen Zinn, ins Gesichte,
	 2.) *Octava,* oder *Prestant, Vier* Fuß, von Englischen Zinn,
	 3.) Grobgedacktes, *Acht* Fuß, die Tieffe *Octava* von Holz, das übrige von tüchtigen *Metall,*
	 4.) Quintadehna, *Acht* Fuß, von Englischen Zinn,
	 5.) Rohr Flöte, *Vier* Fuß von *Metall,*
	 6.) *Quinta, Drey* Fuß von Zinn,
	 7.) *Octava, Zwey* Fuß, von Zinn,
	 8.) *Quinta, Anderthalb* Fuß, von Zinn
	 9.) Sufflöt, *Ein* Fuß, von Zinn,
	 10.) Mixtur, *Drey* fach, von Zinn, und die gröste *Anderthalb* Fuß.
	 11.) *Cornet, Dreyfach,* von Zinn.
	 12.) *Tremulant,*
	 13.) Wind Koppel,
	      Ins Pedal:
	 14.) *Sub Bass Sechszehen* Fuß von Holz, und
	 15.) *Posaunen-Bass Sechszehen* Fuß, die Mund Stücke von *Metall,* die *Corpora* aber von Holz.
	         Summa
	 Funffzehen Klingende Stimmen, inclus: *Tremulant,* und Wind-Koppel

Darbey ermelter Herr Hildebrand sich verbindlich gemachet, alles Bedürffnis derer Materialien, als das Englische Zinn. Metall, Holz, Leder, Leim, Eisen Werck, Kohlen, guten tüchtigen Meßing, auch dergleichen Drath, und wie alles genennet werden mag, anzuschaffen, auch die darzu benöthigten Handwergks Leuthe, als Bildhauer, Tischler, Zimmer Leuthe, Schlößer, Gürttler, Nadler, oder wie die Nahmen haben mögen. (ausgenommen der Mäurer Arbeith.)

auff seine Kosten zu halten, zu bezahlen, und zu befriedigen, das Pfeiffen Werck auch ins gesambt, wie vorhero bey jeden angemercket, vom besten geschlagenen Englischen Zinn, tüchtigen Metall und Holze zufertigen, ingleichen das Gehäuse sauber nach architectonische Arth, und mit feiner Bildhauer Arbeith, wie allenthalben der Abriß, welchen der Herr Land Baumeister Schaz hierzu gefertiget, solch bedungenes Werck in mehreren vorstellet, und Zierat, aus arbeiten zu lassen.

bey dieser Orgel auch Zwey tüchtiger Bälge, jeden mit einer Falte, von Tännen Holz zuverfertigen, sothanes Orgel Werck in der Kirche zu Störmthal auffzusezen, und vollkommen herzustellen;

Wobey Herr Hildebrand insonderheit das Orgel Werck dergestalt einzurichten, sich verbunden, daß solches mit einer guten und wohlklingenden Harmonie und Temperatur versehen, das Pfeiff Werck gerade, raumlich, und nicht zu dichte in einander stehe, selbiges auch nicht zu dünne ausgearbeitet, und vielmehr von und nach der Mensur gerichtet, im Löthen wohl verwahret sey, und wohl ansprech;

Dabey ermelter H. Hildebrand sich verbindlich gemachet, alles Bedürffnis derer Materialien, als das Englische Zinn, Metall, Holz, Leder, Leim, Eisen Werck, Kohlen, guten tüchtigen Meßing, auch dergleichen Drath, und wie alles genennet werden mag, anzuschaffen, auch die darzu benöthigten Handwergks Leuthe, als Bildhauer, Tischler, Schlößer, Gürtler, Nadler, oder wie die Nahmen haben mögen, (ausgenommen die mäurer Arbeith, und dem Boden über der Bälgen Kammer, auch verschlagung derer Mauern in der Bälgen Kammer.)

auff seine Kosten zu halten, zu bezahlen, und zu befriedigen, Das Pfeiffen Werck auch ins gesambt, wie vorhero bey jeden angemercket, vom besten geschlagenen Englischen Zinn, tüchtigen Metall, und Holze, zufertigen, ingleichen das Gehäuse sauber nach architectonischer Arth, und mit feiner Bildhauer Arbeith, wie allenthalben der Abriß solch bedungenes Werck in mehreren vorstellet, und Zierat, ausarbeiten zu laßen.

Bey dieser Orgel auch Zwey tüchtige Bälge, jeden mit einer Falte von Tännen Holz zuverfertigen, sothanes Orgel Werck in der Kirche zu Liebert Wolckwiz auffzusezen, und vollkommen herzustellen;

Wobey H. Hildebrand insonderheit das Orgel Werck dergestalt einzurichten sich verbunden, daß solches mit einer guten und wohlklingenden Harmonie und Temperatur versehen, das Pfeiff Werck gerade, raumlich, und nicht zu dichte in einander stehe, selbiges auch nicht zu dünne ausgearbeitet, und vielmehr rein, und nach der Mensur gerichtet, im Löthen wohl verwahret sey, und wohl ansprecht.

Störmthal (datiert 7. August 1722, unterzeichnet von Hildebrandt und Statz Hilmor von Fullen)	Liebertwolkwitz (datiert 10. Januar 1724, unterzeichnet von Hildebrandt und der Großen und Kleinen Gemeinde in Liebertwolkwitz)
Ferner die Schnarr Wercke tüchtig zumachen, die Mund Stücke u. Zungen, nebenst denen Stöcken wohl zufaßen, und daß die leztern in ihren Löchern und Stieffeln feste stehen, zu verwahren, auch daß sie fein gleichlautend *intoniren*, und leicht anfallen, auch recht ansprechen, einzurichten;	Ferner die Schnarr Wercke tüchtig zumachen, die Mund Stücke und Zungen, nebenst denen Stöcken, wohl zufaßen, und daß diese leztern in ihren Löchern und Stieffeln feste stehen, zu verwahren, auch daß sie fein gleichlautend *intoniren*, und leicht anfallen, auch recht ansprechen, einzurichten.
Desgleichen daß der *Tremulant* sanffte bebe, den Schlag und *Mensur* fein beständig halte, und das Werck nicht dämpffe, wohl in acht zu nehmen;	Desgleichen, daß der *Tremulant* sanfte bebe, den Schlag und *Mensur* fein beständig halte, und das Werck nicht dämpffe, wohl in acht zu nehmen;
Nichts minder daß das *Clavier* nicht zu hart, faull, und Windzehe, auch nicht garzu gelinde, solches anzulegen, auch solches also an einander zubringen, daß selbiges bey feuchten Wetter nicht stecken bleibet, und die Pfeiffen wohlanschlagen;	Nichts minder, daß das *Clavier* nicht zu hardt, faul, und Windzehe, auch nicht gar zu gelinde, solches einzulegen, und daßelbe an einander also zu bringen, daß selbiges bey feuchten Wetter nicht stehen bleibet, und die Pfeiffen wohl anschlagen;
Das *Pedal*- und *Manual-Clavier just* übereinander zurichten; Die Bälge dergestalt zu verfertigen, damit selbige weith genug auffgehen, und einen feinen sanfften langsamen Gang haben, den Wind fein schnell in sich ziehen, und wohl halten, dieselben wohl zubeledern, und sonsten fleißig zuverwahren, auch daß sie mit dem Gewichte recht *aequiriret*, und wohl zu treten seyn, und gleichen Wind geben, wohl in acht zu nehmen.	Das *Pedal*- und *Manual-Clavier just* übereinander zurichten; Die Bälge dergestalt zu verfertigen, damit selbige weith genug auffgehen, und einen feinen sanfften langsamen Gang haben, den Wind fein schnell in sich ziehen, und wohl halten, dieselben wohl zubeledern, und sonsten fleißig zuverwahren, auch daß sie mit dem Gewichte recht *aequiriret*, und wohl zutreten seyn, und gleichen Wind geben, wohl in acht zu nehmen;
Die Wind Lade von reinen guten Eichenen Holze, mit Fleiß zu arbeiten, die Stöcke dicke und starck genug zu machen, die Löcher fleissig zu bohren, und reine auszubrennen; die Wind Lade, *Canal*, und Bälge durchaus mit Leim auszugießen, und wohl zu verwahren;	Die Wind Lade von reinen, guten Eichenen Holz, mit Fleiß zu arbeithen, die Stöcke dicke, und starck genug zu machen, die Löcher fleissig zu bohren, und reine auszubrennen; die Wind Lade, *Canal*, und Bälge durchaus mit Leim auszugießen, und wohl zu verwahren;
Auch sonderlich es also einzurichten, daß der Wind beständig sey, und durch die Haupt	Auch sonderlich es also einzurichten, daß der Wind beständig sey, und durch die Haupt

Ventile, Register, oder sonsten durch die *Cancellen* nicht durchsteche, oder durch die *Ventile* streiche;

Die *Ventile* von guten Holze, und starck genug zu machen, damit sie sich nicht verwerffen können, selbige auch wohl zu beledern, und zu decken, die Leder mit dem Leim wohl auffzuwärmen, daß sie fein gleich und glatt auffliegen;

Die *Ventile* auch dergestalt zu legen, daß man im Nothfall darzu kommen kann; Die Spünde *just* und starck genug zufertigen, wohl zubeledern, und zudecken, daß sie den Wind nicht gehen laßen, Zu solchem End auch dieselben mit Vorschlägen zu verwahren;

Das Eingebäude fein ordentlich und nicht zu dichte an einander, von gutem reinen Holz starck genug, bevorab aber die *Registra-tur*-Wellen, die Wellbrether fein zu richten, damit die Wellen nicht zu dichte zusammen, auch nicht zu nahe an denen Brethen zuliegen kommen, auch die langen Wellen ihre richtige und gebührende Stärcke haben;

die Stifte, woran die *Abstracten* hangen, fein *disponirlich* lang zu machen;

Die *Registraturen* also einzurichten, damit sie sich wohl ziehen laßen, und nicht zu hartt, auch nicht zu gelinde seyn, auch sich nicht überziehen laßen;

Die Dämme, zwischen welchen die Register liegen, mit denen *Re-gistern* von einerleÿ Holze zu arbeithen, und recht zu verkehren; Und *in Summa* alles und jedes, was hierbey nöthig, und zur Zierde, und zu einer annehmlichen *Harmonie* des ganzen Werckes gereichen kann, und mag und wie es nur Nahmen hatt, daran nicht zuverabsäumen, sondern dergestalt zu verfertigen, daß es Ruhm und Ehre denen haben, auch solches bey erfolgen-deger *Probe* tüchtig und gut befunden werden möge.

Ventill, Register, oder sonsten durch die *Cancellen* nicht durchsteche, oder durch die *Ventile* streiche;

Die *Ventile* von guten Holze, und starck genug zu machen, damit sie sich nicht verwerffen können, selbige auch wohl zu beledern, und zu decken, die Leder mit dem Leim wohl auffzuwärmen, daß sie fein gleich und glatt auffliegen;

Die *Ventile* auch dergestalt zu legen, daß man im Nothfall darzu kommen kann; die Spünde *just* und starck genug zufertigen, wohl zubeledern, und zudecken, daß sie den Wind nicht gehen laßen, Zu solchem End auch dieselben mit Vorschlägen zuverwahren;

Das Eingebäude fein ordentlich und nicht zu dichte an einander von guten reinen Holze, starck genug, bevorab aber die *Registra-tur*-Wellen, die Wellbreter fein zu richten, damit die Wellen nicht zu dichte zusammen, auch nicht zu nahe an denen Brethern zuliegen kommen, auch die langen Wellen ihre richtige und gebührende Stärcke haben;

die Stiffte, woran die *Abstracten* hangen, fein *disponirlich* lang zu zu machen;

Die *Registraturen* also einzurichten, damit sie wohl ziehen laßen, und nicht zu hartt, auch nicht zu gelinde seyn, auch sich nicht überziehen laßen;

Die Dämme, zwischen welchen die Register liegen, mit denen Registern von einerley Holz zu arbeiten, und recht zu verkehren; Und *in Summa* alles und jedes, was hierbey nöthig, und zur Zierde, und zu einer annehmlichen *Harmonie* des ganzen Werckes gereichen kann, und mag, und wie es nur Nahmen hatt, daran nicht zu verabsäumen, sondern dergestalt zuverfertigen, daß er Ruhm und Ehre davon haben, auch solches bey erfolgen-der *Probe* tüchtig und gut befunden werden möge.

Störmthal (datiert 7. August 1722, unterzeichnet von Hildebrandt und Statz Hilmor von Fullen)	Liebertwolkwitz (datiert 10. Januar 1724, unterzeichnet von Hildebrandt und der Großen und Kleinen Gemeinde in Liebertwolkwitz)
Dahingegen wird ihme vor solch seine Mühe und Arbeith Krafft dieses *Vierhundet Reichs Thaler,* sage 400 Rthl:- nachfolgender Maßen richtig zuvergnügen, und zubezahlen, von Hochermelten Herrn CammerJuncker von Fullen versprochen:	Dahingegen werde ihm vor solch seine Mühe und Arbeith Krafft dieses *Vierhundert und Sechszig Reichs Thaler,* sage. 460 Rthl:-, nachfolgender weise richtig zuvergnügen, und zubezahlen. von Eingangs ermelten Großen und Kleinen Gemeinden. auch Häuslern zu Liebert Wolckwiz versprochen. Nehmlich:
Nehmlich: Es werden besagten Herrn Hildebranden	Es werden besagten H: Hildebranden,
Einhundert und Funffzig Thaler auff nechst künfftigen *Michaelis-Meße* 1722. zu Erkauffung Zinnes, und andern Bedürffnisses und Zum Anfang,	*Einhundert Thaler* auff nechst künfftigen Montag nach der Neu Jahrs Meßzahl Woche 1724.
Funffzig Thaler auff Neu Jahres Meße 1723.	*Funffzig Thaler* auff Johannis 1724.
Funffzig Thaler auff Oster Meße 1723.	*Einhundert Thaler* auff Weynachten 1724.
und den Rest an	*Einhundert Thaler* auff Ostern 1725, und
Einhundert und Funffzig Thalern, wenn er das Werck tüchtig verfertiget, auffgesezet, und übergeben, es auch in allen untadelhafft von verständigen *Musicis* und *Organisten examiniret, probiret,* und erkannt worden, bezahlet.	*Einhundert und Zehen Thaler,* auf Pfingsten 1725. wenn er das Werck tüchtig verfertiget, auffgesezet, und übergeben, es auch in allen untadelhafft von verständigen *Musicis* und *Organisten examiniret, probiret,* und erkannt worden, bezahlet.
Hierüber leistet auch seiner gedachter Herr Hildebrand die Gewehr nach der Übergabe auff *Ein* ganzes Jahr, und soferne binnen solcher Zeith an dem neuen Werck etwas *manquiren* oder wandelbahr werden solte, *repariret* er es ohne alles Entgelt, stimmet auch dasselbe nach geendigten Jahre nochmahls durch, und sezet es allenthalben in vollkommene Richtigkeit;	Hierüber leistet auch ferner gedachter H. Hildebrand die Gewehr nach der Übergabe auff *Ein* ganzes Jahr, und soferne binnen solcher Zeith an dem neuen Wercke etwas *manquiren,* oder wandelbar werden solte, *repariret* er es ohne alles Entgeld, stimmet auch dasselbe nach geendigten Jahre nochmahls durch, und sezet es allenthalben in vollkommene Richtigkeit;
Wegen derer zu Abholung seines Werckzeuges und *Instrumenten,* auch *Materialien* benöthigen Fuhren, wird Herrn Hildebranden, sobalden die Feld-Arbeith meistens vollbracht, umb *Michaelis* nechstkünfftig, *Zwey* Fuhren jede mit *Drey* Pferden nacher Freyberg, und was zu Abholung derer übrigen *Materialien*	Wegen deren zu Abholung derer darzu nöthigen *Materialien.* [insert: bedürfrenden Fuhren] ist folgendes verabhandelt worden: Daß dieselben biß drey Meilen Weges verrichtet, und von dar nacher Liebert Wolckwiz die *Materialien* geschaffet werden sollen.

nöthig, nacher Grimma, und Leipzig, verrichtet, auch nacher Liebert Wolckwiz, allwo derselbe solche Arbeith verfertiget, selbiges alles geschaffet;

Wenn es auch zum Auffsezen des Werckes kömmet, werden ihm die bedürffende Fuhren zum Pfeiffen Werck, Bälgen, Gehäuse, und was darzu gehöret, nebst deßen Werckzeug und *Instrumenten*, von Liebert Wolckwiz nacher Störmthal geleistet;

Und hatt er selbige fuhren insgesambt frey und ohne Entgelt, zugewießen;

Wie denn auch auff *Ein* Jahr lang ihme freyes *Logiament* bey Verfertigung des neuen Orgel Werckes, von dem Herrn Cammer Juncker von Fullen etc. in der hierzu angewiesenen Stube, und Kammer in dem Herrnhoffe zu Liebert Wolckwiz, sowohl bey Auffsezung des Orgel Wercks vor sich und seine Gesellen in Störmthal freyes *Quartier* verstattet wird;

Mit dem Ausmahlen des Gehäuses, Erbauung des Chores, und denen darzu bedürffenden Zimmer- und Mäurer Lohns aber, hatt H. Hildebrand nichts zu thun.

Jedoch hatt derselbe sich und seine Gesellen die ganze Zeith über, so lange er in Liebertwolckwiz und Störmthal daran arbeitet, auch auffsezet, selbsten auff seine Kosten mit Essen und Trincken zuversorgen, als welches alles unter der verabhandelten *Summa* derer 400. Rthl: überhaupt mit eingeschlossen.

Wobey auch die nöthigen Handdienste bey Auffsezung des Werckes, geleistet, und beym Stimmen ein *Calcante* ohne H: Hildebrands zuthun gehalten wird.

Und hatt derselbe auff *Ein* Jahr lang freyes *Logiament*, biß *Michael*: 1725. zugewiesen.

Mit dem Ausmahlen des Gehäuses, Erbauung des Chores, und Bedeck- auch Verschlagung der Mauer in der Bälge-Kammer, und dem darzu bedürffenden Zimmer- und Maurerslohn aber hatt H: Hildebrand nichts zu thun.

Jedoch soll derselbe sich und seine Gesellen die ganze Zeith über so lange er daran arbeitet, und auffsezet, selbsten auff seine Kosten mit Essen und Trincken zu versorgen, als welches alles unter der verabhandelten Summa derer 460 thl. überhaupt mit eingeschlossen.

Über diese *veraccordirte* 460 Rthl: nun ist H. Hildebranden das jezo in der Kirche zu Liebert Wolckwiz stehende alte Orgel Werck. mit allen darinnen befindlichen PfeiffWerck und andern *Materialien*, nichts daran ausgeschlossen, ohne einzige Bezahlung in solchen Handel mit überlaßen, und demselben solches nach seinen gefallen hinweg zu nehmen, und zu nuzen, übergeben worden.

Störmthal (datiert 7. August 1722, unterzeichnet von Hildebrandt und Statz Hilmor von Fullen)

Zu Versicherung deßen allen auch, hatt H. Hildebrand durch gethanen Handschlag sich zu vorstehenden allen, so er zu *præstiren* versprochen, anheischich und verbindlich gemachet, und hierfür mit seinen bereitesten Vermögen zu stehen und zu hafften, sich erklähret,

Es hatt auch der Herr Cammer Juncker von Fullen etc. wegen des Orgel-Werck tüchtig und gut verfertiget, H. Hildebranden über obige *Summa* derer 400. Rthl: annoch *Zwey* Clafftern Scheite, und Zwey Scheffel Korn darein zugeben sich erbothen.

Zu Urkund und fester Haltung dieses *Contracts* ist solcher von beyden Theilen eigenhändig unterschrieben, und besiegelt worden.
So geschehen zu Störmthal, den 7. *Augusti Anno.* 1722.
L.S.   Staz Hilmor von Fullen
L.S.   Zacharias Hildebrandt
             Orgelmacher

Quelle: HSTAD, *12613, GB Leipzig Nr. 161,* fol. 382r–386r

Liebertwolkwitz (datiert 10. Januar 1724, unterzeichnet von Hildebrandt und der Großen und Kleinen Gemeinde in Liebertwolkwitz)

Zu Versicherung deßen allen auch hatt H. Hildebrand durch gethanen Handschlag sich zu vorherstehenden allen, so er zu *præstiren* versprochen, verbindlich gemachet, und hierfür mit seinen bereitesten Vermögen zu stehen, und zu hafften, sich erklähret,

Urkundlich, und zu fester Haltung dieses *Contracts,* ist solcher von beyden Theilen eigenhändig untergeschrieben und besiegelt worden.
So geschehen Liebert Wolckwiz, den 10. *Januarii, Anno,* 1724.
     [Sigel] Zacharias Hildebrandt
                Orgelmacher
     [Sigel] Martin Weische BürgeMeister u. Syndicus
               Tobias Götzsche Bürgemeister und Sindeij
               Thomas Enghardt Sinticus
                    der Klein Gemeinte
               Christian Hönolt Sinticus
                    der kleine gemeinte

Quelle: Bach-Archiv Leipzig, *Rara II 204,* fol. 1r–9r

Anhang 2: Hildebrandts Orgelbaukontrakte in Störmthal (1722) und Liebertwolkwitz (1724) im Vergleich mit Werckmeisters *Orgel-Probe* (1698)

Orgelbaukontrakte Störmthal und Liebertwolkwitz	Werckmeister, *Orgel-Probe* (1698)
mit einer guten und wohlklingenden *Harmonie* und *Temperatur* versehen	Darum ist höchst nötig, sonderlich einem Orgelmacher, daß er sich auf eine gute zulängliche *Temperatur* befleißige, denn wenn ein Orgelwerck noch so herrlich, und kostbar, und wäre nicht wohl *temperiret* oder mit vielen *Subsemitonien* beflicket und besudelt, so wolte man wenig Vergnügen und Ergetzligkeit davon haben (*OP*, S.79)

Was aber wolt es seyn, wenn es wär voller Fauten?
Was solt die Orgel denn? Sie würde seltzam lauten.
Nim weg von dieser Kunst die reine *Harmonie*,
Und schau! ein bloß Geheul wird über bleiben hie,
Hier will Werckmeister nun sich eingestellet haben,
Ein meister dieses Wercks, ein Man von grossen Gaben!
(Arp Schnitger, Auszug aus dem Widmungsgedicht in Werckmeisters *Orgel-Probe*) |

Orgelbaukontrakte Störmthal und Liebertwolkwitz	Werckmeister, *Orgel-Probe* (1698)
Das Pfeiff Werck gerade, raumlicht, und nicht zu dichte in einander stehe, selbiges auch nicht zu dünne ausgearbeitet, und vielmehr rein, und nach der *Mensur* gerichtet, im Löthen wohl verwahret sey, und wohl ansprecht.	So besehe man das Pfeiffenwerck, ob es gerade, raumlich oder zu dichte in einander stehe […] Auch habe man wol acht, daß das Pfeiffenwerck nicht zu dünne ausgearbeitet sey […] gut und reine klingen […] Die so oben Röhren haben, müssen fein nach der *mensur* gerichtet seyn (*OP*, S. 4–5).
	Mann hält aber von den Pfeiffenwercke am meisten, welches in den *sonis gravioribus* oder grossen *Clavibus* und Stimmen von weiterer *Mensur* in den *sonis acutioribus* oder kleinen Stimmen von engerer *Mensur*, als die *radices proportionum* mit sich bringen, *disponiret* ist, denn dieses klinget lieblich und scharf, jenes prächtig und gravitätisch jedoch nach dem es eine jede Arth der Stimmen erfodert, damit eine æqualitæt drinnen sey; und auch die grossen die kleinen nicht übertreiben (*OP*, S. 21)
	Nicht weniger sind auch zuweilen die Pfeiffen im Löthen nicht verwahret […] diese und dergleichen andere *defecta* verursachen, daß selbe Pfeiffe entweder schwebet, oder sonsten nicht recht ansprechen kan (*OP*, S. 6)
Ferner die Schnarr Wercke tüchtig zumachen, die Mund Stücke und Zungen, nebenst denen Stöcken, wohl zufaßen, und daß diese leztern in ihren Löchern und Stieffeln feste stehen	Nichts destoweniger müssen auch die Mundstücke und Blätter [Kehlen und Zungen] in ihren Stöcken wohl gefasset, die Stöcke auch in ihren Löchern und Stiefeln feste gnung stehn (*OP*, S. 8–9)
auch daß sie fein gleichlautend *intoniren*, und leicht anfallen, auch recht ansprechen	Die Rohr- oder Schnarrwercke müssen fein gleichlautend *intoniren* (*OP*, S. 35) […] Jede Pfeiffe im jedem Rohrwercke muß leichte anfallen, recht ansprechen (*OP*, S. 36).

Der *Tremulant* muß fein sanffte beben, den Schlag oder *Mensur*, nach dem er gerichtet ist, fein beständig behalten, auch in vollen wercken; So muß er auch ein Werck nicht dempfen (*OP*, S. 37).	daß der *Tremulant* sanffte bebe, den Schlag und *Mensur* fein beständig halte, und das Werck nicht dämpffe
Das *Clavir* muß nicht zu hart, faul und Windzeh, auch nicht gar zu gelinde, daß es zum Heulen geneigt, zuschlagen seyn, muß auch nicht aneinander liegen, daß es bey feuchten Wetter stecken bleibe; Es muß auch weder *pedal* noch *manual* klappern oder zu sehr rasseln, welches sonst ein schändlich Ding ist, und nicht zu loben stehet (*OP*, S. 21).	daß das *Clavir* nicht zu hardt, faul, und Windzehe, auch nicht gar zu gelinde, solches einzulegen, und daßelbe an einander also zu bringen, daß selbiges bey feuchten Wetter nicht stehen bleibet, und die Pfeiffen wohl anschlagen.
wäre es auch gut, daß die Orgelmacher auch hierinnen fein einig wären, und allemahl das Mittel der *Manual* und *pedal-Clavir* übereinander richteten, welches am bequemesten seyn würde (*OP*, S. 21).	Das *Pedal-* und *Manual – Clavier just* übereinander zurichten.
Ob die Bälge von guten Holtze, wohl gearbeitet, ob sie weit gnung auffgehen, ob sie einen feinen gleichen, sanfften, langsamen Gang haben, so, daß sie nicht schüttern, knarren, den Wind fein schnell in sich ziehen und denselben wohl halten...auch wohl beledert und sonsten fleißig verwahret, mit dem Gewichte recht æqviret, und wohl zu treten seyn (*OP*, S. 3) [...] Befindet sichs nun, daß die Bälge richtig, und ihren gleichen Wind geben [...] (OP, S. 4)	Die Bälge dergestalt zu verfertigen, damit selbige weith genug auffgehen, und einen feinen sanfften langsamen Gang haben, den Wind fein schnell in sich ziehen, und wohl halten, dieselben wohl zubeledern, und sonsten fleißig zuverwahren, auch das sie mit dem Gewichte recht *æqviret*, und wohl zutreten seyn, und gleichen Wind geben, wohl in acht zu nehmen.
Die Windladen werden *qvoad visum* vor gut befunden, wenn sie von feinem reinem gutem Holtze, fleißig gearbeitet, die Stöcke dicke und starck gnung, die Löcher fleißig gebohret, und reine ausgebrennet sind [...] (*OP*, S. 10) Es muß auch der Windlade, Canale und Bälge durchaus mit Leime ausgegossen werden (*OP*, S. 14)	Die Wind Lade von reinen, guten Eichenen Holz, mit Fleiß zu arbeithen, die Stöcke dicke, und starck genug zu machen, die Löcher fleissig zu bohren, und reine auszubrennen, die Wind Lade, *Canal*, und Bälge durchaus mit Leim auszugießen, und wohl zu verwahren;

Orgelbaukontrakte Störmthal und Liebertwolkwitz	Werckmeister, *Orgel-Probe* (1698)
Auch sonderlich es also einzurichten, daß der Wind beständig sey, und durch die Haupt *Ventile,* Register, oder sonsten durch die *Cancellen* nicht durchsteche, oder durch die *Ventile* streiche.	Es pflegen auch die Säckchen, so an der *abstractur* im Wind-kasten sind, zu verursachen (bevorab, wenn der Wind-Kasten von Tännenholtz gemachet wird) daß der Wind über die *Ventile* hinstreichet, und ein Gehäule machet [...] (*OP.* S. 11) Vor allen dingen muß auch dahin gesehen werden, daß bey allen Stücken, die da wohl halten und schliessen sollen, der Wind nicht darzwischen durchbreche (*OP.* S. 12).
Die *Ventile* von guten Holz, und starck genug zu machen, damit sie sich nicht verwerffen können, selbige auch wohl zu beledern, und zu decken, die Leder mit dem Leim wohl auffzuwärmen, daß sie fein gleich und glatt auffliegen.	Die *Ventile* oder Windklappen müssen von guten Holtz starck gnug seyn, damit sie sich nicht verwerffen können, sie müssen auch wohl beledert seyn, nicht zu nährlich, sondern wohl decken, das Leder muß mit dem Leime wohl auffgewärmet, und fein gleich und glatt aufliegen (*OP.* S. 12).
Die *Ventile* auch dergestalt zu legen, daß im Nothfall dazu kommen kann.	Die *Ventile* oder Klappen müssen auch also gelegt seyn, daß man im Nothfall wohl dazu komen könne (*OP.* S. 13).
Die Spünde *just* und starck genug zufertigen, wohl zubeledern, und zudecken, daß sie den Wind nicht gehen laßen. Zu solchem End auch dieselben mit vorschlägen zu verwahren.	Die Spunde müssen auch *just* und starck gnug wohl beledert, und der Leim wohl aufgewarmet sein, wohl decken und den Wind nicht gehen lassen, doch müssen sie auch nicht gar, wie es offt geschiehet, verleimet werden, sondern mit vorschlägen wohl verwahret (*OP.* S. 13).
Das Eingebäude fein ordentlich und nicht zudichte, an einander von gutem reinem Holz starck gnug, bevorab aber die *Registra-tur*-Wellen, die Wellbrether fein zu richten, damit die Wellen nicht zu dichte zusammen, auch nicht zu nahe an denen Brethen zuliegen kommen, auch die langen Wellen ihre richtige und gebührende Stärcke haben; die Stifte, woran die *Abstracten* hangen, fein *disponir*lich lang zu machen.	Das Eingebäude muß fein ordentlich, nicht zu dichte an einander, von gutem reinem Holtze starck gnug seyn, bevorab die *Registrur-*Wellen [...] Die Wellbreter müssen fein gerichtet, daß die Wellen nicht zu dichte zusammen, auch nicht zu nahe an dem Brete liegen (*OP.* S. 15) [...] Die Wellen, so etwas lang sind, müssen auch ihre Stärcke dabey haben [...] Die Stifte, daran die *Abstracten* hangen, müssen auch fein *disponir*lich gemachet werden (*OP.* S. 16).

Die *Registraturen* also einzurichten, damit sie sich wohl ziehen laßen, und nicht zu hartt, auch nicht zu gelinde seyn, auch sich nicht überziehen laßen.	Die *Registratur* müssen sich wohl ziehen laßen, nicht zu hart, auch nicht zu gelinde; sie müssen sich auch nicht überziehen laßen (*OP*, S. 16)
Die Dämme, zwischen welchen die Register liegen, mit denen *Registern* von einerleÿ Holze zu arbeithen, und recht zu verkehren.	Die Dämme, zwischen welchen die Register liegen, müssen mit den Registern von einerley Holtze gearbeitet und recht verkehret werden (*OP*, S. 10).
Hierüber leistet auch seiner gedachter Herr Hildebrand die Gewehr nach der Übergabe auff *Ein* ganzes Jahr, und soferne binnen solcher Zeith an dem neuen Werck etwas *manquiren* oder wandelbahr werden solte, *repariret* er es ohne alles Entgelt, stimmet auch dasselbe nach geendigten Jahre nochmahls durch, und sezet es allenthalben in vollkommene Richtigkeit.	Die kleinen Mängel, kann man ebenfals der Ogrigkett [Obrigkeit] oder Verstehern anzeigen, daß sie zu erdulden stehen, damit sie den Orgelmacher aus dem Verdacht halten und lossprechen können, jedoch daß er Jahr und Tag die gewöhnliche Gewehr leiste, und die gefährlichen *Defecta* zu *corrigiren* verspreche, so etwa ins künfftige vorfallen möchten, was aber aus unachtsamkeit und gewaltiger weise in dem gewehr Jahre verietzet wird, dafür kann der Orgelmacher nicht stehen, es muß ihm à *part* bezahlet werden (*OP*, S. 71).

Bachs Thomaner als Bewerber um den Schulmeisterdienst zu Schönefeld

Die Lebenswege jener Knaben, die das Alumnat der Thomasschule zur Amtszeit Johann Sebastian Bachs bewohnten, konnten bisher besonders häufig
dann aufgeklärt werden, wenn es sich um spätere Kantoren und Organisten in
mitteldeutschen Städten oder um Geistliche handelte.[1] Demgegenüber ist die
große Zahl der Schulmeister auf dem Lande noch nicht systematisch erfaßt
worden. Daß jedoch auch in diesem Berufsbild ehemalige Thomaner anzutreffen sind, zeigt eine im Sächsischen Staatsarchiv Leipzig aufbewahrte Akte
über die Besetzung des Schulmeisterdienstes in Schönefeld bei Leipzig.[2] In
dem Band sind die Bewerbungsschreiben und Zeugnisse der Bewerber um den
vakanten Posten aus den Jahren 1732 und 1738 enthalten, darunter sechs
„Bach-Thomaner": Johann August Claus (geb. im November 1714 in Brehna,
Alumne 1. 5. 1731–Mai 1739), Johann Gottlob Haupt (geb. am 19. 12. 1714 in
Dewitz, Alumne 10. 6. 1727–Frühjahr 1735), Johann Christian Hauptmann
(geb. 2. 8. 1713 in Weltewitz, Alumne 11. 12. 1727–April 1733), Johann Christoph Lehmann (geb. am 29. 9. 1709 in Panitzsch, Alumne 1726–Ostern 1731),
Gottlob Heinrich Neicke (geb. am 11. 11. 1709 in Grimma, Alumne 5. 6.
1724–25. 4. 1733) und Johann Augustin Stein (geb. am 4. 12. 1714 in Taucha,
Alumne 1726–Anfang 1731).[3]

---

[1] Vgl. BJ 1907, S. 32–78 (B. F. Richter); *Johann Sebastian Bachs Thomaner (1710 bis
    1760). Dokumentation der Ergebnisse eines von der Gerda Henkel Stiftung finan-
    zierten und vom Bach-Archiv Leipzig durchgeführten Forschungsprojektes*, Leipzig
    2015, unveröffentlichtes Dokument in der Bibliothek des Bach-Archivs Leipzig.

[2] Sächsisches Staatsarchiv Leipzig, Rittergut Schönefeld, Nr. 317, *Acta Den Schul-
    Dienst in Schönfeldt betr:* [1691–1808]. Vgl. die korrespondierende Konsistorial-
    akte in: Sächsisches Staatsarchiv Leipzig, Kreishauptmannschaft Leipzig, *Nr. 3266,
    Acta die Besetzung des Schulamts zu Schönfeld betr. 1621–1872* (ohne eigenhän-
    dige Schreiben der Bewerber). Die Akten konnten im Rahmen des Forschungs-
    projektes „Dokumente zur Musikgeschichte der Bach-Zeit in Rittergütern der Re-
    gion Leipzig" erschlossen werden, gefördert von der Vereinigung der Freunde des
    Bach-Archivs Leipzig e.V.

[3] Daten nach den Angaben in den Schulmatrikeln: Archiv des Thomanerchors Leip-
    zig, Alumnenmatrikel der Thomasschule 1627–1729, unfol.; Stadtarchiv Leipzig,
    Thomasschule, Nr. 483, *Album Alumnorum Thomanorum* [1730–1800], fol. 30 r, 15 r,
    14 v, 11 v, 6 v und 16 r.

Im „Entwurff einer wohlbestallten Kirchen Music" zählte Bach 1730 Haupt, Hauptmann und Neicke unter die „*Motetten* Singer, so sich noch erstlich mehr *perfectioniren* müßen, üm mit der Zeit zur *Figural Music* gebrauchet werden zu können", Stein hingegen gehörte bereits zu den „brauchbaren".[4] Daß Lehmann in Bachs Aufstellung der Thomaner fehlt, obwohl er zu dieser Zeit noch die Thomasschule besuchte, erklärt sich aus seiner Sonderstellung als „Bunter" oder „Bornscher" Alumne. In dieser Eigenschaft war er von den eigentlich obligatorischen Singediensten der Schüler weitgehend befreit und brauchte ausdrücklich „zum Singen und der Music eben nicht qualificiret seyn".[5]

Folgerichtig erwähnt Lehmann in seinem Bewerbungsschreiben nach Schönefeld von 1732 in Bezug auf seine Ausbildung auf der Thomasschule nur die Wissenschaften, nicht aber die Musik; gleichwohl gab er vor, Kenntnisse der Vokal- und Instrumentalmusik zu besitzen. Wörtlich schrieb Lehmann, er habe

7 Jahr lang auf der *Thomas* Schule in Leipzig *Humaniora* tractiret, und nunmehro seint Jahr und Tag die *Academi*schen *studia* getrieben, zu geschweigen, daß ich meinen Vater in Panitzsch Michael Lehmann, Schulmeistern alda gar öffters bißanhero *subleviren* müßen, auch die *Vocal* und *Instrumental Music* verstehe.[6]

Im Unterschied zu Lehmann, der als Student[7] eine höhere Ausbildung und durch die Vertretung seines Vaters gewissermaßen Berufserfahrung nachweisen konnte, war Johann Christian Hauptmann bei seiner Bewerbung um den Schönefelder Schuldienst noch ein Alumne der Thomasschule. Nachdem sein Gesuch keine Berücksichtigung gefunden hatte, nahm er in Leipzig ein Universitätsstudium auf,[8] wurde 1736 zunächst Küster, 1737 dann Kantor sowie Organist in Brehna und wechselte 1755 als Kantor nach Mutzschen, wo er am 13. Juli 1758 starb.[9]

---

[4] Dok I, Nr. 22.

[5] BJ 2013, S. 16 (M. Maul).

[6] *Acta Den Schul-Dienst in Schönfeldt betr:* (wie Fußnote 2), fol. 20, Leipzig 8. 6. 1732. Beiliegend (fol. 21) ein Zeugnis des Panitzscher Pfarrers Christian Martin Jacobi, Panitzsch 10. 1. 1732.

[7] Immatrikulation an der Universität Leipzig zum Wintersemester 1731 (Erler III, S. 232).

[8] Einträge in die Matrikel vom Wintersemester 1732 und vom 10. 4. 1733 (Erler III, S. 142).

[9] R. Vollhardt, *Geschichte der Cantoren und Organisten von den Städten im Königreich Sachsen*, Berlin 1899 (Reprint Leipzig 1978), S. 228. Siehe auch B. Koska, *Johann Sebastian Bachs Thomaner als Kantoren in Mitteldeutschland*, unveröffentlichte Dissertation, Halle 2015, S. 51–57.

Aus dem Kreis der insgesamt neun Kandidaten ging 1732 schließlich Gottfried Platz aus Liebenwerda als neuer Schulmeister in Schönefeld hervor. Platz
war zuvor Küsterfamulus an der Leipziger Nikolaikirche gewesen und konnte
ein gewichtiges Zeugnis von Superintendent Salomon Deyling vorweisen.[10]
Platz' früher Tod im Jahr 1738 machte allerdings schon bald ein erneutes
Besetzungsverfahren notwendig.

Unter den nun erscheinenden Bewerbern tritt der ehemalige Bach-Thomaner
Johann Augustin Stein mit der Bemerkung hervor, er habe den Schönefelder
Schuldienst während der Vakanz „bißhero, auf Ansuchen der Wittbe, ver-
waltet".[11] Die Wahl fiel dennoch nicht auf Stein, über den aus dem folgenden
Jahrzehnt jegliche Nachrichten fehlen. Erst 1748 wurde er Substitut seines
Vaters als Kantor in Taucha; er starb in diesem Amt bereits 1757. Stein führte
zum 200. Jahrestag des Augsburger Religionsfriedens 1755 eine Festmusik
auf, in der offenbar zwei Sätze aus Johann Sebastian Bachs Kantate „Jauchzet
Gott in allen Landen" BWV 51 enthalten waren.[12] Ob Stein die Musik ehemals
von Bach persönlich erhalten hatte, ob sich noch weitere Werke Bachs in seinem Besitz befanden und ob er sie gar auch in Schönefeld zur Aufführung
brachte, muß ungeklärt bleiben.

Als weiterer Bewerber taucht 1738 Gottlob Heinrich Neicke auf, der angab,
„nicht allein auf Schulen, sondern auch auf der *Universitaet* nebst den *Studiis*,
das *Clavier* fleißig *exerci*ret" zu haben.[13] Auch hier wird nicht ersichtlich, ob
die Bemerkung auf ein direktes Verhältnis zu Bach, etwa in Form von Privatunterricht, abzielt. Weitere Hinweise auf Kontakte zum Thomaskantor, insbesondere aus Neickes Zeit als Kantor in Borna ab 1741,[14] fehlen bislang.

Nachweislich in enger Beziehung zu Bach stand hingegen der Schulmeister-
kandidat Johann Gottlob Haupt. Nachdem er lange Zeit nur vermutungsweise
mit Bachs Hauptkopisten E (aktiv 1732–1735) gleichgesetzt worden war, konnte
Michael Maul 2013 mithilfe neuaufgefundener Schriftzeugnisse Haupts diese
Identifizierung erhärten.[15] Das Bewerbungsschreiben um den Schönefelder

---

[10] *Acta Den Schul-Dienst in Schönfeldt betr:* (wie Fußnote 2), fol. 18 (Bewerbungsschreiben von Platz, Leipzig 10. 6. 1732) und 19 (Zeugnis von Deyling, Leipzig 9. 6.
1732).

[11] Ebenda, fol. 66, Bewerbungsschreiben, Schönefeld 16. 11. 1738. Platz' Tod wurde am
16. 10. 1738 gemeldet (ebenda, fol. 48).

[12] BJ 2000, S. 114–118 (M. Maul); Dok V, Nr. C 687 b.

[13] *Acta Den Schul-Dienst in Schönfeldt betr:* (wie Fußnote 2), fol. 73, Bewerbungsschreiben, Leipzig 23. 11. 1738. Immatrikulation an der Universität Leipzig am
16. 10. 1729 (Erler III, S. 282).

[14] Vollhardt (wie Fußnote 9), S. 28.

[15] Dürr Chr 2, S. 55 und 149; NBA II/6 Krit. Bericht (W. Blankenburg/A. Dürr, 1962),
S. 124; NBA IX/3 (Y. Kobayashi/K. Beißwenger, 2007), Nr. 167; BJ 2013, S. 18 f.
(M. Maul).

Dienst gibt nun letzte Sicherheit, indem es bisher vermißte Buchstabenformen zum Vergleich bereitstellt.[16] Trotz des reinschriftlichen Charakters des Briefes lassen sich hier signifikante Merkmale der dem Hauptkopisten E zugeordneten Manuskripte wiederfinden, insbesondere die ausladenden, unterhalb der Grundlinie ansetzenden Schlaufen bei Großbuchstaben (siehe Abb. 1 und 2).[17] Somit kann forthin als sicher gelten, daß Johann Gottlob Haupt tatsächlich als Hauptkopist für Bach tätig war.

Haupts Bewerbungsschreiben gibt darüber hinaus neue Aufschlüsse zu seiner Biographie. So läßt der Autor in seinem an den Patronatsherrn Carl Heinrich von Thümmel gerichteten Schreiben einige Anmerkungen über seine Eltern einfließen:

Meine Eltern, die sich rühmen können, unter *Dero* Unterthanen in den angenehmen Schönefeld geweßen zu seyn, erinnern sich noch immer der unverdienten Gnaden Proben, die sie damahls genoßen, als mein Vater die Ehre gehabt, *Dero* Hoff mit Schneider-Arbeit aufzuwarten.

Zu seiner Qualifikation für das angestrebte Schulamt teilt Haupt folgendes mit:

In der *Thomas*-Schule zu Leipzig hab ich nicht allein in Christenthume und so genannten *humanioribus* sondern auch in *musicis*, vornehmlich in Singen und Clavier erwündschte *profectus* erlangen können, welches ich mit glaubwürdigen *Testimoniis* erhalten kan.[18]

Weiterhin läßt Haupt wissen, daß er bisher „an unterschiedlichen Orten die Stelle eines *Praeceptoris* begleitet" habe, und unterschreibt als „*h. t. Catecheta* in Mockau".[19] Anläßlich zweier weiterer Bewerbungen um den Schulmeisterdienst zu Großstädteln sowie um das Konrektorat zu Eilenburg (beide 1747) bezeichnet sich Haupt als Katechet und Informator in Gohlis beziehungsweise als „*S. S. Theol. et Mus. Cand:*"[20] Der ehemalige Alumne wird sich also nach seinem Abgang von der Thomasschule 1735 seinen Lebensunterhalt als nicht vom Konsistorium konfirmierter Lehrer auf verschiedenen Dörfern in der näheren Umgebung Leipzigs verdient haben. Unbekannt ist, ob es Haupt nach 1747 jemals gelungen ist, in ein öffentliches und damit dauerhaftes Schulamt zu gelangen.

---

[16] *Acta Den Schul-Dienst in Schönfeldt betr:* (wie Fußnote 2), fol. 67 f., Mockau 12. 11. 1738.

[17] Für die Einschätzung des Schriftbefundes danke ich Peter Wollny.

[18] Wie Fußnote 16. Dem Schreiben liegen keine Zeugnisse bei.

[19] Ebenda.

[20] BJ 2013, S. 18 (M. Maul). Immatrikulation an der Universität Leipzig am 14. 5. 1735 (Erler III, S. 142).

Johann August Claus, der sich 1738 ebenfalls nach Schönefeld bewarb, war bislang lediglich seiner Nebenrolle in einer Episode des sogenannten Präfektenstreits wegen bekannt: Am 12. August 1736, einem Sonntag, kam es im Nachmittagsgottesdienst in der Leipziger Nikolaikirche zu Unordnungen bei der Kirchenmusik, als Bach dem von Rektor Johann August Ernesti eingesetzten Präfekten Johann Gottlob Krause die Leitung der Aufführung nicht gestatten wollte. Nach der Darstellung Ernestis habe der Thomaskantor Krause „mit großen Schreyen u. Lermen von dem Chor geiagt, und dem *alumno* Claus befohlen, an statt des *Praefecti* zu singen; der es auch gethan, und sich deshalber bey mir nach der Kirche entschuldiget."[21] Ernesti und Claus verband offenbar ein besonderes Verhältnis, wie aus dem Zeugnis hervorgeht, das der Rektor dem Thomasschüler zur Unterstützung seiner Bewerbung um den Schönefelder Schuldienst ausstellte. Bemerkenswert sind insbesondere die folgenden Worte Ernestis:

Itaque vellem equidem, ut tam bene coepta studia literarum in Academia continuaret; sed cum mihi demonstraret, se et summa paupertate et quod magis ad musicam artem, quam ad aliam quamcumque natura ferretur, impediri, quo minus, quod vellem, facere posset, sibique in animo esse ostenderet, musicae potius se quam literis consecrare.[22]

Daß der Posten in Schönefeld hinsichtlich der Musik gleichwohl nicht Claus' erste Wahl gewesen sein wird, liegt auf der Hand. Dementsprechend mutet sein Gesuch außerordentlich halbherzig an:

Der allzugeringe Theil, welcher von Gütern, die nicht in unserer Gewalt sind, von meinen Eltern auf mich fällt, ist nicht vermögend mich dasjenige ausführen zu laßen was ich angefangen habe. Daher finde mich genöthiget zu einer geringern Lebens-Art, als ich sonsten wünschte zu begeben. Da ich nun vernommen, daß in Schönfeld ein Schul-Dienst *vacant* worden, davon *Ew. Hochwohlgebohrnen Gnaden Collator* sind, so bin ich auf Veranlaßung des *H. Rectoris* auf der *Thomas* Schule alhier aufgemuntert worden, mich mit einen unterthänigen Bittschreiben an *Ew. Hochwohlgeb: Gnaden* zu wagen, und unterthänig zu bitten, daß *Ew. Hochwlgb: Gnaden* bey Ersetzung dieses Schul-Dienstes, auf meine Wenigkeit gnädig zu *reflectir*en geruhen wollen.[23]

---

[21] Dok II, Nr. 382.

[22] *Acta Den Schul-Dienst in Schönfeldt betr:* (wie Fußnote 2), fol. 63, Leipzig 15. 11. 1738. Deutsche Übersetzung: „Ich möchte allerdings, daß er seine so gut begonnenen wissenschaftlichen Studien auf der Universität fortsetzt; wie er mir jedoch erklärte, wird er sowohl durch größte Armut als auch durch sein Naturell, das mehr zu den musikalischen als irgendwelchen anderen Künsten neigt, gehindert, daß das, was ich wünsche, geschehen kann, und legte er dar, daß er sich lieber der Musik als den Wissenschaften widmen wolle".

[23] Ebenda, fol. 62, o. O. 15. 11. 1738.

Es scheint, als sei Claus von Ernesti zu der Bewerbung gedrängt worden, habe aber selbst ein höheres Amt, welcher Art auch immer, angestrebt. Ob er ein solches je erreicht hat, ist ungewiß; mit seiner Immatrikulation an der Universität Leipzig am 18. April 1739 verliert sich seine Spur.[24]

Als letzter der hier zu betrachtenden Bewerber um den Schönefelder Schuldienst erscheint 1738 erneut Johann Christoph Lehmann, der bereits 1732 kandidiert hatte. In der Zwischenzeit hatte Lehmann „die liebe Jugend bey nahe 6 Jahr lang auf den Lande *informiret*" und war „vor kurtzen nach Engelsdorff zum Schul-*Substitutum vociret* worden".[25] Diesmal setzte sich Lehmann tatsächlich gegen die übrigen 16 Konkurrenten durch und wurde am 1. Januar 1739 zum neuen Schulmeister in Schönefeld berufen. In Bezug auf seine musikalischen Amtspflichten wird lediglich von Liedgesang gesprochen, von Figuralmusik verlautet hingegen nichts.[26] Auch der Schönefelder Rittergutsbesitzer Carl Heinrich von Thümmel, der das Patronatsrecht über Kirche und Schule ausübte, scheint keinen besonderen Wert auf eine anspruchsvolle Musikpflege gelegt zu haben; jedenfalls soll er sich besonders für Architektur und Mechanik interessiert haben.[27] Das einzige bekannte, aus musikhistorischer Sicht relevante Ereignis während Lehmanns Amtszeit ist die Weihe einer von Johann Christian Immanuel Schweinefleisch in der Schönefelder Kirche neuerbauten Orgel am 13. Januar 1754. Zu diesem Anlaß soll der Leipziger Universitätsmusikdirektor Johann Gottlieb Görner eine Festmusik aufgeführt haben, über die jedoch keine weiteren Informationen vorliegen.[28] Ebenfalls im Jahr 1754 wurde das Rittergut Schönefeld an den kursächsischen Hof- und Justizienrat Johann Friedrich Zeumer verkauft, der gleichwohl seinen Wohn-

---

[24] Erler III, S. 53. Zu Claus' Verhältnis zu Ernesti und Bach siehe auch Koska (wie Fußnote 9), S. 72–76.

[25] *Acta Den Schul-Dienst in Schönfeldt betr:* (wie Fußnote 2), fol. 52, Bewerbungsschreiben, Engelsdorf 21.10.1738. Beiliegend (fol. 75 r) ein Zeugnis des Engelsdorfer Pfarrers Johann Gottfried Stör, Engelsdorf 2.12.1738. Die Probe als Substitut des Schulmeisters zu Engelsdorf hatte Lehmann am 3.8.1738 abgelegt (Sächsisches Staatsarchiv Leipzig, Rittergut Belgershain, Nr. 308, *ACTA Die Ersezung eines Substituti des Schulmeisters in Engelsdorff und Hirschfeld, betr. Anno 1738. item 1739.*, fol. 4 f.).

[26] *Acta Den Schul-Dienst in Schönfeldt betr:* (wie Fußnote 2), fol. 76 f., Vokationsurkunde. Im Vorfeld hatte Lehmann am 23.11.1738 die Probe abgelegt, seine Mitbewerber Haupt am 30.11., Claus am 7.12. und Stein am 21.12.1738 (ebenda, fol. 72).

[27] H. Heldmann, *Moritz August von Thümmel. Sein Leben. Sein Werk. Seine Zeit, Erster Teil: 1738–1783*, Neustadt/Aisch 1964 (Schriften des Instituts für Fränkische Landesforschung an der Universität Erlangen. 12.), S. 45 und 415.

[28] A. Stöckel, *Die evangelisch-lutherische Parochie Schönefeld von ihren Anfängen an bis heute*, Leipzig 1912, Sp. 35 f.

sitz in Leipzig beibehielt.[29] Johann Christoph Lehmann verstarb am 12. März 1769, nachdem ihm bereits 1760 sein Schwiegersohn Johann Gottfried Hönicke als Substitut zur Seite gestellt worden war.[30]

Bernd Koska (Leipzig)

Abb. 1. Sopranstimme der Kantate BWV 93 (D-LEb, *St Thom 93*)

Abb. 2 a–d. Bewerbungsschreiben von Johann Gottlob Haupt.
Sächsisches Staatsarchiv Leipzig, *Rittergut Schönefeld, Nr. 317*, fol. 67 r–68 v.

---

[29] Heldmann (wie Fußnote 27), S. 55.

[30] Sächsisches Staatsarchiv Leipzig, Kreishauptmannschaft Leipzig, *Nr. 3266 (Acta die Besetzung des Schulamts zu Schönfeld betr. 1621–1872)*, fol. 51 f. und 54.

Abb. 1.

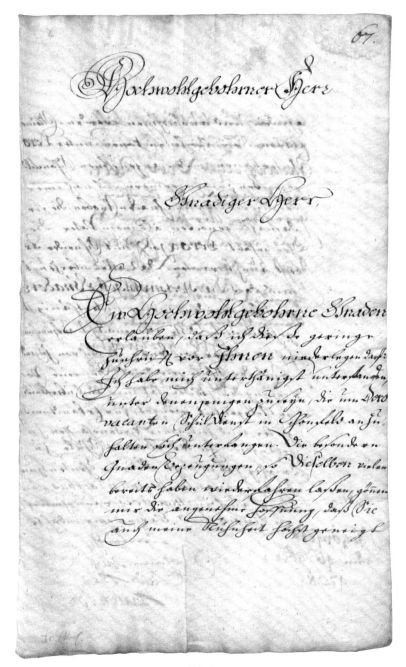

Abb. 2 a.

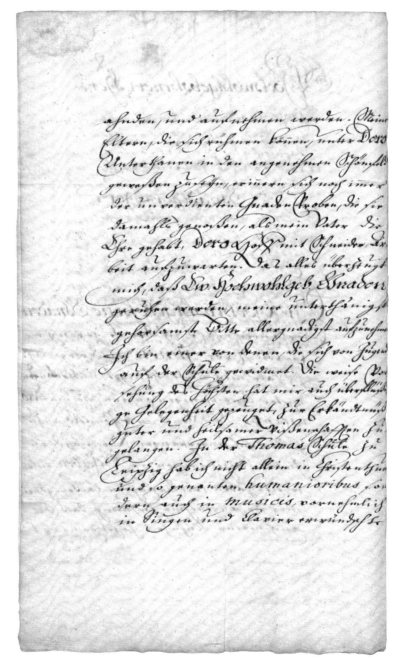

Abb. 2 b.

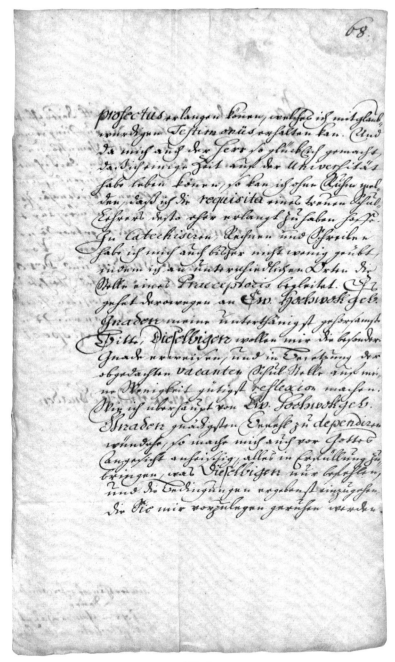

68.

profectus erlangen können, welches ich mit glaubwürdigen Testimoniis erhalten kan. Und
da mich auch der Herr so glücklich gemacht,
da Kindesweges Zeit auf der Universitäts
habe leben können, so kan ich ohne Rühmen
den, daß ich die *requisita* eines braven Schul-
Ehren desto eher erlanget zu haben herzu.
Zu *catechisiren*, Lesen und Schreiben
habe ich mich auch bisher nicht wenig geübt,
indem ich an unterrichtlichen Orten die
Vollziehung eines *Praeceptoris* begleitet. Es
gehet derowegen an Ew. Hochwohlgeb.
Gnaden meine unterthänigst gehorsamste
Bitte, Dieselbigen wollen mir die besondere
Gnade erweisen, und in Besetzung der
obgedachten *vacanten* Schul Stelle auf meine Wenigkeit gütigst *reflexion* machen.
Wie ich überhaupt von Ew. Hochwohlgeb.
Gnaden gnädigsten Entschluß zu *dependiren*
wünsche, so mache mich auch vor Gottes
Angesicht anheischig, alles in Erfüllung zu
bringen, was Dieselbigen mir befehlen,
und die Bedingungen ergebenst einzugehen,
die Sie mir vorzulegen gnaden werden

Abb. 2 c.

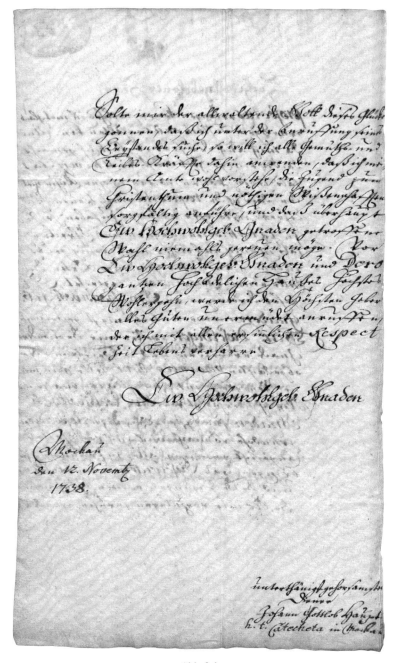

Abb. 2 d.

Entstanden Bachs vier späte Choralkantaten „per omnes versus" für Gottesdienste des Weißenfelser Hofes?

Im Jahr 1989 brachte Klaus Hofmann für die vier Choralkantaten BWV 97, BWV 100, BWV 117 und BWV 192 vermutungsweise eine Bestimmung für Weißenfels ins Gespräch.[1] Eine erneute Auswertung von Textdrucken[2] für Gottesdienstfeiern Herzog Christians von Sachsen-Weißenfels (1682–1736, reg. ab 1712) erhärtet nun eine solche Annahme insofern, als zumindest zwei der vier Kirchenlieder (mit allen Strophen) in den gedruckten Textheften zu Aufführungen von Figuralmusik in der Weißenfelser Hofkirche zu finden sind; es handelt sich um die Texte zu BWV 117 und 192.

Johann Sebastian Bach hielt sich im Februar 1729 anläßlich des Geburtstags von Herzog Christian einige Tage in der Residenzstadt an der Saale auf und konnte dort prächtige Musikdarbietungen erleben. Nach Ausweis der leider nur sporadisch auf uns gekommenen Libretti fanden zu solchen Anlässen nämlich neben dem solennen Gottesdienst in der Regel auch Tafelmusiken, Serenaten oder Opern auf Schloß Neu Augustusburg statt. Bach erhielt kurz nach diesem Aufenthalt den Titel eines *„Hochfürstlich Sächsisch-Weißenfelsischen K*apellmeisters von Haus aus",[3] den er offenbar bis zum Tod von Herzog Christian tragen durfte.[4] Jedoch sind ausgerechnet für den Zeitraum von 1729 bis 1736 bisher keine Kompositionen Bachs für den Weißenfelser Hof[5]

---

[1] K. Hofmann, *Johann Sebastian Bachs Kantate „Jauchzet dem Herrn alle Welt" BWV 51. Überlegungen zur Entstehung und ursprünglichen Bestimmung*, BJ 1989, S. 43–54, speziell S. 54 (Fußnote 40).

[2] Die größte Sammlung verwahrt die Niedersächsische Staats- und Universitätsbibliothek Göttingen, Signatur: *DD 93 C 33002: 1–75*. Vgl. U. Wolf, *Johann Sebastian Bach und der Weißenfelser Hof – Überlegungen anhand eines Quellenfundes*, BJ 1997, S. 145–149.

[3] Bach führte diesen Titel erstmals am 20. März 1729, vgl. Dok I, Nr. 60.

[4] Vergleiche die Überlegungen zum Weißenfelser Hofkapellmeistertitel Bachs bei E.-M. Ranft, *Zur Weißenfelser Hofkapelle im Hinblick auf die Bachforschung*, in: Weißenfels als Ort literarischer und künstlerischer Kultur im Barockzeitalter. Vorträge eines interdisziplinären Kolloquiums vom 8. bis 10. Oktober 1992 in Weißenfels, hrsg. von R. Jacobsen, Amsterdam 1994 (Chloe. Beihefte zum Daphnis. 18.), S. 97–107, speziell S. 104–106.

[5] Drei Werke hatte Bach schon zuvor für Herzog Christian geschaffen: 1713 die Jagdkantate BWV 208, 1725 die Schäferkantate BWV 249a (die Urform des Oster-Oratoriums) und schließlich 1729 die Geburtstagskantate „O angenehme Melodei" BWV 210a.

nachgewiesen worden,[6] mit denen er der Verpflichtung, die ein derartiger Titel doch wohl mit sich brachte, nachgekommen wäre.[7]

Herzog Christian lebte vor seinem Regierungsantritt im Jahr 1712 in seinem Prinzenschloß in Sangerhausen, dem sogenannten Neuen Schloß, das er 1711/12 für seine Bedürfnisse umgestalten ließ. Dieser Stadt war er auch später, als er längst in die Residenz des Herzogtums nach Weißenfels umgesiedelt war, durch regelmäßige Aufenthalte sehr verbunden. Christian starb am 28. Juni 1736 in Sangerhausen.

Im Jahr 1713 wurde mit einer dreitägigen Festzeit vom 11. bis 13. Juni eine von ihm gestiftete Kapelle im Neuen Schloß in Sangerhausen der „Heiligen und Hochgelobten Drey-Einigkeit" geweiht.[8] Die Schloßkapelle ist leider schon im 19. Jahrhundert entwidmet und anschließend völlig verändert worden,[9] nachdem das Neue Schloß Sangerhausen mit Aussterben der Weißenfelser Linie im Jahr 1746 erst in kursächsischem, dann ab 1815 in preußischem Besitz in die Bedeutungslosigkeit abgesunken war.

Mehrere Textdrucke zu Gottesdiensten des Trinitatis- und zugleich Kirchweihfestes in Sangerhausen aus den Jahren nach 1713 haben sich erhalten.[10] Der Nachmittagsgottesdienst pflegte mit einem „Danck-Lied" beendet zu werden.[11] Mehrfach finden wir die vier Strophen des Dankliedes „Cantate Domino und seyd von Hertzen froh" – eine Ode von Johann David Schiefer-

---

[6] Hofmann (wie Fußnote 1), S. 53, schlägt BWV 51, aber auch die Motetten BWV 225 und BWV Anh. 160 vor.

[7] Auch Georg Philipp Telemann hat von Hamburg aus mit TVWV 1:951 in der fraglichen Zeit eine größere gottesdienstliche Komposition für Weißenfels geliefert, vgl. M.-R. Pfau, *„Jauchzet dem Herrn, alle Welt". Telemanns Musik für die Schloßkirche zu Weißenfels zur 50. Wiederkehr ihres Weihetages am 1. November 1732*, in: Mitteilungsblatt der Internationalen Telemann-Gesellschaft e.V. Nr. 27 (Dezember 2013), S. 37–42.

[8] D-Dl, *1. B. 8339, angeb. 41*. Vgl. auch K.-J. Gundlach, *Das Weißenfelser Aufführungsverzeichnis Johann Philipp Kriegers und seines Sohnes Johann Gotthilf Krieger (1684–1732). Kommentierte Neuausgabe*, Sinzig 2001, S. 428 f.

[9] Das 1714 erschienene Weißenfelser Gesangbuch (*Hoch-Fürstliches Sachsen-Weißenfelsisches Vollständiges Gesang- und Kirchen-Buch*, Weißenfels 1714), bietet im zweiten Teil, S. 99–104 eine ausführliche „Beschreibung der Schloß=Capelle in Sangerhausen" mit zwei eingefügten Bildtafeln.

[10] In der erwähnten Göttinger Sammlung (siehe Fußnote 2) finden sich entsprechende Hefte für die Jahre 1715, 1726, 1730, 1734, 1735 und 1736 (D-Gs, *DD 93 C 33002*, Nr. 1, 26, 44, 61, 64 und 69). In Weißenfels wurde dann „nicht musiciret, weiln die Capelle in Sangerhausen mit gewesen", wie der damalige Hofkapellmeister Johann Gotthilf Krieger beispielsweise im Jahr 1732 vermerkte; vgl. Gundlach (wie Fußnote 8), S. 459.

[11] Außer in den Jahren 1735 und 1736.

decker[12] (1672–1721), die dieser speziell für die Kirchweihe mit dem Akronym **C**hristianus **D**ux **S**axoniae **Q**uerfurtensis gedichtet hatte. 1713 war die Ode noch in einem Separatdruck erschienen; 1715, 1726 und 1734 wurde sie mit allen Strophen im Gottesdienstheft abgedruckt[13] – wie sonst nur Dichtungen von Figuralmusiken.[14] Ein vollständig abgedrucktes Lied deutet darauf hin, daß die Leser dem Text bei diesem Gottesdienst mit besonderer Aufmerksamkeit begegnen und womöglich auch als Hörer die musikalische Ausführung des Chorals detailliert verfolgen können sollten.[15]

Im Jahr 1730 wurde das Trinitatis- und Kirchweihfest in Sangerhausen, das damals auf den 4. Juni fiel, mit dem Lied „Nun danket alle Gott" beschlossen (siehe Abb. 1 und 2).[16] Abgedruckt sind auch hier alle drei Strophen, obwohl es sich nicht um eine textlich unbekannte Ode, sondern vielmehr um ein allseits bekanntes Kirchenlied handelt.[17] Dieser Befund ist durchaus bemerkenswert, da Gemeindegesänge zu dieser Zeit in den Weißenfelser Drucken stets nur mit dem Liedbeginn notiert wurden (denn die Gemeinde kannte die meisten Choräle auswendig oder entnahm sie dem Gesangbuch). Sollte hier statt eines Gemeindeliedes eine Figuralmusik[18] erklungen sein? Der Hinweis beim unmittelbar zuvor musizierten „Sanctus" („Darauf von der Capelle *musiciret:*") könnte dann auch auf das abschließende „Danck-Lied" bezogen werden. Leider sind die Komponisten der Sangerhäuser Trinitatismusiken im Textheft von 1730 nicht verzeichnet.[19] In Frage kommt der Sangerhäuser Organist Johann Augustin Kobelius (1674–1731), der 1702 als Landeskind dem

---

[12] J. C. Wetzel, *Hymnopoeographia oder historische Lebensbeschreibung der berühmtesten Lieder-Dichter*, Herrnstadt 1719–1728, Bd. 3, S. 61 f.

[13] Beim ersten und letzten Mal mit dem ausdrücklichen Hinweis „unter" bzw. „mit Trompeten und Paucken". In das genannte Weißenfelser Gesang- und Kirchenbuch von 1714 wurde das Danklied ebenfalls aufgenommen (S. 724).

[14] Daß es nicht nur darum ging, leere Druckseiten zu füllen, zeigt etwa das Heft zum Geburtstagsgottesdienst 1735 (D-Gs, *DD 93 C 33002: 63*), wo als Schlußlied „Nun danket alle Gott" erklang, aber nur das Textincipit verzeichnet wurde, obwohl noch eine ganze Druckseite zur Verfügung gestanden hätte.

[15] Eine entsprechende Komposition mit diesem Odentext fehlt allerdings in Gundlachs Aufführungsverzeichnis.

[16] Textheft: D-Gs, *DD 93 C 33002:44*.

[17] Anders etwa an Christians Geburtstag im Jahr 1731, wo als Schlußlied „Nun dancket alle Gott, etc. mit Trompeten und Paucken" nur mit dem Textbeginn verzeichnet ist (D-Gs, *DD 93 C 33002:45*).

[18] Ein Lied konnte im 18. Jahrhundert durchaus auch als Figuralmusik aufgefaßt werden, vgl. etwa den „Lied-Jahrgang" Telemanns 1742/43.

[19] Der Introitus zum Trinitatisfest, eine Missa, ein „Concert" vor und eins nach der Predigt, ein Sanctus und das Danklied. Auch das Aufführungsverzeichnis von Vater und Sohn Krieger kann hier nicht weiterhelfen, da beide nur die von ihnen dirigierten Werke vermerkten.

Mitbewerber Johann Sebastian Bach vorgezogen und ab 1713 zum Verwalter der Dreieinigkeitskapelle berufen wurde.[20] Zu denken wäre aber auch an seinen Vertreter Johann Gottlob Weizmann.[21] Ein dritter Kandidat wäre der seinerzeit seit gut einem Jahr amtierende Weißenfelser Kapellmeister von Haus aus, Johann Sebastian Bach.

Mit der Kantate BWV 192 ist nämlich eine Vertonung dieser drei Strophen aus seiner Feder erhalten. Alfred Dürr[22] datiert dieses Werk anhand der beteiligten Schreiber in die zeitliche Nähe der Kantate BWV 51, die wohl zum 17. September 1730 entstanden ist (und ihrerseits ebenfalls mit Weißenfels in Verbindung gebracht wurde).[23] Der Anlaß der Entstehung von BWV 192 ist bisher unbekannt, jedoch sind die besonders gründliche Faktur und der festliche Charakter der Vertonung offensichtlich.[24]

---

[20] Walther bezeichnet ihn als „Capell-Director" der Trinitatiskirche Sangerhausen; siehe Walther L, S. 343.

[21] Ab 1725 wurde Kobelius in Sangerhausen von Weizmann vertreten, während er seinerseits Johann Gotthilf Krieger in Weißenfels unterstützte. Vgl. T. Fuchs, *Johann Andreas Kirchhoff als Musikorganisator*, in: Weißenfels als Ort literarischer und künstlerischer Kultur im Barockzeitalter (wie Fußnote 4), S. 109–120, besonders S. 115; sowie Ranft (ebenda), S. 103. – Biographische Daten zu Weizmann fehlen bislang. Eine Bearbeitung von „Nun danket alle Gott" ist bisher weder von Kobelius noch von Weizmann bekannt geworden. Johann Gotthilf Krieger, der seinem Vater als Weißenfelser Kapelldirektor im Amt nachgefolgt war, kommt als Komponist sicher nicht in Frage, da er zum Trinitatisfest 1730 in Weißenfels verblieb; vgl. Gundlach (wie Fußnote 8), S. 449. Auch wenn nicht unbedingt anzunehmen ist, daß in Sangerhausen auf das Weißenfelser Repertoire zurückgegriffen werden konnte, sei auf mehrere ältere Vertonungen dieses Chorals zu Herzog Christians Geburtstagen 1716 und 1719 („mit Trompeten und Pauken") hingewiesen; siehe Gundlach, S. 327. Von Johann Philipp Krieger liegt eine kleiner besetzte Komposition von 1685 vor (Gundlach, S. 213); in Weißenfels wurde erstmals 1693 auch ein Stück mit diesem Textbeginn von Johann Krieger, dem Bruder des Kapellmeisters, aufgeführt (Gundlach, S. 294). Im Bestand der Weißenfelser Hofkapelle befanden sich zudem Kompositionen mit diesem Textbeginn von Giuseppe Peranda (Gundlach, S. 307), zwei anonyme Stücke, eines „à 9", aufgeführt zu den Geburtstagen 1729 und 1730, das andere „à 10", aufgeführt zum 1. Advent und Neujahr 1731 (Gundlach, S. 379) und schließlich am 25. (nach dem Textheft am 27.) Juni 1730 „Nun danket alle Gott mit Trompeten und Pauken" (Gundlach, S. 400 und 453). In den Aufführungsverzeichnissen von Vater und Sohn Krieger sind leider nur die Textanfänge notiert, so daß – außer bei dem erhaltenen Werk von 1685 – nicht mehr nachzuvollziehen ist, ob es sich um Bearbeitungen „per omnes versus" handelte.

[22] Dürr KT, S. 855.

[23] Hofmann (wie Fußnote 1).

[24] Vgl. etwa Dürr KT, S. 855 f.

Bachs „Nun danket alle Gott" ist also exakt zur fraglichen Zeit entstanden.[25] Trinitarische Anspielungen sind für das Werk konstitutiv. Dies beginnt natürlich schon bei der Dreizahl der Strophen des bekannten Liedes von Martin Rinckart (1586–1649),[26] in dem Gott Vater, Sohn und Heiliger Geist, als der „dreieinige Gott" gelobt werden; sie zeigen sich aber vor allem auch in Bachs Kompositionskunst: drei Themen exponiert der erste Satz; Strophe 2, die der zweiten Person der Trinität („Gott, dem Sohn, dem Heiland und Erlöser") gewidmet ist, hat Bach im 2/4-Takt als Duett und in zwei Teilen vertont; die Strophe 3, in der der lebendigmachende Heilige Geist, die dritte Seinsweise Gottes, besungen wird, vertont Bach als einen von Triolen bestimmten Satz im lebhaften Dreiertakt.[27] Das „12/8-Wogen"[28] darf wohl als „Wehen des Heiligen Geistes" interpretiert werden.[29] Man kann sich kaum eine passendere Musik für das Trinitatisfest und zugleich Kirchweihfest der Dreieinigkeitskirche in Sangerhausen vorstellen.

Zum Geburtstag Herzog Christians am 23. Februar 1731 erklangen in der Weißenfelser Schloßkirche Kompositionen von Johann Philipp Krieger (1649–1725) und Johann Gotthilf Krieger (1687–nach 1743), wie dem Textbuch anläßlich des Festes zu entnehmen ist („JPK" und „JGK").[30] Vor der

---

[25] Lediglich in Strophe 3 finden sich geringfügige Differenzen zwischen Bachs Text und dem Weißenfelser Druck (bei „erhalten for und fort" in Strophe 2 handelt es sich um einen Druckfehler). Bach schreibt abweichend von Weißenfels („und auch dem heilgen Geist") und den in Leipzig gebräuchlichen Gesangbüchern (*Dresdner Priviligiertes Gesangbuch*, Nr. 315, und G. Vopelius, *Das Vollständige und vermehrte Leipziger Gesang-Buch*, Leipzig 1729, Nr. 281): „und dem, der beyden gleich"; diese Formulierung entspricht Rinckarts Original. Bei der Zeile „dem dreyeinigen GOtt, als er ursprünglich war, er ist und bleiben wird" weichen Bachs Stimmen unterschiedlich vom Weißenfelser Text ab: „dem dreyeinigen Gott, als der [...]" (Sopran/Baß) bzw. „[...] als er [...]" (Alt) und „[...] ursprünglich war, und ist [...]" (Sopran und Alt) bzw. „[...] ursprünglich war, der ist [...]". Da Bach, wenn wir ihn als Komponist des Weißenfelser Danklieds annehmen wollen, den entsprechenden Textdruck kaum vor dem Aufführungstag gesehen haben dürfte, sind diese Abweichungen jedoch unerheblich. Bach unterlegte die Choralstrophen gegebenenfalls nach seiner Leipziger Tradition oder aus dem Gedächtnis.

[26] Offen bleiben muß die Frage, ob der Komponist auch für die Auswahl des Liedes verantwortlich war.

[27] Vgl. G. Zedler, *Die erhaltenen Choralkantaten Johann Sebastian Bachs*, Norderstedt 2007, S. 293.

[28] K. Klek, *Dein ist allein die Ehre. Johann Sebastian Bachs geistliche Kantaten erklärt*, Bd. 1, Leipzig 2015, S. 339.

[29] Ähnlich etwa in der Pfingstkantate BWV 172/4.

[30] Eigentümlicherweise sind die Geburtstagsmusiken für Herzog Christian im Aufführungsverzeichnis von Johann Gotthilf Krieger nach 1725 nicht verzeichnet; vgl. Hofmann (wie Fußnote 1), S. 52.

Predigt und dem Vater Unser wurde „in der Melodey: Es ist das Heil uns kommen her", folgendes Lied gesungen: „Sei Lob und Ehr dem höchsten Gut".[31] Bei allen Figuralmusiken, die an diesem Geburtstag zu hören waren, ist der Einsatz der „Capelle" ausdrücklich vermerkt, außerdem ist die Besetzung mit Vokalisten und Instrumentalisten verzeichnet. Beim Choral fehlen diese Angaben zwar, jedoch fällt auf, daß wiederum alle neun (!) Strophen vollständig abgedruckt sind. Wenige Zeilen zuvor ist beispielsweise bei einem Kirchenlied – wie sonst üblich – nur die Anfangszeile notiert: „Wir gläuben all an einen Gott etc.". In dem gesamten Zeitraum von 1729 bis 1736 ist in den erhaltenen Weißenfelser Libretti – mit Ausnahme des bereits oben erwähnten Chorals „Nun danket alle Gott" – nur noch dieses Kirchenlied per omnes versus abgedruckt. Könnte also auch an dieser Stelle eine Figuralmusik erklungen sein? Von Bach ist jedenfalls eine Komposition aller neun Strophen erhalten, die Kantate „Sei Lob und Ehr dem höchsten Gut" BWV 117. Diesem Stück liegt auch die angegebene Melodie zugrunde, die damals durchaus nicht die gebräuchliche Weise des Liedes war.[32] Der Entstehungsanlaß der Komposition mit ihrem hymnischen Grundton ist bisher völlig unklar. Dürr datiert sie aufgrund des Wasserzeichens der autographen Partitur auf 1728 bis 1731, was zeitlich wiederum genau passen würde.[33] War dem Drucker des Librettos zum Zeitpunkt der Drucklegung der Komponist vielleicht noch nicht bekannt, weshalb bei diesem Choral ein Komponistenkürzel fehlt? Beruhen die textlichen Varianten[34] ebenfalls darauf, daß der Komponist der Musik nicht in Weißenfels lebte und man den genauen Text vorher nicht abstimmen konnte?

In Bachs Oeuvre existieren noch zwei weitere vokale Choralbearbeitungen per omnes versus, die gleichfalls in die siebenjährige Kapellmeisterzeit Bachs für den Weißenfelser Hof (1729–1736) datiert werden und deren Aufführungsanlaß bis heute unklar ist. Als Entstehungszeit der Kantate „Was Gott tut, das ist wohl getan" BWV 100[35] vermutet Dürr[36] die Jahre 1732 bis 1735; und die autographe Partitur der Kantate „In allen meinen Taten" BWV 97 trägt die originale Datierung „1734", jedoch ohne den Verwendungszweck der Musik

---

[31] Gundlach (wie Fußnote 8, S. 382) verzeichnet zwei anonyme Kompositionen mit diesem Textanfang: einen Choral „à 13" von 1729 und eine Ode „à 16" von 1730.

[32] Das *Priviligierte Dresdner Gesangbuch* schlägt beispielsweise die Melodie „Allein Gott in der Höh" vor.

[33] Dürr KT, S. 859.

[34] In Strophe 5: „Der Herr ist nah" (Weißenfels) – „Der Herr ist noch" (NBA). Strophe 6: „deme zu" (Weißenfels) – „denen zu" (NBA) sowie „nirgends" (Weißenfels) – „nirgend" (NBA). Strophe 7: „dein'n Lobgesang" (Weißenfels) – „den Lobgesang" (NBA).

[35] Gundlach (wie Fußnote 8), S. 387 verzeichnet eine anonyme Ode à 9 mit diesem Textbeginn, die am Sonntag Jubilate 1729 und 1730 aufgeführt wurde.

[36] Dürr KT, S. 867.

zu verraten.[37] Die beiden Werken zugrundeliegenden Choräle sind in den überlieferten Textdrucken zur Kirchenmusik für den Weißenfelser Hof allerdings nicht vollständig abgedruckt zu finden. Jedoch sind die Texthefte, wie erwähnt, nur in zufälliger Auswahl auf uns gekommen, so daß für diese Werke gleichfalls eine ursprüngliche Bestimmung für Herzog Christians Hofmusik denkbar ist.

Die Hypothese einer Entstehung von BWV 192 und BWV 117 (bzw. der Gruppe der vier späten „Choralkantaten per omnes versus" insgesamt) für festliche Gottesdienste am Weißenfelser Hof würde den repräsentativen Charakter dieser Werke ebenso erklären wie die Tatsache, daß alle vier Werke ohne Zuordnung zum Kirchenjahr geblieben sind.[38] Zugleich wären dann bisher vermißte Kompositionen des „Weißenfelsischen Kapellmeisters von Haus aus" identifiziert.[39]

Marc-Roderich Pfau (Berlin)

Abb. 1–2. *SIbenzehenDes GottgeheILIgtes Lob Vnd DanCk-Opffer* [...] *Am Fest der Heil. Dreyfaltigkeit/ In der Hoch-Fürstl. Schloß-Capelle zu Sangerhausen Anno. M. DCC. XXX. Durch nachfolgende Kirchen-MUSIC erfreulichst angezündet,* Querfurt 1730; D-Gs, *DD 93 C 33002:44,* erste und letzte Seite.

---

[37] Das Weißenfelser Verzeichnis endet mit dem Kirchenjahr 1732.

[38] BWV 97 wird erst in einer Abschrift von 1767 nachträglich dem 5. Sonntag nach Trinitatis zugewiesen.

[39] Die Möglichkeit einer Wiederaufführung im Rahmen von Leipziger Gottesdiensten könnte diese Kompositionen vor der Vernichtung bewahrt haben.

Siebenzehen Des
Gott geheILIgtes
Lob VnD DanCk-Opffer
Vor seIne erVVIesene GVtthaten
Wurde,
Auf Befehl
Des
Durchlauchtigsten Fürsten und Herrn,

HERRN

Christian,

Hertzogens zu Sachsen, Jülich, Cleve und
Berg, auch Engern und Westphalen Landgrafens in Thüringen,
Marggrafens zu Meissen, auch Ober- und Nieder Lausitz, Gefürsteten
Grafens zu Henneberg, Grafens zu der Marck, Ravensberg,
und Barby, Herrns zu Ravenstein, ꝛc. ꝛc. ꝛc,

Am Fest der Heil. Dreyfaltigkeit,
In der Hoch-Fürstl. Schloß-Capelle
zu Sangerhausen
Anno M. DCC. XXX.
Durch nachfolgende

Kirchen-MUSIC

Erfreulichst angezündet.

Querfurth, druckts Gottfried Teutscher, Fürstl. Sächs. Weißenf. Hof-Bucht.

Abb. 1.

Darauf von der Capelle muſiciret:
Sanctus, ſanctus, ſanctus Dominus Deus Ze-
baoth; pleni ſunt cœli & terra gloria ejus,

VI. Danck-Lied.

Beym Beſchluß des GOttes-Dienſtes,

1

NUn dancket alle GOtt mit Hertzen, Mund und
Händen, der groſſe Dinge thut, an uns und allen
Enden, der uns von Mutter Leib und Kindes Beinen
an, unzehlig viel zu gut und noch jetzund gethan.

2.

Der ewig-reiche GOtt woll uns bey unſerm Leben ein immer frölich Hertz und edeln Frieden geben, und
uns in ſeiner Gnad erhalten for und fort, und uns aus
aller Noth erlöſen hier und dort.

3.

Lob, Ehr und Preiß ſey GOtt, dem Vater und dem
Sohne, und auch dem heilgen Geiſt, im hohen Him-
mels-Throne, dem dreyeinigen EOtt, als er urſprün-
glich war, er iſt und bleiben wird jetzund und immer
dar

S. D. G.

Abb. 2.

Die Freiberger Jubelmusiken von 1755 und die Antrittsmusik von Johann Friedrich Doles zum Leipziger Thomaskantorat im Jahr 1756

Im Jahr 1755 feierte das lutherische Deutschland die 200. Wiederkehr des „Augsburger Religionsfriedens" zur Erinnerung an das auf dem Augsburger Reichstag am 25. September 1555 verabschiedete Reichsgesetz, das den Lutheranern im Deutschen Reich eine gleichberechtigte Existenz neben den römischen Katholiken garantierte. Auch an etlichen Orten in Sachsen gab es aus diesem Anlaß größere Festveranstaltungen, an denen in der Regel Kirchenmusik erklang.[1] Ein Anhang zur Liturgie am „Evangelischen Jubel- und Dank-Feste" im sächsischen Freiberg enthält die „Texte, | welche zu dem den 25. Sept. 1755. | einfallenden Jubel-Feste | des vor 200. Jahren | zu Augspurg geschlossenen | Religions-Friedens | musikalisch verfertiget | und | in der Dom-Peters- und Nicolai-Kirche zu Freyberg | aufgeführet worden | von | Johann Friedrich Doles, | *Cant.* und *Direct. Chor. Mus.* | Die Poesie ist von C. F. Enderlein."[2]

Der blinde Poet Christian Friedrich Enderlein (1710–1786) dichtete also die fünf Kirchenmusiktexte, die am Festtag reihum in den drei Hauptkirchen der Stadt Freiberg (Dom, St. Petri und St. Nikolai) aufgeführt werden sollten. Komponiert wurden seine Poesien, so verrät der Textdruck gleichfalls, von dem damaligen Freiberger Kantor Johann Friedrich Doles (1715–1797), der, in Thüringen geboren und erzogen, in seiner Leipziger Studienzeit zwischen 1739 und 1743 auch Schüler Johann Sebastian Bachs war. Auf seine erste Stelle wurde Doles im Jahr 1744 als Kantor und Musikdirektor nach Freiberg im Erzgebirge berufen, von wo er 1756 als Nachfolger von Gottlob Harrer wieder nach Leipzig zurückkehrte und hier bis 1789 als Thomaskantor wirkte. Er starb im Jahr 1797 in Leipzig.[3]

Das Jubelfest von 1755 war das musikalisch herausragende Ereignis am Ende von Doles' Freiberger Kantoratszeit. Die Bedeutung, die er selbst seinen zu diesem Anlaß geschaffenen Kompositionen beimaß, kann an der Tatsache ab-

---

[1] Vgl. allgemein M. Maul, *Der 200. Jahrestag des Augsburger Religionsfriedens (1755) und die Leipziger Bach-Pflege in der zweiten Hälfte des 18. Jahrhunderts*, BJ 2000, S. 101–118.

[2] D-Dl, *Hist. Sax. H. 236, misc. 1.*

[3] Siehe H. Banning, *Johann Friedrich Doles. Leben und Werke*, Leipzig 1939 (Schriftenreihe des Staatlichen Instituts für Deutsche Musikforschung. 5.).

gelesen werden, daß er eine dieser Musiken zu seinem Amtsantritt am 4. Sonntag nach Epiphanias 1756 in Leipzig wiederholte.[4]

Die Freiberger Feierlichkeiten fanden am Michaelistag (29. September) des Jahres 1755 statt. Zunächst wurden in allen Kirchen ein Te Deum[5] und eine Missa[6] musiziert, sodann erklang „Im Dom vor der Amtspredigt, und zu St. Petri nach der Vesper-Predigt" die Kirchenmusik „Unsere Seele harret auf den HErrn". „Im Dom unter der Communion"[7] wurde „Wohl dem Volk, das jauchzen kann" aufgeführt, „Im Dom vor der Mittagspredigt und zu St. Petri vor der Vesperpredigt" wurde „GOTT ist unsre Zuversicht und Stärke" (Ps. 46) gespielt. „Zu St. Petri vor der Amtspredigt, und zu St. Nicolai unter der Communion" musizierte man „GOTT ist unsre Zuversicht, GOTT ist unsre Stärke" und schließlich „Zu St. Nicolai vor der Amtspredigt, und zu St. Petri unter der Communion" das Werk „Der HErr ist meine Macht und mein Psalm".

Anscheinend sind drei der fünf Festmusiken erhalten und über den Textdruck nun auch zu datieren:

– Das Stück zur Kommunionsfeier (nach der Predigt) im Dom: „Wohl dem Volk, das jauchzen kann" (Banning, Nr. 196)[8]; erhalten in D-WFe, *D 27*[9] und D-CEp, *B 32*; ferner D-B, *Mus. ms. 5104,2–5* (5 Instrumentalstimmen) und *Mus. ms. 5100* (Eingangschor). Das ausschließlich aus Bibelversen und Choralstrophen zusammengesetzte Werk ist in der Weißenfelser Überlieferung zu Recht als „Dankcantate" bezeichnet, da hier ein ganz allgemeiner Lob- und Dankcharakter vorherrscht. Besetzt ist das Werk mit SATB, 2 Trompeten, Pauken, Streichern und obligater Orgel, es bezog also die Silbermann-Orgel von 1714 im Freiberger Dom prominent ein. Der dritte Satz (Aria con Or-

---

[4]   Es handelte sich bei seiner Antrittsmusik also keineswegs um eine Neukomposition, wie in der Forschungsliteratur häufig behauptet wird.

[5]   Falls das Werk von Doles stammte, handelte es sich eventuell um Nr. 97, 98 (beide mit obligater Orgel), 99 oder 130 (mit obligater Orgel) in Bannings Werkverzeichnis (siehe Fußnote 3).

[6]   Eine Missa brevis (Kyrie und Gloria); falls das Werk ebenfalls von Doles stammte, käme eine der bei Banning (wie Fußnote 3) unter den Nr. 209–214 verzeichneten Messen in Betracht.

[7]   Also nach der Predigt.

[8]   Dieses Werk erlebte seine erste Wiederaufführung in der Neuzeit im Rahmen eines Konzerts mit Stücken aus dem „Weißenfelser Musikschatz" im Jahr 2012. Das Aufführungsmaterial erstellte Maik Richter.

[9]   Vgl. M. Richter, *Kantaten, Choräle und Psalmvertonungen von Johann Friedrich Doles in den Beständen der ehemaligen Ephoralbibliothek St. Marien zu Weißenfels*, in: Wilhelm Friedemann Bach und die protestantische Kirchenkantate nach 1750, hrsg. von W. Hirschmann und P. Wollny, Beeskow 2012 (Forum Mitteldeutsche Barockmusik. 1.), S. 163–180.

gano obligato „Unsere Seele harret auf den Herrn") fehlt im Freiberger Textdruck.

– Die Kirchenmusik vor der Mittagspredigt im Dom bzw. vor der Vesper-
predigt in St. Petri „Gott ist unsre Zuversicht und Stärke" (Banning, Nr. 83)
verknüpft Psalm 46 mit Kirchenliedstrophen.[10] Die Besetzung verlangte
SATB, 2 Trompeten, Pauken, 2 Oboen, Streicher und wiederum die Orgel des
Freiberger Doms. Doles wiederholte dieses Stück am 1. Februar 1756 als Antrittsmusik in Leipzig und ließ es im Jahr 1758 drucken (RISM A/I: D 3345).
Er konnte dies ohne jegliche textliche Veränderungen tun, da die Textzusam-
menstellung ganz allgemein das dankbare Vertrauen auf Gottes gnädige Zuwendung in Zeiten der Verfolgung und Bedrängnis ausdrückt. Das Stück
schließt mit Luthers Friedensbitte „Verleih uns Frieden gnädiglich".

– Die gemischte Kantate „Unsere Seele harret auf den Herrn", die im Dom
vor der Predigt erklang, ist im Doles-Werkverzeichnis nicht nachgewiesen.
Allerdings ist in Weißenfels eine Komposition „di Agricola" zu Mariä Reinigung erhalten (D-WFe, A 1), deren Text zu der Freiberger Dichtung offensichtlich in einem Parodieverhältnis steht:

	Textdruck Freiberg 1755 (Enderlein)	D-WFe, A 1 („In Diem Festum Puri-ficationis Mariæ [...] di Agricola")
1	Unsere Seele harret auf den Herrn	[identisch]
2	Ja, Vater! Deine Güt und Treu	Ja, Höchster, deine Güt und Treu
3	Herr des Lebens, Herr der Zeiten	Quell der Freude, Brunn der Güte
4	Dieß Fest, das heute wir begehen	Ja, Herr, wir preisen deine Güte
5	Friede! der durch Gottes Fügen	Heiland, der durch Gottes Fügen
6	So wollen wir uns, Herr! in dir erfreuen	[identisch]
7	Deine Kirche laß auf Erden	Laß die Deinen noch auf Erden
8	Zu danken und zu loben dich	[identisch]

Der Parodiezusammenhang zeigt, daß die Agricola zugeschriebene Komposition ursprünglich mit Enderleins Dichtung von 1755 verbunden gewesen
sein muß und daß in einem zweiten Schritt die eindeutigen textlichen Bezüge
auf das Friedensfest von 1755 durch unspezifische Wendungen ersetzt wur-

---

[10] In MGG², Personenteil, Bd. 5 (2001), Sp. 1200–1208 (A. Glöckner) ist dieses Werk
zweimal angeführt – unter den „Kantaten" und unter den „Psalmen" (Sp. 1204).

den.[11] Eine Vertonung der Dichtung Enderleins war über ihren ursprünglichen Anlaß hinaus nicht zu verwenden. Deshalb hat vielleicht schon der Komponist selbst, vielleicht aber auch erst der Schreiber der erhaltenen Partitur, der Weißenfelser Kantor Johann August Gärtner (1762–1823), eine Textparodie geschaffen, die eine Wiederholung zu anderen Anlässen ermöglichte.

Sollte Johann Friedrich Agricola (1720–1774) wirklich der Komponist der in Weißenfels überlieferten Kantate sein, hätte er Enderleins Text gleichzeitig mit Doles für das Jahr 1755 vertont, was einigermaßen unwahrscheinlich ist. Agricola wirkte seinerzeit in Berlin; eine Kantate zu einer Berliner Jubelfeier des Jahres 1755 ist bisher nicht nachweisbar.[12] Wahrscheinlicher ist deshalb die Annahme, daß es sich bei der in Weißenfels erhaltenen Kantate „Unsere Seele harret auf den Herrn" um die Bearbeitung einer bislang verloren geglaubten Kantate von Johann Friedrich Doles handelt.[13]

Marc-Roderich Pfau (Berlin)

---

[11] Gemeint sind Formulierungen wie: „Ja, Vater! Deine Güt und Treu / War über unser Väter Schaaren / Voll Seegen in zwey hundert Jahren", „Du schenktest ihnen Schutz und Frieden" und „Dieß Fest, das heute wir begehen" usw.

[12] Der Augsburger Religionsfrieden galt nicht für das reformierte Bekenntnis, weshalb in Berlin, wo das brandenburgisch-preußische Herrscherhaus aus politischen Gründen 1614 zur reformierten Konfession übergetreten war, im Jahr 1755 vermutlich auch keine diesbezüglichen Feiern stattfanden. Vielmehr erfolgte fast gleichzeitig mit dem Freiberger Jubelfest am 30. September 1755 die Uraufführung von Agricolas Festa teatrale „Il tempio d'amore" in Charlottenburg.

[13] Eine verblüffende Parallele liegt bei den Musiken vor, die Gottfried August Homilius (1714–1785) zeitgleich in der Dresdner Kreuzkirche zur 200-Jahrfeier des Religionsfriedens aufführte. Mittels eines Textdrucks (Heinrich Engelbert Schwarz, *Vollständige Jubelacten des im vorigen 1755 Jahre durch ganz außerordentliche Solemnitäten unvergeßlich gewordenen Religionsfriedens- und Freudenfestes der Evangelischen Kirche* […], Bd. 1, Leipzig 1756, S. 69–73) kann HoWV II.171 nun ebenfalls auf das Jahr 1755 datiert werden. Die andere damals in Dresden erklungene Kantate, textlich voller Anspielungen auf das Fest, ist nur mit parodierter Dichtung erhalten und wurde auch einem Zeitgenossen, diesmal Johann Heinrich Rolle (1716–1785), zugeschrieben. Dieses Werk kann somit auch auf 1755 datiert und mit höchster Wahrscheinlichkeit Homilius zugewiesen werden. Ob Rolle bzw. Agricola die Werke ihrer Kollegen mit veränderten Texten aufgeführt haben und deswegen ihre Namen diejenigen von Homilius bzw. Doles verdrängt haben?

Unter dieser Rubrik sollen in jährlicher Folge inhaltlich zusammengehörige Textauszüge zu ausgewählten Themen vorgelegt werden, auf die in der einschlägigen Literatur zwar des öfteren verwiesen wird oder die anderweitig als bekannt gelten, die aber selten in extenso zitiert werden und sich zuweilen sogar dem direkten Zugriff entziehen. Die Kommentierung wird sich – mit Ausnahme bibliographischer Nachweise – auf das Notwendigste beschränken.

1. Das Flötenspiel des Preußenkönigs Friedrich II. und die Kunst des Accompagnierens

Dresden 1745

So lange höchstgedachte Majestät sich in Dresden befunden, nämlich vom 18ten bis zu dem 27ten December, so haben Sie gleich von dem ersten Abend an bis zu dem letzten, alle Abende Cammermusik allergnädigst anbefehlen lassen, auch die Personen, so dabey singen sollen, Selbsten benennet, worunter iedesmal die Frau Faustine und Herr Bindi, wegen seiner schönen Stimme, die übrigen aber theils weniger, theils gar nicht gerufen worden. Das Accompagnement bestunde nur in vier Violinen. Das allermerkwürdigste dabey war, daß Ihro Majestät bey gedachter Cammermusik iedesmal Selbsten, mit einem, zwey und meistentheils drey Solis auf der Querflöte, so Sie Selbsten componiret, auch mit einem Original davon Herrn Hassen, der die Gnade gehabt, Ihro Majestät auf dem Clavicimbel zu accompagniren, mitgespielet haben, zu der ganzen Capelle allergrößten Verwunderung, wegen der grossen Einsicht, so Höchstdieselben in die Musik, und sonderlich im Adagio zu spielen besitzen. Wegen der Abspielung konnte man sich, in Ansehung der damaligen Umstände, da Ihro Majestät den Kopf mit so vielen Kriegs-. und Friedensdingen angefüllt gehabt, nicht genugsam über die Ruhe den Gemüths unter dem Spielen bey der Musik, und über die gute Ordnung im Vortrage verwundern. Ein berlinischer Musikus, der unter des Königs Gefolge mit war, versicherte, daß Ihro Majestät zwey bis drey hundert Solos, auf die Querflöte, so Sie alle selbsten gesetzt, mit sich führten, damit Sie beständig Abwechselung hätten. Den 25 Dec. als am heil. Christtage, liessen der König, nach der gewöhnlichen Cammermusik, durch den Herrn Baron von Knobelsdorf, der zugleich die Direction über die Musik und alle königliche Gebäude hat, dem Herrn Capellmeister Hassen einen kostbaren Ring, und der Musik tausend Thaler zum Geschenke überreichen. Den 26sten Dec. war die letzte Musik, und dabey mußten sich auch verschiedene Instrumentisten allein hören lassen. Den 27sten früh morgens gegen 6 Uhr war der Aufbruch Ihro Majestät, mithinn hörten auch die Musiken auf.

Quelle: [Lorenz Christoph Mizler], *Musikalische Bibliothek, Des dritten Bandes Zweyter Theil*, Leipzig 1746, Abschnitt *VII. Musikalische Neuigkeiten*, S. 368.

Hasse mußte noch überdies während dem neuntägigen Aufenthalte des Königs zu Dresden, jeden Abend der Cammermusik desselben als Akkompagnist auf dem Flügel beywohnen. Und bey der Abreise des Königs, ließ er durch den Baron von Knobelsdorf, Direktor der Musik zu Dresden, außer einem Geschenk von 1000 Thalern für die Kapelle, Hassen insbesondere einen kostbaren Ring überreichen.

Quelle: GerberATL, Bd. I, Leipzig 1790, Sp. 595 f. (Artikel Hasse).

Auch hier hielt er vom 18 bis 27. Decembr., als so lange er daselbst verblieb, sein gewöhnliches Cammerconzert an jedem Abende, wozu er sich die Mitglieder aus der Königl. Pohlnisch. Kapelle jederzeit besonders wählete. Die gewöhnlichen waren Hasse zum Flügel, die Faustina und *Sgr. Bindi*, ein Castrat, wegen seiner schönen Stimme. Er selber blies jedesmal 2 bis 3 Solos, theils von seiner, theils von anderer Komposition. An Weynachten ließ er durch den Baron von Knobelsdorf, damaligen Direktor der Musik zu Dresden, dem Oberkapellmeister Hassen einen kostbaren Ring, und den übrigen von der Kapelle 1000 Thlr. zum Geschenke überreichen.

Quelle: Gerber ATL, Bd. I, Leipzig 1790, Sp. 448 (Artikel Friedrich II.).

Leipzig 1745 (?)

Harrer (Gottlob) Musikdirektor zu Leipzig um 1745, hatte in seiner Jugend Italien besucht und daselbst den Contrapunkt studirt. Als der große Friedrich, König in Preußen, sich in diesem Jahre einige Zeit zu Leipzig aufhielt, fand Harrer vorzüglichen Beyfall bey ihm und genoß den täglichen Zutritt als Akkompagnist auf dem Flügel in seinem Cammerconzerte.

Quelle: Gerber ATL, Bd. I, Leipzig 1790, Sp. 585.
Möglicherweise Verwechslung mit Hasse und Dresden 1745 (s. o.). Der Preußenkönig war 1745 nicht in Leipzig anwesend; Harrer wurde erst im Herbst 1750 Thomaskantor und Director musices in Leipzig. Auf Hasse und Dresden 1756 weist eine
Meldung der *Berlinischen Nachrichten von Staats- und gelehrten Sachen* vom 4. Januar 1757: Es haben Se. Majestät, der König von Preussen, dem Königl. Pohlnishen
Capell-Director, Herrn Hasse, welcher sich öfters bey Höchstdenenselben in den Con-
certen hören läßt, eine prächtige goldene Tabatiere zum Präsent zu machen geruhet.
(Zit. nach C. Henzel, in: *Johann Georg Pisendel – Studien zu Leben und Werk*, Hildesheim 2010, S. 174).

Berlin, vor 1756

Vor dem siebenjährigen Kriege blies der König noch öfter im Kammerkon-
certe eines seiner Soli. Als der König einst ein neues Solo zum erstenmahl
spielte, waren in einem Satze, der in der Transposition einigemal vorkam,
etwas merkliche durchgehende Quinten. Quanz, dessen musikalische Orthodoxie nicht sehr tolerant war, schnaubte sich die Nase und räusperte sich
einigemal; und Bach, etwas feiner, aber auch in solchen Sachen nicht sehr
nachgebend, ließ bey dem Accompagnement auf dem Pianoforte die Quinten
sehr deutlich hören. Die andern schlugen die Augen nieder. Der König sagte
nichts, untersuchte sein Solo, und fand bald die Stellen. Er zeigte sie nach
einigen Tagen, nicht an Quanz, sondern an Franz Benda, unter vier Augen, und
fragte ihn, ob der Satz wirklich fehlerhaft sey. Dieser bejahete es. Der König
änderte darauf die Stellen mit Beyhülfe von Benda, und setzte hinzu: „Wir
müssen doch Quanzen keinen Katarrh zuziehen." Dieß erzählte mir der seel.
Koncertmeister Benda selbst.

Quelle: *Anekdoten von König Friedrich II. von Preussen, und von einigen Personen,
die um Ihn waren*, hrsg. von Friedrich Nicolai, Drittes Heft, Berlin und Stettin, 1789,
S. 257 f.

Berlin, nach 1756

Der junge Fasch reisete also nach Potsdam ab und trat im Frühling des Jahres
1756 seinen Dienst an, der darin bestand: wechselsweis mit Bach von vier zu
vier Wochen dem Könige täglich seine Konzerte und Flötensolo auf dem
Fortepiano zu accompagniren.
[…]
Fasch mußte in Potsdam die ersten vier Wochen bei der Kammermusik des
Königs blos gegenwärtig seyn und Bachs Accompagnement hören: dann verließ Bach Potsdam; und der Dienst ward nun dem jungen Fasch nach der
eingerichteten Ordnung übertragen.

Der König bemerkte bald, daß er seinen Mann gefunden hatte. Bach war ein großer Klavierspieler und hatte den König an sein feines Accompagnement gewöhnt; aber das immerwährende Wiederholen der nemlichen Stücke hatte ihm längst Überdruß gemacht, denn der König blies ohne Ausnahme keine andere Konzerte und Solo, als die Quanz für ihn gemacht hatte, und öfter Flöten-Solo von seiner eigenen Arbeit.

Die Aufmerksamkeit, mit der Fasch einmal wie das andere seinen Dienst versah, konnte dem Könige nicht entgehen, und er schätzte und liebte ihn deswegen. Der König blies das Adagio sehr schön, und überließ sich dabei oft seiner dermaligen Stimmung so sehr, daß es nicht leicht seyn mochte, ihm nach seinem Sinne zu folgen; dagegen war sein Allegro etwas matt, wenn schwere und lange Passagen einen fertigen und langen Athem verlangten. Diesen Mangel suchte er mit einem willkürlichen Ausdruck zu bedecken, und wenn ihm das Accompagnement gehörig nachging, war es kaum zu bemerken. Bach, der die Anforderungen des Königs und sein dreistes Urtheil nicht liebte, war hierin weniger nachgiebig, welches der König empfinden mußte, und deswegen nicht so viel auf ihn hielt, als es seine große Kunst verdiente. […]

Der König, der sich selber mehrere Solo für die Flöte setzte, hatte sich einst im Adagio ein Stück Rezitativ angebracht, das er mit großer Hingebung spielte. Fasch wurde davon ergriffen und accompagnirte ihm mit besonderer Liebe, wodurch der König sehr zufrieden wurde. […]

Der König hatte sich einst in einem Solo von seiner eignen Arbeit eine glückliche kanonische Stelle angebracht, woran Fasch sogleich die Eigenschaft erkannte, solche dreistimmig zu machen. Dieser accompagnirte die Stelle auf dem Fortepiano so, daß der König dadurch aufmerksam wurde und nachher fragte: kennt Er solche Arbeit? Es ist ein dreistimmiger Kanon, sagte Fasch, der Ihrer Majestät wohl gelungen ist. Nun, sagte der König, so versteht Ers doch besser als ich, denn ich habe nur an zwei Stimmen gedacht. […]

In einem Adagio, das der König blies, kam eine Stelle zweimahl vor, die mit der großen Sexte beziffert war. an deren Stelle Fasch auf dem Klaviere ein anderes Interval griff. Als die Stelle das zweitemahl vorkam, rief der König kurz vorher: die große Sexte! – Wie Ewr Majestät befehlen! sagte Fasch, und schlug die Sexte derb an. Als das Stück aus war, fragte der König: glaubt Er, daß die Sexte falsch ist? – Ja, Ihre Majestät! Wenns aber der Komponist nun haben will? – So bleibt sie doch falsch! Monsieur Quanz aber sagt, daß die Sexte hier stehn könnte! – Herr Quanz kann Recht haben; ich halte mich an die Sexte und diese ist falsch! – Nu, nu! sagte der König, es ist doch keine verlorne Schlacht.

Quelle: Karl Friedrich Zelter, *Karl Friedrich Christian Fasch*, Berlin 1801, S. 13–14, 47, 48.
Das erwähnte Rezitativ sollte ausdrücken, „wie Coriolan's Mutter auf den Knieen ihren Sohn um Schonung und Frieden für die Stadt Rom bittet".

Leipzig, Winter 1760/61

Der siebenjährige Krieg, welcher 1756 ausbrach, brachte […] bey seiner beständigen Abwesenheit die Musen zu Berlin einigermaßen zum Schweigen, […]. Als er sich einen Winter dieser schreckenvollen Jahre hindurch zu Leipzig befand; ließ er einige seiner Cammermusiker von Potsdam dahin kommen, wozu er jedesmal den damaligen Cantor an der Thomasschule, Harrer, zum Flügel einladen ließ, und setzte auch daselbst sein Cammerconzert im Apelischen Hause fort.

Quelle: Gerber ATL, Bd. I, Leipzig 1790, Sp. 449 (Artikel Friedrich).
Gottlob Harrer war bereits am 9. Juli 1755, ein Jahr vor Ausbruch des Krieges, in Leipzig verstorben.

Der König, der bekanntlich bey seinem recht guten Flötenspiel mit dem leidigen Takt äussert despotisch verfuhr, bekam bey seinem Aufenthalt in Leipzig, während des siebenjährigen Krieges, einmal Lust, sich ein Abendstündchen zu vermusiziren. Er verlangte einen geschickten Akkompagnisten auf dem Flügel; Quanz, der die Winterquartiere in Leipzig mithalten mußte, war eben abwesend – ich erinnere mich nicht mehr, aus welcher Ursache. Man liess den äußerst braven Schneider, damals Organisten an der Nikolaikirche in Leipzig, rufen. Schneider sezte sich an den Flügel, der König legte ihm den bezifferten Baß vor, spielte, und spielte so – frey, daß Schneider gar bald nicht mehr wußte, wo er war, aber sich nicht getrauete, die Ursache anzugeben. Nachdem der König einigemal, obschon vergebens, wacker Takt getreten hatte, fieng er noch einmal von vorne an. Der Akkompagnist, der nun ängstlich geworden war, kam mit dem königlichen Solospieler nun noch weniger fort – „Nun, was macht er denn?" fuhr ihn Friedrich an. Hier fühlte sich Schneider, der keine Note versehen, auch so viel nur möglich nachgegeben hatte, an seiner Künstlerehre gekränkt; er bat demüthig, noch einmal anzufangen. Es geschahe und nun ging es vortrefflich. Da der Satz aus war, und der König ihm seinen Beyfall geben zu wollen schien, bemerkte er, daß Schneider das leere Titelblatt der Musik vor sich aufgeschlagen liegen hatte. „Ich glaube, Er hat aus dem Kopfe gespielt?" „Ja, Ihro Majestät, so gieng's besser!" Der König fühlte den Stich – „Geschickt ist Er, aber grob auch" erwiederte er, brach das

Konzert ab, ließ Schneidern nicht wieder rufen, aber doch ihm den folgenden Tag ein nicht unbeträchtliches Geschenk zustellen.

Quelle: AMZ, I. Jahrgang, *No. 49., Den 4ten September 1799*, Sp. 830–832, unter *Anekdoten.*
Der Preußenkönig war am 8. Dezember 1760 in Leipzig eingetroffen und verließ die Stadt am 17. März 1761.
Nach A. Schering, *Musikgeschichte Leipzigs*, Bd. III, Leipzig 1941, S. 352, wäre neben Bachs Schüler Johann Schneider auch „der alte [Johann Gottlieb] Görner" hinzugezogen worden.
Lit.: *Forschungen zur brandenburgischen und preußischen Geschichte* 29 (1916), S. 153 (H. Droysen).

Berlin, vor 1768

Als jemand, der das seltne Glück gehabt hatte den großen König auf der Flöte blasen zu hören, dessen vortrefliches Spiel zu Bach, der dabey akkompagnirt hatte, enthusiastisch lobte, und unter vielen wirklich gegründeten Ausdrücken des Lobes, vielleicht durch die Art wie der König selbst pflegte mit Macht Takt zu schlagen, wenn er aber selbst aus dem Takte gekommen war, bewogen, über diesen einzig schwachen Theil des königl. Virtuosen in die Worte ausbrach: „und wie viel Takt!" antwortete Bach gelassen: „Ja vielerley Takt!"

Quelle: *Musikalischer Almanach, herausgegeben von Johann Friedrich Reichardt*, Berlin 1796, Abschnitt *IX. Anekdoten aus dem Leben merkwürdiger Tonkünstler.*

Hans-Joachim Schulze (Leipzig)

Mitglieder der Neuen Bachgesellschaft e.V. erhalten neben anderen Vergünstigungen das Bach-Jahrbuch als regelmäßige Mitgliedsgabe. Der jährliche Mitgliedsbeitrag beträgt nach dem Stand vom 1. Januar 2007:

Einzelmitglieder	€ 40,–
Ehepaare	€ 50,–
Schüler/Studenten	€ 20,–
Korporativmitglieder	€ 50,–

Beitrittserklärungen – formlos mit Angaben zur Person oder auf einer Kopie des untenstehenden Formulars – richten Sie bitte an die Geschäftsstelle der Neuen Bachgesellschaft, Postfach 10 07 27, D-04007 Leipzig
(Hausadresse: Burgstraße 1–5, Haus der Kirche, D-04109 Leipzig,
Telefon bzw. Telefax 03 41-9 60 14 63 bzw. -2 24 81 82,
E-Mail: info@neue-bachgesellschaft.de).

Mitglieder der Neuen Bachgesellschaft können zurückliegende Jahrgänge des Bach-Jahrbuchs (soweit vorrätig) zu einem Sonderpreis erwerben. Anfragen richten Sie bitte an die Geschäftsstelle.

Beitrittserklärung

Ich/Wir möchte/n Mitglied/er der NBG werden:

Vor- und Zuname: _____

Geburtsdatum: _____

Beruf: _____

Straße: _____

PLZ – Ort: _____

Telefon/Telefax: _____

Gleichzeitig zahle/n ich/wir € _____

als ersten Jahresbeitrag sowie € _____

als Spende auf das Konto Nr. 672 27 908
bei der Postbank Leipzig (BLZ 860 100 90) ein.

IBAN: DE08 8601 0090 0067 2279 08

BIC: PBNKDEFF

Einzugsermächtigung

Ich/Wir erkläre/n mich/uns damit einverstanden, daß mein/unser Mitgliedsbeitrag von meinem/unserem

Konto bei der

_____
(Bank/Sparkasse)

IBAN _____

BIC _____

bis zum schriftlichen Widerruf abgebucht wird.

_____ _____   _____
Ort, Datum   Unterschrift   Datum/Unterschrift